New Ideas in the
Caro-Kann Defence

Jon Speelman

First published 1992
© Jon Speelman 1992
Reprinted 1994

ISBN 0 7134 6915 3

British Library Cattaloguing-in-Publication
Data. A catalogue record for this book is
available from the British Library.

Edited by Robert G. Wade
and printed in Great Britain by
Redwood Books, Trowbridge, Wilts.
for the publishers,
B.T. Batsford Ltd,
4 Fitzhardinge Street,
London W1H 0AH

A BATSFORD CHESS BOOK
Advisor: R.D. Keene, GM, OBE
Technical Editor: Graham Burgess

Contents

Grateful Acknowledgments

From among many sources of research, publications singled out for special mention:

Chessbase
NICbase and New in Chess
Informators
Tournament Chess
Trends Publications - various
Shakmatny Bulletin
Shakmaty Express

Symbols

+ check, + = slight advantage for White, ± clear advantage for White, ±± winning for White, = + slight advantage for Black, -+ clear advantage (or winning) for Black, = level game, ∞ unclear, ! good, !! outstanding, !? interesting, ?! doubtful, ? weak, ?? blunder, △ intending, ↑ with initiative, → with attack.

Introduction

I presume that my readership divides in the obvious way into two main groups: people who want to play the Caro-Kann themselves and those who would like to discover a good way to play against it. I am certainly more in sympathy with the former; for I have defended the honour of the "Cockroach" (in Russian Tarakan) for many years. But in either case you the reader must decide for yourself which lines you would like to play. I can provide basic information and assessments but in the end it is a matter of personal choice.

Like other "consumers", chess players select their opening repertoires on the basis of - more of less objective - analysis; and sheer taste. For there is, in some sense, very little objective truth known about the very first moves of a chess game. Certain dubious variations have been refuted; and no doubt the combination of megabucks, Silicon Chips and/or various egos, corporate or otherwise, will refute others as time passes. But there is still an extremely wide spectrum of playable variations; and indeed as chess has progressed in the last few decades so the canon of "respectable variations" has become wider rather than narrower.

Why then should you want to play the Caro-Kann - a rather solid defence in which some lines have a very slightly tarnished reputation; when you could select something sexy like the Najdorf; or something really solid like defending the Ruy Lopez? Well for one thing there is that reputation itself. If your opponent doesn't rate your opening very highly then, given that it is intrinsically sound, this is already a head start.

The Caro-Kann is basically an opening for counter-punchers. If God played Himself, or more realistically perhaps, Deep Thought's great great grandson did the honours; then I suspect that the Caro-Kann wouldn't be the defence chosen because perfect play does not encourage counter-punching.

But in the mundane surroundings of a chess club, or a league or tournament game; it is an excellent idea to wind one's opponent up and then try to break the spring. It won't work all the time of course; but the Caro-Kann is an excellent sound practical weapon. I wouldn't recommend playing it every time you meet 1 e4; not for any intrinsic reason but merely because this is both a rather boring approach and it is better for one's chess to adopt a varied diet. But the old insect still has plenty of life in him yet.

Classical 4 ... Bf5

After **1 e4 c6 2 d4 d5 3 Nc3 dxe4 4 Nxe4 Bf5**

4 ... Bf5 still remains marginally more popular than the much more tortuous 4 ... Nd7. With it Black resolves the perennial problem of the c8 bishop extremely easily. But in return he loses some time and cedes space on the kingside and in the centre.

White has to work extremely hard to gain the advantage against such a soundly based variation. And as a result there is a great deal of theory, with many subtle nuances of move order. Indeed the main line in games 1-13 can be reached with or without an extra move from the transaction 11 Bf4 Qa5+ 12 Bd2 Qc7. In order to simplify matters, however, we have assumed the standard sequence without this for all games.

In general, White can expect to gain a little something if he does everything right. But this is far from easy and many endings will eventually turn out to be pleasant for Black.

We examine in order: various main lines and subsidiaries in which both sides castle queenside - games 1-13; variations in which White goes long and Black either castles kingside or fails to castle altogether - games 14-18; attempts by both sides to exploit specific move orders - games 19-21. In games 22-23 White exchanges the enemy bishop with Bd3: but without the standard Ph5. Finally games 24-28 involve entirely different development schemes by White.

Main line

(Games 1-13)

I consider the absolute "main line" to start after 14 (or with the longer move order 15) g3

Games 1-4 all reach the following diagram, albeit via a variety of move orders.

White can then choose between the discreet 17 Bc3 games 1-3 and the more forcing 17 d5 - game 4.

After 17 Bc3, Black will usually exchange on d4, but he must decide whether to throw in 17 ... Nf6 18 Qe2 (not 18 Qc2 Qc6!) before doing so. This has the advantage that White's queen is committed to e2: but on the other hand with the c-pawn protected White can now recapture on d4 with the bishop. To avoid this terrifying possibility - which, in fact, isn't really so distressing for Black as he has good alternatives on move 20 in game 1 - Black sometimes plays 17 ... cxd4 first when the sacrifice in Wittmann-Izeta is not very appealing and so we get Hjartarson-Timman.

Although the vast majority of games feature 17 Bc3, 17 d5 is very appealing: given that it works. Arakhamia - van der Sterren featured some serious preparation from Paul van der Sterren which simply isn't viable and she co-ordinated her forces extremely well after his sacrifice. In Solomon - Adianto, White aimed for a small safe advantage with 18 Qxd5. This is quite playable but I believe that 21 hxg6 was over-ambitious whereas 21 Qf6 should retain a slight edge.

In game 5, Watson managed to bamboozle van der Sterren with his move order and as a result he was able to recapture advantageously with the rook on d4.

Normally, Black plays ... c5 with his knight on d7. But if he first chases the white queen with ... Nf6 then White has some additional possibilities as exemplified in the very splendid game Kudrin-Douven.

Games 7-8 show Portisch avoiding the main lines by developing with ... Be7. This is perfectly playable but naturally if Black doesn't disturb White in the opening then White will retain his slight edge.

The main crossroads in this complex of variations occurs when Black normally chooses between 14 ... Nxe4 and 14 ... Nc5. About four-fifths of the games we have collected feature the former course; but as far as I know there is nothing drastically wrong with 14 ... Nc5 and it has been played by, for instance, Karpov.

In fact 14 ... Nc5 can transpose right back into game 1 via the move order 15 Nxc5 Bxc5 16 Qe2 Bd6 17 c4 c5 18 Bc3. But White can try to do better and in

game 9 Geller did have some pressure until very near the end - perhaps this is why people normally prefer 14 ... Nxe4 nowadays?

Opposite Castling
(Games 14-15)

The line with ... Be7 and 0-0 in games 14 and 15 is not very common. Berg got annihilated in game 14; and Lobron's plan in game 15 is much sounder but he still had to work to draw.

Independent lines with Bf4
(Games 16-19)

Nowadays 11 Bf4 is usually just a feint and the game will transpose back to the usual channels after 11 ... Qa5+ 12 Bd2 Qc7. But there are various independent lines which we examine in games 16-19.

In game 16, Chandler quickly got a pleasant advantage. In game 17, Korchnoi more than equalised with 16 ... Qd5! - and though de Firmian naturally preferred an unclear to a clear disadvantage, he went down in flames. The effectiveness of ... Qd5 explains why Ivanchuk played c4 so early in the fascinating game 18.

The line with c3 and a4 - game 19 - was popular for a while some years ago but White seldom uses it nowadays.

11 ... Qc7 12 Rh4
(Games 20-21)

Usually, Black has nothing against the sequence 10 ... e6 11 Bf4 Qa5+ 12 c3 and so there is no reason to preempt this possibility with 11 ... Qc7. However, some players, notably Tony Miles, have prefered to play 11 ... Qc7 and this can lead in turn to the independent lines starting with 12 Rh4 - games 20-21.

The ending in game 20 is possibly very

slightly better for White but Black can also win against such a scruffy pawn structure. 12 ... Qa5+ in game 22 leads to more complex positions but the various sacrifices which can arise are extremely dangerous for Black.

4 ... Bf5 Misc.

(Games 22-28)

After 6 N1e2 Black has two main defences: 6 ... e6 7 Nf4 Bd6 looks a good idea but White may be a little better and Serper's play in game 24 is very appealing. I suspect that the line in the notes, 6 ... Nf6 and if 7 Nf4 e5! is more solid.

People have been playing Bc4 and N1e2 for years - indeed it featured several times in the Tal-Botvinnik match in

1960. If White plays like Campora then once he is committed to f4 he really should go forwards at all costs. If the defence in the note to 14 ... Nd5 is good for Black - as it appears to be - then the line with 9 f4 needs some resuscitation.

Games 26-27 involve a still earlier f4. This idea was championed particularly by Gyula Sax for a while. Adianto's 8 ... Bd6 is probably a bad idea. The actual game, including the possible improvement 13 ... cxd4 is rather hairraising: and in any case White can play as in Marjanovic-Grósspéter with the bishop committed to d6 very early. Game 27 is more like it. Douven quickly equalised against Sax.

5 Nc5 is played from time to time and game 28 shows one sensible way to meet it.

1

Hübner-Hjartarson
Barcelona (World Cup) 1989
1 e4 c6 2 d4 d5 3 Nc3 dxe4 4 Nxe4 Bf5 5 Ng3 Bg6 6 Nf3 Nd7 7 h4 h6 8 h5 Bh7 9 Bd3 Bxd3 10 Qxd3 e6 11 Bf4 Qa5+ 12 Bd2 Qc7

This position is reached in games 1-13 by either the move order 11 Bf4 Qa5+ 12 Bd2 Qc7 or simply 11 Bd2 Qc7.

13 0-0-0 Ngf6 14 Ne4
◊ 14 Ne5 Nxe5 15 dxe5 Qxe5 16 Rhe1 Qc7 [16 ... Qd5 17 Rxe6+!] 17 Bc3 Rd8 [17 ... Nd5 18 Bd4] 18 Rxe6+ fxe6 19 Qg6+ Ke7 20 Nf5+ exf5 21 Re1+ Ne4 22 Qxf5 Rd6 23 Bf6+ Rxf6 24 Qxe4+ Kd7 25 Qe8+ = Sölyú-Öney, Istanbul 88.

14 ... 0-0-0
◊ 14 ... Be7 15 Nxf6+ gxf6 16 g4!? [16 Qe2] 16 ... 0-0-0 17 Qe4 Nb6 18 Kb1 Nc4 [18 ... Rd5? 19 Qe2 c5 20 dxc5 Bxc5 21 Bc1 Qc6 22 c4! ± Kudrin-Benjamin, New York Open 87] 19 Bc1 f5 =.

15 g3
◊ 15 Kb1:
a:- 15 ... c5! 16 Nxf6 Nxf6 17 Qa3?! [17 Rh4!?] 17 ... Kb8 18 Qa4 c4 =+ van der Wiel-Portisch, Euro-Club, Budapest 85.
b:- 15 ... Nc5 16 Nxc5 Bxc5 17 c4 Rhe8 18 Bc3 Bb6 19 g3 Re7 20 Qc2 a6 21 c5 Ba7 22 Qa4 Rd5 23 Ne5 Kb8 24 Ba5 Qc8 25 Qc2 Ka8 26 f4 Ne8 27 g4 Nc7 28 a4 Qd8 29 Bc3 Ne8 30 g5 f6 31 Ng6 Rf7 32 gxh6 gxh6 33 Nh4 Ng7 34 Qg6 Rfd7 35 Rde1 0:1 [Time] Thipsay-Prasad, Calcutta 86.
◊ 15 c4 Nc5 16 Nxc5 Bxc5 17 Bc3 Bb6 18 Kb1 Rhe8 19 b4 c5 20 bxc5 Bxc5 21 Ka1 Kb8 22 Ne5 Bd6 23 Qf3 Rc8 24 Rb1 Bxe5 25 dxe5 Nd5 26 cxd5 Qxc3+ 27 Qxc3 Rxc3 28 d6 f6 29 f4 Rg3 30 Rhc1 Rc8 31 f5! 1:0 Vitolinsh-Henkin, USSR Club Teams Ch 88.

15 ... Nxe4 16 Qxe4 Bd6 17 c4 c5 18 Bc3 Nf6
◊ 18 ... Rhe8 19 Kb1 Kb8 20 dxc5 Nxc5 21 Qc2 f6 22 Nd4 a6 23 Rag1 e5 24 Nf5 Bf8 25 Ne3 [25 g4!?] 25 ... Ne6 26 Nd5 Qc6 27 f4 exf4 28 gxf4 Bd6 = Kruppa-Karpman, Minsk 90.

19 Qe2 cxd4 20 Bxd4 Qa5 21 Kb1 Bc7?!
◊ 21 ... Qf5+! 22 Ka1 Bb8 [22 ... Bc7 23 Bxa7 Rxd1+ 24 Rxd1 Qxh5 ∞ Hübner]:
a:- 23 Qe3 Rd7 24 Be5 Ng4 25 Qc5+ Rc7 26 Qd4 Qxf3 27 Bxc7 Bxc7 28 Qxa7 Ne5 29 Rhf1 Nc6 30 Qa8+ Nb8 31 c5 Rd8 32 Qa4 Nc6 33 Qa8+ Bb8 34 Rd6 Rxd6 35 cxd6 Qd3 36 Rc1 Qxd6 37 f4 Qd2 0:1 Hellers-Miles, Biel 89.
b:- 23 c5 Qe4 24 Qxe4 Nxe4 25 Bxg7 Nxf2 26 Rxd8+ Rxd8 27 Rf1 Ng4 28 Kb1 f6 29 Nh4 Rg8 30 Bxh6 Nxh6 31 Rxf6 Bxg3 32 Rxh6 Bxh4 33 Rxe6 Kd7 -+ Halifman-Douven, Groningen 88.

22 c5 Qa4
◊ 22 ... Rd5 23 Bxf6 Rxd1+ 24 Rxd1 gxf6 25 Qc4 Rd8 26 Rxd8+ Bxd8 27 g4 += Hübner.

23 b3 Qc6 24 Ne5 Bxe5 25 Bxe5 Ne4?
◊ 25 ... Rxd1+ 26 Rxd1:
a:- 26 ... Rd8 27 Rxd8+ Kxd8 28 Bxf6+ gxf6 29 Qd3+ Ke7 [29 ... Ke8 30 b4 Qh1+ 31 Kb2 Qxh5 32 Qb5+] 30 b4 f5 [30 ... Qh1+ 31 Kb2 Qxh5? 32 Qd6+ Ke8 33 Qb8+ ±±] 31 Kb2 ± Hübner.
b:- 26 ... Nxh5 27 Rd6! ±± Qh1+ 28

Kb2 f6 [28 ... Rd8 29 Qd2! Rxd6 30 Qxd6 Qc6 31 Qf8+ ±±] 29 Qb5! [△ Qd7] 29 ... fxe5 [29 ... Rd8 30 c6 ±±] 30 c6 1:0 Rubinchik-Akopov, USSR Corres Ch 86-88.

26 Bxg7 Rd2 27 Rxd2 Nxd2+ 28 Kc2?! [28 Kb2] **28 ... Rg8 29 Rh4 Qxc5+?!** [29 ... Nxb3] **30 Bc3 ±± Rd8 31 Kb2 Qg5 32 Rf4 e5 33 Qxe5 1:0**

=========== **2** ===========

De Firmian-Miles
Biel 1989

1 e4 c6 2 d4 d5 3 Nc3 dxe4 4 Nxe4 Bf5 5 Ng3 Bg6 6 h4 h6 7 Nf3 Nd7 8 h5 Bh7 9 Bd3 Bxd3 10 Qxd3 Qc7 11 Bd2 e6 12 0-0-0 Ngf6 13 Ne4 0-0-0 14 g3 Nxe4 15 Qxe4 Bd6 16 c4 c5 17 Bc3 Nf6 18 Qe2 cxd4 ● 19 Nxd4

19 ... a6 20 Nf3
♦ 20 Kb1 Rd7:
a:- 21 Nb3 Qc6 = 22 Bxf6 gxf6 23 c5 Bc7 24 Rxd7 Qxd7 25 Rd1 Qc6 26 a3 Rd8 27 Rxd8+ Bxd8 28 Ka2 Qd5 29 Qg4 Be7 30 Qa4 Qxh5 31 Qe8+ Bd8 32 c6 Qd5 33 cxb7+ Qxb7 34 Qf8 Qd5 35 Qxh6 a5 36 a4 f5 37 Qe3 Kb7 38 Ka3 Be7+ 39 Ka2 Bd8 40 Kb1 ½:½ Tolnai-Grószpéter, Budapest 89.
b:- 21 g4 Rhd8 22 Nb3 Bf4 23 Rxd7 Qxd7 24 Bxf6? [24 f3 △ Kc2 =] 24 ... gxf6 25 Kc2 Qa4 26 Qe4 Be5 27 Kb1 Qb4 28 g5? [28 f4 Bc7 -+] 28 ... Rd2! 0:1 Renet-Miles, Cannes 89.

20 ... Rd7 21 Ne5 Bxe5 22 Bxe5 Qa5 23 a3 Rhd8 24 Rxd7 Nxd7 25 Bc3 Qg5+ 26 Qd2 Qxd2+ 27 Kxd2 f6 28 Kc2 Nc5 29 Re1 Rd6 30 Re3 Kd8 31 b4 Nd7 32 Rd3 Rc6 33 Kb3 Ke7 34 c5 e5 35 g4 Ke6 36 f3 a5 37 Rd1 axb4 38 axb4 b6 39 cxb6 Rxb6 40 Kc4 Rc6+ 41 Kb3 Rb6 42 Rd2 Rb7 43 Ra2 Nb8 44 Ra5 Nc6 45 Rc5 Kd6 46 Kc4 Rc7 47 Rd5+ Ke6 48 Rc5 Kd6 49 Bb2 Na5+ 50 Kb5 Nc6 51 Kc4 Na5+ 52 Kb5 Nc6 53 Kc4 ½:½

=========== **3** ===========

Hjartarson-Timman
Amsterdam 1989

1 e4 c6 2 d4 d5 3 Nc3 dxe4 4 Nxe4 Bf5 5 Ng3 Bg6 6 h4 h6 7 Nf3 Nd7 8 h5 Bh7 9 Bd3 Bxd3 10 Qxd3 Qc7 11 Bd2 e6 12 0-0-0 Ngf6 13 Ne4 0-0-0 14 g3 Nxe4 15 Qxe4 Bd6 16 c4 c5 17 Bc3 ● cxd4

18 Nxd4
♦ 18 Bxd4 Qxc4+ 19 Kb1 Nf6 20 Qe3 Ng4 21 Qd2 Kb8 22 Qa5 Qa6 23 Qxa6 bxa6 24 Bxg7 Rhg8 25 Bd4 e5 26 Bc3 Nxf2 27 Nxe5 Nxd1 28 Rxd1 Bxe5 29 Bxe5+ Kb7 30 Rf1 Rd7 31 Bf4 f5 32 Re1 Rc8 33 a3 Rc6 34 Re8 Rb6 35 Rb8+ Kc6 36 Rh8 Rd1+ 37 Kc2 Rh1 38 Rxh6+ Kd5 39 Rh8 Rh2+ 40 Bd2 Ke4 41 h6 Rd6 42 Re8+ Kf3 43 Re3+ Kg4 44 Rd3 Rxd3 0:1 Wittman-Izeta, Euro-Teams, Haifa 89.

18 ... Nc5 19 Qc2 a6 20 Rhe1 Be7 21

Kb1 Bf6 22 f4!? Rd7 23 Nf3 Rxd1+
24 Rxd1 Rd8 25 Rxd8+ Qxd8 26
Bxf6 gxf6 27 a3 f5 28 Ka2 f6! 29 b4
Ne4 30 g4 Qd6 31 gxf5 Qxf4 32 Qg2
Ng5 33 Nxg5 Qxc4+ 34 Kb2 fxg5 35
fxe6 Qxe6 36 Qc2+ Kd7 37 Qh7+
Kc6 38 Qg6 Kd6 39 Qd3+ Qd5 40
Qg6+ Qe6 41 Qd3+ Ke7 42 Qh7+
Qf7 43 Qe4+ Kf8 44 Qg4 Kg7 45
Kc3 Qd5 46 Qg3 Kf6 47 Qf2+ Ke6
48 Qf8 Qc6+ 49 Kb3 Ke5 50 Qg7+
Kf5 0:1

4

Arakhamia-van der Sterren
Mercantile Classic, Sydney 1991
1 e4 c6 2 d4 d5 3 Nc3 dxe4 4 Nxe4
Bf5 5 Ng3 Bg6 6 h4 h6 7 Nf3 Nd7 8
h5 Bh7 9 Bd3 Bxd3 10 Qxd3 Qc7 11
Bd2 e6 12 0-0-0 0-0-0 13 Ne4 Ngf6
14 g3 Nxe4 15 Qxe4 Bd6 16 c4 c5 •

17 d5!
◊ 17 Kb1 Nf6 18 Qe2 Rhe8 19 Bc3
Qc6! 20 Rh4 Bc7 21 Rc1 Rd7 22 Ne5
Bxe5:
a:- 23 dxe5? Ng8 24 Rg4 Ne7 25 Rxg7
Nf5 26 Rg4 Red8 27 Rf4 Rd3 28 g4 Nh4
29 Rxf7 Nf3 ∞ Hernandez-Douven,
Thessaloniki Ol 88.
b:- 23 Qxe5 cxd4 24 Bxd4 b6 [de
Firmian-Adianto, San Francisco 87] 25
Qf4! Red8 26 Bxf6 gxf6 27 Qxh6 Rd1 28
Qe3 ± Adianto.
17 ... Nf6
◊ 17 ... exd5:

a:- 18 cxd5 Ne5 19 Bc3 Rhe8 20 Nxe5
Bxe5 21 d6 Bxc3 22 Qxe8 Bxb2+ 23
Kc2 Rxe8 24 dxc7 Bf6 25 Rhe1 Rf8 26
Rd5 b6 27 Red1 Bd4 28 Re1 Bf6 29 Red1
= ½:½ Volchok-Akopov, 16th USSR
Corres Ch 83-86.
b:- 18 Qxd5 Nb6 19 Qf5+ Kb8 20 Ba5
g6! 21 hxg6 ?! [21 Qf6+=] 21 ... fxg6 22
Qxg6 Qc6! 23 Qh5 Qa4 24 Bxb6 Qxc4+
25 Kb1 Qe4+ 26 Ka1 axb6 27 Qd5 Qa4
=+ 28 b3 Qg4 -+ Solomon-Adianto,
Sydney Cepacol 91.
◊ 17 ... Rhe8 18 Bc3 exd5 19 Qxd5
(A.Ivanov-Miles, Philadelphia World
Open 89) 19 ... Be5! - A.Ivanov.
**18 Qc2 exd5 19 cxd5 Rhe8 20 Bc3
Qd7**
◊ 20 ... Kb8 21 Rh4?! [21 Bxf6 gxf6 22
Nh4 +=] 21 ... Qd7! = Tiviakov-
Miles, Moscow GMA 89.
**21 Bxf6 gxf6 22 Nh4 Re5 23 f4 Rxh5
24 Qe2 Rxd5 25 Rxd5 Bxf4+ 26 gxf4
Qxd5 27 Rd1 Qxa2 28 Rxd8+ Kxd8
29 Nf5 Qe6 30 Qd3+ Kc7 31 Nxh6
Qe1+ 32 Kc2 Qf2+ 33 Qd2 Qf1 34
Qa5+ Kc6 35 Qa4+ Kc7 36 Qa5+
Kc6 37 Qa4+ Kc7 38 Qe4 Qf2+ 39
Kc3 Qf1 40 Nxf7 Qc1+ 41 Kb3
Qd1+ 42 Ka2 Qd7 43 Nh6 b5 44 Nf5
c4 45 Ne3 1:0**

5

W.Watson-van der Sterren
Budapest 1989
1 e4 c6 2 d4 d5 3 Nc3 dxe4 4 Nxe4
Bf5 5 Ng3 Bg6 6 h4 h6 7 Nf3 Nd7 8
h5 Bh7 9 Bd3 Bxd3 10 Qxd3 Ngf6 11
Bd2 e6 12 0-0-0 Qc7 13 Ne4 0-0-0 14
g3 Nxe4 15 Qxe4 Bd6 • 16 Kb1!?
Rhe8 17 Qe2
◊ 17 Bc1!? Nf6 ½:½ Smirin-
Haritonov, USSR Ch, Moscow 88.
17 ... a6 18 c4 c5 19 Bc3 cxd4?! [19 ...
Bf8!] **20 Rxd4! Be7 21 Rg4! Bf6 22
Bxf6 gxf6 23 c5! Ne5 24 Rf4 Rd5 25
Rxf6 Rxc5?!** [25 ... Red8!] **26 Nxe5
Rxe5?!** [26 ... Qxe5 27 Qxe5 Rxe5 28

Rd1 Rxh5 29 Rxf7 Rf5 30 Rdd7 Rxf7 31 Rxf7 ±] **27 Qf3 Rf8 28 Rxh6 Rf5 29 Qxf5 exf5 30 Rc1 Re8 31 Rxc7+ Kxc7 32 Rf6 Re1+ 33 Kc2 Re2+ 34 Kc3 Rxf2 35 g4! Rf3+ 36 Kd4 Rf4+ 37 Ke5 Rxg4 38 Rxf7+ Kc6 39 Kxf5 Rg2 40 h6 Rxb2 41 h7 Rf2+ 42 Kg6 Rg2+ 43 Kf6 Rf2+ 44 Kg7 Rg2+ 45 Kf8 Rh2 46 Rf6+ 1:0**

6

Kudrin-Douven
Palma de Mallorca (GMA) 1989

1 e4 c6 2 d4 d5 3 Nc3 dxe4 4 Nxe4 Bf5 5 Ng3 Bg6 6 h4 h6 7 Nf3 Nd7 8 h5 Bh7 9 Bd3 Bxd3 10 Qxd3 e6 11 Bf4 Qa5+ 12 Bd2 Qc7 13 0-0-0 Ngf6 14 Ne4 0-0-0 15 g3 Nxe4 16 Qxe4 ●
Nf6 17 Qe2 Bd6

◊ 17 ... Rd5 18 Bf4 Bd6 19 Ne5 Nd7 [19 ... Bxe5 ±] 20 Rhe1 Rd8 21 c4! Ra5 22 Kb1 Nxe5 23 dxe5 Bb4 24 Rxd8+ Kxd8 25 Rd1+ Ke8 26 a3 Be7 27 Qe4 b5 28 Rd6! bxc4 29 Rxc6 Qb7 30 Rxc4 Rd5 31 Ka2 ± Copie-Vinagre, postal 85-88.
18 Ne5 c5 19 Rh4

19 ... Bxe5
◊ 19 ... Kb8! 20 Nc4 Ka8 21 Qf3 Nd5:
a:- 22 Nxd6 Rxd6 23 dxc5 Qxc5 24 Qxf7 Rc8! =/∞ Skembris.
b:- 22 Ba5 b6 23 Nxd6 Rxd6 24 dxc5 Rc6 25 cxb6 Rxc2+ [25 ... axb6 26 Bc3!? S. Velicković] 26 Kb1 Qb7 27 Rf4 axb6 28 Rxd5 exd5 29 Kxc2 bxa5 30 Rxf7 Rc8+ 31 Kb1 Qb5 32 a3 a4 33 Qd1 Rb8 34 Qc2

±± O'Donnell-Vranešić, Toronto 90.
20 dxe5 ± Nd7 21 Rg4 Rhg8 22 Re1 Qc6! 23 Qe4 Nb8 24 Rf4 Rd7?! [24 ... Qxe4 ± Skembris] **25 Qh7 Rgd8 26 Ba5 b6 27 Bc3 Qd5 28 b3 b5 29 Kb1 b4 30 Bb2 f5 31 exf6 g5 32 hxg6 Rxh7 33 gxh7 e5 34 Rxe5 Qf7 35 Re7 Qf8 36 f7 Qxe7 37 f8Q Rxf8 38 Rxf8+ Qxf8 39 h8Q Qxh8 40 Bxh8 h5 41 Kc1 ±± Kd7 42 Kd2 Ke6 43 Ke3 Kf5 44 f3 Nd7 45 Kd3 Nb6 46 Bg7 a5 47 Bf8 Nd7 48 Bd6 Ke6 49 Bc7 Kd5 50 c4+ bxc3 51 Kxc3 1:0**

7

Timman-Portisch
Antwerp (2nd match game) 1989

1 e4 c6 2 d4 d5 3 Nc3 dxe4 4 Nxe4 Bf5 5 Ng3 Bg6 6 h4 h6 7 Nf3 Nd7 8 h5 Bh7 9 Bd3 Bxd3 10 Qxd3 e6 11 Bf4 Qa5+ 12 Bd2 Qc7 13 0-0-0 Ngf6 14 Ne4 0-0-0 15 g3 Nxe4 16 Qxe4 ●
Be7

17 Kb1
◊ 17 Qe2 Rhe8 18 Rhe1 Nf6 19 Bf4 Qa5 20 Qe5 Qxe5 21 Nxe5 Rf8 22 g4 Nd5 23 Bd2 Bg5 24 c4 ½:½ Kuczynski-Garcia Palermo, Camaguey 87.
17 ... Rhe8 18 Qe2
◊ 18 Bc1 Bd6 19 Nd2 Nf6 20 Qf3 Qa5 21 Nc4 Qd5 22 Nxd6+ Rxd6 23 Qa3 a6 24 Rhe1 Rd7 25 Re5 Qg2 26 f4 Ng4 27 Rc5 Qe4 28 Qc3 Red8 29 d5 Rxd5 30 Rxc6+ Kb8 31 Rxd5 exd5 32 Rc5 Nf6 33 b3 d4 34 Qa5 Qe7 35 Ba3 Qd7 36 Bb2

d3 37 cxd3 Qxd3+ 38 Ka1 Ne4 39 Rc1
Nxg3 40 Qb6 Ne2 41 Be5+ Ka8 42 Re1
f6 43 Bb2 Nc3 44 Rc1 Nb5 45 a4 Rd6??
1:0 Lanc-Garcia Palermo, Camaguey 87.
**18 ... Bf8 19 Bc1 Bd6 20 Rhe1 Qa5
21 Nd2! += Nf6 22 g4 Bc7**

23 Nb3?! [23 c4!] **23 ... Qd5 24 f3** [24
c4 Qg2! ∞] **24 ... Bg3?!** [24 ... b5! 25 a4
Qc4 =] **25 Rg1 Qd6 26 Nd2! Qc7 27
Nc4 Nd5 28 Ne5 Bxe5 29 dxe5 Qb6?**
[29 ... c5!? △ 30 c4 Nb4] **30 Bd2 Rd7
31 c4 Qa6!? 32 Rge1 Nb6 33 b3 Red8
34 Bb4?! Rxd1+ 35 Rxd1 Rxd1+ 36
Qxd1 Nd7 37 Bd6 Qa5 38 Qe2 b5?**
[38 ... Qc3 39 f4 +=] **39 cxb5 Qxb5 40
Qe3?** [40 Qxb5 ±] **40 ... Kb7 = 41 Qf4
Qd3+ 42 Kb2 Qe2+ 43 Ka3 Qa6+
44 Kb2 Qe2+ 45 Ka3 Qa6+ ½:½**

══════ 8 ══════

Nunn-Portisch
Budapest (4th match game) 1987
**1 e4 c6 2 d4 d5 3 Nc3 dxe4 4 Nxe4
Bf5 5 Ng3 Bg6 6 h4 h6 7 Nf3 Nd7 8
h5 Bh7 9 Bd3 Bxd3 10 Qxd3 e6 11
Bd2 Ngf6 12 0-0-0 Qc7**
◊   12 ... Be7 13 Qe2 c5 14 dxc5 Qc7 15
Ne4 Nxe4 16 Qxe4 Nxc5 17 Qe5??
Nd3+ 0:1 Tseshkovsky-van Mil, Kusa-
dasi 90.
13 Ne4 0-0-0 14 g3 • Be7?! 15 Kb1
◊   15 Bf4 Qa5 16 Nxf6! Bxf6 17 Kb1
Nb6 18 Ne5 Bxe5 19 Bxe5 f6 20 Bf4
Qb5! ∞ Portisch.
15 ... c5 16 Bf4 Qc6 17 Nxf6 Bxf6

18 Rhe1!
◊   18 Qa3?! cxd4! 19 Qxa7 e5 20
Nxd4?! Qc5! Portisch.
◊   18 d5 exd5 19 Qxd5 Ne5 20 Qxc6+
Nxc6 21 c3 Rhe8 22 Rxd8+ Nxd8 23
Rd1 += Lau-van der Sterren, Dor-
drecht 88.
18 ... a6 19 Qe3?!
◊   19 Qa3! c4 20 Qa5!→ Portisch.
**19 ... cxd4 20 Nxd4 Qb6 21 Qc3+
Qc5 22 Re3 b6! 23 Qd3?**
◊   23 b4!? Qxc3 24 Rxc3+ Nc5 25 bxc5
Bxd4 26 Rxd4! Rxd4 27 cxb6+ Kb7 28
Rc7+ Kxb6 29 Rxf7 += Portisch.
23 ... Nb8! 24 c3 Kb7? [24 ... e5! =+]
**25 Qe2 Bxd4 26 cxd4 Qf5+ 27 Ka1
Nc6 28 Rc3 Rc8 29 Be5! Nxe5 30
dxe5 Rxc3 31 bxc3 Rc8 32 f4!? Rxc3
33 Qg2+ Kb8 34 Kb2 Rc7?!** [34 ...
Rc5! 35 Rd7 Rd5 36 Rxd5 exd5 37 Qxd5
Qxh5 =] **35 Rd8+ Rc8 36 Rd7** [36
Rd6!] **36 ... Rc7 37 Rd8+ Rc8 38
Rxc8+ Kxc8 39 Qc6+ Kd8 40
Qxb6+ Ke8 41 Qb8+ Ke7 42 Qd6+
Ke8 43 Qb8+ Ke7 44 Qd6+ Ke8 45
Qxa6 Qxh5 46 Qd3 g5!**

**47 a4 gxf4 48 Qb5+ Kd8 49 Qb8+
Kd7 50 Qd6+ Ke8 51 gxf4 Qe2+ 52
Kb3 Qe1! 53 Qb8+ ½:½**

9

Geller-Campora
Amsterdam II 1987

1 e4 c6 2 d4 d5 3 Nc3 dxe4 4 Nxe4 Bf5 5 Ng3 Bg6 6 h4 h6 7 Nf3 Nf6 8 h5 Bh7 9 Bd3 Bxd3 10 Qxd3 e6 11 Bd2 Nbd7 12 0-0-0 Qc7 13 Ne4 0-0-0 14 g3 ●

14 ... Nc5

◊ 14 ... c5?! 15 Bf4 Qc6 16 Nxf6 gxf6 17 d5! Qa4 18 Qb3 Qa6 19 dxe6 fxe6 20 c4 Nb6 21 Rxd8+ Kxd8 22 Nd2 Rh7 [Fedorowicz-de Jong, Wijk aan Zee II 90] 23 Qd3+ Rd7 24 Qg6! ±± Fedorowicz.

15 Nxc5 Bxc5 16 Qe2

◊ 16 Kb1!? Rhe8 17 c4 a6! 18 Bf4 Bd6 19 Bxd6 Rxd6 20 c5! Rd5 21 Ne5 Nd7 22 Nxf7 Nxc5 23 Qg6 Rf8! 24 Nxh6! Na4?! [24 ... Rf6! 25 Qc2 Rxh6 26 dxc5 Qe5! = Henkin] 25 Ng4 Qb6?! [25 ... Qd6 +=] 26 Rd2 Nc3+ 27 Kc2! Nxa2 28 Qxg7 Rfd8 29 h6? [29 Ne3! ±] 29 ... Nb4+ 30 Kd1 Rxd4 31 Rxd4 Rxd4+ 32 Ke1 Nc2+ 33 Kf1 Qb5+ ½:½ Yudasin-Henkin, USSR Clubs Ch, Podolsk 89.

◊ 16 Rh4!? Rhe8 17 Qe2 Bb6 18 c4 c5: a:- 19 Bf4 Qe7 20 Qe5? [20 Be5] 20 ... Nd7 21 Qxg7 cxd4 [∞ Campora] 22 Ne5 f6 23 Qxe7 Rxe7 24 Nxd7 Kxd7 =+ Kindermann-Campora, Dubai Ol 86.
b:- 19 Bc3 Re7 20 Ne5 cxd4 21 Bxd4 Bxd4 22 Rhxd4 Rxd4 23 Rxd4 Nd7 24 f4 Nxe5 25 Qxe5 Qxe5 26 fxe5 += Pritchett-Atalik, Dubai Ol 86.

◊ 16 Qc4 Bd6 17 Qa4 Kb8 18 c4 Qe7!

Arakhamia-Sturua, Tbilisi 91.

16 ... Bb6

◊ 16 ... Bd6 - see Games 1-6.

◊ 16 ... Bxd4 17 Bf4 e5 [! = Chandler] 18 Bxe5 Bxe5 19 Nxe5 [+= Campora] 19 ... Rxd1+ 20 Rxd1 Rd8 21 Rf1!? Qe7 22 Re1 Qe6 23 b3 Rd4 24 f3! Nd7! 25 Ng4!? Qxe2 26 Rxe2 Rd5! 27 Re8+ Kc7 28 f4! += Kruppa-Henkin, Minsk 90.

17 c3

◊ 17 Rh4!? Rd7 18 c4 c5 19 Bc3 += Karpov/Zaitsev.

◊ 17 Bf4 Qe7 18 c4 Rhe8 19 Qe5 Bc7 20 Qxc7+ Qxc7 21 Bxc7 Kxc7 22 Rh4!? += Re7 23 Ne5:
a:- 23 ... b5 24 b3 bxc4 25 bxc4 P.b8 26 Rd3 Kd6 27 Ra3 Rc7 28 Ra6 Rbc8 29 Rf4 += Ermenkov-Campora, Amsterdam II 85.
b:- 23 ... Nd7 24 Rf4 Rf8 [24 ... f5 +=] 25 Kc2 Nxe5 26 dxe5 += Karpov-Miles, Amsterdam 85.

17 ... Qe7 18 Ne5 Kb8 19 g4!

◊ 19 f4 c5 20 dxc5 Bxc5 = Geller-Campora, Bern 87.

19 ... Nd7 20 Nxd7+ Qxd7 21 Qe5+ Bc7 22 Qxg7 Qd5 [△ 23 ... Qf3, 24 ... Rdg8 Campora] **23 Qf6 Qxa2 24 Bxh6 e5 25 Be3 exd4 26 cxd4 c5** = **27 Bf4 cxd4 28 Bxc7+ Kxc7 29 Rxd4 Rxd4** [29 ... Qa1+? 30 Kc2 Qxh1 31 Qe5+ ±±] **30 Qxd4 Rd8 31 Qf4+ ½:½**

10

Anand-Miles
Belgrade (GMA) 1988

1 e4 c6 2 d4 d5 3 Nc3 dxe4 4 Nxe4 Bf5 5 Ng3 Bg6 6 h4 h6 7 Nf3 Nd7 8 h5 Bh7 9 Bd3 Bxd3 10 Qxd3 Qc7 11 Bd2 e6 12 0-0-0 Ngf6 13 Ne4 0-0-0 14 g3 Nc5 15 Nxc5 Bxc5 ● 16 c4 Rhe8

◊ 16 ... Bd6 17 Bc3 Kb8 18 Qe2 Ka8 19 Kb1 b5?! 20 d5! bxc4 21 dxe6! ± [21 Bxf6 gxf6 22 dxe6 c3! += Timoshchenko-Marushenko, Budapest 91].

◊ 16 ... Qe7 17 Ba5 Bb6 18 Bxb6 axb6 19 Ne5 Nd7 20 Qe3 Nxe5 21 Qxe5 Qg5+ 22 f4 Qxe5 23 dxe5 Rhg8 24 Rxd8+ Kxd8 25 Kd2 Ke7 = Mestel-Lederman, Beersheva 88.

17 Bc3 Qe7

◊ 17 ... Bf8 18 Qc2! c5 19 d5! exd5 20 Bxf6 gxf6 21 Qf5+ Qd7 22 Rxd5 Qxf5 23 Rxf5 Re2! 24 Rf1 Rde8 [Hazai-Garcia Palermo, Camaguey 87] 25 Nd2! +=.

◊ 17 ... Ng4 18 Qe2 Bf8 19 Ne1 Nf6 20 Nd3 Nd7 21 Kb1 c5 22 Qf3 cxd4 23 Bd2 f6 24 Rhe1 Kb8 25 Rc1 e5 26 Qf5 Nc5 27 f3 Qd7 28 Qxd7 Rxd7 29 Nf2 Rc8 -+ Tischbierek-Szilagyi, Budapest Open 86.

◊ 17 ... Kb8? 18 Qe2 Bf8 19 Ne5 c5 20 dxc5 Bxc5 21 f4 ± Christiansen-Chandler, Wijk aan Zee 82.

◊ 17 ... Bb6:

a:- 18 Rh4 Re7 19 b4 c5 20 bxc5 Bxc5 21 Bb2 Red7 22 Kb1 Be7 23 Rc1 Ng8 24 Re4 Bf6 25 Qa3 Kb8 26 Ne5 Bxe5 27 Rxe5 Qd6 = Zaitsev-Henkin, Moscow 89.

b:- 18 Qc2 c5 19 d5 exd5 20 Bxf6 gxf6 21 cxd5 c4 22 Rh4 Kb8 23 Kb1 Rd6 24 Rf4 Qc5 25 Rxc4 Qxf2 26 Qxf2 Bxf2 27 g4 f5 28 g5 += Anand-Gerber, Biel 88.

18 Ne5 Bb6 19 Qe2 Nd7 20 Nf3 Nf6 21 Ne5 Nd7 22 Nf3 Nf6 ½:½

═══════ **11** ═══════

Lau-van der Sterren
Munich 1988
1 e4 c6 2 d4 d5 3 Nc3 dxe4 4 Nxe4 Bf5 5 Ng3 Bg6 6 h4 h6 7 Nf3 Nd7 8

h5 Bh7 9 Bd3 Bxd3 10 Qxd3 Qc7 11 Bd2 e6 12 0-0-0 Ngf6 13 Ne4 ● Bd6 14 Nxd6+ Qxd6 15 Qe2 Qd5

16 c4

◊ 16 Kb1 b5 17 Rh4 a5 18 g3 b4 19 Ne5 Qb5 20 Qe3 Nd5 21 Qf3 Nxe5 22 dxe5 Rd8 23 Re1 Ne7 24 Bc1 Nf5 25 Rf4 0-0 26 g4 Nd4 27 Qe4 a4 28 b3 c5 29 g5 hxg5 30 Rg4 axb3 31 axb3 Nxb3 32 Qe3 Nd4 33 Rxg5 f6 34 exf6 Rxf6 35 Reg1 Rd7 36 h6 b3 37 Rxg7+ Rxg7 38 Rxg7+ Kh8 39 c4 Qxc4 40 Ra7 Nb5 41 Ra8+ Kh7 42 f3 Rf8 43 Ra5 Qc2+ 44 Ka1 Rxf3 45 Qg1 Qc3+ 46 Kb1 Qd3+ 0:1 Pchëlkin-Akopov, USSR Corres Ch 83-86.

16 ... Qe4 17 Rde1 Qxe2 18 Rxe2 b5 19 c5

◊ 19 b3 a5 20 Ne5 a4 21 Kb2 axb3 22 axb3 bxc4 23 bxc4 Nxe5 24 dxe5 Nd7 25 Ra1 Rxa1 ½:½ Sokolov-Seirawan, Brussels (SWIFT) 88.

19 ... a5! =

◊ 19 ... 0-0-0 20 Rh4 Nd5 21 g4 Rde8 22 g5 hxg5 23 Nxg5 Ref8 24 Ne4 N7f6 25 Nd6+ Kd7 26 h6 gxh6 27 Bxh6 Rh7 28 f3 Rg8 29 Reh2 Rg3 30 Bd2 Rhg7 31 Rh8 Ng8 32 R1h7 Ndf6 += Hjartarson-van der Sterren, Munich 88.

20 Ne1 a4 21 f3 0-0-0 22 Ba5 Rde8 23 Nd3 Re7 24 g4 Rhe8 25 Rhe1 Nd5 26 Bd2 Rh8 27 Kd1 Kd8 28 Rg1 Ke8 29 Ke1 f6 30 Kf2 Kf7 31 Rge1 Rhe8 32 f4 f5 33 g5 g6 34 Rh1 Rh8 35 Ne5+ Nxe5 36 fxe5 f4 37 Kf3 gxh5 38 Rxh5 Kg6 39 Reh2 Reh7 40 Rxh6+ Rxh6 41 Rxh6+ Rxh6 42 gxh6 Kxh6 43 Kg4 Kg6 44 a3 ½:½

12

van der Wiel-Korchnoi
Amsterdam (Euwe Memorial) 1987
**1 e4 c6 2 d4 d5 3 Nc3 dxe4 4 Nxe4
Bf5 5 Ng3 Bg6 6 h4 h6 7 Nf3 Nd7 8
h5 Bh7 9 Bd3 Bxd3 10 Qxd3 e6 11
Bd2 Ngf6 12 0-0-0 Qc7 • 13 Qe2**
◊ 13 Kb1 0-0-0 14 c4 Kb8 15 Bc3 Ka8 16
Qe2 Bd6 17 Ne5 Rhf8 18 f4 c5! ∞
Dvoiris-Yudasin, USSR Ch 90.

13 ... 0-0-0
◊ 13 ... c5 14 Kb1 Rc8 15 c4 cxd4 16
Nxd4 Bc5 17 Nb5 Qc6 18 b4 a6 19 bxc5
axb5 20 cxb5 Qxg2 21 Rhg1 Qh3 22 c6!
bxc6 23 bxc6 Rxc6 24 Bb4 Qh4 25 a3
Rb6 26 Qb2! Nd5 27 Rd4 Qd8? [27 ...
Qg5!?] 28 Rxd5 exd5 29 Qe2+ Re6 30
Nf5! Qb6 31 Nxg7+ Kd8 32 Nxe6+
fxe6 33 Rg7 ±± Galdunds-Tavadian,
USSR 90.

14 Ne5

◊ 14 Kb1 Bd6 15 Ne4 Nxe4 16 Qxe4
Nf6 17 Qe2 Rhe8 18 c4 c5 19 Bc3 a6 20
dxc5 Bxc5 21 Ne5 Rxd1+ 22 Rxd1 Rd8
23 Rxd8+ Kxd8 ½:½ Kirov-Velikov,
Groningen 89.

14 ... Nb6
◊ 14 ... Nxe5 15 dxe5:
a:- 15 ... Nd5 16 f4 Be7 17 Ne4 Qb6 18
Rh3 c5 19 Rf1! Rhe8 20 Rhf3 Qc7 21 g4
Rh8 22 Be1 Rd7 23 Bg3 Nb4 24 f5! Qc6
25 a3 Nd5 26 fxe6 fxe6 27 Rf7 ±
Akopian-Magomedov, USSR Young
Masters, Minsk 90.
b:- 15 ... Nd7 16 f4 Be7 17 Be3 Qa5
18 Kb1 Nc5 19 Bxc5!? Qxc5 20 Ne4 Qa5

21 Qg4 [21 c4!?] 21 ... Rxd1+ 22 Rxd1
Rd8 23 Nd6+ ∞ Shirazi-Hertan, USA
90.

15 Ba5
◊ 15 c4:
a:- 15 ... Rxd4 16 Be3! Rxd1+ 17 Rxd1
Rg8! 18 f4 c5 19 Qd3 Be7 20 Nxf7 Ng4!
[20 ... Rf8 21 Ne5 ± Sax-Andersson,
Match 90] 21 Qe4 Qc6! ∞.
b:- 15 ... c5 16 Bf4 [16 Kb1 Bd6 17 Ba5
Qe7 18 dxc5 Bxc5 19 Nd3 Rd7 20 Rc1
Kb8 21 Ne4 Nxe4 22 Qxe4 Rc8 23 Bc3
Ka8 24 Nxc5 Qxc5 25 Bxg7 f5 26 Qe5
Qc6 27 b3 Qxg2 28 Bxh6 ±
Chiburdanidze-Sturua, Tbilisi 91] 16 ...
Bd6 17 dxc5 Qxc5 18 Kb1 Bc7 19 Rhe1
Nbd7 20 Nxd7 Rxd7 21 Rxd7 Kxd7 22
Be3 Qc6 23 f4 ½:½ Fedorowicz-Panno,
Buenos Aires 91.

15 ... Rd5
◊ 15 ... Bd6 16 Ne4 Nxe4 17 Qxe4
Qe7 18 f4 Rhe8 19 g3 f6 20 Ng6 Qf7 21
b3 Bc7 22 c4 Nd7 23 Bxc7 Kxc7 24 Qe3
= Akopian-Timoschenko, Tbilisi 89.
◊ 15 ... c5 16 Rh4!? [16 c4] 16 ... Bd6 17
dxc5 Bxe5 18 Rxd8+ Rxd8 19 cxb6
axb6! 20 Rc4 bxa5 21 Rxc7+ Bxc7 22
Qf3 [22 Qc4!?] 22 ... Rd4 23 Ne2 Rh4 24
Qa3 Rh1 25 Kd2 Ne4+ 26 Ke3 Nd6 27
Qc3 Rxh5 28 g4 Re5+! ∞ J.C.Diaz-
Nogueiras, Cuba Ch 90.

16 Bxb6! axb6 17 c4
◊ 17 f4 Bd6 18 Kb1 Rd8 19 c4 Ra5 20
Rd3! Kb8 [20 ... b5 ∞ Am.Rodriguez-
Gomez Baillo, Junin Teams 87].

17 ... Rd8
◊ 17 ... Ra5 18 Kb1 Bd6 19 f4 Rd8 20
Rhf1 b5 21 c5 Bf8 22 f5 Ra4 23 fxe6 fxe6
24 Qe3 ∞ Woodford-Tzur, corr Ol 90.
**18 Kb1 Bd6 19 f4 c5 20 dxc5 Bxc5 21
Ne4 Bd4 22 g3 Nxe4 23 Qxe4 Bxe5
24 Qxe5 Qxe5 25 fxe5 Rhg8 26
Rxd8+ Rxd8 27 Kc2 Rd4 28 Rh4!
Rxh4 29 gxh4 Kd7 30 a4 Kc6 31 Kc3
Kc5 32 b4+ Kc6 33 Kd4 Kd7 34 Ke3
Kc8 35 Kf4 Kb8 36 Kg3 Kc8 37 Kh3
Kb8 38 Kg2 Kc8 39 Kf3 Kb8 40 Ke3
½:½**

13

Bunze-Dunhaupt
Postal 1985
**1 e4 c6 2 d4 d5 3 Nc3 dxe4 4 Nxe4
Bf5 5 Ng3 Bg6 6 h4 h6 7 Nf3 Nd7 8
h5 Bh7 9 Bd3 Bxd3 10 Qxd3 e6 11
Bf4 Qa5+ 12 Bd2 Qc7 13 Qe2 Ngf6
14 0-0-0 0-0-0 15 Ne5 Nb6 16 Ba5
Rd5 • 17 b4?! Rxa5! 18 bxa5 Ba3+
19 Kb1 Na4 20 Qf3 Bb4 21 Rd3
Qxa5 22 Ne2 Nd5**

23 Qxf7!
◊ 23 Rh3 f6 24 Ng6 Rd8 25 Ngf4
Ndc3+ 26 Nxc3 Bxc3 27 Rxc3 Rxd4 28
Ne2 Rd1+ 29 Nc1 Qb4+ 30 Rb3 Qd2
31 Qxd1 Qxd1 32 Rbd3 Qe1 33 Rhg3
Qe5 34 c3 Qf5 35 Rxg7 Qxf2 36 Ne2
Qxe2 0:1 Yeshazarian-Shirokovsky,
USSR Club Ch, Roslavl 89.
**23 ... Nac3+ 24 Nxc3 Bxc3 25
Qxe6+ Kb8 26 Rxc3 Nxc3+ 27 Kb2
Na4+** [27 ... Nb5!?; 27 ... Nd5?! 28
Qd6+ Ka8 29 Qc5 Qd2 30 Nd3 Re8 31
Re1 ∞/=] **28 Kc1 Qc3 29 Qb3 Qa1+
30 Qb1 Qc3 31 Qb3 Qa1+ 32 Qb1
Qc3 33 Qb3 Qa1+ ½:½**

14

Am.Rodriguez-Berg
Dieren 1987
**1 e4 c6 2 d4 d5 3 Nc3 dxe4 4 Nxe4
Bf5 5 Ng3 Bg6 6 Nf3 Nd7 7 h4 h6 8
h5 Bh7 9 Bd3 Bxd3 10 Qxd3 e6 11
Bd2 Ngf6 12 0-0-0 •** **Be7**

13 Qe2
◊ 13 Ne4 Nxe4 14 Qxe4 Nf6 15 Qe2
Qd5 16 c4 Qe4 17 Qxe4 Nxe4 18 Be3
[Strikovič-Korchnoi, Torcy 90] 18 ... f5
19 Nd2! = Armas.
◊ 13 Kb1 a5 14 Qe2 a4 15 Ne5 a3 16 b3
0-0 17 f4 Qb6 18 c4 Rfd8 19 Bc3 Bb4 =
Pliester-Fletcher, New York Open 89.
◊ 13 Rhe1 a5!? 14 Qe2 0-0 15 Ne5 a4
16 a3 Qc7?! 17 Ng6!? Rfe8?! 18 Nxe7+
Rxe7 19 Ne4 c5?! 20 Nxf6+ Nxf6 21 d5!
Fabri-Mitov, Corres Ol 83-87.
13 ... 0-0
◊ 13 ... a5!? 14 Ne5 a4 15 a3 0-0 16
Rh3?! Rc8 17 Kb1 c5 18 Bc1 Qc7 19
Ng6! fxg6 20 Qxe6+ Kh8 21 hxg6 Qd6
22 Qxd6 Bxd6 23 Nf5 Ne4 24 Nxd6
Nxf2 25 Re1 Nxh3 26 Nxc8 Rxc8 27
gxh3 ∞ Lobron-Douven, Amsterdam
87.
◊ 13 ... c5 14 dxc5 Qc7 15 Bc3 0-0 16
Ne4 Qf4?! [16 ... Nd5 17 Bd4 Nxc5 =]
17 Nfd2 Nxe4 18 Qxe4 Qxe4 19 Nxe4
Nxc5 20 Nxc5 Bxc5 21 f3 Rfd8 22 a4?!
[22 Rhe1] 22 ... f6 23 b4 Be3+ 24 Kb2 e5
25 Kb3 Kf7 26 Rhe1 Bf4 ½:½
Hjartarson-Korchnoi, Tilburg 89.
**14 Ne5 Rc8 15 Rhe1 c5?! 16 Ng6!
Re8 17 Nxe7+ Qxe7 18 d5!? += Qd6**
◊ 18 ... Nxd5? 19 Bxh6! ± Grünfeld-
Lobron, New York Open 86.
19 dxe6 Rxe6?!
◊ 19 ... Qxe6 20 Qxe6 Rxe6 21 Rxe6
fxe6 22 Bf4 +=.
20 Nf5! Qc7 21 Qf3 Rce8 22 Bf4 +=

22 ... Qa5? [22 ... Ne5] **23 Qg3! Nxh5 24 Nxh6+ Kh7 25 Qd3+ g6 26 Rxe6 Rxe6 27 Qxd7 Nxf4 28 Qxf7+ Kxh6 29 Qxf4+ g5 30 Qf8+ Kg6 31 g4! c4 32 Qg8+ Kf6 33 Qh8+ 1:0**

Kb1 Qc7 18 Nxd7 Qxd7 19 Ne4 Nxe4 20 Qxe4 Rfd8 21 Qe2 Qc6 22 Bc3 Rd5 [22 ...Bf8! △ ... b5 ∞ - Gutman] 23 Rxd5 exd5 24 Re1 d4 25 Bd2 Bb6 26 Qe4 Qxe4 27 Rxe4 g6 28 a4 f5 29 Re5 Rc5 30 Re7 Rc7 31 Re5 Rc5 32 Re1 gxh5 van Mil-Fette, Lugano Open 89.

15 Rhe1 ● b5 16 Kb1 b4 17 f4 Nd5 18 Ne4 f5 19 Nf2 Bh4 20 Ned3 Qe7 21 Qxe6+ Qxe6 22 Rxe6 N7f6 23 Rh1 Bxf2 24 Nxf2 a5 25 Re5 Nd7 26 Ree1 c5 27 dxc5 Rxc5 28 Nd3 Rc7 29 Re2 Rfc8 30 Rc1 Rc4 31 Ne5 Nxe5 32 Rxe5 Rd4 33 Re2 Nxf4 34 Bxf4 Rxf4 35 Re5 Ra8 36 c3 bxc3 37 Rxc3 a4 38 Rf3 Rg4 39 Rexf5 Rxg2 40 Rf2 Rg1+ 41 Rf1 Rxf1+ 42 Rxf1 Ra5 43 Rh1 g5 44 hxg6 Kg7 45 b4 Rf5 46 Kb2 Rf3 47 Rg1 h5 48 Rg5 h4 49 b5 h3 50 b6 a3+ 51 Kc2 Rf6 52 Rh5 Rxb6 ½:½

──────── **15** ────────

Sisniega-Lobron
New York Open 1988
1 e4 c6 2 d4 d5 3 Nc3 dxe4 4 Nxe4 Bf5 5 Ng3 Bg6 6 Nf3 Nd7 7 h4 h6 8 h5 Bh7 9 Bd3 Bxd3 10 Qxd3 Ngf6 11 Bd2 e6 12 0-0-0 Be7 13 Qe2 0-0 14 Ne5 Rc8

◊ 14 ... c5 15 dxc5 Bxc5 16 f4 [16 Nxd7 Qxd7 17 Bg5 Nd5 18 c4 hxg5 19 cxd5 Rac8 20 Kb1 exd5 21 h6 g6 22 Qe5 f6 23 Qxd5+ Qxd5 24 Rxd5 Rfd8 25 Rxd8+ Rxd8 26 Rc1 Bd6! -+ van der Wiel-Fette, Lugano Open 89] 16... Rc8 17

──────── **16** ────────

Chandler-Berg
Bundesliga 1986-87
1 e4 c6 2 d4 d5 3 Nc3 dxe4 4 Nxe4 Bf5 5 Ng3 Bg6 6 Nf3 Nd7 7 h4 h6 8 h5 Bh7 9 Bd3 Bxd3 10 Qxd3 ● e6 11 Bf4 Bb4+ 12 c3 Be7

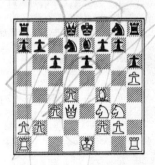

13 0-0-0
◊ 13 Ne4 Ngf6 14 Nd6+ Bxd6 15 Bxd6

Qa5 16 Bb4 Qb5 17 Qxb5 cxb5 18 a4 bxa4 19 Rxa4 Nd5 20 Bd6 a5 =+ Santo Roman-Lobron, Lyon 88.

13 ... Ngf6 14 Ne5

◊ 14 Kb1 0-0:

a:- 15 Rhe1 a5 16 Ne5 Nd5 17 Bc1 Nxe5 18 dxe5 b5 19 Ne4 Rb8 20 g4 Kh8 21 Rg1 c5 22 g5 += Wittmann-Lobron, Euro-Teams, Haifa 89.

b:- 15 c4 b5 16 c5 Nd5 17 Qd2 a5 18 Ne4 N7f6 19 Nxf6+ Bxf6 20 Bd6 Re8 21 Ne5 Bxe5 22 dxe5 a4 23 Rh3 Qa5 24 Qxa5 Rxa5 25 Rd4 Kh7 26 g4? Ra7 27 f4 f6 =+/-+ Renet-Lobron, Marseille 89.

14 ... 0-0

◊ 14 ... Nd5 15 Bd2 Nxe5 16 dxe5 Nb6 17 Qe2 Qd5 18 b3 Qa5 19 Kb1 += W. Watson-Grószpéter, Kecskemet 89.

15 Kb1 c5 16 Qf3 cxd4 17 Rxd4 Nxe5 18 Bxe5 Qc8 19 Rhd1 += Rd8 20 Ne4 Rxd4 21 Rxd4 Nxe4 22 Qxe4 b5 23 Rd3 Bf8 24 g4 a5 25 f4 f6 26 Bd6 Bxd6 27 Rxd6 Ra6 28 Rd4 Ra8 29 a3 Kh8 30 Ka1 Kg8 31 g5 hxg5 32 fxg5 fxg5 33 h6 Qe8 34 Rd6 Rd8 35 Qd4 1:0

===== **17** =====

De Firmian-Korchnoi
Lugano Open 1986
1 e4 c6 2 d4 d5 3 Nc3 dxe4 4 Nxe4 Bf5 5 Ng3 Bg6 6 Nf3 Nd7 7 h4 h6 8 h5 Bh7 9 Bd3 Bxd3 10 Qxd3 Ngf6 ● 11 Bf4 e6 12 0-0-0 Be7 13 Ne5

◊ 13 Kb1:

a:- 13 ... 0-0 14 Ne4 [14 Ne5 +=] 14 ... Nxe4 15 Qxe4 Nf6 16 Qe2 Qd5 17 Ne5 Qe4 18 Qd2 Nd5 19 Bg3 Rfd8 20 Rde1 Qf5 21 Nd3 Rac8 22 Be5 c5 23 dxc5 f6 24 g4 Qf3 =+ Kupreichik-Lobron, Ljubljana 89.

b:- 13 ... a5:

b1:- 14 c4? a4 15 a3 [Horvath-de Boer, Copenhagen Open 86] 15 ... b5! -+.

b2:- 14 Ne5 a4 15 c4 0-0 16 Rhe1 a3 17

b3 Rc8 18 Qf3 Qa5 19 Nxd7 Nxd7 20 Ne4 Qf5 21 g4!? Qh7 22 Qd3 += Short-Berg, Bundesliga 87-88.

13 ... 0-0 14 Ne4

◊ 14 c4 c5 15 d5 Bd6 16 Ng6 Bxf4+ 17 Nxf4 Qc7 18 Rh4 Rad8 19 dxe6 Ne5 20 Qe2 Rxd1+ 21 Qxd1 Nxc4 22 Nf5 fxe6 23 Ne7+! Qxe7 24 Ng6 Qf7 25 Rxc4 ± Hellers-Rasmussen, Esbjerg 88.

◊ 14 Qe2 Qa5 15 Kb1 Rad8 16 Ng6! fxg6 17 Qxe6+ Kh8 18 hxg6 Ng8 19 Bxh6 gxh6 20 Rxh6+ Nxh6 21 Qxe7 Nf6 22 g7+! ±± Andonov-Curtacci, corr 90.

◊ 14 Rhe1 c5 15 Qb5 Qb6 16 Qa4 Nxe5 17 dxe5 Nd5 18 Nf5 exf5 19 Rxd5 ± Mortensen-Berg, Copenhagen 91.

14 ... Nxe4 15 Qxe4 Nxe5 16 Bxe5 Qd5! 17 Qg4?

◊ 17 Qxd5 cxd5! [17 ... exd5 =] 18 Rh3 b5 =+ Korchnoi.

17 ... f6 18 Bf4 Qxa2! 19 Bxh6 Rf7 20 c3 a5 -+ 21 Bd2

◊ 21 Rhe1? a4 22 Kc2 Qb3+ 23 Kd3 e5 -+ Korchnoi.

21 ... a4 22 Kc2 Qb3+ 23 Kd3 Rd8 24 Ke2 e5?

◊ 24 ... Qc4+! 25 Ke1 e5 26 h6 exd4 27 Be3! a3 28 Rxd4 Rxd4 29 Qxd4 Qa2! 30 bxa3 Qa1+ 31 Qd1 Qxc3+ -+ Korchnoi.

25 dxe5 Qb5+ 26 Ke1 Qxe5+ 27 Be3 Rxd1+ 28 Kxd1 Qd5+ 29 Ke2 f5! 30 Qg6 f4 31 Bc1 Bc5 32 Qd3 Qxg2! 33 Rf1 Qg4+ 34 Kd2? Rd7 0:1

===== **18** =====

Ivanchuk-Seirawan
Novi Sad Olympiad 1990
1 e4 c6 2 d4 d5 3 Nc3 dxe4 4 Ne4 Bf5 5 Ng3 Bg6 6 h4 h6 7 Nf3 Nd7 8 h5 Bh7 9 Bd3 Bxd3 10 Qxd3 Ngf6 11 Bf4 e6 12 0-0-0 Be7 ● 13 c4!? b5!? 14 c5 0-0 15 Kb1 a5 16 Bc1 (△ Ng3-e2-f4) **16 ... a4 17 Ne2 Qb8! 18 g4?!** (18 Nf4 +=) **18 ... Nxg4 19 Rdg1 f5!**

[19 ... Nxf2 20 Qc2!] **20 Nf4 Rf7 21 Qe2 e5?** [21 ... Nf8! 22 Nxe6 Bf6 △ Qe8 -+] **22 Ng6! Qe8 23 Nh2? Nxh2 24 Rxh2 Kh7 25 f3! Bf8 26 Re1 e4! 27 fxe4 Qxe4+ 28 Qxe4 fxe4 29 Rxe4 Rf5 30 Re6?! Rc8 31 Kc2 Kg8 32 Bd2?! Kf7 33 Ree2 Nf6 34 Ref2** ½:½

=========== **19** ===========

Jonsson-Thorsteins
Reykjavik 1989
1 e4 c6 2 d4 d5 3 Nc3 dxe4 4 Nxe4 Bf5 5 Ng3 Bg6 6 Nf3 Nd7 7 h4 h6 8 h5 Bh7 9 Bd3 Bxd3 10 Qxd3 e6 11 Bf4 ● Qa5+ 12 c3 Ngf6 13 a4
◊ 13 Ne5 Nxe5 14 dxe5 Nd5 15 Qf3 0-0-0 16 Ne4 f5 17 exf6 gxf6 18 Bg3 f5 19 Nd2 Qa6 20 Qe2 Qxe2+ 21 Kxe2 Bg7 22 Nc4 e5 = Kupreichik-Dorfman, Lvov 88.
13 ... Be7
◊ 13 ... Nd5 14 Bd2 Qc7:
a:- 15 Kf1?! a5 =+ Panchenko-Bronstein, Moscow 81.
b:- 15 a5 N5f6 16 Ne4 Nxe4 17 Qxe4 ½:½ Dvoiris-Haritonov, Simteropol 88.
◊ 13 ... c5:
a:- 14 0-0 Be7 15 Rfe1 0-0 16 Nf5 Rfe8 17 Rxe6! fxe6 18 Nxh6+ gxh6 [18 ... Kh8 19 Nf7+ Kg8 20 h6! ±±] 19 Qg6+ Kh8 20 Qxh6+ Nh7 21 Ne5 Rf8 22 Ng6+ ±± Kolosovskaya-Alieva, postal 84-86.
b:- 14 dxc5 Nxc5 15 Qc2 Qa6 16 c4 Rd8

17 0-0 Be7 [17 ... Nd3 18 Be3 Nb4 19 Qe2 Bd6 20 Nd4 = +] 18 Ne5 0-0 19 b4 Ncd7 20 Nd3 += Blumenfeld-Gutierrez, New York Open 89.
14 b4 Qd5 15 a5 Qb5 16 Qxb5 cxb5 17 0-0 a6 18 Rfe1 Rc8 19 Bd2 0-0 20 Nf5 Rfe8 21 Nxe7+ Rxe7 22 Rac1 Nd5 23 g4 Rc6 24 Kf1 Re8 25 Ke2 f6 26 Kd3 Rec8 27 Nh4 b6 28 f4 bxa5 29 bxa5 Kf7 30 Ng6 Rc4 31 f5 e5 32 dxe5 Nc5+ 33 Ke2 Ne4 34 Red1 Nexc3+ 35 Bxc3 Nxc3+ 36 Rxc3 Rxc3 37 Rd7+ Ke8 38 e6 R3c7 39 Rd6 Rc2+ 40 Kd1 R2c6 41 Rd3 Rd8 42 Nf4 Rc4 43 Nd5 Rc5 44 Nb4 Rxd3+ 45 Nxd3 Rc4 46 Kd2 Ke7 47 Ke3 b4 48 Nf4 Rxf4 0:1

=========== **20** ===========

Mercuri-Hertan
E. Massachusetts Open 1990
1 e4 c6 2 d4 d5 3 Nc3 dxe4 4 Nxe4 Bf5 5 Ng3 Bg6 6 Nf3 Nd7 7 h4 h6 8 h5 Bh7 9 Bd3 Bxd3 10 Qxd3 ● Qc7
◊ 10 ... e6 11 Rh4?! Be7 12 Re4 Ngf6 13 Re2 Nxh5 14 Nxh5 Qa5+ 15 Bd2 Qxh5 16 0-0-0 0-0? [16 ... 0-0-0] 17 g4 Qxg4 18 Rg1 Qh5 19 Ree1! a5?! 20 Rh1 Qb5 21 c4 Qa4 22 Reg1 Qxa2 23 Rxg7+! Kxg7 24 Bxh6+ Kg8 25 Rg1+ Bg5+ 26 Rxg5+ Kh8 27 Bg7+ Kg8 28 Bf6 mate.
Eberz-Mephisto Dallas, 89
11 Rh4

◊ 11 Bd2 e6 12 0-0-0 [12 Kf1!?] 12 ... Ngf6 13 Qe2 Bd6 14 Nf5 Bf4 15 Nxg7!? ∞ W.Watson-Miles, Brighton 84.

11 ... e6 12 Bf4 Bd6 13 Bxd6 Qxd6 14 Ne4 Qe7

◊ 14 ... Qb4+ 15 c3!? Qxb2? 16 Rb1 Qxa2 17 Rxb7 Ngf6 18 Nd6+ Kf8 19 Nxf7! Kxf7 20 Ne5+ Ke7 21 Qg6 ±±.

15 Qa3!

◊ 15 Rf4 Ngf6 16 Nxf6+ Nxf6 17 Ne5 0-0 18 Qe2 Rad8 19 0-0-0 c5 20 g4!? Rxd4 21 Rfxd4 cxd4 22 Rxd4 Rd8 23 Qd2 += Kupreichik-Shamkovich, Moscow GMA 89.

15 ... Qxa3 16 bxa3 Ke7 17 Rb1 Rb8

◊17 ... b6 18 Ne5 Nxe5 [18 ... Rc8? 19 Nxf7] 19 dxe5 f5 20 Ng3! △ Ng3-e2-f4, Rd1/Rd4 ±± Belyavsky-Pomar Las Palmas 74.

18 Nc5 Nxc5 19 dxc5 a5 20 Ne5 Nf6 21 Rd4 [21 Ra4!?; 21 Nc4] **21 ... Rhc8 22 g4 Rc7 23 f3 Nd7** [= Bagirov ECO] **24 Rxd7?!** [24 Nd3! +=/±] **24 ... Rxd7 25 Nxc6+ bxc6 26 Rxb8 Rd5 27 Rb7+? Kf6 28 Rc7 Rxc5 29 Kd2 g6 30 hxg6 fxg6 31 Kd3 e5?** [31 ... h5] **32 c4 h5 33 gxh5 gxh5 34 Rc8 Kf5 35 Rf8+ Kg5 36 Rf7?** [36 Ke4!=] **36 ... Kg6! 37 Rf8 Kg7! 38 Rb8 h4 39 Rb7+ Kg6 40 Rb8 e4+ 41 fxe4 Rh5 42 Rg8+ Kf6 43 Rg2 h3 44 Rh2 Kg5** [44 ... Ke5!] **45 e5 Rh6! 46 Kd4 Kg4 47 Kc5 Kg3 48 Rh1 h2 49 a4 Kg2 50 Rd1 h1Q 51 Rxh1 Kxh1 52 Kb6 Kg2 53 Kxa5 Kf3 54 Kb6 Ke4 55 a5 Kxe5 56 c5** [56 a6 c5+!; 56 a4!? c5+] **56 ... Kd5 57 a6 Rh4 58 Ka5 Kxc5 59 a7 Rh8 0:1**

van der Heijden-Miles
Bussum Open 1987
1 e4 c6 2 d4 d5 3 Nc3 dxe4 4 Nxe4 Bf5 5 Ng3 Bg6 6 Nf3 Nd7 7 h4 h6 8 h5 Bh7 9 Bd3 Bxd3 10 Qxd3 Qc7 11 Rh4 e6 12 Bf4 ● Qa5+ 13 Bd2 Qb6
◊ 13 ... Qc7 14 0-0-0:
a:- 14 ... Be7 15 Rh3 0-0-0 16 Qe2 Bd6 17 Ne4 Bf4 18 Rh4 [18 Ne5!? ±] 18 ...

Bxd2+ 19 Nexd2 Ne7 20 Nc4 += Martinović-Miles, Amsterdam 85.
b:- 14 ... Ngf6 15 Qe2 Be7:
b1:- 16 Rhh1 c5 17 Kb1 c4 18 Ne5 b5 19 f4 Nd5 20 Ne4 Rc8 21 Rh3 b4 22 Bc1 a5 ∞ Smagin-Diekalo, Kotov Memorial, Tallinn 86.
b2:- 16 Ne5!? Nxe5 17 dxe5 Nd7 18 Rd4! ± Gufeld-Am.Rodriguez, Athens 84.

14 0-0-0 Be7

15 Rg4!?

◊ 15 Rhh1 Ngf6 16 Rhe1!? a5?! [16 ... 0-0-0! 17 Nf5 Bf8 △ ... a5] 17 Ne5 a4?! [17 ... Nxe5 18 dxe5 Nd5 19 Ne4 ±] 18 Nxf7! a3! 19 b3 Kxf7 20 Rxe6! ≈ W. Watson-Miles, Edinburgh 85.

15 ... Ngf6

◊ 15 ... Bf8?! 16 Ne5 Ngf6 17 Rh4 Be7 18 f4! Rf8 19 f5! ± Sanakoyev-Krzyszton, postal 87.
◊ 15 ... f5 16 Rxg7! Bf6 17 Nxf5 exf5 18 Re1+ Kd8 19 Rxd7+ Kxd7 20 Qxf5+ Kd8 21 Ne5 ±± - Bottlik.

16 Rxg7! Bf8

◊ 16 ... Kf8? 17 Rxf7+ Kxf7 18 Qg6+ Kf8 19 Ne5 Nxe5 20 dxe5 Nd5 [20 ... Ng8 21 Nf5! ±±] 21 Nf5 exf5 22 e6 Rh7 23 Bxh6+ Rxh6 24 Qf7 mate - Sanakoyev. **17 Rxf7!? Kxf7 18 Ne5+ Nxe5** [18 ... Ke8] **19 dxe5 Nd5! 20 Qg6+ Ke7 21 Ne4 Rd8**

◊ 21 ... Kd7 22 c4 Be7 23 Bxh6 Qb4 24 cxd5 cxd5 25 Nf6+ Bxf6 26 exf6 ±± Kalmar-Walker, postal 87.

22 Be3 Qc7 23 Nc5?

◊ 23 Bd4! b5 24 Nc5 Qc8 25 Rd3! Re8

26 Ra3 Kd7 27 Rxa7 Bxc5 28 Bxc5 Re7 29 Bxe7+ Nxe7 30 Rxe7 ±± Bottlik.
23 ... Qxe5 24 Bd4 Nf4! -+ 25 Qf6+ Qxf6 26 Bxf6+ Kxf6 27 Rxd8 Nxg2 28 Nxb7 Nf4 29 Rc8 Nxh5 30 Rxc6 Nf4 0:1

22

Ljubojević-Miles
Dubai Olympiad 1986
1 e4 c6 2 d4 d5 3 Nc3 dxe4 4 Nxe4 Bf5 5 Ng3 Bg6 6 h4 h6 7 Nf3 Nd7 8 Bd3 Bxd3 9 Qxd3 Qc7
◊ 9 ... e6 10 Bd2 Ngf6 11 0-0-0:
a:- 11 ... Be7 12 Ne4 0-0 13 Kb1 c5 14 dxc5 Nxc5 15 Nxf6+ Bxf6 16 Qa3 Qb6? [16 ... Qc7] 17 Be3 Rfc8 18 Rhe1! a5 [18 ... Qc6] 19 g4! g6 20 Nd2 Be7 21 Bxh6 Qb4 22 Qxb4 axb4 23 Bg5 Bxg5 24 hxg5 ±± Larsen-Rasmussen, Esbjerg 88.
b:- 11 ... Qc7 12 Rhe1 0-0-0 13 Qb3 c5! = 14 Qa4 Kb8 15 Ba5?! [15 dxc5 Nxc5 16 Bf4 Bd6 17 Rxd6 Nxa4 18 Rxd8+ Rxd8 19 Bxc7+ Kxc7 =] 15 ... Nb6 16 Bxb6 Qxb6 17 Ne5 Qc7 18 Ne4 Nxe4 19 Rxe4 Bd6 20 Nf3 Be7 =+ Zapata-Dorfman, Havana 88.
10 Bd2 e6 11 0-0-0 0-0-0

12 Kb1
◊ 12 Qb3!? Ngf6 13 Qa4 Kb8 14 Ba5 Nb6 15 Qb3 [15 Bxb6?! axb6 16 Ne5?! Bd6 17 Rhe1 b5 18 Qb3 Bxe5 19 dxe5 Rxd1+ 20 Kxd1 Ng4 21 f4 = Zapata-Miles, Wijk aan Zee 87] 15 ... Bd6 16

Rhe1 Bf4+ 17 Kb1 Rd5 18 Bxb6 Qxb6 19 Qxb6 axb6 20 Ne4 += Zapata-Garcia Palermo, Paris 84.
◊ 12 c4 Ngf6 13 Bc3 Bd6 14 Ne4 Bf4+ 15 Kb1 Ne5 16 Nxe5 Bxe5 17 Rh3 Rhe8 18 Kc2 Kb8 19 Nc5 Bd6 20 Ne4 Be5 = Zapata-Miles, New York Open 89.
◊ 12 Rhe1 Ngf6 13 Qb3!? Bd6! 14 Qa4 Kb8 15 Ba5 Nb6 16 Bxb6 axb6 17 Ne4 b5 18 Qb3 Bf4 19 Kb1 Ne4 20 Re4 Rd5! = Zapata-Adianto, Novi Sad 90.
12 ... Ngf6 13 Bc1 c5 14 Qe2?! [14 c4 ∞ Rajković] **14 ... c4 15 Ne5 Nb6 16 c3 Bd6 17 f4 += Kb8** [17 ... h5!? 18 f5 Rde8 ∞ Rajković] **18 Rhf1 Nfd5 19 Rf3 Rhe8 20 Ne4 f5** [20 ... f6! 21 Ng6 f5 22 Nf2 Nf6 △ ... h5 ∞ Rajković] **21 Nf2 += Rc8?!** [21 ... Bxe5 22 fxe5 +=; 21 ... h5!?] **22 g4 Ka8 23 gxf5 exf5 24 Qc2 Rf8 25 Rg1 Rf6 26 Nh1! Rg8 27 Ng3 g6 28 Nf1** [△ 29 h5; 28 h5!? gxh5 29 Rh1 Ne7 30 Rxh5 Nbd5 31 Qe2 ± Rajković] **28 ... h5 29 Rfg3 Ne7 30 Ne3 Qc8 31 Qe2 Bxe5 32 dxe5 ± Rff8 33 Nc2 Rd8 34 Be3 Nbd5 35 Na3! Nxe3 36 Rxe3 Qc5 37 Reg3 Nd5 38 Rf1 Rc8 39 Nc2 Ne7 40 Nd4 Qb6 41 Rd1 Rgd8 42 Rgg1 Kb8 43 Qf3 Rd5 44 Rg2 Rcd8 45 Rgd2 Qa6 46 Qg2 Qa4 47 Qg5 Qd7 48 Qf6 a6 49 Qb6 Rc8?!** [49 ... Ka8 50 Nf3 ±] **50 Kc1 Ka8 51 Ne6 Rxd2 52 Rxd2 Qc6 53 Qxc6 Rxc6 54 Rd8+ Ka7 55 Nd4 Rc7 56 Kd2 ±± b5 57 Rd6 Kb7? 58 Ne6 1:0**

23

Hübner-Seirawan
Barcelona (World Cup) 1989
1 e4 c6 2 d4 d5 3 Nc3 dxe4 4 Nxe4 Bf5 5 Ng3 Bg6 6 Nf3 Nd7
◊ 6 ... Nf6 7 h4 Nh5!? 8 Bc4 Nxg3 9 fxg3 e6 10 Bf4 Nd7 11 Qe2! Bh5?! [11 ... Nb6 12 h5! Bf5 13 Bb3 += Sznapik] 12 0-0-0! ± Nb6 13 d5! cxd5 [13 ... Bxf3 14

dxe6! Bd5! 15 Bxd5 Nxd5 16 exf7+ Kxf7 17 Rhf1 ±] 14 Bb5+ Ke7 15 Rhe1! ±± Bg4 16 Qe3! Qc8 17 Ne5! Bh5 18 Rd3 h6 19 g4 Bg6 20 Rc3 Nc4 21 Nxc4 1:0 Sznapik-Izeta, Salamanca 88.

7 Bd3

◊ 7 Bc4 e6 8 0-0 Ngf6:

a:- 9 Re1 Be7 10 c3 0-0 11 a4 c5 12 a5 Rc8 13 Qe2 cxd4 14 Nxd4 Nc5 15 Bf4 += Apicella-Khenkin, Paris 91.

b:- 9 Qe2 Be7 10 Re1 Nb6 11 Bb3 a5 12 a3 a4 13 Ba2 Nbd5? 14 c4 Nc7 15 Bf4 0-0 16 Bxc7 Qxc7 17 d5 Rfd8 18 dxe6 fxe6 19 Qxe6+ Bf7 20 Qh3 Nd7 21 Rad1 Nf8 22 Bb1 Bc4? 23 Rd7! Nxd7 24 Qxh7+ Kf8 25 Qh8+ Kf7 26 Bg6+ 1:0 Pantaleoni-Nerri, corr 90.

7 ... e6

◊ 7 ... Ngf6 8 0-0 e6:

a:- 9 Ng5!? Be7 10 f4 Bxd3 11 Qxd3 g6 12 Bd2 [12 c4!?] 12 ... Nd5 13 c4?! Nxf4 14 Bxf4 Bxg5 15 Bxg5 Qxg5 16 Ne4 Qe7 17 Qg3 0-0 18 Qc7 f5! =+ Brooks-Miles, Long Beach 89.

b:- 9 c4 Bd6 10 Re1 0-0 11 Bxg6 hxg6 12 Ne4 Nxe4 13 Rxe4 Re8 14 Bg5 Nf6 15 Rh4 e5 16 dxe5 Bxe5 17 Nxe5 Rxe5 18 Be3 c5 ∞ van der Wiel-Korchnoi, Amsterdam (OHRA) 89.

8 Bxg6

◊ 8 0-0 Ngf6 9 c4 Be7 10 b3 0-0 11 Bb2 c5 12 Bxg6 hxg6 13 Qe2 cxd4 14 Rfd1 Qa5 15 Nxd4 Rad8 16 a3 ½:½ Spassky-Hübner, Barcelona (World Cup) 89.

8 ... hxg6 9 Ne4 Ngf6 10 Neg5 Bd6 11 Qe2 Qe7 12 Bd2 0-0 13 Ne5 c5 14 Nxd7 Qxd7 15 dxc5 Bxc5 16 0-0 Rfd8 17 Rfd1 Qa4 18 b3 Qg4 19 Qxg4 Nxg4 20 Be1 Be7 21 Nf3 Nf6 22 c4 Ne4 23 Kf1 Bf6 24 Rac1 b6 25 Ke2 a5 26 Rxd8+ Rxd8 27 Rd1 Rxd1 28 Kxd1 Nc3+ 29 Bxc3 Bxc3 30 Ke2 Bb4 31 Ne5 Bc5 32 f3 Bg1 33 h3 Kf8 34 a3 Ke7 35 b4 axb4 36 axb4 g5 37 Kd3 f6 38 Nc6+ Kd6 39 Nd4 g6 40 Ne2 Bf2 41 Nc3 f5 42 Nb5+ Ke5 43 Ke2 Bg1 44 Kf1 Bd4 45 Ke2 Bg1 46 Kf1 Bh2 47 Ke2 g4 48 hxg4 fxg4 49 fxg4 Ke4 50 c5 bxc5 51 bxc5 Kd5 52 Nc3+ Kxc5 53 Kf3 Be5 54 Ne4+ Kd4 55 Ng5 Kd5 56 Ne4 Bd4 57 Nd2 Bb2 58 Ne4 Kd4 59 Ng5 e5 60 Ne4 Ba3 61 Nf6 Be7 62 Ne4 Bh4 63 Nd6 Kd3 64 Ne4 Be7 ½:½

24

Serper-Henkin
All-Union Junior Ch, Riga 1987

1 e4 c6 2 d4 d5 3 Nc3 dxe4 4 Nxe4 Bf5 5 Ng3 Bg6 6 N1e2

◊ 6 Nh3 Nf6 7 Nf4 Nd5 8 Nxg6 hxg6 9 Ne4 e6 10 g3 Nf6 11 Bg2 += Panchenko-Laketić, Belgrade (GMA) 88.

6 ... e6

◊ 6 ... Nf6 7 Nf4 e5 8 dxe5 [8 Nxg6 hxg6 9 dxe5 Qa5+ 10 Bd2 Qxe5+ 11 Qe2 Qxe2+ 12 Bxe2 Bc5 13 h3 Nbd7 14 Rf1 0-0-0 15 0-0-0 Nb6 16 Bd3 ½:½ Khalifman-Khenkin, Boskresensk 87] 8 ... Qxd1+ 9 Kxd1 Ng4 10 Nh3 h5 11 Bd3 h4 12 f3 Nxe5 13 Bxg6 hxg3 14 Re1 gxh2 15 Rxe5+ Be7 16 Re1 fxg6 17 Bf4 Na6 = Mik.Tseitlin-Khenkin, Boskresnsk 90.

7 Nf4 Bd6

◊ 7 ... Nf6 8 h4 Bd6 9 h5 Bf5 10 Nxf5 Qa5+ 11 Bd2 Qxf5 12 Bd3 Qg5 13 Qf3 Qg4 14 Qxg4 Nxg4 15 Nh3 Nd7 16 0-0-0 h6 17 f4 0-0 18 Be2 += Mednis-Riches, Adelaide 86-87.

8 Nxg6

◊ 8 h4 Bxf4 9 Bxf4 h6 10 h5 Bh7 11 c3 Nf6 12 Qb3 Qe7 13 Be5 b6 14 0-0-0 0-0 15 Bd3 Bxd3 16 Rxd3 Nbd7 17 Kb1 Ng4 18 Re1 Ngxe5 19 dxe5 Nc5 20 Qa3 Qg5 21 Rd4 Rfd8 22 Red1 Rd5 23 b4 Nd7 24 c4 Rxd4 25 Rxd4 Qe7 26 f4 c5 2 b5 f6 28 exf6 Nxf6 29 Rd2 e5 30 fxe5 Qxe5 31 Qd3 Rf8 32 Re2 Qf4 33 Nf5! Re8 34 Ne7+ Kf7 35 Qg6+ Kf8 36 Qxe8+! Kxe8 37 Nd5+ 1:0 Rodriguez-Ruxton, World Junior, Tunja 89.

8 ... hxg6 9 Ne4 Rh4! [9 ... Ngf6 10 Nxd6+ Qxd6 11 h3 Nbd7 12 c3 += Fogarsi-Garcia Palermo, Oakham 88].

10 Qf3! Nf6 11 Nxd6+ Qxd6 12 c3 e5?! [12 ... Nbd7 +=] **13 dxe5!** [13 Be3 e4 14 Qe2 += Serper] **13 ... Qxe5+ 14 Be3 Nd5?** [14 ... Rxh2?! 15 Rxh2 Qxh2 16 0-0-0 ± Nbd7 17 g4 0-0-0? 18 Bf4 Qh4 19 Qxc6+! bxc6 20 Ba6 mate] **15 0-0-0 Nxc3** [15 ... Nxe3? 16 Re1! Re4? 17 Bd3 ±±; 15 ... Nd7!?] **16 Re1! Kf8** [16 ... Ne4 17 g3 Rh5 18 Bd4!] **17 Qg3! Nxa2+ 18 Kb1 Qf5+ 19 Kxa2 Qa5+** [19 ... Ra4! 20 Kb3 Qd5!! 21 Kc2! Na6 22 Bd2! Rd8 23 Qg5! ± Serper] **20 Kb3 ±± Rb4+ 21 Kc2 Qa4+ 22 Kb1 Rxb2+ 23 Kxb2 Qb4+ 24 Kc2 Qxe1 25 Qd6+ Kg8 26 Qd8+ Kh7 27 Bc4 Qxh1 28 Bxf7 Nd7 29 Qh4 mate 1:0**

25

Campora-de Boer
Amsterdam 1987
1 e4 c6 2 d4 d5 3 Nd2 dxe4 4 Nxe4 Bf5 5 Ng3 Bg6 ● 6 Bc4 e6
◊ 6 ... Nd7 7 N1e2:
a:- 7 ... Ngf6 8 0-0 e6 9 Nf4 Nd5 10 Re1 Be7 11 Bb3 ½:½ Sax-Karpov, Brussels (SWIFT) 88.
b:- 7 ... e5 8 0-0 Bd6 9 f4 exf4 10 Nxf4 Ndf6 11 h4 Qc7 12 h5 0-0-0 13 hxg6 hxg6 14 Rf3 Nh6 15 Nfe2 Nhg4 16 Bg5 Rh7 17 Qd2 Rdh8 18 Bf4 g5 -+ Bogodukhov-Teterevlev, USSR 89.
7 N1e2 Nf6
◊ 7 ... Bd6 8 0-0 Ne7 9 Nf4 Nd5 10 Nfh5 0-0 11 Bb3 Qh4 12 f4 Bxh5 13 Qxh5 Qxh5 14 Nxh5 g6 15 Ng3 += Ulibin-Ruxton, World Junior, Tunja 89.
◊ 7 ... Bb4+ 8 c3 Bd6 9 0-0 Ne7 10 Nf4 Qc7 11 Nfh5 0-0 12 Qg4 Nf5 13 Nxf5 Bxh2+ 14 Kh1 exf5 15 Qh4 Bxh5 16 Qxh5 Bf4 17 Qxf5 Bxc1 18 Raxc1 Nd7 19 Rce1 Nb6 20 Bb3 Rae8 21 Re3 += Ulibin-Magomedov, Minsk 90.
8 0-0 Bd6 9 f4 Qd7 10 Bd3 Bxd3 11 Qxd3 g6 12 f5
◊ 12 b3 Na6 13 Bb2 Be7 14 c4 Nc7 15 Rad1 0-0 16 Qc3 Rfd8 17 Rd3 Nce8 18

Kh1 Bf8 19 Rdf3 Bg7 20 f5 exf5 21 Nxf5 gxf5 22 Rxf5 Nd6 -+ Hartmann-Berg, Bundesliga 86.
◊ 12 Ne4 Nxe4 13 Qxe4 0-0 14 Be3 Na6 15 Kh1 Nc7 16 Rad1 Nd5 17 c4 Nxe3 18 Qxe3 Rfe8 19 Rd3 Bf8 20 Ng1 Bg7 = Reyes-Fletcher, New York 89.
12 ... gxf5 13 Bg5 Be7 14 Rae1

14 ... Nd5
◊ 14 ... Rg8! 15 Bh4 Na6 [15 ... Rg4! 16 Bxf6 Bxf6 17 c3 Na6 =+] 16 Nxf5! exf5 17 Ng3 Nb4 18 Qc4! Rxg3 [18 ... 0-0-0 19 Nxf5! Rde8 20 Rxe7 Rxe7 21 Bxf6 ±] 19 Bxf6 Nd5 20 Rxe7+ Nxe7 21 Re1 ±± Romero-Izeta, Albacete 89.
15 Bxe7 Nxe7 16 Nh5 Qd6 17 Nef4 Nd7 18 Nxe6! fxe6 19 Rxe6 Qd5 20 c4 Qa5 21 Rxf5 Qxa2 22 Ng7+ Kd8 23 Rxe7 Kxe7 24 Qe3+ Kd8 25 Ne6+ Ke7 26 Nc5+ Kd8 27 Nxd7 Qb1+ 28 Rf1 Qxf1+ 29 Kxf1 Kxd7 30 Qh3+ Ke7 31 Qh4+ Kd7 32 Qg4+ Kd6 33 Qf4+ Ke6 34 Qe5+ Kd7 35 Qg7+ Kd6 36 Qf6+ Kc7 37 Qf7+ Kb6 38 c5+ Ka6 39 Qa2+ Kb5 40 Qb3+ Ka5 41 Qa3+ Kb5 42 Qb3+ Ka5 43 Qxb7 Rae8 44 h3 1:0

26

Arnason-Adianto
Dubai Olympiad 1986
1 e4 c6 2 d4 d5 3 Nc3 dxe4 4 Nxe4 Bf5 5 Ng3 Bg6 6 h4

◊ 6 f4:

a:- 6 ... h5 7 Bd3 h4 8 f5 Bh7 9 N3e2 Bxf5 10 Bxf5 Qa5+ 11 c3 Qxf5 12 Qb3 Qb5 13 Qc2 e6 14 Nf3 Nd7 15 Rf1 Be7 16 c4 Qb6 17 c5 Qd8 18 Bd2 g5 19 Be3 Rh6 20 0-0-0 Rg6 21 Bd2 Qc7 22 Nc3 f5 -+ Gal-Santos, Euro-Teams, Haifa 89.

b:- 6 ... e6 7 Nf3 Nd7 8 h4 h5 [8 ... Nh6 9 Nh5 Bf5 10 Bd3 Bg4 ∞ Schaefer-Mephisto Lyon, Nettelal 91] 9 Bc4 Nh6 10 Qe2 Nf5 11 Nxf5 Bxf5 12 Be3 Bg4 13 Qf2 Bxf3 14 Qxf3 g6 15 0-0-0 Be7 ∞ Pikula-Petronic, Yugoslav Ch 91.

6 ... h6 ●

7 f4

◊ 7 Nh3 e6 8 Nf4 Bh7 9 Bc4 Nf6 10 c3 Bd6 [10 ... Nbd7 11 Qe2 +=; 10 ... Be7 11 Bxe6!?] 11 Nfh5 0-0 12 Bg5!? [Ravić-Scerba v. Wystrach, postal 89] 12 ... Nbd7 +=.

7 ... e6

◊ 7 ... Nf6 8 h5 Bh7 9 Nf3 Qa5+ 10 c3 e6 11 Bd3 Bxd3 12 Qxd3 Bd6 13 Bd2 0-0 14 Ne5 c5 15 dxc5 Qxc5 16 Nc4 Bc7 17 Ne4 Nxe4 18 Qxe4 Nc6 19 Be3 Pichler-Garcia Palermo, Bundesliga 86-87.

8 Nf3 Bd6

◊ 8 ... Nf6 9 Ne5 Bh7 10 Bc4 Nbd7 11 0-0 Qe7 12 Bb3 0-0-0 13 Qf3 Nd5 14 c4 Nb4 15 Be3 Nxe5 16 dxe5 Qxh4 17 Rad1 Rd3 18 Rxd3 Nxd3 19 Bxa7 Bc5+ Chandler-Campora, Biel 87.

9 Ne5!?

◊ 9 h5 Bh7 10 Bd3 Bxd3 11 Qxd3 Nf6 12 Qe2 Qc7 13 Ne5 c5 14 dxc5 Qxc5?

[14 ... Bxc5! ∞] 15 Nf5! 0-0 16 Be3 Qc7 17 Nxd6 Qxd6 18 g4 Qb4+ 19 c3 Qe4 20 0-0-0 += Marjanović-Grószpéter, Zenica 86.

9 ... Bxe5 [9 ... Ne7 10 Nxg6 Nxg6 11 h5 Bxf4 12 Qf3 Qd5 13 Ne4 f5 14 hxg6 Qxe4+ 15 Qxe4 Bg3+ ∞ Outerelo-F.Garcia, Albacete 89; 9 ... Bh7? 10 Qg4 ±] **10 fxe5 Ne7 11 h5 Bh7 12 c3 c5?!** [12 ... 0-0 13 Bd3 +=; 12 ... Nd7 13 Qg4 Rg8 14 Bc4 Qb6 15 0-0 ± Pieterse] **13 Qg4 Rg8**

◊ 13 ... cxd4! 14 Qxg7 Rg8 15 Qxh7 Rxg3 16 Bb5+ Nbc6 17 0-0 Qd5 18 Bxc6+ bxc6 19 Qxf7+ Kd7 20 Rf3 Rg4 21 Bxh6 Rag8 22 Rd1 Rxg2+ 23 Kh1 R2g4 24 Rxd4 Qxd4! 0-1 Tonoli-Grooten, Sas van Gent 88.

14 Bc4 cxd4 15 0-0! ± Qc7 16 b3! dxc3?! [16 ... d3 17 Qf4 △ Ba3 ±] **17 Ba3 Nbc6 18 Rxf7! Qxe5** [18 ... Kxf7 19 Qxe6+ Ke8 20 Qf7+ Kd8 21 Rd1+ Kc8 22 Qe6+ Kb8 23 Bd6 ±± Arnason] **19 Bxe6 ±± c2 20 Raf1 Bd3 21 Bd7+ Kd8 22 Bxc6 1:0**

27

Sax-Douven
Wijk aan Zee 1989

1 e4 c6 2 d4 d5 3 Nc3 dxe4 4 Nxe4 Bf5 5 Ng3 Bg6 6 h4 h6 7 f4 e6 ● 8 h5 Bh7 9 Nf3 Nd7 10 Bd3 Bxd3 11 Qxd3 Qc7

◊ 11 ... Bd6?!:

a:- 12 Bd2 Qc7 13 Ne5 Ngf6 14 Qe2 Rf8 15 0-0-0 0-0-0 16 Rhe1 c5 17 dxc5 Nxc5 [17 ... Bxc5] 18 Kb1 Kb8 19 Bc1 += Marjanović-Haik, Marseille 86.

b:- 12 Ne4 Ndf6 13 Nxd6+ Qxd6 14 Bd2 Ne7 15 0-0-0 Nf5 16 Rh3 0-0-0 17 Ne5 Rhf8 18 Ba5 Rde8 19 g4 Duckstein-Steiner, Vienna 86.

c:- 12 Qe2 Ngf6 13 Bd2 0-0 14 Ne4 Nxe4 15 Qxe4 Qb6 16 0-0-0 c5 = Horvath-Fette, Copenhagen Open 86.

◊ 11 ... Ngf6 12 Bd2:
a:- 12 ... Qc7 13 Qe2 c5 14 dxc5? [14 0-0-0] 14 ... Bxc5 15 0-0-0 Rc8 -+ Marjanović-Douven, Amsterdam Open 86.
b:- 12 ... c5 13 0-0-0 cxd4 14 Nxd4 Nc5 15 Qb5+ Qd7 16 Qxd7+ Ncxd7 17 f5 Bd6 18 fxe6 fxe6 19 Nge2 Malutin-Guliev, USSR Teams Ch, Kramatorsk 89.

12 Qe2

◊ 12 Bd2 0-0-0 13 Qe2! Ngf6 14 0-0-0 c5! 15 Ne5 Nb6 16 dxc5 Bxc5 17 Kb1 Bd4 18 Rhe1 Kb8 19 Bc1 Bxe5 20 Rxd8+ Rxd8 21 fxe5 Nfd5 ∞/=+ Koch-van der Sterren, Lyon Z 90.

12 ... Ngf6 13 Bd2 c5 14 0-0-0 Bd6 15 Nf5 0-0 16 Nxd6 Qxd6 17 dxc5 Qxc5 18 Ne5 Nxe5 19 fxe5 Nd5 20 Rh4 ½:½

28

Arnason-Garcia Palermo
Dubai Olympiad 1986
1 e4 c6 2 d4 d5 3 Nc3 dxe4 4 Nxe4 Bf5 • 5 Nc5

◊ 5 Qf3 Bg6 6 Ne2 Qd5?! 7 N2c3 Qxd4 8 Bd3 Nd7 9 Be3 Qb4 10 0-0-0 Ngf6 [10 ... Ne5?! 11 Qf4 Nxd3+ 12 Rxd3 e6 13 Qc7 ± Kopilov] 11 Nxf6+ Nxf6 12 Nb5! Rc8 13 Nxa7 Bh5! 14 Qh3! Ra8 15 Nb5 Nd5? [15 ... Bxd1! 16 Nc7+ Kd8 17 Nxa8 Bg4 18 Qg3 Qd6 19 Bf4 Qc5 20 Bb8 ± Kopilov] 16 Be2! e6 17 Bxh5 g6 18 Rxd5 ±± Kopilov-Akopov, 17th USSR Corres Ch 86-87.

5 ... Qb6

◊ 5 ... b6 6 Nb3 Nf6 7 Nf3 e6:
a:- 8 g3 Be7 9 Bg2 0-0 10 0-0 Nbd7 11 c4 [11 Ne5!? +=] 11 ... Rc8 12 Bf4 b5!? 13

Ne5 bxc4 14 Nxc4 Nb6 15 Ne5 Be4 16 Bxe4 Nxe4 17 Qc2 Qd5 18 Rfe1 Ng5 ∞ Kengis-Magomedov, Daugavpils 89.
b:- 8 Bd3 Bxd3 9 Qxd3 Nbd7 10 0-0 Be7 11 Bf4 0-0 12 Qe2 Qc8 13 c4 Re8 14 h3 a5 15 Rad1 a4 16 Nbd2 c5 17 dxc5 Qxc5 18 Ne5 Nxe5 19 Bxe5 Rec8 Gavrikov-Dorfman, Debrecen 88.

◊ 5 ... e5 6 Nxb7 Qb6 7 Nc5 exd4 8 Nb3 Bb4 9 Bd2 Nf6 10 Bd3 Bxd3 11 cxd3 0-0 12 Ne2 c5 13 0-0 Bxd2 14 Qxd2 Nbd7 15 Rac1 Rab8 16 Rc4 Ng4 17 Rd1 Rfe8 18 Ng3 Nge5 += Arnason-Bonin, New York Open 86.

◊ 5 ... Qc7 6 Bd3 Bxd3 7 Nxd3 Nf6 8 Nf3 e6 9 0-0 Nbd7 10 c4 Be7 11 Bf4 Qa5 12 b4 Qd8 13 Nc5 Qc8 14 Qe2 b6 15 Nd3 += Kurtenkov-Rasmussen, Plovdiv 86.

6 Nb3

◊ 6 g4 Bg6 7 f4 e6 8 Qe2 Be7 9 h4 h5 10 f5 exf5 11 g5 Nd7 12 Nb3 Qc7 13 Qf3 Bb4+ 14 c3 Bd6 15 Ne2 Ne7 16 Bd2 0-0-0 17 0-0-0 Rhe8 18 Bh3 a5 19 c4 a4 20 Na5 b6 21 c5 Luetke-Grooten, Lugano Open 89.

6 ... Nf6 7 Bd3 Bxd3 8 Qxd3 e6 9 Nf3 Qa6 10 c4 Bb4+ 11 Ke2 Be7 12 Rd1 0-0 13 Bf4 Nbd7

14 Kf1 c5 15 Qe2 Rac8 16 dxc5 Nxc5 17 Nxc5 Bxc5 18 b3 Rfd8 = ½:½

Nimzowitsch's 4 ... Nd7

After **1 e4 c6 2 d4 d5 3 Nc3 dxe4 4 Nxe4 Nd7**

Despite heavy enemy fire, this remains, along with 4 ... Bf5, one of the two principal ways of playing the Caro-Kann. I seem to remember a couple of years ago, a throw away remark which Kasparov made at some closing ceremony or other: "4 ... Nd7 is unsound and will soon be refuted." True, Karpov did not risk 4 ... Nd7 in their last match. But I still haven't seen any real evidence that the old beast is failing. And indeed in the two games between the two Ks which we feature - 70 and 71 - Kasparov resorted to relative side lines.

With 4 ... Nd7, Black aims for something similar to the Rubinstein French where the threat of developing the c8 bishop - though not necessarily the execution of this threat - may extract some concessions from White.

As in most opening variations, White has a choice between restraint and aggression: and in fact this is particularly marked in this variation. It is fairly easy to obtain a minimal advantage in several of the lines involving Nxf6+, see games 63-70. However, this advantage is often too small to be easily discernible. And the position can even sometimes turn

against White.

Many players prefer a more aggressive approach. There has been plenty of action in the main line with Bc4, Ng5, and Qe2, see games 29-45. But much the greatest change has been the meteoric career of 5 Ng5 see games 46-61.

This extremely crude move aims to take immediate advantage of the temporary white-square weaknesses created by 4 ... Nd7. Its tactical justification lies in the soundness in a variety of positions of blows like Nxf7, N(x)e6, or even, in game 47, Bg6!. 5 Ng5 is now slightly on the wane as ways have been found to deal with it - see especially game 50: but it still contains some poison.

There is an interesting question of move-order here. The normal position after 5 Ng5 Ngf6 6 Bd3 e6 can also be reached via 5 Bd3 Ngf6 6 Ng5 e6. In the prehistory of this line, way back in 1987, people used the two orders almost interchangeably. But nowadays 5 Ng5 is played almost exclusively, mainly, I believe, because of the efficacity of 5 Bd3 Ndf6!.

4 ... Nd7 is not to everybody's taste, especially since Black may have to soak up a lot of punishment in the early stages before, with some luck, retaliating in the middle and endgames. However, this is true of many lines of the Caro. And I for one, almost always use 4 ... Nd7 when I do play the Caro-Kann.

4 ... Nd7 5 Bc4 Main lines
(Games 29-45)

The main line with 5 Bc4 etc.

branches on move 8 when White must choose between 8 Bd3 and 8 Bb3.

8 Bd3

Games 29-39 deal with 8 Bd3 which has tended to be the more popular in recent years - though Nigel Short in particular has shifted attention back onto 8 Bb3.

After 10 dxc5 Black would really like to play 10 ... Nbd7 as in game 29, in order to get control of e5. However, 11 b4! is a serious problem and comes extremely close to refuting the move outright. After my game with Sax - see the note to 17 Qd2 - I analysed this variation in some detail and so Mestel-Arkell, which I watched as it was played, was not a big surprise. Perhaps Black can hold out with 25 ... gxf3!. But the whole venture is pretty unappealing for Black.

Games 30-34 feature various lines after Black exchanges one pair of knights with 12 ... Nxe5. Although I won game 30, Chandler was certainly winning at one stage and it seems that the gluttinous 13 ... Bd4 of game 31 may be a better approach. In game 32, Renman played the crudest possible line for White. Sometimes this leads to a quick win but I have never believed that the position after 15 ... Qxa2 is lost for Black. 14 0-0, games 33-34, is perfectly sensible, but rather less terrifying, at least in the short term, than White's other tries.

In view of the many dangerous ideas at White's disposal after 12 ... Nxe5, Karpov, in his Candidates match with Andrei Sokolov and later, has preferred the safer 12 ... Qc7 - games 35-36. This now has a better reputation than 12 ... Nxe5. White can equalise very easily if he likes - see for instance the monumental struggle Am.Rodriguez-Speelman from Novi Sad in the notes to game 35. But there is much less danger of a total rout with White playing 0-0-0 g4-g5 and ... mate.

With 12 ... Qc7 doing quite well, many White players have turned to 11 Bd2 - games 37-39. Black plays the opening very sensibly in both of 37 and 39: though Garcia Callejo clearly got over-excited by the optical illusion of passivity created by Rodriguez' queen on f1. However, Ioseliani's scheme in game 38 - both leaving the white knight on e5 and castling early - looks a bit much.

8 Bb3

This move differs from 8 Bd3 in several respects. On b3 the bishop is subject to attack from the enemy a-pawn which means that Black often plays ... a5, a move he would hardly ever consider against 8 Bd3. It also blocks the b-pawn, which means that in lines with ... c5, White hardly ever plays dxc5 since ... Nbd7 will normally be an excellent reply. On the other hand, the d-file is now not blocked which means that White can ignore ... c5, intending to recapture the pawn later, should Black try ... cxd4. And on b3 the bishop defends the a-pawn, so that 0-0-0 doesn't run into ... Qxa2.

We have divided the material into games with and without ... a5.

Black plays ... a5

People always used to reply a3, but Short has rehabilitated a4 instead. Game 40 is exceedingly complex and although I lost in the end, this was in a perfectly drawable endgame. As to what happened earlier, however, we will need some more maniacs to follow our example in order to form a definite view.

After being hit with the improvement 13 Rd1!, Lutz played pretty badly in game 41. 12 ... Qc7 is quite a good idea, to force immediate action in the centre; and he could certainly have done better later as well, though once White gets a big knight on e5 it is always very dangerous.

In game 42 Jonathan Tisdall, reduces Tom Ernst, sometimes know as "Tommy Gun" due to his uncompromising style, to a mere shadow of a wet Kalashnikov.

Lines without ... a5

Game 43 was our rematch, a year after number 40. Contrary to some annotations I have seen, 15 b4! is an excellent move and the only way that White can really hope for an advantage. Although I eventually won this one, Black's position was very critical before White went wrong with 24 Ng3?: and there were many more alarms and excursions on the way to the final result.

Watson's 11 c4! in game 44 is an excellent move which seriously restricts Black's activity. Game 45 is not of much importance from a theoretical point of view - 10 c3 is unusual and 10 ... cxd4 is a most accommodating reply - but this 25 minute game was one of the most exciting which I have ever seen.

5 Ng5 (and 5 Bd3)

(Games 46-62)

5 Ng5 came into fashion in about 1987, when people realised that the "nuisance threats" of Nxf7, N(x)e6 etc, were actually a serious problem for Black. Black can complete his development satisfactorily: but he must be exceedingly careful in the initial stages to avoid being pole-axed by some horrific blow.

Games 46 and 47 illustrate what happened in the early days of the variation, before reliable methods were found for Black.

Most games reach the position after 5 Ng5 Ngf6 6 Bd3 e6 7 N1f3; though, as I explained in the introduction to 4 ... Nd7, not always by this move order. Nowadays, the most reliable method is thought to be 7 ... Bd6 - games 48-53.

When both sides castle long, White probably ought to play Ba6. I used to be rather concerned about this line for Black. However, he has two reasonable plans. Arnason-Tisdall saw the launch of ... b5, an invention I believe of Simen Agdestein's. Black drew very easily and the notes to game 48 tend to confirm that despite the weaknesses created, ... b5 is a good idea. Black can also play Kamsky's more restrained 15 ... Rd7. But Karpov's handling in game 50 was not so good.

Games 51-53 show various deviations from the above. Given that the position when White castles queenside isn't too fearsome, Dreev's 11 ... Qb6 is not very sensible. Meduna's 10 ... c5 is a good idea but doesn't seem to work. The tactics initiated with 12 ... Bd7 are all very well but Black simply isn't properly developed for such action.

Ulibin's plan in game 53, looks rather harmless but Black must be extremely careful and indeed Kasparov beat Karpov in this line - see the note to 20 ... Qd6.

Games 54 and 55 feature the slightly less usual 7 ... Be7 - though King-Adams only transposes to this a couple of moves later.

Black has also got various deviations earlier which we examine in games 56-61.

6 ... Qc7 and 6 ... Nb6 have got something in their favour but the immediate 6 ... c5 is simply asking too much of the position and Meduna was summarily decapitated by a splendidly revivified Tal in game 57. I am also

deeply suspicious of 6 ... g6; and Nunn-Speelman in the notes to game 58 shows one of the reasons.

Finally, we have three games with 5 ... Ndf6. This is an excellent idea against 5 Bd3; but the move order with 5 Ng5(!) makes it slightly odd - though Karpov still won well against de Firmian.

White captures on f6
(Games 63-70)

When he plays Nxf6+, White is usually aiming for a small safe advantage and he has good chances of getting this, at least initially.

Black's biggest problem is what to do with the c8 bishop. It can be fianchettoed, but in comparison with the Rubinstein French, Black will often have to lose a tempo with his ... c7-c6-c5. Normally, Black hopes to develop the piece to f5 or g4. And he will only resort to the fianchetto if White wastes time preventing this in some way.

In games 63-64, the obvious disaster 7 ... Bf5?? 8 Qb3! prevents immediate development. However, Smagin's 7 ...

e6 looks a little foolish - Black should make White do the work with 7 ... Qc7! when if White wants to close in the bishop he must play 8 Qb3 as in King-Fossan.

4 ... Nd7 - 5 Nf3 Ngf6 6 Ng3 and assorted lines.
(Games 71-72)

Although Kasparov beat Karpov in game 71, he was losing at the start of the time scramble; and the line with 6 Ng3 is generally thought to be fairly harmless.

Black can choose between systems with ... e6 and ... g6. Personally, I have a mild preference for the latter. White has lost time with 6 Ng3 and so Black can get away with more than in other lines. The system with ... g6 is largely sustained by the Arkell family and in game 72 we see one of Keith Arkell's slightly more extravagant ideas.

We include various oddments in this section. Moves like 5 Bg5 may be effective on occasions, but can hardly constitute a serious threat to 4 ... Nd7.

29

Mestel-K.Arkell
British Championship, Blackpool 1988
**1 e4 c6 2 d4 d5 3 Nc3 dxe4 4 Nxe4 ●
Nd7 5 Bc4 Ngf6 6 Ng5 e6**
◊ 6 ... Nd5 7 N1f3:
a:- 7 ... N7b6 8 Bb3 h6 9 Ne4 Bf5 10
Ng3 Bh7 11 0-0 e6 12 Ne5 Nd7 13 Qe2
Nxe5 = Lobron-Stohl, Dortmund 90.
b:- 7 ... h6 8 Ne4 N7b6:
b1:- 9 Bb3 Bf5 10 Qe2 e6 DeFirmian-
Christiansen, San Francisco 87.
b2:- 9 Be2 Bf5 10 Ng3 Bh7 11 0-0 e6 12
c4 Nf6 13 Bf4 Nbd7 14 a4 a5 15 d5!?
exd5 16 Bd3 Bxd3 17 Qxd3 Nc5 [Godes-
Kastarinov, USSR corres Ch 83-86] 18
Rae1! ± Godes.
**7 Qe2 Nb6 8 Bd3 h6 9 N5f3 c5 10
dxc5**
◊ 10 Be3 a6 11 c3 Nbd5 12 Ne5 Qc7 13
Ngf3 b6 (Hellers-Adorjan, Thessaloniki
Ol 88) 16 Bd2 +=.
10 ... Nbd7 11 b4
◊ 11 Nh3 Nxc5 12 Bb5+ Bd7 13 0-0
a6 14 Bxd7+ Ncxd7 15 b3 Qc7 16 Nf4
0-0-0 17 Nd3 += Bjarnason-Hodgson,
Reykjavik 89.
◊ 11 Ne5 Nxe5 12 Qxe5 Nd7 13 Qe2
Nxc5 14 Bb5+ Bd7 15 Bxd7+ Qxd7 16
Nf3 Bd6 17 0-0 0-0 18 Be3 Qc7 19 Bd4
Rfe8 = Morris-K.Arkell, London
(Lloyds Bank) 90.
◊ 11 c6! bxc6:
a:- 12 c3 Bd6?! ± Campora-Christoffel,
Bern 87.
b:- 12 Bd2 Qb6! 13 b3 Ba3! 14 Be3
Qa5+ 15 Bd2 Qb6 = Przewoznik-Sapis,
Poland 88.
c:- 12 Nd2 Nd5! 13 Nb3 Nb4 14 Bc4
Nb6 15 a3 Nxc4 16 Qxc4 Ba6 17 Qe4
Qd5! 18 Qxd5 Nxd5 =+ Typek-Sapis,
Poland 87.
11 ... Nd5
◊ 11 ... b6 12 Nd4 Qc7 ∞.
◊ 11 ... a5 12 c3 Be7 13 Nd4 0-0 14
Ngf3 e5 15 Nf5 e4 16 Nxe7+ Qxe7 17

Bc4 axb4 18 cxb4 b6 19 Bf4! Nh5 20
Bd6
Qf6 21 Nd4 [And.Martin-Meduna, Bad
Wörishofen 88] 21 ... bxc5! 22 bxc5
Qxd4! 23 0-0 Nxc5 24 Rad1 Nd3 -+
Andrew Martin.
**12 Bd2 Qf6 13 Rb1 a5! 14 a3 g5! 15
Be4 Nc3 16 Bxc3 Qxc3+ 17 Qd2**
◊ ½:½ Sax-Speelman, Hastings 83-4.
17 ... Qxa3 18 Qd4 e5!?
◊ 18 ... Rg8?! 19 Ra1 axb4 20 Rxa3
bxa3 21 Ne2 a2 22 Kd2 Bg7 23 Qb4! ±
Am.Rodriguez-Tal, Subotica IZ 87.
19 Nxe5 Bg7

20 Ra1 axb4!
◊ 20 ... Bxe5 21 Qxe5+ Nxe5 22 Rxa3
±± Bagirov.
21 Rxa3 bxa3 22 Ngf3 [22 Qa1!?] **22
... 0-0 23 Bd5 g4! 24 Bxf7+ Rxf7 25
Qd5 Nxe5?** [25 ... gxf3! 26 Nxf7 Bc3+!
27 Kf1 a2; 26 Qxf7+ Kh8 27 Qe8+ Kh7
28 Qg6+ = Flear] **26 Nxe5 Bxe5 27
Qxe5 Ra6 28 0-0 a2 29 Ra1 ± Be6 30
Qe2** [30 g3! Bc4 31 Qe4 Ra4 ±] **30 ...
Rf4 31 Qd2 Raa4 32 c3 Kf7 33 Qc2
Rfe4?!** [33 ... Kg7 ±] **34 f3! gxf3 35
gxf3 Rh4 36 Kg2 Ra8 37 Qh7+ Kf6
38 Qxb7 Rg8+ 39 Kh1 Rh5 40 Qe4
Rhg5 41 Qd4+ Kf7 42 c4 Rg2 43 Re1
R8g6 44 c6 Rc2 45 c7 Bh3 46 Qd5+
Kf6 47 Qd6+ 1:0**

30

Chandler-Speelman
British Ch, Southampton 1986
1 e4 c6 2 d4 d5 3 Nd2 dxe4 4 Nxe4

Nd7 5 Bc4 Ngf6 6 Ng5 e6 7 Qe2 Nb6 8 Bd3 h6 9 N5f3 c5 10 dxc5 ● Bxc5 11 Ne5 Nbd7 12 Ngf3 Nxe5 13 Nxe5

13 ... 0-0

◊ 13 ... Qd5 14 Bb5+ Ke7 15 0-0 Qe4 16 Qxe4 Nxe4 17 Bd3 Nf6 18 Bd2 b6 Diaz-Garcia Gonzales, Havana 88.

14 Bd2 Qd5! 15 0-0 b5 16 Kh1! Bb7 17 f4 [+= Shamkovich] **17 ... a6**

◊ 17 ... b4 18 a3 a5 19 axb4 axb4 20 Rad1 Rad8 21 Bc1 Ne4 22 Bxe4 Qxe4 23 Qxe4 Bxe4 24 Nd7 Bxc2 25 Rd2 Rxd7 26 Rxd7 Rc8 =/∞ Mestel-Speelman, Bath Z 87.

18 a3! Rac8 19 Rad1 Qa2 [19 ... Ba8 20 c4! Qb7 21 b4 Bd4 22 c5] **20 Bc1 Ba8!? 21 c4 Ba7 22 f5! ± Rfe8!? 23 cxb5??** [23 fxe6 Rxe6 24 Bf5 Qxc4! 25 Qxc4 bxc4 26 Bxe6 fxe6 27 Bxh6! Bd5 28 Bf4! Ne4 29 Ng4! ±/±± Speelman] **23 ... exf5 24 Bxf5?! Rc5! 25 Bf4 Rxb5 26 Rd2 Bb8! 27 Re1 g6! 28 b4 Qxa3 29 Qc4 Rbxe5! 30 Bxe5 Rxe5 31 Red1 Rxf5 32 Qc8+ Kg7 33 Qxb8 Qe3 34 Rd8 Bxg2+! 0:1**

31

Halifman-Tukmakov
54th USSR Championship 1987
1 e4 c6 2 d4 d5 3 Nc3 dxe4 4 Nxe4 Nd7 5 Bc4 Ngf6 6 Ng5 e6 7 Qe2 Nb6 8 Bd3 h6 9 N5f3 c5 10 dxc5 Bxc5 11 Ne5 Nbd7 12 Ngf3 Nxe5 13 Nxe5

0-0 14 Bd2 Qd5 15 0-0 ● Bd4

16 Bf4 Bxb2 17 Rad1

◊ 17 Rab1 Bd4 [17 ... Bxe5 18 Bxe5 Nd7 19 Rb5 Qc6 20 Bxg7! ±±] 18 c4 Qd8 19 Rfd1 Qe7 20 Bc2 Bb6 21 Qf3 Bc7 22 Qh3! a6 [Sterengas-Sokolin, USSR 87] 23 Rd3! ± Solozhenkin.

17 ... Qc5!

◊ 17 ... Bxe5?! 18 Bxe5 Qa5 19 f4 Nd7 [19 ... Ne8!?] 20 Bxg7! ±± London-Dlugy, Brooklyn 85.

18 c4!? [18 Nc4 e5!] **18 ... Bd4 19 Bb1 b6 20 Rd3**

◊ 20 Nf3 e5 21 Bxe5 Bxe5 22 Qxe5 Qxe5 23 Nxe5 =+.

20 ... Bb7

◊ 20 ... Ba6! 21 Rg3 Rfd8 22 Bxh6 Qxe5 [22 ... Ne8!! -+] 23 Rxg7+ Kh8 24 Qf3 Bxc4 25 Rg5 Qe2 26 Bg7+ ½:½ Martić-Cojhter, postal 87.

21 Rg3 Rad8!

◊ 21 ... Kh8 22 Bxh6 gxh6 23 Qd2 Ng8 24 Rxg8+ Kxg8 25 Qxh6 f5 26 Qg6+ Kh8 = Chandler-W.Watson, British Ch, Southampton 86.

22 h3

◊ 22 Bxh6 Qxe5 23 Bxg7 Qxg3! 24 hxg3 Kxg7 -+.

22 ... Rfe8! 23 Bc2 Kf8! 24 h4 Ne4! 25 Bxe4 Bxe5 26 Bxe5 Qxe5 27 Re3 Bxe4 28 Rxe4 Qc3 29 Rd1 Qf6 30 Rc1 Rc8 31 g3 Red8 32 Re5 Rd6 33 Re4 Qd8 34 a4 Rc5 35 Kg2 Qd7 36 Ra1 Rd4 37 Rxd4 Qxd4 38 Rc1 Qd7 39 Qf3 Qxa4 40 Qa8+ Ke7 0:1

===== **32** =====

Renman-Oll
Tallinn 1986
1 e4 c6 2 d4 d5 3 Nc3 dxe4 4 Nxe4
Nd7 5 Ng5 Ngf6 6 Bc4 e6 7 Qe2 Nb6
8 Bd3 h6 9 N5f3 c5 10 dxc5 Bxc5 11
Ne5 Nbd7 12 Ngf3 Nxe5 13 Nxe5
0-0 14 Bd2 Qd5 ● 15 0-0-0 Qxa2 16
c3 b5 17 Bb1! Qa4

18 Qd3!?
◊ 18 Qf3!? Nd5 19 Qg3 Kh8 20 Rhe1!
Nf6 [20 ... Bb7 21 Re4!] 21 Bxh6 gxh6
22 Rd8 Ng4 23 Nxf7+ Kg7 24 Re4 1:0
Diaz-Sieiro, Camaguey II 87.
18 ... Qh4
◊ 18 ... Rb8 19 h3 [△ 20 Ng4] 19 ...
Be7 [△ 20 ... Rd8] 20 Ng4 g6 21 Nxh6+
Kh8 22 Qg3 Rb7 23 Qe5 ± Sobura-Flis,
Porabka.
**19 h3 Bb7 20 Nd7 Rfd8 21 Nxf6+
Qxf6 22 Qxb5 Bb6 23 f3 =+ Rd5 24
Qc4 Rc8 25 Qf4! Qe7 26 Rhe1 Ra5
27 Be3 g5 28 Qd6 Qxd6 29 Rxd6
Bxe3+ 30 Rxe3 Bd5 31 Bd3 Ra1+
32 Kc2 a5 33 Be4 Bc4** [33 ... Ba2 34
b4!] **34 Bd3 Bd5 35 Be4 ½:½**

===== **33** =====

Hübner-Lobron
Biel 1986
1 e4 c6 2 d4 d5 3 Nc3 dxe4 4 Nxe4
Nd7 5 Bc4 Ngf6 6 Ng5 e6 7 Qe2 Nb6
8 Bd3 h6 9 N5f3 c5 10 dxc5 Bxc5 11

Ne5 Nbd7 12 Ngf3 Nxe5 13 Nxe5

13 ... 0-0 ●
◊ 13 ... Qc7?! 14 Bb5+! Bd7 15 0-0
0-0 16 Nxd7 Nxd7 17 c3 Rad8 18 Ba4 a6
19 Bc2 Nf6 20 Qf3 Bd6 21 g3 +=
Blatny-Adams, World Jnr, Adelaide 88.
◊ 13 ... a6?! 14 Bd2 Qc7 15 0-0-0:
a:- 15 ... b5 16 f4 Bd6 17 Rhe1 Bb7 18
Kb1 ± Am.Rodriguez-Campora, Me-
dina del Campo 86.
b:- 15 ... Bd4 16 f4 Bxe5 17 fxe5 Nd7 18
Rhe1 ± Hort-Brandias, Bad Wörishofen
87.
14 0-0 b6 15 Qf3 Qc7
◊ 15 ... Qd5 16 Qxd5 exd5 +=/=
Perenyi-Dlugy, New York 86.
16 Bf4 [16 Qxa8? Bb7 17 Qxf8+ Kxf8
-+] **16 ... Bb7 17 Ng4 Bxf3 18 Nxf6+
gxf6 19 Bxc7 Bb7 = 20 Rfd1 Rac8 21
Bf4 Kg7 22 c3 Rfd8 23 Bc2 e5 24 Be3
Bxe3 25 fxe3 Bd5 26 Bf5 Be6 27
Bxe6 fxe6 28 Kf2 Kf7 29 Ke2 ½:½**

===== **34** =====

Gallagher-W.Watson
London Open 1986
1 e4 c6 2 d4 d5 3 Nc3 dxe4 4 Nxe4
Nd7 5 Bc4 Ngf6 6 Ng5 e6 7 Qe2 Nb6
8 Bd3 h6 9 N5f3 c5 10 dxc5 Bxc5 11
Ne5 Nbd7 12 Ngf3 Nxe5 13 Nxe5
0-0 14 0-0 b6 ● 15 b4 Bd6 16 Bb2
Bb7 17 Rad1
◊ 17 Rfd1 Qe7 18 b5 Rac8 19 a4 Nd5
20 c4 Nf4 21 Qg4 g5! Klovan-Halifman,
Tashkent 87.

◊   17 Ng4 Nxg4 18 Qxg4 Qg5=.

17 ... Nd5

◊   17 ... Qe7 18 a3 a5 19 Nc4 Bc7 20 Ne3 axb4 21 Nf5 Qc5 22 Bd4 Qa5 23 axb4 Qxb4 24 Rb1 =/∞ Kuczynski-Linn, Saint John II 88.

◊   17 ... Qc7:

a:- 18 a3 a5 [∞ Timman] 19 Ng4 Nxg4 20 Qxg4 Bxh2+ 21 Kh1 Be5 22 Bxe5 Qxe5 += 23 f4 Qf6 Perenyi-W.Watson, Saint John II 88.

b:- 18 Rfe1? Bxb4 19 c3 Bc5 -+ 20 Bc1 Rad8 21 Ng4 Nxg4 22 Qxg4 f5 23 Qe2 Rf6 24 Be3 Bd6 25 g3 Qc6 26 f3 Qxf3 0:1 O'Donnell-Ivanović, Saint John II 88.

18 Be4 Qc7 19 c4 Nf4 20 Qe3 Bxe4 21 Qxe4 Nh5 22 c5 bxc5 23 bxc5 Bxc5 24 Nd7 Rfc8 25 Qf3 Bd6 26 Qxh5 Qxd7 27 Qg4 f6 28 Bxf6 Rc6 29 Rfe1 Rf8 30 Bd4 Rf4 31 Qg6 Qf7 32 Qxf7+ Kxf7 33 g3 Rf5 34 Bxa7 Ra5 35 Be3 Rxa2 36 Rc1 Rac2 37 Rxc2 Rxc2 38 Rc1 Rxc1+ 39 Bxc1 h5 40 Kg2 g6 41 Bg5 Bc5 42 Kf3 Bb6 43 Be3 Bc7 44 h3 Bd6 45 Ke4 ½:½

═════ **35** ═════

A.Sokolov-Karpov
4th match game, Linares 1987
1 e4 c6 2 d4 d5 3 Nc3 dxe4 4 Nxe4 Nd7 5 Bc4 Ngf6 6 Ng5 e6 7 Qe2 Nb6 8 Bd3 h6 9 N5f3 c5 10 dxc5 Bxc5 11 Ne5 Nbd7 12 Ngf3 ● Qc7!? 13 0-0

◊   13 Bd2? Nxe5 14 Nxe5 Bxf2+! 15 Kxf2?? Qxe5 16 Qxe5 Ng4+ -+.

13 ... 0-0 14 Bd2

◊   14 Bf4 Bd6 15 Rad1 [15 h3+= Nxe5 16 Bxe5 Bxe5 17 Nxe5 b6 18 f4 Bb7 19 Rae1 Qc5+ 20 Kh2 g6?! 21 Ng4 ±± Santo Roman-Andrijevic, Cannes 89; 15 Nxd7 = Am. Rodriguez-Speelman, Novi Sad 90] 15 ... Nh5!? 16 Bh7+ Kxh7 17 Qd3+ Kg8 18 Qxd6 Qxc2 19 Bxh6 Nxe5 20 Qxe5 Qf5 21 Qxf5 exf5 22 Bg5 Ernst-Kudrin, London 88.

◊   14 Re1!?

14 ... Bd6 [14 ... Nxe5!? 15 Nxe5 Bd4]
15 Nxd7 Bxd7 16 Rae1

◊   16 Rfe1 Bc6 17 h3 Rfd8 18 Rad1 Rac8 19 Ne5 Bxe5 20 Qxe5 Qxe5 21 Rxe5 Rd7 22 Rde1 a6 23 Bc1 Bd5 24 b3 b5 25 f4 Rdc7 26 Bb2 Nd7 27 R5e3 Nc5 = Kindermann-Lehmann, Bundesliga 86-87.

16 ... Rfd8! [16 ... Bc6 17 Ne5 Be4! =]
17 Ne5 Bb5! 18 Bxb5 Bxe5 19 Qxe5 Qxe5 20 Rxe5 Rxd2 21 Bd3 Rc8 22 Ree1 b5 [22 ... Nd5 23 Rd1 Rxd1 24 Rxd1 Nf4] **23 a3 Nd5 24 Rd1 Rxd1 25 Rxd1 a5 26 g3 b4 27 axb4 Nxb4 28 c3 Nxd3 29 Rxd3 Rb8 30 Rd2 a4 31 Kf1 Rb3 32 Ke2 a3 33 bxa3 Rxa3 34 Kd3 Kf8 35 Kc4 Ra8! 36 Kb3 Rb8+ 37 Kc2 Rc8 38 Rd7 Ke8 39 Rb7 Rc5! 40 Rb8+ Ke7 41 Rb7+ Ke8 ½:½**

═════ **36** ═════

Timman-Karpov
Amsterdam (Optiebeurs) 1988
1 e4 c6 2 d4 d5 3 Nc3 dxe4 4 Nxe4 Nd7 5 Bc4 Ngf6 6 Ng5 e6 7 Qe2 Nb6 8 Bd3 h6 9 N5f3 c5 10 dxc5 Bxc5 11 Ne5 Nbd7 12 Ngf3 Qc7 ● 13 Bf4 Bb4+

◊   13 ... Bd6 14 0-0-0 [14 Nxd7 Bxd7 15 Bxd6 Qxd6 +=/=] 14 ... Nd5! 15 Bg3 Nc3! = 16 bxc3 Qxc3 17 Nc4 Qa1+ 18 Kd2 Bb4+ 19 Ke3 Bc5+ 20 Kd2 Bb4+

½:½ Chandler-Speelman, 1st match game, London 86.

14 Kf1 Bd6 15 Bg3

◊ 15 Re1 0-0 16 c3 [16 g4 Nxg4] 16 ... b6 17 h4 Bb7 18 Nxd7 = Mestel-Hodgson, British Ch, Plymouth 89.

◊ 15 Rd1 Nxe5 16 Bxe5 Bxe5 17 Bb5+ Ke7 18 Nxe5 a6 19 Bd3 b5 ∞ Gallagher-Morrison, British Ch, Blackpool 88.

15 ... 0-0 16 Rd1 Nxe5 17 Nxe5 Rd8!

=+ **18 Nc4 Bxg3 19 hxg3 Bd7** [19 ... b5 20 Ne3 Bb7 21 Rh4 =] **20 Qe5! Rac8 21 Qxc7 Rxc7 22 Ne3 Kf8 23 Rh4 Bc6 24 Rb4 Rcd7 25 Be2 Nd5** [25 ... Rxd1!? 26 Bxd1 a5 27 Rb3 =+/= Miles] **26 Nxd5 Bxd5 27 Rd3 Ke7 28 Bf3 = a5 29 Rbd4 Bxa2 30 Rxd7+ Rxd7 31 Rxd7+ Kxd7 32 Bxb7 Bc4+ 33 Ke1 Kc7 34 Ba8 Kd6 35 Kd2 e5 36 g4 Be6 37 Bf3 f6 38 g3 Kc5 39 Be2 Kd4 40 c3+ Kc5 41 Ke3 Bd5 42 Bd3** ½:½

———— **37** ————

Am. Rodriguez-J Garcia Callejo
Amsterdam (OHRA-B) 1989
1 e4 c6 2 d4 d5 3 Nc3 dxe4 4 Nxe4 Nd7 5 Bc4 Ngf6 6 Ng5 e6 7 Qe2 Nb6 8 Bd3 h6 9 N5f3 c5 10 dxc5 Bxc5 ●
11 Bd2 Qc7

◊ 11 ... Nbd5! 12 0-0-0 a6:
a:- 13 Nh3?! b5 14 Ne5 Qb6 15 g4 Nd7!? 16 Be4 Nxe5 17 Bxd5 exd5 18 Qxe5+ Be6 19 f4 Bd4 20 Qe1 0-0 =+ Kremenetsky-Holmov, Moscow Ch 87.

b:- 13 Ne5 b5 14 f4 Qb6 15 Ngf3 Be3 16 g3 Bxd2+ 17 Rxd2 0-0 18 c3 Bb7 19 Qf2 Qxf2 20 Rxf2 Rfd8 = Sax-Benko, New York Open 86.

◊ 11 ...Nbd7 12 0-0-0 a6 13 Bc3 Qb6 14 Nh3 Bb4 15 Bd4 Bc5 16 Bc4 Qc7 17 Rhe1 0-0 18 g4 b5 19 Bb3 Bxd4 20 Rxd4 Bb7 21 g5 hxg5 22 Nhxg5 Qc5 23 Nxe6!±± Qh5 24 Nfg5 Rae8 25 Qxh5 Nxh5 26 Rxd7 Bc8 27 Rxf7 Rxf7 28 Nxf7 Nf4 1-0 Letreguilly-Spiridonov, Montpellier 1991.

◊ 11 ... 0-0? 12 0-0-0 Nbd7 13 Nh3 Qc7 14 g4! e5 15 Bc3 Bd6 16 g5 ± Sax-Barbeau, Quebec 86.

◊ 11 ... Bd7 12 Ne5 Qc7 13 Ngf3 Nbd5 14 c3 Ba4?! 15 0-0-0 0-0 16 Rac1 Rfd8 17 Bb1 Be8 18 c4 Nb4 19 Bc3 a5 20 Rcd1 b6 21 Nd4 Bxd4 22 Bxd4 Nc6 23 Bc3 [23 Nxc6 △ 24 Bxf6] 23 ... Nxe5 24 Bxe5 Qc5 25 b3 b5 26 Bd3 bxc4 27 Bxc4 a4 28 Rc1 Qe7 29 Rc3 axb3 30 axb3 Nd7 31 Bd4 Ra5 32 f4 Rda8 33 Rg3 Nf6 34 Re1 Bc6 35 f5? Rxf5 36 Qe3 Nh5?? (36 ... Kh8) 37 Qxh6 e5 38 Qxc6 1-0 Gavrikov-Karpov, Quickplay match (10), Mazatlan 88.

12 0-0-0 Nbd7

13 Nh3

◊ 13 h4:
a:- 13 ... a6 14 Nh3 Bd6 15 Bc3 Nc5 16 g4!? Bd7 17 g5 += Karafiath-Katona,

postal 87.
b:- 13 ... b6 14 Nh3 Bb7 15 Bf4 Qc8 16 Rhg1 Nd5 17 g4 Be7 18 Be5 Bf8 19 g5 hxg5 20 Nhxg5 Nc5 21 Ne4 Nxe4 22 Bxe4 Ne7 23 Rxg7 +- A.Ivanov-Oll, Kuldiga 87.
13 ... g5!? 14 Ne1 Qe5!?

15 Qf1! [15 Bc3!?] **15 ... Nd5?!** [15 ... Ne4 16 Bxe4 Qxe4 17 Nd3 △ f4 += Rodriguez]
16 Kb1 Qc7 17 f4 g4 18 Nf2 h5 19 Ne4 Be7 20 h3 N7f6 21 f5 exf5 22 Nxf6+ Nxf6 23 Bxf5 Bxf5 24 Qxf5 Qc5 25 Qxc5 Bxc5 26 Bc3 ±± Rh6 27 Nd3 Be7 28 Bxf6 Bxf6 29 hxg4 h4 30 Nc5 Rg6 31 Nxb7 Rxg4 32 Nd6+ Kf8 33 Rhf1 Kg7 34 Nf5+ Kg6 35 Rd6 Re8 36 Nxh4+ Rxh4 37 Rdxf6+ Kg5 38 Rxf7 Rhe4 39 b3 1-0

38

Chiburdanidze-Ioseliani
7th match game, Telavi 1988
1 e4 c6 2 d4 d5 3 Nc3 dxe4 4 Nxe4 Nd7 5 Bc4 Ngf6 6 Ng5 e6 7 Qe2 Nb6 8 Bd3 h6 9 N5f3 c5 10 dxc5 Bxc5 11 Bd2 Qc7 12 0-0-0 ● 0-0

13 Ne5 Nbd7 14 f4 b6 15 Ngf3 Bb7 16 Rhf1 Rac8 17 Kb1 Bd6 += [17 ... Nc5!?] **18 Nxd7 Qxd7?** [18 ... Nxd7!? 19 f5 Nc5 20 fxe6 Nxe6] **19 g4! Qa4 20 g5** [20 c4!?] **20 ... hxg5 21 fxg5 ± Nd5?!** [21 ... Ne4 22 Be1 Qc6 23 Nd4 Qd5 24 Nb5 Be5 25 Nc3! Nxc3 26 Bxc3 △ Qh5 ±±] **22 g6! ± Nf4 23 Bxf4 Qxf4 24 Nd4 Qe5 25 gxf7+ Rxf7 26 Bh7+ Kxh7 27 Rxf7 ±± Be4 28 Qg4 Bg6 29 Rf3 Qe4 30 Qxe4 Bxe4 31 Re3 Bg6 32 Rxe6 Bc5 33 Nb3 Be3! 34 Na1 Bf4 35 Rf1 Bh6 36 Re2 Bh5 37 Rg2 Re8 38 Nb3 Bf3 39 Rgf2 Bd5 40 Nc1 Re3 41 Nd3 Bc4 42 Re1 1:0**

39

Hellers-Adorján
Esbjerg 1988
1 e4 c6 2 d4 d5 3 Nc3 dxe4 4 Nxe4 Nd7 5 Bc4 Ngf6 6 Ng5 e6 7 Qe2 Nb6 8 Bd3 h6 9 N5f3 c5 10 dxc5 Bxc5 11 Bd2 ● a6! 12 Ne5
◊ 12 0-0-0 Qc7 13 Ne5 Nbd7 14 f4 b5 15 Ngf3 b4 16 Kb1 Rb8 ½:½ Hazai-Rogers, Niš 85.
12 ... Nbd5 13 Ngf3 Qc7 14 0-0-0 b5 15 g4 [15 Rhe1!?] **15 ... Bb7 16 g5 Nh5 17 gxh6 0-0-0 18 Qe1?**
◊ 18 hxg7 Ndf4 19 Bxf4 Nxf4 20 Qd2 Nxd3+ 21 Nxd3 Rhg8 22 Qe2 Be7 23 Rhg1 Bf6 ∞.
18 ... gxh6 19 Kb1 f6 20 Ng6 Rhe8 =+ 21 Rf1 Kb8 22 Ba5 Bb6 23 Bxb6 Nxb6 24 Qe3 Nd5 25 Qe2 Nhf4 26 Nxf4 Qxf4 27 Bg6 Qb4 28 Qe1 Nc3+ 29 Qxc3 Qxc3 30 bxc3 Bxf3 31 Rd3? [31 Rde1] **31 ... Rxd3 32 cxd3 Rg8 33 Bf7 Rg2 34 d4 e5?** [34 ... Rxh2] **35 dxe5 fxe5 36 Re1 Rxh2?** [36 ... Rxf2 -+] **37 Rxe5 Rxf2 38 Bh5 Bxh5 39 Rxh5 Rf6 40 Kb2 Kc7 41 Kb3 ½:½**

===== **40** =====

Short-Speelman
Hastings 1987-88
**1 e4 c6 2 d4 d5 3 Nc3 dxe4 4 Nxe4
Nd7 5 Bc4 Ngf6 6 Ng5 e6 7 Qe2 Nb6
● 8 Bb3 h6 9 N5f3 a5 10 a4 c5**

11 Bf4 Bd6
◊ 11 ... cxd4 12 0-0-0 Nbd5 13 Be5
Bd6 14 Nxd4 0-0 15 Ngf3 b6 16 Nb5 Ba6
17 Nfd4 Bxe5 18 Qxe5 Bxb5 19 Nxb5
Qc8 20 Rd4 ½:½ W.Watson-Adams,
London (WF&W) 89.
12 Ne5!? cxd4 13 0-0-0 0-0
◊ 13 ... Nbd5 14 Bg3 0-0 15 Rxd4 b6
16 Bc4 Bb7 17 Ngf3 Qc7 18 Bb5 Nh5 =
Adams-K.Arkell, London (WF&W) 89.
**14 Ngf3 Nbd5 15 Bg3 b5! 16 Nc6
Qc7 17 axb5 a4 18 Bxd5 Nxd5 19
Nfxd4 a3 20 c4! a2 21 Kc2 e5! 22
cxd5 exd4 23 b3 Bd7** [23 ... Bf5+ 24
Kb2 Bb1 25 Ka1 Bxg3 26 hxg3 d3 27 Qe3
Rfe8 28 Qc5 ±] **24 Qc4 Bxc6** [24 ...
Rfe8 25 Kb2! Bxg3 26 hxg3 Bxc6 27
dxc6 Qe5 28 Qd3 +=] **25 dxc6 Bxg3
26 hxg3 Qe5 27 c7** [27 Kb2? a1Q+ 28
Rxa1 d3+ 29 Qc3 Qe2+ 30 Kb1 Rxa1
31 Kxa1 Ra8+ 32 Kb1 d2 -+] **27 ... d3+
28 Kxd3 Qf5+ 29 Kc3 Qxf2 30 Rhf1
Qe3+ 31 Kb2 Rac8! 32 Rc1 Qe5+ 33
Qc3 a1Q+ 34 Kxa1 Qxb5 35 Rf2 +=
Re8 36 Rd2 Qb6 37 Kb2 Re7 38 Rd8
Rxd8 39 cxd8Q Qxd8 40 Qc8 Re2+
41 Ka3 Qxc8 42 Rxc8+ Kh7 43 Rc3
Rxg2 44 b4 Re2 45 b5 Kg6 46 b6
Re6??** [46 ... Re8 =] **47 b7 1:0**

===== **41** =====

Mikhail Tseitlin-Lutz
Budapest Open 1989
**1 e4 c6 2 d4 d5 3 Nc3 dxe4 4 Nxe4
Nd7 5 Bc4 Ngf6 6 Ng5 e6 7 Qe2 Nb6
8 Bb3 h6 9 N5f3 a5 10 a4 c5 11 Bf4
Bd6 ● 12 Bg3!**

12 ... 0-0
◊ 12 ... Qc7 13 dxc5 Qxc5 14 0-0-0
Bxg3 15 hxg3 Bd7 16 Rh4 Bc6
[Schneider-Sapis, Göteborg 89] 17 Nd4
Bd5 18 Ngf3 +=.
13 Rd1!
◊ 13 dxc5 Bxg3 14 hxg3 Nbd7 15 Ne5
Nxe5 16 Qxe5 Nd7 = Abramović-W.
Watson, Brussels II 86.
**13 ... Nbd5 14 Ne5 cxd4 15 Ngf3
Bb4+ 16 Kf1 Nd7** [16 ... Bd7] **17
Nxd4 Nxe5 18 Bxe5 Bd7 19 h4! ±
Qe8 20 Nb5 f6 21 Bg3 Rd8? 22 Nc7
Qe7 23 Nxd5 exd5 24 Qxe7 Bxe7 25
Rxd5 Kh7 26 Bc7! 1:0**

===== **42** =====

Ernst-Tisdall
Gausdal Open 1985
**1 e4 c6 2 d4 d5 3 Nc3 dxe4 4 Nxe4
Nd7 5 Bc4 Ngf6 6 Ng5 e6 7 Qe2 Nb6
8 Bb3 h6 9 N5f3 a5 ● 10 a3! a4**
◊ 10 ... g6?! 11 Bd2 Bg7 12 0-0-0 0-0
13 h4 Qc7 14 Nh3 Nbd5?! 15 c4 c5?! 16
cxd5 cxd4+ 17 Kb1 Qb6 18 Ka2! ±
Kupreichik-Tukmakov, USSR Ch 87.

◊ 10 ... Be7 11 Bd2 Nbd5 12 c4 Nc7 13 Bc2 0-0? 14 Ne5! Qxd4 15 Bc3 Qd8 16 Ngf3 Nce8 17 g4! b5 18 g5 hxg5 19 Nxg5 Ra6 20 Qf3 b4 21 Qh3! g6 22 Bxg6! bxc3 23 Nexf7 Qd2+ 24 Kf1 Rxf7 25 Bxf7+ Kg7 26 Rg1 Qxg5 27 Rxg5+ Kxf7 28 bxc3 e5 1:0 Tal-Speelman, Subotica IZ 87.

11 Ba2 c5 12 dxc5

◊ 12 c3! Be7 13 Be3 Nbd5 14 Ne5 0-0 15 Ngf3 Qc7 16 Bc4 b6 17 0-0 Bb7 18 Bd2 Bd6 19 dxc5 Qxc5 20 Bd3 Rad8 21 Rfe1 Qc8 22 Nd4 Qa8 23 c4 Ne7 24 g3 Bxe5 25 Qxe5 Nc6 26 Nxc6 Rxd3 -+ 27 Ne7+ Kh7 28 Qe2 Rd7 29 Bb4 Re8 30 Rac1 Bf3 31 Qf1 Ne4 32 h4 Nc5 33 Bxc5 bxc5 34 Nd5 exd5 35 Qd3+ Be4 36 Rxe4 Rxe4 37 f3 f5 38 fxe4 fxe4 39 Qf1 Qe8 40 cxd5 Rxd5 -+ Romito-Abenius, corres 89.

12 ... Bxc5 13 Ne5 0-0 14 Ngf3 Nbd5! [14 ... Nbd7] **15 0-0 b6 16 c4 Ne7 17 Bf4 Bb7 18 Rad1 Qc8 19 Nd4?** [19 Bb1] **19 ... Nf5! 20 Nb5!** [20 Nxf5 exf5 =+] **20 ... Nh4 21 g3 Ng6 22 Nxg6 Qc6 23 Ne7+ Bxe7 24 f3 Bc5+ 25 Be3 Ng4 26 Nd4 Nxe3! 27 Nxc6 Nxd1+ 28 Kh1 Ne3 29 Ne7+ Kh8 30 Re1 Rfe8 31 Ng6+ fxg6 32 Bb1 Rf8 33 Be4 Bxe4 34 fxe4 Rf7 35 Qd2 Rf3 36 Qd7 Raf8 0:1**

43

Short-Speelman
Hastings 1988-89
1 e4 c6 2 d4 d5 3 Nc3 dxe4 4 Nxe4 Nd7 5 Ng5 Ngf6 6 Bc4 e6 7 Qe2 Nb6 8 Bb3 h6 9 N5f3 ● c5 10 Bf4 Nbd5

◊ 10 ... Nfd5 11 Be5 c4 12 Bxc4 Bb4+ 13 Kf1 Nxc4 14 Qxc4 0-0:

a:- 15 Ne2 Be7 16 Qb3 b6 = Arnason-Adorján, Akureyri 88.
b:- 15 Qd3 Be7 16 Ne2 a5 17 a4 Nb4 ½:½ W.Watson-Adorján, Esbjerg 88.
11 Be5 Qa5+ 12 Nd2 b5 13 c4!?

◊ 13 dxc5 Bxc5 14 Ngf3 0-0 15 0-0

Ba6:
a:- 16 c3 Qb6 17 Bc2 ½:½ Sax-Speelman, Reykjavik (World Cup) 88.
b:- 16 Bxd5 Nxd5 17 Nb3 Qb6 18 Nxc5 Qxc5 19 Bd4 Qc8 ½:½ Nunn-Speelman, Reykjavik (World Cup) 88.
13 ... bxc4 14 Bxc4 Nb6!?

◊ 14 ... cxd4 15 Nf3 Be7 16 Nxd4 Bd7 17 0-0 0-0 18 a3 +=.

15 b4! Qxb4 16 Rb1 Qa5 17 Bb5+ Bd7 18 Bxf6! gxf6 19 Ngf3 cxd4 20 0-0 Rd8! 21 Ne4! Be7 22 Nxd4 Kf8

23 Rfd1 [23 Bxd7 Rxd7 24 Nc6 Qf5 25 Rfd1; 23 Rfc1!?] **23 ... f5!? 24 Ng3?** [24 Bxd7 Rxd7 25 Nc6 Rxd1+ 26 Rxd1 Qa4 27 Nxe7 Qxe4 28 Qb2 e5 29 Qa3 Kg7 30 h3 / 30 g3 ∞] **24 ... Bxb5! -+ 25 Nxb5 Nd5 26 Rb3 h5!? 27 Nd4?** [27 Nxh5!?] **27 ... Nf4 28 Qf1 Qxa2 29 Rf3 h4?!** [29 ... Ng6 +=] **30 Ngxf5 exf5** [Draw?] **31 Rxf4** [No!] **31 ... Rh6! 32 Ra1?** [32 Rxf5 Rhd6 33 Rf4 R8d7!?] **32 ... Qd2 33 Ne2?** [33 Qc4!?] **33 ... Re6 34 Rxf5 Qxe2 35 Qc1 Red6 0:1**

44

W.Watson-Spiridonov
Palma de Mallorca (GMA) 1989
1 e4 c6 2 d4 d5 3 Nc3 dxe4 4 Nxe4 Nd7 5 Ng5 Ngf6 6 Bc4 e6 7 Qe2 Nb6 8 Bb3 h6 9 N5f3 ● a6?! 11 c4!

◊ 11 Rd1 c4 12 Bxc4 Nxc4 13 Qxc4 b5 14 Qb3 Bb7 15 c4 Rc8! Minasian-Savchenko, USSR 87.

◊ 11 0-0-0?! c4! 12 Bxc4 Nxc4 13 Qxc4 Nd5 14 Bd2 b5:

a:- 15 Qd3 Bb7 = Ivanchuk-Savchenko, USSR 87.

b:- 15 Qe2 Bb7 16 Ne5 Nf6 17 Ngf3 Rc8 18 Kb1 Be4 19 Rc1 Qd5 20 Rhe1 Be7 21 g4 0-0 22 g5 ± Kupreichik-Spiridonov, Palma de Mallorca (GMA) 89.

◊ 11 Be5!?

◊ 11 dxc5 Bxc5 12 Rd1 Nbd7 [12 ... Qe7 13 Ne5 Nbd5 14 Bc1 b5 ∞]:

a:- 13 Ne5 Qa5+ 14 Kf1 Nxe5 15 Bxe5 Bd7 16 Nf3 [Am. Rodriguez-Spiridonov, Belgrade GMA 88] 16 ... Be7! △ ... Rd8, ... 0-0.

b:- 13 c3 Qb6 14 Nd2 Qc6 15 Ngf3 b5 16 0-0 Bb7 17 Rfe1 0-0 18 Qf1 Rad8 19 Nd4 Bxd4 20 cxd4 Qb6 21 Be5 Rc8 22 Qe2 Rfd8 23 h3 Nxe5 24 dxe5 Nd5 25 Qg4 Ne7 26 Ne4 Bxe4 27 Qxe4 Nf5 28 Rxd8+ Rxd8 29 Rd1 Rxd1+ 30 Bxd1 g6 31 Bc2 Nd4 32 Bd3 Qc5 33 Kh2 a5 34 f4 b4 34 Qa8+ Kg7 36 Qd8 Nf3+ 37 Kg3 Ne1 38 Qf6+ Kg8 39 Bxg6 Qe3+ 40 Kh2 Nf3+ 41 gxf3 Qf2+ 42 Kh1 Qxf3+ ½:½ Nunn-Spiridonov, Lugano 89.

11 ... cxd4 12 0-0-0 Bc5 13 Nxd4 Qe7 14 Ngf3 0-0 15 Rhg1 Rd8 [15 ... Nh5!?] 16 Kb1 Bd7 17 g4 e5 18 Nxe5 Bxd4 19 Rxd4 Bf5+ 20 gxf5 Rxd4 21 Bxh6 Rg4 22 Rxg4 Nxg4 23 Bxg7! Kxg7 24 Qxg4+ Kf8 25 Qf4! Nd7 26 Nxd7+ Qxd7 27 a3 Rd8 28 f6 Qd3+! 29 Bc2 Qd4 30 Qh6+ Ke8 31 Bf5 Qc5 32 Qh8+ Qf8 33 Qh5 Rd6 34 Qe2+ Kd8 35 Qe5! Rd1+ 36 Kc2 Qd6 37 Qe7+ 1:0

Nd7 5 Ng5 Ngf6 6 Bc4 e6 7 Qe2

◊ 7 Ne2 h6 8 Nf3 Bd6 9 0-0 Qc7 10 Bb3 b6 Steinbacher-Andruet, Bundesliga 87-88.

7 ... Nb6 8 Bb3 h6 9 N5f3 c5 ● 10 c3

◊ 10 Be3 Qc7 11 Ne5 Bd6 12 Ngf3 0-0 13 dxc5 Bxc5 14 Bxc5 Qxc5 15 0-0-0 Bd7 16 Rd4 ∞ Mohrlok-Koskinen, postal 87.

◊ 10 dxc5 Nbd7 11 Ne5 Nxe5 12 Qxe5 Nd7 13 Qe2 Nxc5 14 Bc4 a6 15 a4 Bd7 16 a5 Bc6 17 Nf3 Qf6 18 0-0 Bd6 19 Be3 Bxf3 20 gxf3 Qh4 21 f4 Bxf4 22 Bxf4 Qxf4 23 b4 Ne4 24 Rfe1 Ng5 0-1 Glauser-Assmann, Lugano Open 89.

10 ... cxd4

◊ 10 ... Qc7 11 Bd2 a5 12 a3 a4 13 Ba2 Bd7 14 Ne5 cxd4 15 cxd4 Qc2 16 Nxd7 Nbxd7 17 Nf3 Qe4 = Makropoulou-S.Arkell, Novi Sad Ol 90.

11 Nxd4 Be7 12 Ngf3 0-0 13 0-0 Bd7 14 Ne5 Ba4 15 Bf4 Qc8 16 Ng6 Re8 17 Nxe7+ Rxe7 18 Nf5 Rd7 19 Bxa4 Nxa4 20 Nxg7! Kxg7 21 Be5 Qc6 22 Qg4+ Kh7 23 Bxf6 Rg8 24 Qh3 Nxb2 25 Bd4 Rg6 26 f4 f5 27 Rf3 Qe4 28 Re3 Qxf4 29 Rae1 Qd6 30 Rxe6!? Rxe6 31 Qxf5+ Rg6 32 h4 Re7 33 Re2! Qd7 34 Qf8 Reg7 35 Rxb2 Rg8 36 Qf3 b6 37 h5 Rg5 38 Rf2 [38 Re2!?] 38 ... Re8 39 Qd3+ Kg8 40 Rf6 Re6 41 Qc4 Rd5 42 Rg6+ Rxg6 43 hxg6 b5 44 Qb3 Qe6 45 Qb1 Rg5 [45 ... Qe2] 46 g7 a6 47 Qf1 Qe7 48 Qf2 Rxg7 49 Bxg7 Kxg7 50 Qg3+ Kh7 ½:½

═══ **45** ═══

Short-Adams
Thames TV (25 minute) London 1988
1 e4 c6 2 d4 d5 3 Nc3 dxe4 4 Nxe4

═══ **46** ═══

Chandler-Hübner
Biel 1987
1 e4 c6 2 d4 d5 3 Nc3 dxe4 4 Nxe4

Nd7 5 Ng5 Ngf6 ● 6 Bd3 e6 7 N1f3 h6 8 Nxe6!

◊ 8 Ne4 Nxe4 9 Bxe4 Nf6 10 Bd3 c5 11 dxc5 Bxc5 12 0-0 0-0 13 Qe2 b6 14 Bf4 Bb7 15 Rad1 Qe7 16 Ne5 a6 17 Bg3 Rfd8 18 c3 b5 19 Bh4 Rd5 20 Bc2 Rxd1 21 Rxd1 g5 22 Bg3 Rd8 ½:½ Gufeld-Speelman, Hastings 86-87.

8 ... Qe7!

◊ 8 ... fxe6 9 Bg6+ Ke7 10 0-0:

a:- 10 ... Qc7 11 g3 Kd8 12 Re1 Bd6 13 c4 Nf8 14 Bc2 Qf7 15 Bd2 Bd7 16 a4 Ng6 17 b4 Kim-Reprun, Uzbek Ch, Tashkent 88.

b:- 10 ... Nb6 11 Ne5 [11 b3!?] 11 ... Qd5 12 b3 Nbd7 13 Ba3+ Kd8 14 c4 Nxe5! ∞ Dyke-Pinto, New York Open 89.

9 0-0 fxe6 10 Bg6+ Kd8 11 Bf4

◊ 11 Re1 Ne8 12 Qd3 Qd6 13 g3 Dobryev-Spiridonov, Bulgarian Teams Ch 89.

11 ... Nd5!

◊ 11 ... Qb4 12 a3 Qxb2 13 Qe2 Nd5 14 Bd2 Bd6?! [14 ... Qb6] 15 Qxe6 [15 c4! ±±] 15 ... Kc7 16 Rfb1 Qxa1! 17 Rxa1 ± Geller-Meduna, Sochi 86.

12 Bg3 Qb4 13 Re1?! [13 Qc1!] 13 ... Be7 [13 ... Qxb2!] 14 Qe2

◊ 14 Qc1 Nf8 15 a3 Qxe1 16 Qxe1 ± de Firmian-Thinnsen, World Rapid Ch, Mazatlan 88.

14 ... Bf6 15 c4 Ne7 16 a3 Qb3 17 Bd3 Nf5? [17 ... Nf8 18 Rad1 Bd7 19 Ne5 Be8 ∞ Rogers] 18 Bxf5! exf5 19 Qe6 Qb6 20 c5 Nxc5 21 Qd6+! Nd7 22 Ne5 Bxe5 23 Rxe5 Re8 24 Rxe8+ Kxe8 25 Re1+ Ne5 26 Rxe5+ Kf7 27 Re7+ 1:0

=== **47** ===

van der Wiel-Karpov
Amsterdam 1987
1 e4 c6 2 d4 d5 3 Nc3 dxe4 4 Nxe4 Nd7 5 Bd3 Ngf6 6 Ng5 e6 7 N1f3 ●

◊ **7 Ne2:**

a:- 7 ... h6 8 Nf3 c5 9 0-0 Be7 10 Bf4 a6 11 c4 b6 12 Ne5 Bb7 13 Qa4 0-0 14 Rad1 Qc8 15 Qb3 cxd4 16 Nxd4 Nxe5 17 Bxe5 Nd7 18 Bg3 Rd8 19 Bb1 Qc5 = 20 Nf3 Nf8 21 Ne5 Bf6 22 Rfe1 Rxd1 = + Arnason-Burger, Reykjavik 86.

b:- 7 ... Qc7 8 c4 Bb4+ 9 Nc3 0-0 10 0-0 e5 11 a3 Bxc3+ 12 bxc3 h6 13 Ne4 Nxe4 14 Bxe4 Nf6 15 Bf3 Be6 16 Qe2 e4 17 Bxe4 Nxe4 18 Qxe4 Bxc4 = Gelfand-Dreyev, Vilnius 88.

◊ 7 Qe2 Bd6 8 Bd2 h6 9 N5f3 Qc7 10 0-0-0:

a:- 10 ... c5 11 g4 Nxg4 12 Nh4 Ngf6 13 Nf5 [Riemersma-Gelpke, Holland 87-88] 13 ... Kf8 14 Nxd6 Qxd6 15 dxc5 ∞.

b:- 10 ... 0-0 11 Nh3 Re8 12 Rhe1 e5 13 Bf5 exd4 14 Qf1 Rxe1 15 Rxe1 c5 16 g4 Nf8 17 Qg2 ∞ Tseshkovsky-Epishin, Tashkent 87.

7 ... Qc7 8 Qe2 h6 9 Bg6!

9 ... hxg5 10 Bxf7+ Kd8 [10 ... Kxf7 11 Nxg5+ Kg6 12 Qd3+ ±±] 11 Nxg5 Nb6 12 Bxe6? [12 g3! Bd7 13 Bxe6 Be8 14 Bf5 Bf7 15 Bf4 Qe7 16 Qxe7+ Kxe7 17 0-0 Bg8 18 b3 += van der Wiel] **12 ... Rxh2! 13 0-0 Rh5 14 g3 Qe7 15 Re1 Rxg5 16 Bxg5 Bxe6 17 Qxe6 Qxe6 18 Rxe6 Kd7 19 Rae1** [19 Re2!] **19 ... Nbd5 20 Bxf6 Nxf6 21 R6e5 b5 22 c3 a5 23 Kf1 a4 24 a3 Nd5 25 Rf5 Be7 26 Rf7 Rg8 27 Re2 Ke8 28 Rf5 Kd7 29 Rf7 Kd6 30 Kg2 Kd7** [30 ... Bf6!?] **½:½**

48

Arnason-Tisdall
Reykjavik 1989
**1 e4 c6 2 d4 d5 3 Nc3 dxe4 4 Nxe4
Nd7 5 Ng5 Ngf6 6 Bd3 e6 7 N1f3 ●
Bd6! 8 Qe2 h6 9 Ne4 Nxe4 10 Qxe4
Nf6 11 Qe2 b6 12 Bd2** [12 0-0 △ c4,
b3] **12 ... Bb7 13 0-0-0 Qc7**

14 Kb1
◊ 14 Ne5:
a:- 14 ... Nd7 15 f4 Rf8 Wolff-Adams,
Preston 89.
b:- 14 ... 0-0-0:
b1:- 15 f4 c5 16 dxc5 Bxc5 17 Kb1 Kb8
18 Rhe1 += de Firmian-Spiridonov,
Lugano Open 89.
b2:- 15 Rhe1 Kb8 16 Kb1 Rhe8 17 f3
[Gelfand-Adams, Sydney 88] 17 ... Ka8
18 a3 +=.
b3:- 15 Ba6!? Bxa6 [15 ... b5!? 16
Bxb7+ Kxb7 += Chandler-Speelman,
Hastings 88-89] 16 Qxa6+ Kb8 17 Bf4
g5 18 Bg3 h5 19 Nf3 g4 Riemersma-
Hodgson, Naestved Open 87.
14 ... 0-0-0 15 Ba6
◊ 15 c4 c5 16 Bc3 Rhe8 17 Rhe1:
a:- 17 ... Kb8 18 g3 Ka8 19 Bc2 a6 20
dxc5 Bxc5 21 Ne5 Rc8 22 Rd2 +=
A.Sokolov-Spraggett, 9th match game
88.
b:- 17 ... Re7 18 a3 [18 dxc5] 18 ... Red7
19 Ka1 Bxf3 20 Qxf3 cxd4! 21 Bxd4 Qb7
= Yigzhidsuren-Sapis, Ulan Bator 88.
15 ... b5
◊ 15 ... Rd7 16 Bxb7+ Qxb7 17 Ne5

Bxe5 18 dxe5 Ng8 19 c4 Ne7 20 Bc3
Rhd8 21 Rxd7 Rxd7 22 Rhd1 Rxd1+ 23
Qxd1 c5 24 Qd6 Ng6 25 f3 h5 26 h4 Qd7
27 Qxd7+ Kxd7 28 g3 Ne7 29 Be1 Nf5
30 Bf2 Ne7 31 Be1 a6 32 Kc2 Nc6 33 f4
f6 34 Bc3 Ke7 35 a3 Kf7 36 Kd3 Ne7 37
Be1 Nf5 38 Bf2 Ke7 39 b4 cxb4 40 axb4
fxe5 41 fxe5 b5 42 cxb5 axb5 43 Ke4 Kf7
44 Kf4 Kg6 45 Bc5 Kh6 46 Bf2 Ne7 47
Ke4 Nc6 48 Be3+ Kg6 49 Bc5 Kf7 50
Kf4 g6 51 Ke4 Ke8 52 Kf4 Kf7 53 Ke4
Kg8 54 Kf4 Kg7 55 Ke4 Kf7 56 Kf4 Ke8
57 Ke4 Nd8 58 Bd4 Kd7 59 Bf2 Nf7 60
Be3 Kc6 61 Kd4 Kb6 62 Kd3 Kc7 63 Ke4
Nd8 64 Bf2 ½:½ Thorsteinsson-
Kamsky, Reykjavik Open 90.
**16 Bxb7+ Kxb7 17 Rc1 Rb8 18 c4
bxc4 19 Rxc4 Rhc8 20 Rhc1 Nd5 21
Qe4 Ka8 22 Ka1 Qb7 23 Qc2 c5 24
dxc5 ½:½**

49

Chandler-Adams
Blackpool Zonal 1990
**1 e4 c6 2 d4 d5 3 Nc3 dxe4 4 Nxe4
Nd7 5 Ng5 Ngf6 6 Bd3 e6 7 N1f3
Bd6 8 Qe2 h6 9 Ne4 Nxe4 10 Qxe4
Nf6 11 Qe2 Qc7 12 Bd2 b6 13 0-0-0
Bb7 ● 14 Rhe1 0-0-0 15 Ba6 b5! 16
Bxb7+ Kxb7 17 Kb1 Ka8 18 Bc1**
◊ 18 Rc1 Rb8 19 c4 bxc4 20 Rxc4 Rb5
21 Qd3 Rhb8 22 b3 R8b6 23 Kc2 Ra6 24
a4 Rf5 ∞ McDonald-Hodgson, British
Ch Eastbourne 90.
**18 ... Qb7 19 Nd2 Bb4 20 c3 Bd6 21
Nb3 Nd5 22 g3 g6 23 h4 h5 24 Bg5
Rd7 25 Qf3 Rc8 26 Rc1 ½:½**

50

A.Sokolov-Karpov
Belfort (World Cup) 1988
**1 e4 c6 2 d4 d5 3 Nc3 dxe4 4 Nxe4
Nd7 5 Ng5 Ngf6 6 Bd3 e6 7 N1f3
Bd6 8 Qe2 h6 9 Ne4 Nxe4 10
Qxe4 Nf6 11 Qe2 b6 12 Bd2 Bb7
13 0-0-0 Qc7 ● 14 Rhe1 0-0-0**

15 Ba6 ● Bxa6
◊ 15 ... Rhe8 16 Ne5 Bxe5 17 dxe5 Nd5 18 Bxb7+ Qxb7 [Woda-Sapis, Polish Ch 89] 19 Qg4!?.

16 Qxa6+ Kb8 17 Qe2 Nd5 18 c4 Nf4 19 Qf1 Ng6 [19 ... g5 20 g3 g4 21 Re4 gxf3 22 Rxf4 ±] **20 g3! Be7 21 h4! h5** [21 ... Bf6] **22 Qe2 Rd7 23 Bg5 Bf6 24 Rd2 Rhd8 25 Red1 Qb7 26 Kb1 Ka8 27 a3** [27 Bxf6! gxf6 28 Ne1 +=] **27 ... Qa6** [27 ... b5 28 cxb5 Qxb5 29 Qe4 Qd5 +=] **28 Bxf6 gxf6 29 Ne1 Ne7 30 Nc2 b5 31 Nb4 Qb7 32 d5!**

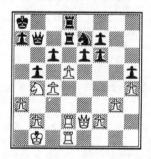

cxd5 33 cxb5 [33 cxd5!?] **33 ... Rc8** [33 ... Ng6 34 a4! ±] **34 Qxh5 Ng6 35 Qe2 Ne5 36 b3 Rdc7 37 Rc2 Rxc2 38 Nxc2 a6 39 Nd4 axb5 40 Nxb5 Qb6 41 a4 Qc5 42 Qd2 Nf3 43 Qc1 Qxc1+ 44 Rxc1 Rd8** [44 ... Nd2+ 45 Kb2 Rxc1 46 Kxc1 Nxb3+ 47 Kc2 Nc5 48 h5 Nd7 49 h6 Nf8 50 Nd6 ±±] **45 Rc7 d4 46 Rxf7 d3 47 Kc1 d2+ 48 Kd1 Rd3 49 Nc7+ Kb8 50 Na6+ Ka8 51 Nc7+ Kb8 52 Nxe6 Rxb3 53 Rf8+ Ka7 54 Rd8 Rb1+ 55 Ke2 Re1+ 56 Kxf3 d1Q+ 57 Rxd1 Rxd1**

58 Kf4 Rf1 59 f3 Kb6 60 Ng7 Kc6 61 Nh5 Kd6 62 Nxf6 Ke7 63 Nh5 Kf7 64 g4 Kg6 65 Ng3 Ra1 66 h5+ Kf7 67 g5 Rxa4+ 68 Kf5 Ra5+ 69 Kg4 Ra4+ 70 f4 Rb4 71 Nf5 Rb1 72 h6 Rg1+ 73 Kh5 Rf1 74 Nd6+ Ke6 75 Kg6 1:0

51

Smirin-Dreyev
USSR Young Masters, Vilnius 1988
1 e4 c6 2 d4 d5 3 Nc3 dxe4 4 Nxe4 Nd7 5 Ng5 Ngf6 6 Bd3 e6 7 N1f3 Bd6 8 Qe2 h6 9 Ne4 Nxe4 10 Qxe4 Nf6

11 Qe2 ●
◊ 11 Qh4!? Bd7 [11 ... Qa5+!? 12 Bd2 Qh5 - Meduna; 11 ... Nd5 12 Qxd8+ +=] 12 Bd2 Qe7 13 Ne5 0-0-0 14 f4 c5 15 Ba5 Bc7 16 Bxc7 Kxc7 17 Qg3 Hector-Barbero, Naestved 88.

11 ... Qb6!?
◊ 11 ... c5 12 dxc5 Bxc5?! [12 ...

Qa5+] 13 Bd2! 0-0 14 0-0-0 Qc7 15 g4!
e5 16 g5 hxg5 17 Bxg5 e4! 18 Bxe4 Re8
19 Bxf6 Qf4+ 20 Nd2 Qxf6 21 Qh5 Bd4
22 c3 Rxe4 23 Nxe4 Qf4+ 24 Nd2 Bg4
25 Qd5 Bxd1 26 Qxd4 Qxd4 27 cxd4
Bg4 28 Ne4 ½:½ Smirin-Haritonov,
Sverdlovsk 87.

12 0-0 0-0 13 a3?! [13 Bd2!? c5 14 dxc5
Bxc5 15 b4! Be7 16 c4 ±] **13 ... Qc7 14
c4 b6 15 b4 c5 = 16 dxc5 bxc5 17
bxc5 Bxc5 18 Bb2 Bb7 19 Bxf6 gxf6
20 Be4 Bxe4 21 Qxe4 f5 22 Qc2 Kh7
23 Rfd1 Rg8 24 Rd3 Rg4 25 Rad1
Rag8 26 g3 Rxc4 27 Qb2 Be7 28 Rd7
Qc5 29 Qb7 Re8 30 Qxa7 Qxa7 31
Rxa7 Rc3 32 Ne5 Rxa3 33 Rb7 Kg8
34 Rdd7 Ra5 35 Nc6 Ra1+ 36 Kg2
Bf6 37 Rxf7 Rf8 38 Rfd7 Rfa8 39
Rh7 Rb1 40 Rbc7 Re8 ½:½**

=========== **52** ===========

Psakhis-Meduna
Trnava 1988
**1 e4 c6 2 d4 d5 3 Nc3 dxe4 4 Nxe4
Nd7 5 Ng5 Ngf6 6 Bd3 e6 7 N1f3
Bd6 8 Qe2**

8 ... h6 9 Ne4
◊ 9 Nxe6? fxe6 10 Bg6+ Ke7 11 0-0
Nf8 12 Bd3 Bd7 13 Ne5 Qe8 14 f4 Kd8
-+ Arnason-Ostenstad, Torshavn 87.
◊ 9 Nh3:
a:- 9 ... Qc7 10 Bd2 b6 11 0-0-0 Bb7 12
Rhe1 0-0-0 13 Ne5 Bxe5 14 dxe5 Nd5
+=.
b:- 9 ... g5!? 10 Nd2 [10 Nhg1! +=] 10

... Nb6 11 Nb3 Qc7 12 Ng1 Nbd5 ∞
Borkowski-Sapis, Hradec Kralove 87-88.
9 ... Nxe4 10 Qxe4 • c5
◊ 10 ... Qc7 11 Bd2 b6 12 Qg4 g5 13
Qh3 Rg8 14 Qxh6 Bf8 15 Qh7 Nf6 16
Qh3 g4 17 Qh4 gxf3 18 Qxf6 fxg2 ↑ ↓
Smagin-Dzhandzhava, Hastings 89-
90.
11 Bd2
◊ 11 Qg4 g5 12 dxc5 Nxc5 13 0-0
Nxd3 14 cxd3 Bd7 15 Qh5 Qf6 16 Bd2
Rg8 17 Rfe1 Bc6 18 Nd4?! Qxd4 19
Rxe6+ Kd8 20 Rxh6 Qd5 -+ Lobron-
Vatter, Bundesliga 87-88.

**11 ... Nf6 12 Bb5+! Bd7 13 Qxb7
Rb8 14 Bxd7+ Nxd7 15 Qa6! Rb6 16
Qa4 Rxb2 17 dxc5 Bxc5 18 Bc3 Rb7
19 Qg4 Bf8 20 0-0 Qc7! 21 Bd4 Nf6
22 Bxf6 gxf6 23 Rab1 f5** [23 ... Qd7!]
24 Qa4+ Qd7 [24 ... Ke7 +=] **25 Qa6
Rxb1 26 Rxb1 Bd6 27 Rb7 Bc7 28 g3
0-0 29 Qxa7 Rc8 30 Qa6 Qd8 31 Kg2
Ba5 32 Qa7! Ra8 33 Qc5 Rc8 34 Qb5
Bc3 35 a4 Qd6 36 a5 Ra8 37 Rb6
Qd8 38 a6 Bd4 39 Nxd4 Qxd4 40
Rb8+ Kg7 41 Rxa8 Qe4+ 42 Kg1
1:0**

=========== **53** ===========

Ulibin-G.Georgadze
USSR Ch 1st L Simferopol 1988
**1 e4 c6 2 d4 d5 3 Nc3 dxe4 4 Nxe4
Nd7 5 Ng5 Ngf6 6 Bd3 e6 7 N1f3
Bd6 • 8 0-0 h6 9 Ne4 Nxe4 10 Bxe4
0-0**

◊ 10 ... Nf6 11 Bd3 Qc7 12 Re1 b6 13 Ne5 Bb7 14 c3! Nd7 15 Qe2 Rd8 16 Bf4 [Ulibin-Dzhandzhgava, Jurmala 89] 16 ... 0-0 17 Nxd7 Qxd7 18 Bxd6 Qxd6 19 Qe4 g6 20 h4 += Ulibin.

◊ 10 ... Qc7 11 c3 b6 12 Re1 Bb7:
a:- 13 Qe2 Nf6 14 Bc2 0-0 15 Ne5 c5 16 dxc5 Bxe5 17 Qxe5 Qxe5 18 Rxe5 Nd7 = Jonsson-Icklicki, Haringey 88.

b:- 13 Bc2 Rd8 14 Ne5 Nxe5 15 dxe5 Bxe5 16 Qh5 Rd5 17 c4 Rc5 18 b4 g6 19 Bxg6 fxg6 20 Qxg6+ Qf7 = Cuijpers-Gelpke, Dutch Ch 89.

11 c3 e5

◊ 11 ... Qc7 12 Bc2 Re8 13 Qd3 Nf8 14 Re1 b6 15 Ne5 Bb7 16 Qh3 ± Bellin-Thipsay, British Ch, Swansea 87.

◊ 11 ... Nf6 12 Bc2 c5 13 Ne5 cxd4 14 cxd4 b6 15 Qf3 Ba6 16 Rd1 Qc7 Smirin-Haritonov, USSR Clubs, Podolsk 90.

12 Bc2 Re8 13 Re1 exd4 14 Rxe8+ Qxe8 15 Qxd4 Qe7 16 Bf4 Bxf4 17 Qxf4 Nf8 18 Re1 Be6 19 Nd4 Rd8

◊ 19 ... Re8!? 20 g3 Qd8 21 Rd1?! [21 Nxe6 +=] 21 ... Bh3! =+ Smirin-Halifman, Moscow (GMA) 89.

20 h4 Qd6

◊ 20 ... Qc5 21 Re3 Qd6 22 Nxe6 fxe6 [22 ... Nxe6 23 Qe4 Nf8 +=] 23 Qg4 ± Kasparov-Karpov, Amsterdam (Optiebeurs) 88.

21 Nxe6 Nxe6 22 Qe4 Kf8? 23 g3! ± Qc5 [23 ... g6! 24 Bb3 Kg7 25 Qe3 b6] **24 Bb3 Rd2 25 Re3 Qe7 26 Rf3 Kg8**

27 Rxf7! Kxf7 28 Qf4+ Ke8 29 Qxd2

Nc5 30 Bc2 Qe5 31 Kf1 Kf8 32 b4 Ne6 33 Qd7 Qf6 34 Qxb7 Qxc3 35 Bb3 Qd3+ 36 Kg1 Nd8 37 Qxa7 Qb1+ 38 Kh2 Ke8 39 Qxg7 Qc1 40 Kg2 Qd2 41 Qe5+ Kd7 42 b5 1:0

=================== **54** ===================

Ulibin-Dautov
USSR Young Masters, Tbilisi 1989
1 e4 c6 2 d4 d5 3 Nc3 dxe4 4 Nxe4 Nd7 5 Ng5 Ngf6 6 Bd3 e6 7 N1f3 ● Be7 8 0-0

◊ 8 Nxf7?! Kxf7 9 Ng5+ Kg8 10 Nxe6 Bb4+! [10 ... Qa5+ 11 Bd2 Qd5 12 Qe2! ±]:
a:- 11 Kf1! Qe7 12 Nc7 Nb6 13 Nxa8 Nxa8 14 c3 Bd6 ∞ 15 Bg5 Be6 16 c4 h6 17 Bd2 Kf7 18 Qc2 Rf8 19 Re1 Qd7 20 h3 Hergott-Adams, British Ch, Swansea 87.

b:- 11 c3 Qe7 12 Qe2 [Ferčec-Vojinović, Novi Sad 87] 12 ... Nb6 13 Bf5 Bd6 14 0-0 Bd7 15 Re1 Re8 =+.

◊ 8 Qe2:
a:- 8 ... 0-0 9 h4 c5 10 Be3 a6 11 0-0-0 Qa5 12 Kb1 b5 13 dxc5 Qc7 14 Nxh7! Nxh7 15 Bxh7+ Kxh7 16 Ng5+ Kg8 17 Rxd7! 1:0 Shirazi-Neamtu, Biel Open 87.

b:- 8 ... h6 9 Ne4 [9 Nxe6?! fxe6 10 Bg6+ Kf8 11 0-0 Nb6 12 Ne5 Qc7 13 c4 Bd7 14 Bf4 Qc8 15 Rfe1 Be8 16 Bxe8 Qxe8 17 Qd3 Qh5 18 Ng6+ Kf7 19 Nxh8+ Rxh8 20 Qb3 Rd8 21 Rad1 Qa5 ∞ Chandler-K.Arkell, London 88] 9 ... Nxe4 10 Qxe4 c5 [10 ... Nf6 11 Qe2 c5 12 dxc5 Bxc5 13 Bd2 0-0 14 0-0-0 b5 15 g4 Nd5 16 Rhg1 Qc7 17 Ne5 b4 18 g5 hxg5 19 Rxg5 f5 20 Rdg1 ± Benjamin-S.Arkell, Reykjavik 90] 11 0-0 cxd4 12 Nxd4? [12 Qxd4 +=] 12 ... Nc5 = 13 Bb5+ Bd7 14 Qe2 a6 15 Bxd7+ Qxd7 16 Rd1 Qc7 17 g3 Rd8 18 Bf4 Qb6 19 c3 0-0 20 b4 Nd7 21 a4 Nf6 22 a5 Qa7 23 Bc7 Rc8 24 Bb6 Qb8 25 Nf5 exf5 26

Qxe7 Rxc3 27 Qd6 Qc8 28 Bd4 Rc6 29 Qf4 Re8 30 Rac1 Ne4 31 Rxc6 bxc6 32 f3 Ng5 33 Bc3? Nh3+ 0-1 A.Sokolov-Spraggett, Candidates Match tie-break 88.

8 ... h6 9 Ne4 Nxe4 10 Bxe4

10 ... Nf6?!

◊ 10 ... c5 11 c3 0-0 12 Bc2 Nf6 13 Qd3 Qd5? [13 ... Rd8] 14 Re1 ± b6? [14 ... Rd8] 15 Bf4 Bb7 16 c4 Qd8 17 Be5 g6 18 Rad1 Ng4? 19 Bf4 Qd7 20 h3 Nf6 21 Ne5 Qxd4 22 Nxg6 1:0 Halifman-Sokolin, Leningrad Ch 88.

11 Bd3 0-0 12 Ne5!?

◊ 12 Bf4 Nd5?! [12 ... c5 13 dxc5 Bxc5 14 Qe2 +=] 13 Bd2! c5 14 dxc5 Bxc5 15 Qe2 += Qc7?! [15 ... Nf6] 16 Qe4 Nf6 17 Qh4 Be7 18 Bxh6! gxh6 19 Qxh6 Rd8 20 Rae1! Rd5 21 Ng5 Rxd3 22 cxd3 Qd8 23 Re3 Bf8 24 Qh8+! ±± Halifman-K.Arkell, Leningrad 89.

12 ... c5 13 dxc5 [13 c3!?] **13 ... Bxc5 14 Re1! Nd7 = 15 Bf4 Bd4! 16 Bh7+ Kxh7 17 Qxd4 Nxe5 18 Qxe5 Qf6 19 Qe4+ Qg6 20 Qb4?! Rd8 21 c4 b6 22 Bg3 Bb7 23 c5?** [23 Rad1 =] **23 ... Bd5 24 cxb6 Rdb8 25 Qd4 Rxb6 26 b4?** [26 b3 =+] **26 ... Rc8 27 a3 Rc4 28 Qe3 h5 29 f3 h4 30 Be5 Rbc6 31 Re2 h3 32 g3 f6? 33 Bd4 Qf5 34 Bc5? a5? 35 Rf1! axb4 36 axb4 Ra6 37 Rd2 Rc2 38 g4 Qg6 39 Rfd1 Rxd2 40 Rxd2 Ra1+ 41 Kf2 Kg8? 42 Kg3 Rb1 43 Qd3? f5 44 Bd4 Rxb4 45 Bc3 f4+ 46 Kf2 Qxd3 47 Rxd3 Rb3 48 Ke1 Kf7 49 Kd2 Rb1?!** [49 ... g5!] **50 g5**

Rh1? [50 ... Kg6] **51 Rd4 Rxh2+ 52 Kd3 Rf2 53 Rxf4+ Kg6 54 Be5 Kxg5 55 Ke3 h2 56 Rg4+ Kf5 57 Rh4 Rxf3+ 58 Kd4 Rb3 59 Rh5+ g5 60 Bxh2 Kg4 61 Rh8 Ra3 62 Bd6 Ra7 63 Rg8 Rf7 64 Be5 Rf5 65 Rg7 Kf3 66 Rg8 g4 67 Rg6 Rf8 68 Bd6 Ra8 69 Rf6+ Ke2 70 Rg6 Ra4+ 71 Kc5 Kf2 72 Rf6+ Kg2 73 Rg6 Rc4+ 74 Kb5 Re4 75 Kc5 Bb3 76 Bc7 Bc2 77 Rg8 Bd3 78 Kd6 Rd4+ 79 Ke7 Bf5 80 Kf6 Ra4 81 Kg5 Kf2 82 Bb6+ Kf3 83 Kh4 Kf4 84 Bc7+ e5 0:1**

55

King-Adams
London (Watson Farley & Williams) 1989
1 e4 c6 2 d4 d5 3 Nc3 dxe4 4 Nxe4 Nd7 5 Ng5 ● e6 6 Bd3 Be7!

◊ 6 ... c5?! 7 N1f3 cxd4 8 0-0 Be7:
a:- 9 Bxh7! ± △ 9 ... Ngf6 10 Nxf7 Kxf7 11 Ng5+ Ke8 12 Bg6+ ±± Nunn.
b:- 9 Re1 Bxg5 10 Bxg5 Qb6 11 Bc4 Ngf6 12 Nxd4 0-0 [Nunn-Speelman, Brussels (World Cup) 88] 13 Bb3 ±.
7 N1f3 h6 8 Ne4 Ngf6 9 c3 [9 Qe2 Nxe4 10 Qxe4 Nf6 11 Qe2 b6 12 Bd2 Bb7 13 0-0-0 Qc7] **9 ... c5 10 0-0 cxd4 11 Nxd4 0-0 12 Re1 Re8 13 Nxf6+ Bxf6** [13 ... Nxf6!?] **14 Bc2 a6 15 Qg4 Kh8 16 Re3 Nf8 17 Rh3 e5**

18 Nf5 g6 19 Bxh6 ±± Kg8 20 Rg3 Qb6 21 Rb1 e4 22 Be3 Qc6 23 Qf4 Bxf5 24 Qxf5 Re5 25 Qg4 Rd8 26

Bf4 Ra5 27 Bb3 Re8 28 Rd1 Rd8 29 Re3 Rxd1+ 30 Qxd1 Ne6 31 Bg3 Kg7 32 h3 Rf5 33 Bc2 Nc5 34 Qe1 Qd5 35 a3 Nd3 36 Qe2 Qb5 37 Bxd3 exd3 38 Rxd3 Rd5 39 Re3 Qb3 40 Kh2 Rb5 41 c4 1:0

—————— **56** ——————

De Firmian-Adorján
World Team Championship, Luzern 1989
1 e4 c6 2 d4 d5 3 Nc3 dxe4 4 Nxe4 Nd7 5 Ng5 Ngf6 6 Bd3 ● Qc7 7 N1f3
◊ 7 Ne2 e6:
a:- 8 c4 Bb4+ 9 Bd2 Bxd2+ 10 Qxd2 h6 11 Nf3 0-0 12 0-0 e5 13 dxe5 Nxe5 14 Nxe5 Qxe5 15 Ng3 Be6 = Kovalyev-G. Georgadze, USSR Ch 1st League, Simferopol 88.
b:- 8 Bf4 Bd6:
b1:- 9 Bxd6 Qxd6 10 Qd2 e5?! [10 ... 0-0 △ ... b6] 11 0-0-0 ± Huzman-Hmelnitsky, Ukraine Ch, Herson 89.
b2:- 9 Qd2 Bxf4 10 Nxf4 0-0 11 0-0-0 e5 12 Nfe6 fxe6 13 Nxe6 Qd6 14 Nxf8 Kxf8 15 dxe5 ½:½ Nunn-Tal, Skelleftea 89.
◊ 7 Qe2 h6 8 N5f3 e6 9 Ne5 Nxe5! 10 dxe5 Nd7 11 Nf3 g5! 12 Be3 Bg7 13 0-0-0 g4 14 Nd4 Nxe5 -+ Renet-Tal, Marseille 89.
7 ... h6 8 Ne6!?

8 ... fxe6 9 Bg6+ Kd8 10 0-0 [10 Qe2 Nd5! -+ Bikhovsky] **10 ... b6?!** [10 ... Qd6 11 c4 += de Firmian] **11 Re1** [11 g3! △ Bf4] **11 ... Qd6 12 g3 Bb7 13**

Bf4 Qd5 14 Re5!? Nxe5 15 Nxe5 c5 16 dxc5 Kc8! 17 c6 Bxc6 18 Nxc6 Qxc6 ½:½ [19 Qe2 Kb7 20 Be5 Rd8! 21 Bxf6 exf6 22 Be4 Rd5 23 c4 Bc5 =]

—————— **57** ——————

Tal-Meduna
Bundesliga 1989/90
1 e4 c6 2 d4 d5 3 Nc3 dxe4 4 Nxe4 Nd7 5 Ng5 Ngf6 6 Bd3
◊ 6 N1f3 h6 7 Nh3 g5 8 Nhg1 Bg7 9 Bc4 b5 10 Bb3 Bb7 11 a4 0-0 12 Qe2 c5 13 axb5 cxd4 14 h4 d3 15 Qxd3 g4 16 Nd4 Nc5 17 Qe3 Nxb3 18 Nxb3 Bxg2 19 Rh2 Be4 20 f3 Qc7! 21 Rg2 Bxc2 22 Nd4 Bg6 23 Bd2 Nd5 24 Qb3 Bxd4 25 Qxd5 Rfd8 0:1 Strugach-Korneyevets, USSR 89.
● 6 ... c5
◊ 6 ... Qb6?! 7 a4 h6 8 a5 Qc7 9 N5f3 c5 10 Ne2 c4 11 Bf4 Qc6 12 Bf5 e6 13 Bh3 += Bikhovsky.
◊ 6 ... Nb6 7 N1f3 h6 8 Ne4 Nxe4 9 Bxe4 Bg4 10 0-0 e6 11 h3 Bxf3 12 Qxf3 Be7 13 c3 Nd5 14 Re1 0-0 = 15 Bc2 Re8 16 Qd3 Nf6 17 Bf4 Bd6 18 Be5 Bxe5 19 Rxe5 += Hawelko-Tomaszewski, Polanica Zdroj 87.
◊ 6 ... h6?! 7 Ne6 Qa5+ 8 Bd2 Qb6 9 Nf3 fxe6 10 Bg6+ Kd8 11 0-0 c5?! [11 ... Qc7 - Tal] 12 c4! cxd4 13 Nxd4 e5 14 c5! Nxc5 15 Ba5 ±± exd4 16 Qxd4+ Ncd7 17 Bxb6+ axb6 18 Rac1 e5 19 Qc4 Bc5 20 Rfd1 Rf8 21 b4 Bd4 22 Rxd4 1:0 Tal-Oll, Tempo Cup, Riga 86.
7 N1f3 cxd4 8 0-0 Qb6
◊ 8 ... h6 9 Ne6 Qb6 10 Re1! Nc5 11 Nxc5 Qxc5 12 Nxd4 a6 13 c3 e6 14 Bf4 Be7 15 Bc2! Bd7 16 Nf5 Bc6 17 Re5 Qb6 18 Nxg7+ Kf8 19 Nf5 exf5? [19 ... Rd8 ∞] 20 Rxe7! Nd5 21 Rxf7+! ±± Tseshkovsky-Halifman, Tashkent 87.
9 Bc4 e6 10 Re1 Be7 11 Nxf7 Qc7 12 Bxe6 Nc5 13 Bc4 b5 14 Qxd4 bxc4 15 Bf4 Qb6 16 Nxh8 Be6 17 Ng5 Rd8 18 Qxc5!

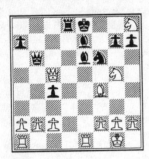

18 ... Qxc5 19 Nxe6 Qb6 20 Bc7 1:0

===== **58** =====

Arnason-Petursson
Akureyri 1988
1 e4 c6 2 d4 d5 3 Nc3 dxe4 4 Nxe4 Nd7 5 Ng5 Ngf6 6 Bd3 ● g6

7 Bc4
◊ 7 h4!? Bg7 8 h5 Nxh5 9 Rxh5 gxh5 10 Qxh5 Qa5+ 11 Bd2 Qd5 =.
◊ 7 N1f3 Bg7:
a:- 8 0-0 0-0:
a1:- 9 c3 c5 10 Bc4 h6 11 Nxf7 Rxf7 12 dxc5 Qe8 13 Re1 Kh7 14 Bxf7 Qxf7 15 Be3 e5 16 Nd2 Nf8 17 f3 Bf5 Grabovsky-Georgadze, Nalenczyw 89.
a2:- 9 Re1 h6 10 Ne4 Nxe4 11 Bxe4 c5 12 c3 cxd4 13 Nxd4 [13 cxd4!] 13 ... Nc5 14 Bc2 e5 15 Nb3 Qc7 16 Nxc5 Qxc5 17 Be3 Qc7 18 Qd5 Be6 19 Qc5 Qxc5 20 Bxc5 Rfd8 21 Red1 b6 22 Be3 f5 23 f3 Kf7 24 Bb3 h5 25 Kf1 Bf6 26 Ke2

Ke7 27 Bxe6 Kxe6 28 a4 Rxd1 29 Rxd1 = A.Sokolov-Spraggett, 4th match game 88.
b:- 8 Qe2:
b1:- 8 ... h6 9 Ne6 fxe6 10 Bxg6+ Kf8 11 0-0 [11 Qxe6 Qa5+ △ ... Qd5] 11 ... Nb6 12 Ne5 Rg8 13 Bf4 Bd7 14 Nf7 Qe8 15 c4 Qxf7!? 16 Bxf7 Kxf7 17 Rfe1 h5 18 a4 Bh8 19 a5 Nc8 20 c5 a6 21 Ra3 Na7 22 Be5 Rg6 23 Rg3 Rag8 24 Rxg6 Rxg6 25 Rd1 Nb5 =/∞ Nunn-Speelman, London Quickplay 87.
b2:- 8 ... 0-0 9 h4 h5 10 Bd2 Nb6 11 Ne5 Qxd4 12 c3 Qd5 13 0-0-0 Qxa2 14 Be1 Bf5! = Hector-W.Watson, Kecskemet 87.
7 ... Nd5
◊ 7 ... e6 8 Qe2 Nb6 9 Bb3 h6 10 N5f3 Bg7 11 c3 c5 12 dxc5 Nbd7 13 Ne5 Nxe5 14 Qxe5 0-0 15 Nf3 Nd5 16 Qe2 ± Wolff-W.Watson, London (WF&W) 90.
8 N1f3 Bg7 9 0-0 0-0 10 Re1 N7f6 11 Ne5! Ne8 12 Ngf3 Nd6 13 Bf1 ± Qc7 [13 ... a5] 14 c4 Nf6 15 h3! Bf5 16 g4 Bd7 17 Bf4 Qc8 18 Qe2 Rd8 19 Rad1 Be8 20 Bg2 a5 21 a4 c5 22 dxc5 Qxc5 23 b3 Rac8 24 Nd3 Qa3 25 Qc2 Bxa4 26 bxa4 Rxc4 27 Bxd6 1:0

===== **59** =====

Ulibin-Lokotar
USSR Junior, Ivano-Frankovsk 1988
1 e4 c6 2 d4 d5 3 Nc3 dxe4 4 Nxe4 Nd7 5 Ng5 ● Nb6
◊ 5 ... h6 6 Ne6 Qa5+ 7 Bd2 Qb6 8 Bd3!? Ngf6 [8 ... fxe6?? 9 Qh5+ Kd8 10 Ba5 ±± Nunn-Kir.Georgiev, Linares 88] 9 Nxf8 Nxf8 10 Nf3 / 10 Ne2 ∞
6 N1f3 g6 7 h4
◊ 7 Bd3!? += Bg7 8 0-0 Nh6 9 Re1 0-0 10 c3:
a:- 10 ... Nf5 11 h3 Qc7 12 Qe2 Nd5 13 Bc4 b6 14 Bd2 e6 15 Bb3 a5! = Taborov-Sergeyev, Kiev 89.

b:- 10 ... Qc7 11 Ne5! Nd5 12 Qf3 Nf5 13 Qh3 h5 14 Qf3 Qd8 15 h3 Qe8 16 Nc4 ± Chandler-Adams, London (Lloyds Bank) 88.

◊ 7 c3 Bg7 8 Qb3 Nh6 9 Be2 0-0 10 0-0 [10 h4 Bg4 11 h5!?] 10 ... Nf5! 11 Rd1 [11 Bf4 Nd5 12 Bd2 Nd6 13 c4 Nc7 =+ Miles] 11 ... Qc7 [11 ... h6 =] 12 g3 Nd6! 13 Ne5?! [13 c4 h6 =] 13 ... c5 =+ 14 dxc5?! Qxc5 15 Nd3 Qf5 16 Ne1 Bd7! 17 Bd3 Qa5 18 Qb4 Qxb4 19 cxb4 Rfd8 20 Rb1 Na4 21 Rd2 Bb5 22 Ngf3 Nc4 23 Bxc4 Bxc4 24 b3 Nc3 25 Rbb2 Bd5 26 Rbc2 Be4 27 Rxd8+ Rxd8 28 Rd2 Rxd2 29 Bxd2 Nxa2 30 b5 Nc3 31 Bxc3 Bxc3 32 Kf1 Bd5 33 Ke2 Bxb3 34 Kd3 Ba5 35 Nd4 Bxe1 36 Nxb3 Bxf2 37 Na5 Bb6 38 Nxb7 Kf8 39 Kc4 Ke8 40 Kb4 Kd7 0:1 van der Wiel-Karpov, Amsterdam (EOE) 88.

◊ 7 Ne5 Nh6 8 Ngf3 Bg7 9 Be2 Nf5 10 c3 0-0 11 0-0 a5!? 12 a4?! [12 Qc2!? △ Rd1, c4 + = Sergeyev] 12 ... Be6 13 Re1 Qc7 14 Nd3 Nd5 15 Nc5 Bc8 16 Bc4 e6 17 Qe2 b6 18 Ne4 Bb7 19 Bd2 c5! 20 dxc5 bxc5 =+ 21 g3 h6 22 b3 Kh8 23 Rad1 Nfe7! =+ Brodsky-Sergeyev, USSR 89.

7 ... Nh6?!

◊ 7 ... h6 8 Nxf7 Kxf7 9 Ne5+ Kg7 10 h5! ∞.

8 h5 Bg4 9 hxg6 hxg6

10 Rxh6! Bxh6 [10 ... Rxh6 11 Nxf7] **11 Nxf7 Kxf7 12 Ne5+ Kg7 13 Qxg4 Qd6 14 f4 Raf8 15 Bd2 Rf6 16 0-0-0** ± **Qxd4 17 g3 Rd8** [17 ... Na4 18 c3 ±]

18 Bd3 Na4 19 c3 Qd6? 20 Bc2 Nb6 21 Be3 Nd5 22 Bd4 c5 23 Nc4 cxd4 24 Nxd6 Rdxd6 25 Rh1! Nxf4 26 Rxh6 Kxh6 27 gxf4 d3 28 Qh3+ Kg7 29 Bxd3 Rxf4 30 Qe3 Rff6 31 Qxe7+ Kh6 32 Qe3+ Kg7 33 Bc4 Rb6 34 a4 1:0

60

De Firmian-Karpov
Biel 1990

1 e4 c6 2 d4 d5 3 Nd2 dxe4 4 Nxe4 Nd7 5 Ng5 • Ndf6 6 Bc4 e6 7 Ne2

◊ 7 N1f3 h6 8 Nh3 Bd6 9 Qe2:
a:- 9 ... b5 10 Bb3 Ne7 11 Ne5 Qb6 12 Bf4 c5 ∞ Arnason-Thorsteins, Akureyri 88.
b:- 9 ... Ne7 10 Bd2 Qc7 11 0-0-0 b5! 12 Bd3 a6 13 Rhe1 Bb7 14 g3 c5 15 dxc5 Qxc5 16 Ne5? [16 Bf4!? Rd8 17 Ne5 +=] 16 ... Qxe5 17 Qxe5 Bxe5 18 Rxe5 Ng4 ∞ Hübner-Karpov, Belfort 88.

◊ 7 Qd3 Bd6 8 Bd2:
a:- 8 ... h6 9 N5f3 Ne7 10 Ne2 b5 11 Bb3 0-0 12 Ng3 Gallagher-Adorjan, Saint John II 88.
b:- 8 ... Qc7 9 0-0-0 h6 [9 ... b5] 10 N5f3 Ne7 11 Ne5! += Ziatdinov-Grinshpun, Tashkent 88.

7 ... c5 8 0-0 h6 9 Nf3 a6 10 a4 [10 Bd3!? cxd4 11 Nexd4 Bd6 12 Qe2 Ne7 13 Ne5!? - Karpov] **10 ... cxd4 11 Nexd4 Bd6 12 Qe2 Ne7 13 Ne5 Qc7 14 Ndf3 0-0 15 b3 b6 16 Bb2 Bb7 = 17 Rad1 Ned5 18 Rd4 b5! 19 Bxd5 Bxd5 =+ 20 Ng4 Be7 21 Nfe5 Qb7 22 Nxf6+ Bxf6 23 Rg4 Kh8 24 c4 bxc4 25 Nd7? Bxb2 26 Qxb2 Rg8 27 Rh4 Kh7 28 Ne5 cxb3 29 Re1 Rac8 30 Qd2 f5 31 g4 g5 32 Rh3 Rc2 0:1**

61

Nunn-Tal
Brussels SWIFT (World Cup) 1988
1 e4 c6 2 d4 d5 3 Nc3 dxe4 4 Nxe4 Nd7 5 Ng5 Ndf6 ● 6 N1f3 e6
◊ 6 ... h6?! 7 Nxf7! Kxf7 8 Ne5+ Ke8 9 Qd3 ±.
◊ 6 ... Nh6 7 c3 g6 8 Bc4 Bg7 9 0-0 0-0 10 Re1 Nf5 11 Ne5 Nd5 12 Ngf3 Qc7 13 Bb3 e6?! 14 c4 Nf6 15 g4! ±.
7 Ne5
◊ 7 Qd3 Bd6 8 Ne5 Nh6 [8 ... Bxe5 9 dxe5 Qa5+ 10 Qc3! Qxc3+ 11 bxc3 Nd7 12 f4 Ne7 13 Ba3 ±] 9 Bd2 a5 [Sokolov-Spraggett, 8th match game 88] 10 Ne4 Nxe4 11 Qxe4 Nf5 12 0-0-0 ± - Yurkov.
7 ... Nh6 8 Bd3 Bd6
◊ 8 ... Qxd4? 9 Ngxf7 Nxf7 10 Nxf7 Bb4+ 11 c3 Bxc3+ 12 bxc3 Qxc3+ 13 Bd2 Qxd3 14 Nxh8 ± Nunn.
9 c3 Qc7
◊ 9 ... 0-0 10 Qc2 Nf5 11 g4 Bxe5 12 gxf5 Bd6 13 fxe6 ±.
10 Qe2 c5
◊ 10 ... 0-0 11 Ngf3 Nf5 12 g4 Ne7 13 h4 ±.
11 Bb5+ Ke7
◊ 11 ... Bd7 12 Nxd7 Nxd7 13 dxc5 Bxc5 14 Nxe6 fxe6 15 Qxe6+ Kd8 16 Bg5+ Kc8 17 0-0-0 ±±.
12 0-0 cxd4
◊ 12 ... a6 13 Bd3 b6 14 f4 ±.
13 cxd4 Nf5 14 Be3! Nxe3
◊ 14 ... Bxe5 15 dxe5 Qxe5 16 Bxa7! Qxe2 17 Bc5+ Nd6 18 Bxe2 ±.
15 fxe3
◊ 15 Qxe3 Nd5 16 Qg3 f6 17 Ne4! Rg8 18 Qh4 Bxe5 19 dxe5 Qxe5 20 Qxh7 ± Nunn.
15 ... Bxe5 16 dxe5 Qxe5 17 Qd3 Qxg5?
◊ 17 ... a6!? 18 Qa3+ Qd6 19 Qxd6+ Kxd6 20 Nxf7+ Ke7 21 Nxh7 axb5 22 g4 Bd7 23 g5 Rxh8 24 gxf6+ gxf6 +=/±

62

van der Wiel-Karpov
Amsterdam (Optiebeurs) 1988
1 e4 c6 2 d4 d5 3 Nc3 dxe4 4 Nxe4 Nd7 ● 5 Bd3
◊ 5 Bg5 Ngf6 6 Qd3 Nxe4 7 Qxe4 Qa5+ 8 Bd2 Qb6 [8 ... Qc7!?] 9 0-0-0 += Karklins-Dlugy, Reykjavik 86.
◊ 5 Ne2:
a:- 5 ... g6 6 c4 Bg7 7 N2c3 Nh6 ∞ Panchenko-Tukmakov, Sochi 87.
b:- 5 ... Ngf6 6 N2g3 e6 7 Bf4 Nxe4 8 Nxe4 Nf6 9 Nxf6+ Qxf6 10 Be5 Veselovsky-Bobić, Novi Sad 87.
◊ 5 Bc4 e6 6 Nf3 Ngf6 7 Nxf6+ Nxf6 8 0-0 Be7 9 Qe2 0-0 10 Rd1 b6 11 Ne5 Qc7 12 Rd3 Rd8 13 Bg5 [Klovan-Hansson, Debrecen 89] 13 ... c5 +=.
5 ... Ndf6
◊ 5 ... Ngf6 6 c3 Nxe4 7 Bxe4 Nf6 8 Bc2 Bg4 9 Ne2 e6 Kupreichik-Adorján, Esbjerg 88.
◊ 5 ... e5?! 6 Nf3 exd4 [6 ... f5? 7 Neg5 e4 8 Bc4 ±±] 7 0-0 Ngf6 8 Re1 ±.
6 Ng5
◊ 6 Ng3!? Qxd4 7 Nf3 Qd5 8 c4 Qa5+ 9 Bd2 Qc7 10 0-0 Bg4 11 h3 Bxf3 12 Qxf3 e6 Agnos-Wells, British Ch, Swansea 87.
6 ... Bg4
◊ 6 ... h6:
a:- 7 N5f3 Bf5 8 Ne5 Bxd3 9 Qxd3 e6 10 Ngf3 Nd7 11 Bf4 Nxe5 12 Bxe5 Nf6 13 Qb3!? Qb6! Tiemann-Jacobs, postal 88.
b:- 7 Nxf7!? Kxf7 8 Nf3 g5 9 h4 g4 10 Ne5+ Kg7 11 c3 ∞ h5?? 12 Qd2 Nh7 13 Bxh7 Rxh7 14 Qg5+ Kh8 15 Ng6+ Kg7 16 Nxe7+ 1:0 Shirazi-Burger, Saint John I 88.

7 N1f3

7 ... Bh5

◊ 7 ... h6? 8 Nxf7 ±.

◊ 7 ... e6 8 h3 [8 Nxf7?! Bxf3 9 Nxd8 Bxd1 10 Nxe6 Ke7! 11 Nxf8 Bh5 12 Nxh7 Nxh7 ∞] 8 ... Bxf3 9 Nxf3 Bd6 10 0-0 Qc7 11 Qe2 Bf4 12 Bxf4 Qxf4 13 Ne5 += Popa-Donchenko, USSR Central CC Ch 87.

8 c3!

◊ 8 h3 h6! 9 g4 [9 Ne4 Nxe4 10 Bxe4 Nf6 11 Bd3 Bxf3 12 Qxf3 Qxd4 =+] 9 ... hxg5 10 gxh5 Rxh5 =+.

◊ 8 0-0 Qc7 9 Nh3 e6 10 Nf4 Bxf3 11 Qxf3 Bd6 12 g3 0-0-0 13 Ne2 h6 14 Rb1 g5 15 b4 g4 16 Qg2 Nd5 17 Bd2 f5 18 c4 f4 19 cxd5 f3 20 Qh1 fxe2 21 Bxe2 exd5 22 Bxg4+ after further adventures 1-0, 88 moves, Rios-Miguel, World Junior, Tunja 89.

8 ... e6!

◊ 8 ... Qc7:

a:- 9 h3 h6 10 Ne4 Nxe4 11 Bxe4 Nf6 12 Bc2 +=.

b:- 9 Qc2 h6 10 Ne6 Qd6 11 Nxf8 Bxf3 12 Ng6! Bxg2 13 Rg1 Qxh2 14 Rxg2 Qxg2 15 Nxh8 Qh1+ ∞ Riemersma-van der Wiel, Dutch Ch, Hilversum 87.

9 Qb3 Qc7

◊ 9 ... h6? 10 Qxb7 hxg5 11 Qxc6+ Nd7 12 Ne5 Rc8 13 Qa4 ± van der Wiel.

10 Ne5 Bd6 11 Nc4?!

◊ 11 f4!? Ne7 12 0-0 ∞ van der Wiel.

11 ... Be7 12 Ne5 Nd7 13 Nxd7 Qxd7

14 0-0 Nf6 15 Re1 = Rd8 16 Ne4 Nxe4 17 Bxe4 Qc7 18 g3 Rd7 19 Bf4 Qc8 20 Qa4 a6 21 Qa5 Bg6 22 Bf3 0-0 23 Rad1 h6 24 c4 Bf6 25 d5 cxd5 26 cxd5 exd5 27 Rxd5 Bxb2 28 Qb6! Qd8 29 Qxd8 [29 Qxb7 =] 29 ... Rfxd8 30 Rxd7 Rxd7 31 Re8+ Kh7 32 Rb8 b5 33 a4 Bd3 34 Bc6 Re7 35 axb5 Re1+ 36 Kg2 axb5 37 Bxb5 Be4+ 38 f3 Bg6 39 Bd2! Rd1 40 Be3 Be5 41 Re8 ½:½

63

Balashov-Smagin
Voronezh (Kotov Memorial) 1987

1 e4 c6 2 d4 d5 3 Nc3 dxe4 4 Nxe4 Nd7 ● 5 Bc4 Ngf6 6 Nxf6+ Nxf6 7 c3

◊ 7 Qd3 e6 Brooks-Kumaran, New York Open 90.

7 ... e6

◊ 7 ... b5?! 8 Bb3 e6 9 Nf3 Be7 10 0-0 Bb7 11 Qe2 0-0 12 Ne5 Qb6 13 Bg5! c5 14 dxc5 [Kir.Georgiev-Tukmakov, Leningrad 87] 14 ... Bxc5! 15 Rad1! += Kir.Georgiev.

◊ 7 ... Bf5? 8 Qb3 e6 9 Qxb7 ±± Antic-Bojic, Novi Sad 88.

◊ 7 ... c5 Abramovic-Kumaran, New York Open 90.

8 Nf3 Be7

◊ 8 ... Bd6 9 Bg5 Qc7 10 Qe2 h6 ∞ van der Wiel-Gelpke, Dutch Ch 89.

9 0-0 0-0

10 Qe2

◊ 10 Bg5 b6 11 Ne5 Bb7 12 Qe2 Qc7 13 Rfe1 Nd5 14 Bxe7 Qxe7 15 Bxd5 cxd5 16 Qg4 += Larsen-K.Arkell, London (WF&W) 89.

10 ... Qc7

◊ 10 ... b6 11 a4 Bb7 12 Re1 Nd5 13 Bd3 Qc7 14 Qe4 g6 15 Bh6 Rfe8 16 a5 Rad8 17 Qe5 Qxe5 18 Nxe5 f6 19 a6 Ba8 20 Ng4 Kf7 21 h4 c5 ↑ ↓ Tseshkovsky-Tukmakov, 54th USSR Ch 87.

◊ 10 ... c5 11 dxc5 Bxc5 12 Bf4 Bd7 13 Ne5 Nd5 14 Bg3 a5 15 Rad1 Qe7 16 Nxd7 Qxd7 17 Bxd5 exd5 18 Qc4 dxc4 19 Rxd7 f5 20 Rfd1 f4 Gomez Baillo-Nacimento, Luzern (World Teams) 85.

11 Bg5 Nd5?! 12 Bxe7 Qxe7 13 Ne5 Qc7 14 Qe4! ± f6 15 Nd3 Qf7 16 Rfe1 b6 17 Bb3 Bd7 18 c4 Nc7 19 Nb4 g5?!

◊ 19 ... c5 20 dxc5 bxc5 21 Nd3 Qe7 22 Bc2 g6 23 Qe3 Na6 24 Nf4 ±.

◊ 19 ... Rad8 20 Nxc6 Bxc6 21 Qxc6 Rxd4 22 c5 ± Balashov.

20 Ba4 b5 21 cxb5 cxb5 22 Bb3 a5 23 Rac1! Ra7 24 d5!? [24 Nc6 ±] **24 ... Kg7! 25 Qe3 Rb7 26 Rxc7! Rxc7 27 Na6 Rcc8 28 dxe6 Bxe6?** [28 ... Qe7! 29 Qa7! Rfe8 30 Nc7 Red8 31 Qb6! ± Balashov] **29 Bxe6 Rfe8 30 Bxf7 Rxe3 31 fxe3 Kxf7 32 b4 ±± Rc6 33 Nc5 axb4 34 Rc1 Rc7 35 Kf2 Ra7 36 Rc2 Ra3 37 Ke2 Kg6 38 Rb2 Kf5 39 Nd3 h5 40 Nxb4 h4 41 Nc2 1:0**

========== **64** ==========

Anand-Vasyukov
New Delhi 1987
1 e4 c6 2 d4 d5 3 Nc3 dxe4 4 Nxe4 Nd7 5 Bc4 Ngf6 6 Nxf6+ Nxf6 7 c3 ● Qc7 8 Nf3

◊ 8 Qb3 e6 9 Nf3:
a:- 9 ... Be7 10 0-0 0-0 11 Bg5 Nd5 12 Bxe7 Qxe7 13 Rfe1 Qc7 14 Re5 Nf6 15 Rae1 b6 16 R5e3 King-Fossan, Stavanger 89.

b:- 9 ... h6 10 0-0 Bd6 11 Re1 0-0 12 Ne5 b6 13 f4 Nd5 Vestly-Fossan, Stavanger 89.

c:- 9 ... Bd6 10 0-0-0 0-0 11 Re1 b6 12 Bg5 Nd5 13 Bd3 Bb7 14 c4 Nb4 15 Bxh7+ Djurić-Kumaran, New York Open 90.

◊ 8 Bg5 Bg4 9 Nf3 [9 Ne2 e6 10 f3 Bf5 11 Qd2 Bd6 12 Bf4 h6 13 Bxd6 ½:½ Marjanović-Spiridonov, Moscow GMA 89] 9 ... e6 10 h3 Bxf3 11 Qxf3 Be7 0-0 0-0 13 Rad1 Rfe8 14 Rfe1 += Solozhenkin-Tomazewski, Naleczow 88.

◊ 8 Qe2 Bg4 9 f3 Bf5 10 g4! Bg6 11 f4 Be4 12 Nf3 e6 13 0-0 Bxf3 14 Qxf3 Bd6 15 a4! Nd5 16 Bd2 h5 17 g5 g6 18 a5 a6 19 Bd3 ± Kostyra-Sapis, Poland 90.

◊ 8 Ne2 e6 9 Bf4 Bd6 10 Qd2 0-0 11 0-0 b6 12 Rad1 Bb7 13 Bxd6 Qxd6 = Kovalev-Haritonov, USSR Ch 1st L. 88.

8 ... Bg4 9 h3

9 Qb3!? e6 10 Ne5 Bf5 11 0-0 Bd6 12 Re1 0-0 13 h3 Rac8?! [13 ... c5 =] 14 Bf4 h6 15 Rad1 Nd5 16 Bh2 Rfd8 17 Bf1 Qb6?! [17 ... c5] 18 Nc4! += Serper-Adams, Adelaide 88.

9 ... Bh5 10 g4

◊ 10 0-0 e6 11 Be2 Bd6 12 Nd2 Bxe2 13 Qxe2 0-0 14 Ne4 Nxe4 15 Qxe4 ½:½ Ehlvest-Tal, Saint John II 88.

10 ... Bg6 11 Ne5 e6 12 Qe2 Bd6 13 Bb3 Bxe5 14 Qxe5 Qxe5+ 15 dxe5 Nd7 16 f4 Nc5 17 0-0 Bd3 18 Rd1 Nxb3 19 axb3 Bc2 20 Rd4 c5 21 Rd6 h5 22 g5 ½:½

========== **65** ==========

Ehlvest-Haritonov
55th USSR Ch. Moscow 1988
1 e4 c6 2 d4 d5 3 Nc3 dxe4 4 Nxe4 Nd7 5 Bc4 Ngf6 6 Nxf6+ Nxf6 ● 7 Nf3 Bf5 8 0-0

◊ 8 Ne5 e6:
a:- 9 c3 Nd7 10 Bf4 Be7 11 0-0 Nxe5

12 Bxe5 0-0 13 Qe2 Qd7 14 Rad1 = Rozentalis-Holmov, USSR Ch 1st L. 88.
b:- 9 0-0 Be7 10 c3 Nd7 11 Bf4 0-0 12 Qe2 Nb6 13 Bb3 a5 14 a3 Nd5 = Rosentalis-Epishin, Vilnius 88.

8 ... e6 9 Re1
◊   9 Ne5:
a:- 9 ... Nd7 10 Bf4 Be7 11 c3 0-0 12 Qf3 Nb6 13 Bb3 a5 14 a3 a4 15 Ba2 Nd5 = Akopian-Dzhandzhgava, Jurmala 89.
b:- 9 ... Bd6 10 Qe2 Qc7 11 h3 0-0-0 12 a4 a5 13 Bd2 Bxe5 14 dxe5 Ne4 15 Bf4 g5 16 Be3 Qxe5 17 Bb6 Rd2 18 Qe3 Qf4 =+ Peretz-Brook, Israeli Ch 88.

9 ... Bg4 10 c3 Be7 11 h3 Bxf3
◊   11 ... Bh5 12 g4 Bg6 13 Ne5 Nd7 14 Nxg6 hxg6 ∞ Haritonov.
12 Qxf3 0-0 13 g3! += b5 14 Bf1 Nd5 15 h4! Bf6 16 Bd3 b4?! [16 ... Qb6 △ ... c5 += Haritonov] **17 c4 Ne7 18 Be3 Qa5** [18 ... Bxd4? 19 Qe4 Nf5 20 g4 ±] **19 Rad1 Rfd8 20 Bb1 ± Nf5 21 d5 Nxe3 22 Rxe3 cxd5 23 cxd5 Qc5! 24 Ree1?** [24 dxe6! ±] **24 ... Bxb2 25 dxe6 fxe6 26 Qe4 g6 27 Qxe6+ Kh8 28 Kg2 Bc3 29 Be4 Rab8 30 Rf1 Qe5 31 Qxe5+ Bxe5 = 32 h5 Kg7 33 Rh1 a5 34 Bc2 Bf6 35 h6+ Kf8 36 f4 Rxd1 37 Rxd1 Rd8 38 Rxd8+ Bxd8 39 Kf3 Bf6 40 g4 Bb2 41 g5 Bc1 42 Kg4 Kg8 43 Bb3+ ½:½**

== **66** ==

Xie Jun-S.Arkell
Novi Sad Women's Olympiad 1990
1 e4 c6 2 d4 d5 3 Nc3 dxe4 4 Nxe4 Nd7 5 Bc4 Ngf6 6 Nxf6+ Nxf6 7 Nf3 Bf5 ● 8 Qe2
◊   8 Ne5 e6 9 Be3 Bd6 10 Qe2 Qa5+ 11 Bd2 Qc7 12 0-0-0 0-0-0 13 f3 h5 14 g3 c5 15 g4 hxg4 16 fxg4 Be4 17 Rhf1 cxd4 18 Nxf7 Rxh2 19 Bxe6+ Kb8 20 Qc4 Re8 21 Nxd6 1-0 Manca-Bradbury, Budapest

Spring 90.
◊   8 0-0 e6 9 c3 Be7 10 Ne5 h6 11 Re1 Nd5 12 Qf3 0-0 13 Bd3 Bxd3 14 Nxd3 Rc8 15 Nf4 Nf6 16 Nh5 Qd5 17 Nxf6+ Bxf6 18 Qxd5 cxd5 19 Bd2 Rc6 20 f4 b5 21 Kf1 Rb8 22 Ke2 a5 23 a3 b4 24 axb4 axb4 25 Kd3 bxc3 26 bxc3 g5 27 g3 Kg7 28 Reb1 Rcb6 29 Rxb6 Rxb6 30 Kc2 Rb7 31 h3 Kg6 32 Rf1 Rc7 33 Kb2 Rc6 34 g4 gxf4 35 Bxf4 Bg5 36 Bxg5 hxg5 37 Kc2 Ra6 38 Kb2 Ra8 39 Rf3 f5 40 Rf1 Rh8 41 Rf3 f4 42 Kc2 Kf6 43 Kd3 e5 44 dxe5+ Kxe5 45 Ke2 Ra8 46 Rd3 Ra2+ 47 Kf1 Rh2 48 Kg1 Re2 49 Kf1 Re3 0:1 Fejzulahu-Kamsky, Bern Open 90.

8 ... e6 9 Bg5 Be7 10 0-0-0 Bg4 11 Kb1 Nd5 12 Bc1 0-0
◊   12 ... Qb6 13 Ka1 0-0-0 14 h3 Bxf3 15 Qxf3 Bf6 16 c3 Kb8 17 g4 Rd7 18 g5 Bd8 19 h4 Bc7 20 h5 Rhd8 21 Bd3 c5 22 Bxh7 cxd4 23 cxd4 Nb4 24 a3 Nc6 25 b5 Nd4 26 Qg4 ½:½ Sieiro Gonzalez-Morales, Sagua la Grande 89.
13 h3 Bxf3 14 Qxf3 b5 15 Bd3 Qa5 16 Qe4 g6 17 h4 Bf6 18 h5 Qb4 19 Ka1 Qxd4 20 hxg6 hxg6 21 Qf3 Qa4 22 Qh3

22 ... Rfd8? [23 ... Rfe8 △ ... Nb4] **23 Bxg6 Bg7 24 Qh7+ Kf8 25 Bh6 1:0**

== **67** ==

Psakhis-Tukmakov
USSR Ch., Minsk 1987
1 e4 c6 2 d4 d5 3 Nc3 dxe4 4 Nxe4

Nd7 ● 5 Nf3 Ngf6 6 Nxf6+ Nxf6 7 Ne5 Be6

◊ 7 ... e6 8 Be2 Bd6 9 0-0 0-0 10 Nc4 Be7 11 Bf4 b6 12 Ne5 += Franzoni-Christoffel, Bern 87.

8 Be2 g6 9 0-0 Bg7

10 c4

◊ 10 c3 0-0 11 Bf4 Nd7 12 Nf3 Bd5 13 Qc2 Re8 14 Rad1 e5 15 dxe5 Qc7 16 Bg3 Nxe5 17 Nd4 ½:½ Tal-Agdestein, Wijk aan Zee 88.

◊ 10 a4 0-0 11 a5 a6?! [11 ... Rc8] 12 Re1 Ne8 13 c3 Nd6 [13 ... Bxe5 14 dxe5 +=] 14 Nd3 Bc4 15 Nc5 Bxe2 16 Rxe2 e5 ± Donchev-Holmov, Zolotye Peski 87.

10 ... 0-0 11 Be3 Ne4!?

◊ 11 ... Nd7 12 Nf3 Nf6:

a:- 13 h3 Ne4 14 Qc1 b5!? Belyavsky-Korchnoi, Montpellier C 85.

b:- 13 Ne5 Nd7 14 Nf3 Nf6 15 Ne5 ½:½ Hjartarson-Korchnoi, Saint John C 88.

◊ 11 ... Qc7 12 Qc1 [12 Qa4!] 12 ... Rfd8 13 Rd1 c5 14 Bf4 Rxd4 15 Nxg6 Qd8 16 Ne5 Nd7 17 Nf3 Rxd1+ 18 Qxd1 Bf5 = Jansa-Meduna, Trnava 87.

12 f4

◊ 12 Qc2 Nd6 13 b3 [13 Rad1!?] 13 ... c5! = 14 Rad1 Nf5 15 d5 Bxe5 16 dxe6 Qc7 17 exf7+ Rxf7 18 g3 Raf8 19 Bg4! Nxe3 20 fxe3 Rxf1+ ½:½ Sokolov-Karpov, 3rd match game, Linares 87.

12 ... f6!?

◊ 12 ... Nd6 13 b3 Nf5 14 Bf2 - Psakhis

13 Nf3 Bf7 14 Qc2 Nd6 15 Bd3 += b5!? 16 b3 bxc4 17 bxc4 Rb8 18 Rae1 [18 Rab1!?] 18 ... Qd7 19 Qa4 Rb7! 20 Rb1 Qe6 21 Bf2 Rxb1 22 Rxb1 Nxc4 23 Qxa7 [23 Re1 Nb2! △ 24 Qxa7 Qxa2] 23 ... Nd6 24 a4 Bh6! 25 a5 Bxf4 26 a6 Nb5 27 Bxb5 cxb5 28 Rxb5 Qa2! 29 d5! Bxd5 30 Qd4 Bxf3 31 gxf3 Qxa6 32 Rb6! = Bxh2+ 33 Kxh2 Qa2 34 Rb7 Qe6 35 Rb1 Kf7 36 Re1 Qc6 37 Qa7 Qd6! ½:½

<hr />

68

Larsen-K.Arkell
London Watson Farley & Williams 1991
1 e4 c6 2 d4 d5 3 Nc3 dxe4 4 Nxe4 Nd7 5 Nf3 Ngf6 6 Nxf6+ Nxf6 7 Ne5 Be6 8 Be2 g6 9 0-0 Bg7 10 c4 0-0 11 Be3 ● Nd7

◊ 11 ... Ne4 12 Rc1 ½:½ Nunn-Adams, Wijk aan Zee 91.

◊ 11 ... Ne8:

a:- 12 Bf4 Nd6 13 d5 cxd5 14 cxd5 Bf5 15 g4 Bc8 =+ Grünfeld-Dlugy, New York 85.

b:- 12 f4!? Nd6 13 b3 Qa5 14 Qc2 [14 Qe1!?] 14 ... Rfd8 15 Rad1 Rac8 16 g4 f6 17 Nd3 f5 18 Nc5! += B.Ivanović-W.Watson, Bor 86.

12 f4 Nxe5 13 fxe5 Qc7 14 Qb3 Rad8 15 Rad1 b5 16 Qc3 Qb8 17 cxb5 cxb5 18 Qb4 Qb7 19 Bf3 Bd5 20 Bxd5 Rxd5 21 Rc1 f6 22 exf6 Bxf6 23 Rc5 Rfd8 24 a4 a6 25 axb5 axb5 26 h3 Qd7 27 Qb3 Kg7 28 Kh1 Bxd4 29 Rxd5 Qxd5 30 Bxd4+ Qxd4 31 Qf7+ Kh6 32 Qxe7 Rc8 33 b3 b4 34 Kh2 Rd8 35 Rf7 Qd6+ 36 Qxd6 Rxd6 37 Rf4 Rb6 38 Kg3 g5 39 Rd4 Kg6 40 Kf3 h5 41 Ke3 Rc6 42 Rc4 Re6+ 43 Re4 Rxe4+ 44 Kxe4 Kf6 45 g4 hxg4 46 hxg4 Ke6 47 Kd4 Kd6 ½:½

69

Howell-Hodgson
London (Lloyds Bank) 1990
**1 e4 c6 2 d4 d5 3 Nc3 dxe4 4 Nxe4
Nd7 5 Nf3 Ngf6 6 Nxf6+ Nxf6 7 Ne5
● Nd7**

8 Nd3

◊ 8 Bf4 Nxe5 9 Bxe5:

a:- 9 ... Qd5 10 c4 Qa5+ 11 Qd2
Qxd2+ 12 Kxd2 Bf5 13 Bd3 Bxd3 14
Kxd3 f6 15 Bg3 e6 16 Kc3 Kf7 17 b4 Rd8
18 c5 Rd5 19 Rhe1 += Donchev-
Andrijević, Cannes Open 89.

b:- 9 ... Bf5 10 Bd3 Bg6 11 0-0 e6 12 Re1
Qb6 13 a4 a5 14 Qf3 Bxd3 15 Qxd3
0-0-0 16 Qc4 Rd5 17 c3 Bd6 18 Bxd6
Rxd6 19 Rab1 Rhd8 20 b4 Rd5 21 h3
R8d7 22 Qd3 g6 23 Qe3 h5 24 Qh6 Qd8
25 Re3 Rf5 26 Re2 Qg5 27 Qf8+ Rd8 28
Qg7 axb4 29 Rxb4 Qc1+ 30 Kh2 Qf1 31
Rbb2 Rg5 32 g3 Rf5 33 a5 h4 34 a6 bxa6
35 d5 Rfxd5 36 gxh4 Rd1 37 Kg3 Qg1+
38 Kf4 Qh2+ 39 Ke4 f5+ 40 Kf3
Qxh3+ 0:1 Fleck-Meduna, Porz 88.

◊ 8 Be3?! Nxe5 9 dxe5 Bf5! =
A.Sokolov-Karpov, Match (5) 87.

8 ... e6

◊ 8 ... g6 9 Be3!? Bg7 10 Qd2 Nb6!? 11
Ne5 Be6 12 Be2 [12 0-0-0 +=] 12 ... 0-0
13 0-0-0 f6 [13 ... Bxa2!] 14 Nd3 Nc4 15
Qc3 Nxe3 16 fxe3 = Timman-
Korchnoi, Montpellier C 85.

9 Be3

◊ 9 Bf4 Qb6 10 c3 c5 11 Be3 c4 12 d5

Nc5 13 Nxc5 Bxc5 14 Bxc4 Bxe3 15 fxe3
exd5 16 Bxd5 Qxe3+ 17 Qe2 Qxe2+
18 Kxe2 Bg4+ 19 Ke3 0-0-0 20 Bxf7
± Timman-Hodgson, On board ship,
90.

**9 ... Bd6 10 g3 Qa5+ 11 c3 Qd5 12
Rg1 0-0 13 Bg2 Qf5 14 Qe2 e5 15
dxe5 Nxe5 16 0-0-0 Be6 17 Nxe5
Bxe5 18 Qc2 Qh5 19 h3 Bf6 20 Bd4
Be7 21 Rge1 Qa5 22 b3 Rfe8 23 Kb1
Rad8 24 g4 c5 25 Be5 Rxd1+ 26
Qxd1 Rd8 27 Qc2 c4 28 Re2 Qa3 29
b4 a5 30 b5 Bd5 31 f4 Bxg2 32 Rxg2
Rd5 33 Ka1 Rxb5 34 g5 Qc5 35 Rd2
Qe3 36 h4 a4 37 Qd1 Rxe5 38 fxe5
Qxc3+ 39 Kb1 Qxe5 40 Rd8+ Bf8
41 Qxa4 Qc5 42 Qe8 b5 43 Rb8
Qb4+ 44 Kc2 Qa4+ 45 Kb1 Qd1+
46 Kb2 Qd6 47 Qxb5 Qd2+ 48 Kb1
c3 49 Qb3 g6 50 Rc8 Qd3+ 51 Ka1
Qf1+ 52 Qb1 Qh3 53 Rxf8+ Kxf8 54
Qb8+ Ke7 55 Qe5+ Kd7 56 Qd5+
Ke7 ½:½**

70

Kasparov-Karpov
14th match game, Seville 1987
**1 e4 c6 2 d4 d5 3 Nc3 dxe4 4 Nxe4
Nd7 5 Nf3 Ngf6 6 Nxf6+ Nxf6 ● 7 c3**

◊ 7 g3 Bg4 8 Be2 e6 9 0-0 Bd6 10 b3 0-0
11 Bb2 Qa5 12 h3 Bh5 13 Qc1 Rad8 14
Ne5 Qc7 15 Re1 Bg6 16 Nxg6 hxg6
17 c4 += King-Adams, (Nat West),
London 88.

◊ 7 h3:

a:- 7 ... Bf5 8 Bd3 Bg6 [8 ... Bxd3 9 Qxd3
g6 10 0-0 Bg7 11 Bf4 0-0 12 c4 e6 13
Rfd1 Qa5 14 Be5 += Spassky-
Speelman, Brussels SWIFT 86] 9 Qe2 e6
10 Bg5 Qa5+ 11 Bd2 Bb4 12 c3 Bd6 13
0-0 Bxd3 14 Qxd3 0-0 15 Nd1 ½:½
Short-Tal, Brussels SWIFT 87.

b:- 7 ... e6 8 Bg5 h6 9 Bh4 b6 10 Bc4 Be7
11 Qe2 Nd5 12 Bxe7 Qxe7 13 0-0 0-0-0 14
Rfe1 Rd8 15 Rad1 Bb7 16 Ne5

+=   Spassky-Meduna,   Bundesliga 89.

7 ... Bg4

8 h3 Bxf3

♢   8 ... Bh5?! 9 g4 Bg6 10 Ne5 Nd7 [10 ... e6 11 h4 ±] 11 Nxg6 hxg6 12 d5 Qc7 13 Bg2:

a:- 13 ... cxd5 14 Qxd5 Rb8 15 Be3 e6 16 Qd4 e5 17 Qxa7 Bc5 18 Bxc5 Nxc5 19 Bc6+! Nd7 20 Bxd7+ Kxd7 21 0-0-0+ Ke6 22 Qe3 b5 23 f4 b4 24 Rhe1 f6 25 fxe5 fxe5 26 Qe4 1:0 Nikolenko-Donchenko, Moscow Central CC 90.

b:- 13 ... Rd8 14 dxc6 bxc6 15 Qa4 c5 16 Be3 e6 17 0-0-0 Bd6 ∞ Filipenko-Kallai, Sochi-B 89.

9 Qxf3 Qd5

♢   9 ... e6:

a:- 10 Bd3 Be7 11 0-0 0-0 12 Bg5 Qd5 13 Qxd5 exd5 14 Rfe1 Rfe8 15 Re2 h6 16 Bxf6 Bxf6 ½:½ Balashov-Psakhis, Trnava 88.

b:- 10 Bc4 Be7 11 0-0 Nd5 12 Be3 Qb6 13 Qe2 0-0 14 Rad1 Bd6 15 Bb3 Nxe3 16 fxe3 c5 17 Rf3 Rae8 18 Rdf1 Re7 19 Qf2 Qc7 20 Qh4 ½:½ Kasparov-Karpov, 10th match game, Seville 87.

10 Be2 e6

♢   10 ... Qxf3 11 Bxf3 e6 12 Bd2 Bd6 13 g3 0-0 14 0-0-0 Rfd8 15 Rhe1 Bc7 16 Kc2 ½:½ A.Sokolov-Karpov, 55th USSR Ch, Moscow 88.

11 0-0 Bd6 12 Qd3 Bc7 13 Bf3 Qd7 14 Rd1 0-0 15 c4 Rad8 16 Qb3 Qe7 17 g3 Bb8 18 Be3 Rd7 19 Rd2 Rfd8

20 Rad1 h6 21 a3 += ½:½

Kasparov-Karpov
Amsterdam (EOE) 1988

1 e4 c6 2 d4 d5 3 Nc3 dxe4 4 Nxe4 Nd7 5 Nf3 Ngf6 ● 6 Ng3 e6 7 Bd3 Be7

8 0-0 c5 9 Qe2 0-0

♢   9 ... b6 10 dxc5 Bxc5 11 Ne4 0-0 12 Bg5 Bb7 13 Rad1 Qc7 14 Nxf6+ Nxf6 15 Bxf6 gxf6 16 Be4 Rfd8 17 Bxb7 Qxb7 18 Nd2 f5 19 Qh5!? Bd4! 20 Nc4 Bg7 21 a4 a6 22 b3 Qc7 23 h3 b5 =+ Vogt-Boehnisch, East German Ch, Zittau 89.

10 Rd1 Qc7 11 c4 cxd4 [11 ... Re8 12 dxc5 Nxc5] **12 Nxd4 a6 13 b3** [13 Ndf5 Bc5; 13 ... exf5 14 Qxe7 Re8 △ ... Ne5]

13 ... Re8! 14 Bb2 b6 15 Nh5 Bb7 16 Nxe6!? [16 Nxg7? Kxg7 17 Qxe6 Kh8!] **16 ... fxe6** [16 ... Qc6] **17 Qxe6+ Kf8 18 Bxh7 Nc5! 19 Qh3 Nxh7! 20 Bxg7+?** [20 Nxg7 Bf6; 20 b4! Kg8 ∞] **20 ... Kg8 21 Bb2 Qc6! -+ 22 Rd4 Ne4! 23 Re1 Neg5 24 Qg4 Ba3! 25 Bc3**

25 ... Rxe1+? [25 ... Bb2!! -+] **26
Bxe1 Re8 27 Bd2 Bc1** [27 ... Bc5! -+]
**28 h4 Bxd2 29 Rxd2 Re1+ 30 Kh2
Re4?** [30 ... Qc7+ 31 Nf4 Re4 32 g3 Bc8
-+] **31 f4! = Qe6?** [31 ... Bc8] **32
Rd8+ Kf7 33 Rd7+! Kf8 34 Qxe6
Rxe6 35 hxg5?! Re7 36 Rxe7?! Kxe7
37 g4 Be4 38 Kg3?** [38 a3 Bc2 39 b4] **38
... Bb1 39 a3 Ba2 1:0 time.**

72

Luther-K.Arkell
Leningrad 89
**1 e4 c6 2 d4 d5 3 Nc3 dxe4 4 Nxe4
Nd7 5 Nf3 Ngf6 6 Ng3 • c5**
◊ 6 ... g6 7 Bc4 Bg7 8 0-0 0-0 9 Re1
Nb6 10 Bb3 a5 11 a4 Nbd5 12 Bg5 h6 13
Bd2 Bg4 14 h3 Bxf3 15 Qxf3 e6 16 Rad1
b5 Vogt-Guillermo Garcia, Havana 88.
◊ 6 ... e6 7 Bd3 c5 [7 ... Bd6 8 0-0 0-0 9
b3 Qc7 10 Bb2 b6 Wolff-Hodgson, Lon-
don (Watson, Farley & Williams) 90] 8
0-0 cxd4 9 Nxd4 Bc5 10 Nb3 [10 c3
Bxd4 11 cxd4 0-0 12 Bg5 Qa5 13 h4 h6
14 Bf4 b6 ∞ Howell-Kumaran, British
Ch. Eastbourne 90]:
a:- 10 ... 0-0!? 11 Nh5 Nxh5 [11 ... Be7
12 Re1 g6 transposes] 12 Bxh7+!? [12
Nxc5! Nhf6! +=] 12 ... Kxh7 13
Qxh5+ Kg8 14 Nxc5 g6 15 Qh6 Nxc5
16 Bg5 Qd4 17 Be3 Qc4 18 Rad1 e5 19
b3 Qc3 20 Bd2 Qb2 21 Bb4 b6 22 Rd2
Ba6 23 c4 Qxd2! ∞.
b:- 10 ... Be7:
b1:- 11 Re1 0-0 12 Qf3 Re8 13 c3 Qc7 14
Bf4 Bd6 15 Bxd6 Qxd6 16 Rad1 Qc7 17
Bc2 += Aseev-Vizhmanavin, USSR
Armed Forces Champs, Riga 88.
b2:- 11 Qe2 0-0 12 Bd2 b6 13 a4 a6 14 c4
a5 15 Rfd1 Bb7 16 Bf4 Re8 17 Ne4 Qc8

18 Nd6 Bxd6 19 Bxd6 Qc6 20 f3 e5 21 c5
bxc5 22 Bb5 Qb6 23 Qf2 Rac8 24 Rac1
e4 25 Nxc5 e3 26 Qe2 Nxc5 27 Bxe8
Ne6 28 Rxc8 Bxc8 29 Bb5 Bb7 30 Kf1
Nd5 31 Be5 f6 32 Bc4 Qc5 33 Bg3 h5 34
Bf2 exf2 35 Qxe6+ 1:0 Dlaykau-Wells,
Hastings II 88-89.
7 Bd3 cxd4 8 Nxd4
◊ 8 0-0 g6 9 Nxd4 Bg7 10 Re1 0-0 11 c3
Nc5 [11 ... a6 12 Bc2!? Re8 13 Bg5 ∞
Aseev-Lütz, Budapest 89] 12 Bc2 Bg4 13
Qd2 [13 f3] 13 ... Rc8 14 h3 Bd7 15 Qf4
Nd5! =+ Zapata-Spiridonov, Moscow
(GMA) 89.
**8 ... Nc5 9 Bb5+ Bd7 10 0-0 a6 11
Bxd7+ Qxd7 12 b3 g6 13 Bb2 Bg7**

**14 Qe2 0-0 15 Rfe1 Rfe8 16 Rad1
Qc7 17 Nf3 b5 18 c4 bxc4 19 Qxc4
Ne6 20 Qxc7 Nxc7 21 Be5 Ncd5 22
a3 e6 23 Ne4 Nxe4 24 Rxe4 Bxe5 25
Rxe5 Rec8 26 Nd4 Rc3 27 g3 Rd8 28
Kg2 Rd7 29 Re2 Nf6 30 Red2 Ne4 31
Ne2 Rxd2 32 Nxc3 Rxf2+ 33 Kg1
Rd2 34 Rxd2 Nxd2 35 b4 Kf8 36 Kf2
Ke7 37 a4 Nc4 38 Ke2 Kd6 39 Ne4+
Ke5 40 Ng5 f6 41 Nxh7 Nb6 42 Nf8
g5 43 h4 gxh4 44 gxh4 Nd5 45 h5
Nf4+ 46 Kf3 Nxh5 47 Nd7 Kd4 48
Kg4 Ng7 49 Nxf6 Nf5 50 Nd7+
Ne3+ 51 Kf3 Nd5 52 b5 ½:½**

Tartakower's 5 ... exf6

(Games 73-79)

This is one of those variations in which Black tries at a very early stage to defuse the position. He allows doubled f-pawns but hopes that his easy development will compensate for them so that the game can start in a few moves in a balanced middlegame.

I'm afraid that chess just isn't like that: especially nowadays with the vast amount of opening theory available. Black cannot easily force equality after 1 e4 and naturally a line as facile as 5 ... exf6 has its problems.

Most of the time White plays 6 c3. In games 73-75 we examine the three Black possibilities in the main line position after 9 Qc2.

Here, 9 ... h6 weakens the white squares so that 9 ... g6 is most natural

positionally. However, Kudrin - King was very unpleasant for Black. By elimination, Black players therefore started playing 9 ... Kh8: but this is obviously not a good move - even if it is best in the circumstances.

In game 76, Halifman played the more conservative 9 0-0 but then blew Seirawan away at great speed. Mirkovic's 6...Be6 followed by going long has the distinct advantage that Black will not quickly be checkmated if he plays ... 0-0-0. However White still retains a pleasant advantage in this case too.

Games 78-79 feature the older move 6 Bc4 which is also most playable for White. However the line with Be2-f3 in the notes to Game 78 is rather slow and Ernst-Berg is a welcome example of a Black success.

After 4 ... Nf6, White should certainly capture 5 Nxf6+. 5 Ng3 is not a blunder but it justifies Black's play at once. In the notes to Game 78 we also glance at various fourth move alternatives. 4 ... Qc7 is fairly playable - if only for its surprise value. But 4 ... h6 assumes that Black will get in ... Bf5 and White will reply Ng3. White does not need to be so co-operative as for instance in Rivas — Bellon.

73

Timman-Chernin
Amsterdam 1987
1 e4 c6 2 d4 d5 3 Nc3 dxe4 4 Nxe4 ●
Nf6 5 Nxf6+ exf6 6 c3 Bd6 7 Bd3 0-0
8 Ne2 Re8

◊   8 ... Qc7 9 Qc2 h6 10 Be3:-
a:- 10 ... Rd8 11 Ng3 c5 12 dxc5 Bxc5 13
Bxc5 Qxc5 14 0-0-0 Nc6 15 Ne4 Qa5 16
Bc4 Bf5 17 f4 Rac8 18 g4 Tolnai-La
Rota, Saint John Open I 88.
b:- 10 ... c5 11 dxc5 Bxc5 12 Bf4 Qb6 13
0-0 Nc6 14 Bg3 Ne5 15 Bh7+ Kh8 16
Be4 Be6 17 Nf4 Rad8 18 Nxe6 fxe6 19
Bxe5 fxe5 20 Rae1 += Kudrin-
Martinovsky, National Open 88.
9 Qc2 h6

10 0-0 Qc7
◊   10 ... Na6!? 11 0-0 Nc7 12 c4 Ne6 13
Qd2 Qc7 14 c5 Bf8 15 Ng3 Qd8 16 Bc2
Nc7 17 h4 f5 18 h5 Qf6 19 Rae1 Be6 20
Bf4 Nd5 21 Be5 Qh4 22 Nf5 Bxf5 23
Bxf5 = J.Polgar-J.Bellin, Novi Sad 90.
◊   10 ... Bd6 11 0-0 Qc7 12 Ng3 Nd7 13
c4 Nf8 14 Rfe1 Rad8 15 Rad1 Bg4 16
Be2 Bxe2 = Tolnai-Dorner, Balatonbe-
reny 88.
11 h3
◊   11 Ng3 Nd7 12 Bd2 Nf8 13 Rae1 Bd7
14 Bc4 Rxe1 15 Rxe1 Re8 16 Rxe8+
Bxe8 17 a4 c5 18 dxc5 Qxc5 19 Qb3 Qc7
20 Be3 Nd7 21 a5! += Plachetka-
Bellon Lopez, Metz 87.
11 ... c5?! [11 ... Nd7!?] **12 dxc5 Qxc5
13 Be3 Rxe3 14 fxe3 Qxe3+ 15 Kh1**

Nd7 16 Rad1 Qe7 17 Nf4 Nb6 18
Rde1 Qd8 19 Qd2 ± Bd7 20 Bh7+
Kxh7 21 Qxd6 Bc6 22 Qxd8 Rxd8 23
Rd1 Rc8 24 b3 Be4 25 c4 f5 26 Nh5
g6 27 Nf6+ Kg7 28 Nxe4 fxe4 29 g4
Rc5 30 Rf4 Re5 31 Rdf1 f5 32 gxf5 g5
33 f6+ Kf7 34 Rf5 Re6 35 Rc5 1:0

74

Horváth-Hodgson
Sochi 1987
1 e4 c6 2 d4 d5 3 Nc3 dxe4 4 Nxe4
Nf6 5 Nxf6+ exf6 6 c3 Bd6 7 Bd3 0-0
8 Ne2 Re8 9 Qc2 ● Kh8 10 0-0

◊   10 Be3:
a:- 10 ... Bg4 11 h4 h6 12 0-0-0 Nd7 13
Kb1 Qe7 14 Rde1 Rac8 15 Qd2 Nf8 16
h5 a6 17 Ng3 Bxg3 18 fxg3 Qd7 19 Ref1
f5 Wilder-Hanreck, London (Lloyds
Bank) 88.
b:- 10 ... Nd7 11 0-0-0 Nf8 12 Qd2 [12
Kb1 Bg4 13 Rd2 Bh5 14 h4 Qd7 15 c4
Qg4 16 g3 Rad8 17 Nc3 Bg6 18 Bxg6
Nxg6 19 h5 Qf3 20 Rdd1 Ne7 21 h6 g6
22 d5 cxd5 23 Nxd5 Nxd5 24 cxd5 Be5
25 Qb3 b6 26 Rhe1 Rd7 27 Bf4 Qxf2 28
d6 Rxd6 29 Qxf7 Qxb2 mate Mestel-
Wells, British Ch, Swansea 87] 12 ...
Be6 13 c4 a5 14 a3 Qc8 15 Ng3 b5 16 c5
Bc7 17 h4 Bxg3 18 fxg3 Bf5 19 Bf4 b4 20
a4 Bxd3 21 Qxd3 Qe6 =+ Panaque-
L.B.Hansen, World Junior 88.
◊   10 h4 Qa5 11 Be3:
a:- 11 ... Be6 12 Kf1 Nd7 13 h5 Nf8 14
Nf4 Bxf4 15 Bxf4 c5 16 dxc5 Qxc5 17
Be3 Qc6 18 h6 g6 19 c4 Rogers-van der
Werf, Lugano Open 89.
b:- 11 ... Bg4 12 Kd2 Bxe2 13 Bxe2 c5 14
Qf5 Qd8 15 h5 Qd7 16 Bd3 Qxf5 17
Bxf5 cxd4 18 Bxd4 Bf4 19 Kd1 Be5 20
Be3 Nc6 21 Kc2 Crawley-Hodgson,
London (Peace) 87.
10 ... Qc7
◊   10 ... Nd7 11 Bf4 Nf8 [11 ... Rxe2?
12 Qxe2 Bxf4 13 Qe4!] 12 Bg3 f5 13 Qd2
Be6 14 Rfe1 a5 15 a3 a4 16 Bc2 b5 17
Bxd6 Qxd6 18 Qf4 Red8 Bellin-

Hanreck, Guernsey 88.
11 Ng3 g6 12 c4
◊ 12 Bh6 Be6 13 c4 Na6 [13 ... Bf4!?] 14 a3 [14 f4 Nb4 15 Qc3 Nxd3 16 d5 Be7!] 14 ... Rad8 15 f4 f5 16 Qc3 f6 17 Rad1 [17 d5 cxd5 18 Qxf6+ Kg8 19 cxd5 Bc5+ 20 Kh1 Bxd5 21 Bxf5 Bd4!] 17 ... Qf7 18 Kh1 Nc7 19 b3 Kg8 20 Be2 Bc8 21 Bf3 Re6 22 Rfe1 Rxe1+ 23 Rxe1 Re8 24 Rd1 Qe6 25 Nh5! ± Kvachevsky-Dür, Italy 88.
12 ... f5 13 Bg5 Be6 14 Qd2 [△ 15 Nxf5 Bxf5 16 Bxf5 gxf5 17 Bf6+ Kg8 18 Qg5+ ±±] **14 ... Nd7 15 d5! cxd5 16 cxd5 Bxd5 17 Bxf5 Bc6 18 Rad1! Bxg3** [18 ... gxf5 19 Qxd6 Qxd6 20 Rxd6 Rg8 21 Bf6+ Nxf6 22 Rxf6 ±±] **19 Bxd7 Bxh2 20 Kh1 Be5 21 Bxe8 Rxe8 22 Rfe1 += Qc8! 23 Kg1 Qg4 24 f4 Bc7 25 Rxe8+ Bxe8 26 Bd8 Bxf4?** [26 ... Bxd8 27 Qxd8 Kg7 △ ... Bc6, ... h5-h4] **27 Bf6+ Kg8 28 Re1 Bd7 29 Qa5 Bh2+ 30 Kh1 b6 31 Qd5 Bb8 32 Re7 1:0**

════════ **75** ════════

Kudrin-King
London (NatWest Young Masters) 1988
1 e4 c6 2 d4 d5 3 Nc3 dxe4 4 Nxe4 Nf6 5 Nxf6+ exf6 6 c3 Bd6 7 Bd3 0-0 ● 8 Ne2 Re8 9 Qc2 g6 10 h4 Be6
◊ 10 ... Nd7 11 h5 [11 Bh6 Bf8 12 Bxf8 Nxf8 13 0-0-0 += Vogt-Bobzin, Eger 87] 11 ... Nf8 12 Bh6 [12 Be3 Qc7 13 0-0-0 Be6 14 Kb1 b5 15 hxg6 fxg6 16 Rh4 ± Serper-Lim, World Jnr 88] 12 ... Be6 13 0-0-0:
a:- 13 ... Qc7 14 c4 b6 15 Qd2! Rad8 16 Rh4 f5 17 Rdh1 [Huergo-Cabrera, Cuba 88] 17 ... Be7 18 Bg5 Bxg5 19 Qxg5 Qe7 20 Qg3 ±.
b:- 13 ... b5 14 Bxf8 Bxf8 15 hxg6 fxg6 16 Bxg6!? hxg6 17 Qxg6+ Bg7 18 Rd3 =/∞ Huergo.

c:- 13 ... Qa5 14 a3 Qc7 15 hxg6 fxg6 16 Rh4! Qf7 17 Rdh1 f5 18 Nf4 Bb3 19 Qd2 Re7 20 g4! Bxf4 21 Bxf4 fxg4 22 Rxg4 Be6 23 Rgh4 Bf5 24 Bd6 Rd7 25 Be5 ± de Firmian-Odendahl, Philadelphia 88.

11 h5
◊ 11 Bh6? f5! 12 0-0-0 Nd7 13 Kb1 Qa5 14 Nc1 Nf6 = 15 h5 Nxh5 16 Rxh5 gxh5 17 Rh1 [Chandler-Hodgson, British Ch, Blackpool 88] 17 ... f6 △ ... Bf8 = Andrew Martin.
11 ... f5
◊ 11 ... Re7 12 Bh6 Qe8 13 0-0-0 Bf5 14 hxg6 fxg6 15 Bxf5 gxf5 16 Qxf5 Nd7 17 Rh4 Nf8 18 Bxf8 Qxf8 19 Rdh1 Qg7 0:1 Nikolenko-Frog, Moscow 87.
12 hxg6
◊ 12 Bh6? g5!:
a:- 13 Bxf5 Qf6 14 Bxh7+ Kh8 15 Bg6 Bc4 16 Bd3 Bxd3 17 Qxd3 Qh6 18 0-0-0 Nd7 19 Rde1 Nf6 20 Ng3 Bxg3 21 Qxg3 g4+ 22 Kb1 Ne4 23 Qxg4 Nxf2 24 Rxe8+ Rxe8 25 Qd7 Qe3 0-1 Pereira-Hodgson, Almada 88.
b:- 13 Qd2 f4 14 g3 Bg4 15 gxf4 Bxf4 16 Qxf4 gxf4 17 Rg1 Qh4 18 0-0-0 Kh8 19 f3 Qh5 20 fxg4 Qh6 21 g5 Qh2 22 Rh1 Re2 0:1 Abramović-Hodgson, Haringey 88.
12 ... fxg6 13 Bh6 Nd7?! 14 g4!? Bd5 15 0-0-0! Bxh1?! [15 ... Bf8 16 Bd2 fxg4 ∞] **16 Rxh1 Bf8! 17 Bd2! fxg4?** [17 ... Nb6!] **18 Qb3+! Kg7 19 Rxh7+! Kxh7 20 Qf7+ Kh8 21 Nf4 1:0**

76

Halifman-Seirawan
Wijk aan Zee 1991
**1 e4 c6 2 d4 d5 3 Nc3 dxe4 4 Nxe4
Nf6 5 Nxf6+ exf6 6 c3 Bd6 7 Bd3 0-0
8 Ne2 Re8 • 9 0-0!? Qc7 10 Ng3 Be6
11 f4 ± c5 12 d5! Bd7** (12 ... c4 13
dxe6 cxd3 14 exf7+ Kxf7 15 Qxd3 Bc5+
16 Kh1 Nc6 17 Qb5 Bb6 18 f5! ±) **13 c4
Na6 14 Qf3 Qb6 15 b3 Bf8 16 Bb2
Nc7 17 Bf5! Bxf5 18 Nxf5 Red8 19
Rae1 Ne8 20 Qh5 Qa5**

**21 Rxe8! Rxe8 22 Nh6+ gxh6 23
Qg4+ 1:0**

77

Mokry-Mirković
Belgrade (GMA) 1988
**1 e4 c6 2 d4 d5 3 Nc3 dxe4 4 Nxe4
Nf6 5 Nxf6+ exf6 6 c3 • Be6**
◊   6 ... Bf5:
a:- 7 Qf3 Qd7 8 Ne2 Be7 9 Ng3 Bg4 10
Qd3 Be6 11 Nh5 g6 12 Ng7+ Kd8 13
Be3 f5 14 Nxe6+ Qxe6 15 d5 Qxd5 16
Qxd5 cxd5 17 0-0-0 Kc7 18 Rxd5 ±
Schvidler-Ledger, Oakham Young
Masters 90.
b:- 7 Ne2 Bd6 8 Ng3 Qe7+ 9 Be3 Bg6 10
Bd3 0-0 11 Nf5 Bxf5 12 Bxf5 g6 13 Bd3
Bf4 14 Qf3 Bxe3 15 fxe3 f5 16 0-0 Nd7
17 Rae1 Nf6 = De Firmian-Hort, Biel
90.
7 Bd3
◊   7 Bf4 Be7 8 Bd3 0-0 9 Ne2 c5 10 0-0

Nc6 11 dxc5 Bxc5 12 Qc2 g6:
a:- 13 Rad1 Qe7 14 Ng3 Ne5! 15 Rfe1
Nxd3 16 Rxd3 Rad8 17 Rxd8 Rxd8 18
h3 f5 =+ Stummer-Mirković, Pula
Open 88.
b:- 13 Bh6 Re8 14 Nf4 Ne5! 15 Nxe6
Rxe6 16 Be2 f5 17 Rad1 Qe7 =+ Mir-
ković.
7 ... Bd6 8 Ne2 Qc7
◊   8 ... Nd7 9 Nf4 Bxf4 10 Bxf4 Nb6 11
0-0 0-0 12 b3 f5 13 Qc2 Qd7 14 Rad1
Rfe8 15 Bc1 f6 16 Rfe1 Nd5 17 a3 Ne7
18 c4 Bf7 ∞ Tolnai-Lechtynsky, Stara
Zagora 90.
9 Qc2
◊   9 Ng3 0-0 10 0-0 Nd7 11 f4 Rfe8 12
f5 Bd5 13 Nh5 g6 14 Qg4 Kh8 15 Bh6
Bf8 16 Bxf8 Rxf8 17 Nf4 g5 18 Nh5 b5
19 Rfe1 Rae8 20 h4 ±± Zapata-
Hodgson, Palma de Mallorca (GMA)
89.
9 ... Nd7 10 h3
◊   10 c4 Bb4+ 11 Bd2 Bxd2+ 12 Qxd2
0-0 13 0-0 Rfe8 14 Nf4 Nb6 15 b3 Rad8
16 Rad1 g6 17 Bb1 c5 18 d5 Bc8 19 Ne2
+= [19 Rfe1! Rxe1 20 Rxe1 Qd6 21
Qe3 ± Mikhalchishin] 19 ... Bd7 20
Rfe1 Nc8 21 Ng3 Nd6 22 Qf4 f5 23 Nh5
gxh5 24 Qg5+ Kf8 25 Qh6+ Kg8 26
Qg5+ Kf8 ½:½ Mikhalchishin-
Holmov, Moscow (GMA) 89.
◊   10 Be3 g6 11 c4 Bb4+ 12 Nc3 Nb6
13 a3 Be7 14 Ne2 Nc8 15 0-0-0 Nd6 16
Kb1 Nf5 17 Bd2 0-0-0 18 Bc3 Kb8 19 g3
Rd7 20 Rhe1 Rhd8 21 Qa4 h5 Jonsson-
Sigfusson, Reykjavik 89.
**10 ... 0-0-0 11 c4! Bb4+ 12 Bd2 Qa5
13 Bxb4 Qxb4+ 14 Qd2 Qxd2+ 15
Kxd2 += f5! 16 Kc3 Nf6 17 Nf4 g5
18 Nxe6 fxe6 19 Rhe1 Rhe8 20 Re5
Nd7 21 Re2 Nf6 22 Rae1 Kd7 23 b4
Ra8?** [23 ... a6! 24 a4 Ra8 +=] **24 b5!
± Rac8 25 bxc6+ Rxc6 26 Kb2
Rb6+ 27 Ka1 a6 28 d5! exd5 29
Bxf5+ Kd8 30 Rxe8+?** [30 cxd5! Rxe2
31 Rxe2 Rd6 33 Re6 Kc7 ±] **30 ... Nxe8
31 cxd5 Rf6 32 Bxh7?** [32 g4! Nd6 33
Re6 Rxe6 34 dxe6 Ke7 35 Kb2 h5! 36

Kc3 h4! 37 f3 b5! +═ Mirković] **32 ... Rxf2 33 Be4 Nd6 34 Bf3 Nc4 35 d6 Nxd6 36 Re2 Rxe2 37 Bxe2 Ke7 38 Kb2 Nf5 39 Bf3 b6 40 Kc3 Kd6 41 Bb7 a5 42 Kc4 Ke5! ═ 43 Bc6 Nd6+ 44 Kd3 Nf5 45 Bd7 Nd6 46 a4 Ne4 47 Ke3 Nf6 48 Bc6 Kd6 49 Bb5 Ke5 50 g3 Ne4 51 Kf3 Nf6 52 Ke3 Ne4 53 Kf3** ½:½

═══ 78 ═══

Zapata-Boersma
Amsterdam Open 1986
1 e4 c6 2 d4 d5 3 Nc3 dxe4 4 Nxe4 Nf6

◊   4 ... Qc7!?:
a:- 5 Bc4 Nf6 6 Nxf6+ exf6 7 Ne2 Bd6 8 Be3 0-0 9 c3 Re8 10 Qd2 Be6 11 Bxe6 fxe6 12 0-0-0 Nd7 13 g4 Rad8 14 h4 Nb6 15 Qc2 c5 16 Rhg1 c4 17 Kb1 Nd5 18 Bc1 b5 -+ Sznapik-L.B.Hansen, Warsaw Liberty Cup 90.
b:- 5 Bd3 Nd7 6 Nf3 Ngf6 7 Nxf6+ Nxf6 8 Ne5 e6 9 0-0 Bd6 10 Re1 c5 11 Bb5+ Ke7 12 c3 Rd8 13 Bg5 cxd4 14 cxd4 Qb6?

15 Qh5! Rf8 16 Nc4 ±± Qc7 17 Ne3 Kd8 18 Qxh7 Be7 19 Qxg7 Rg8 20 Qxf6 Rxg5   21   Qh8+   1-0   P.Nielsen-L.B.Hansen, Danish Ch. 91.

◊   4 ... h6!? 5 Nf3 Bf5 6 Nc5! Nd7 7 Nxd7 Qxd7 8 Ne5 Qd8 9 Qf3 e6 10 Bd3 Qxd4 11 Nxc6! Qc5 12 Bxf5 Qxf5?! [12 ... exf5 +═] 13 Qxf5 exf5 14 Nd4 g6 15 Bf4 0-0-0 16 0-0-0 g5 17 Be5 f6 18 Ne6!

± Rivas-Bellon, Albacete 88.
5 Nxf6+
◊   5 Bd3!? Qxd4 6 Nf3 Qd8 7 Qe2 Nxe4 8 Qxe4 Nd7 9 Qh4! Ne5 10 Nxe5 Qa5+ 11 c3 Qxe5+ 12 Be3 Bf5 13 0-0-0 e6 14 Bxf5 Qxf5 15 Qg3! Rc8 16 Rd2 h5 17 h4 Qg4 18 Qxg4 hxg4 19 Rhd1 Be7 20 Rd7! Bxh4 21 Rxb7 ± Rh5? 22 g3 Bg5?? 23 Bxg5 Rxg5 24 Rh1! 1:0 Zelčić-Mik.Tseitlin, Belgrade 88.

◊   5 Qd3 Nxe4 6 Qxe4 Qd5 7 Bd3 Nd7 8 Qxd5 cxd5 9 Bf4 g6 10 Ne2 Nf6 11 Nc3 Bg7 12 Nb5 Nh5 13 Be3 Kd8 14 a4 Bf5   15   a5 Bxd3   16   cxd3 Kd7   ∞ Borkowski-Mik.Tseitlin, Polanica Zdroj 88.

◊   5 Nc3 Bf5 6 Nf3 e6 7 h3 Bd6 8 Bd3 Bg6 9 0-0 Nbd7 10 Re1 Qc7 11 Qe2 Bh5 12 Qe3 0-0-0 13 Ne5 Nb6 14 a3 Bg6 ═ Velicković-Hodgson, London (Peace) 87.

5 ... exf6 • 6 Bc4
◊   6 Be2 Bd6 7 Bf3 0-0 8 Ne2 Re8 9 0-0 Qc7 10 h3 Nd7 11 c4 [11 Re1 Nf8 12 Ng3 Bxh3 13 Ne4 Be6 14 Be3 Ng6 15 b3 b5 ∞] Nf8 12 Nc3 Ng6 13 c5 Bf8 14 b4 Be6 15 Be3 Rad8 16 Qa4? Nh4 17 Be2 Bxh3! 0:1 Ernst-Berg, Malmö 88.
◊   6 Nf3 Bd6 7 Be2 0-0 8 0-0 Re8 9 Be3 Nd7 10 Qd2 Qc7 11 c4 Nf8 12 Rfe1 Bf5 [12 ... Ng6 13 Rad1 Bg4 14 h3 Bxf3 15 Bxf3 Nh4 16 Be2 Nf5 ∞ Andrew Martin-Orr, Edinburgh 88] 13 c5 Be7 14 d5 cxd5 15 Qxd5 Be6 16 Qh5 Red8 17 b4 a5 18 a3 f5 ═ Larsen-Hansen, Naestved Open 88.
◊   6 g3 Bd6 7 Bg2 0-0 8 Ne2 Re8! 9 0-0 Bg4 10 Be3 [10 Re1!?] 10 ... f5!:
a:- 11 Qd2 Bxe2 12 Qxe2 f4 13 gxf4 Bxf4 ═ Dževlan-Mirković, Yugoslavia 87.
b:- 11 Re1 f4! 12 Bxf4 Bxf4 13 gxf4 Na6 14 c3 Qe7 15 Qd2 Bxe2 16 Bf1 Qh4 17 Bxe2 Re4! 18 Bxa6 Qg4 ═ Mirković.
6 ... Nd7
◊   6 ... Qd6 7 c3 Be6 8 Bxe6 fxe6 9 Nf3 Na6! 10 0-0 0-0-0 11 Qe2 Nc7 12 a4 g5 13 Nd2 Qd5 14 b4 h5 15 Bb2 [15 Ne4 Be7 16 Bb2 h4! ∞ Mirković] 15 ... e5! 16

c4 Qd7 17 Nb3 Bb4! 18 dxe5 Qd3 19 Qxd3 Rxd3 =+ Abramović-Mirković, Yugoslavia 89.
◊ 6 ... Bd6:
a:- 7 Qe2+ Be7 8 Nf3 Bg4 9 0-0 0-0 10 Re1 Bd6 11 Qe4 Bxf3 [11 ... Qc8 12 Bf4 Bf5 13 Qe3 Bxf4 14 Qxf4 Bxc2 15 Rac1 Bf5 16 Re7 ± Davies-La Rota, Saint John 88] 12 Qxf3 Qc7 13 g3 Nd7 14 c3 Rfe8 15 Bd2 Rad8 16 Re4 c5 = Byrne-La Rota, New York Open 88.
b:- 7 Ne2 Qc7!:
b1:- 8 Be3 0-0 9 Qd2 Re8 10 0-0-0 [Majerić-Mirković, Yugoslavia 88] 10 ... Nd7! =.
b2:- 8 Ng3 0-0 9 0-0 Rd8 10 Qh5 Be6 11 Bxe6 fxe6 12 Re1 Qf7 13 Qg4 f5 Zapata-La Rota, Saint John Open I 88.
7 Ne2 Bd6 8 0-0
◊ 8 Bf4 Nb6 9 Bb3 a5 10 a4 0-0 11 0-0 Bg4 12 Bxd6 Qxd6 13 h3 Bxe2 14 Qxe2 Qxd4 = Dam-Boersma, Amsterdam OHRA 87.
8 ... 0-0 9 Ng3!?
◊ 9 Bf4 Nb6 10 Bb3 Bg4 11 f3 Be6 12 Qd3 c5 13 Bxe6 fxe6 14 Qe4 Re8 ∞ Renet-Martinovsky, Hastings II 87.
9 ... Nb6 10 Bb3 f5? [10 ... Re8 +=] 11 Re1 a5 12 a4 Nd5 13 Qf3 Qh4 14 Bxd5 cxd5 15 Qxd5 Ra6 16 Bd2 g5!?

17 h3! Bxg3 18 fxg3 Qxg3 19 Ra3 Qh4 20 Rae3 ±± Re6 21 Bxa5 Rxe3 22 Rxe3 f4 23 Re5 h6 24 Bb4 f3 25 Bxf8 Bxh3 26 Bxh6 f2+ 27 Kf1 Be6

28 Rxg5+ Kh7 29 Rh5 1:0

Hübner-King
Bundesliga 1986-87
1 e4 c6 2 d4 d5 3 Nc3 dxe4 4 Nxe4 Nf6 5 Nxf6+ exf6 6 Bc4 • Qe7+ 7 Qe2 ◊ 7 Be2 Na6 8 Nf3 Nc7 9 0-0 Be6 10 c4 Qd7 11 Qb3 b6 12 Rd1 Be7 13 Bf4 0-0 14 Rac1 Rfc8 15 a4 Bd6 16 Bg3 Bxg3 17 hxg3 Rab8 18 Ne1 Re8 19 Bf3 += Zhelnin-Terentiev, semi-final RSFSR Ch, Kalinin 86.
7 ... Be6 8 Bxe6
◊ 8 Bb3:
a:- 8 ... Na6 9 c3 Bxb3 10 Qxe7+ Bxe7 11 axb3 c5 += Smagin-Bang, Copenhagen 88.
b:- 8 ... a5!? 9 Nf3 a4 10 Bxe6 Qxe6 11 Be3 Be7 12 0-0 0-0 13 c4 Na6 14 Rfd1 Rfd8 15 Rac1 Bf8 16 h3 h6 17 a3 Nc7 = Geller-King, Bern 87.
8 ... Qxe6 9 Nh3
◊ 9 Bf4 Na6 10 0-0-0 0-0-0 11 c4 Qxe2 12 Nxe2 Bd6 13 Be3 Rhe8 14 Nc3 Nc7 15 d5! cxd5 16 Nxd5 b6 = Dževlan-Despotović, Yugoslavia 87.
9 ... Na6 10 Nf4 Qxe2+ 11 Kxe2
◊ 11 Nxe2 Nb4 12 Kd2 c5 13 c3 Nc6 14 d5 0-0-0 15 c4 Ne5 16 b3 Bd6 17 Bb2 Rhe8 18 Rhf1 Bc7 19 h3 b5 Panchenko-Hodgson, Sochi 88.
11 ... 0-0-0 12 Rd1 Nc7 13 Kf1 Be7 14 Be3 b6 15 Rd3 h5 16 Rad1 h4 17 h3 f5 18 c4 Bf6 19 b3 g5 20 Ne2 Rd7 21 Bd2 Rhd8 22 Bc3 f4 23 d5 Bxc3 24 Nxc3 f5 25 Ke2 Re7+ 26 Kd2 cxd5 27 Kc2 Red7 28 cxd5 Rd6 29 b4 b5 30 Kb3 a6 31 a4 Re8 32 axb5 axb5 33 Ra1 Kb7 34 Rdd1 Kb6 35 Ra5 g4 36 Rg1 Re5 37 Kc2 Rg6 38 Rd1 Rd6 39 f3 gxf3 40 gxf3 Re3 41 Rd3 Rg6 42 Rxe3 fxe3 43 Kd3 f4 44 Ke4 Rg2 45 d6 Rc2 46 dxc7 Rxc3 47 Kxf4 Rxc7 48 Kxe3 Rc4 49 f4 ½:½

Larsen's/Bronstein's 5 ... gxf6

(Games 80-94)

In contrast to 5 ... exf6, 5 ... gxf6 is a fighting move which in no way attempts to simplify the struggle. Black accepts doubled f pawns and an isolated h pawn. Moreover the kingside is made distinctly less welcoming for his Black Majesty: though sometimes one can fianchetto the f8 bishop and then go short. In return, Black obtains increased influence over the centre and a half open g file.

5 ... gxf6 has always been considered rather doubtful - in contrast to the solid 5 ... exf6. But in fact in one way at least it can be considered more soundly based: for there is none of the hubris of the immediate attempt to nullify White's advantage which 5 ... exf6 entails.

As in many variations of the Caro Kann, there are multifarious possibilities of transposition. I haven't played this particular line for some years: but I hope that we've managed to sort the variations out into a logical structure.

Games 80-85 feature 6 c3 which is certainly the trendiest reply - as indeed it is against 5 ... exf6. This move has the advantage that White avoids 6 Nf3 Bg4 - though whether he should particularly want to is a moot point as we can see in games 92-93. Normally play continues 6 ... Bf5 7 Nf3 e6 when White's usual plan nowadays is to fianchetto 8 g3 intending to use the bishop on g2 later against Black's presumed queenside castled position. Black often tries to interfere with this with ... Be4 or ... Qd5 and with very reasonable results - certainly in game 81 for instance Pieterse was doing splendidly against Gelfand right up to 36 ... Nxh3?

In games 83-84, Black just gets on with his development, not trying anything disruptive early on. Spraggett won

an excellent game in game 83: but Black must be exceedingly careful and in game 84 Miltner was slaughtered.

Games 85-86 feature an attempt to take advantage of Black's 6 ... Bf5 immediately. Certainly the 11 b4 of Gipslis - Seirawan weakens White's position excessively. But if White is more circumspect then he can hope for an advantage with 11 a4 as in game 86 or perhaps 11 0−0.

In order to avoid the line of games 85-86, Black can try alternatives to 6 ... Bf5. Panbukchayan's 6 ... h5 (game 87) is enterprising but faintly ridiculous. However, Seirawan did very well with 6...Qd5 in two games from the last World Cup cycle - see the notes.

Games 88-90 involve 6 Bc4. This is not a bad move but it is slightly biting on iron the e6 and f7 pawns. In two of these games, Black tried ... h5, presumably to avoid the line in which he sacrifices the h pawn - see the notes to Gallagher-Guseinov. Here White is a whole tempo down on games 85-86 and we must conclude either that idea this really is good for White - even a tempo down - or that 7 ... h5!? is not totally necessary.

In game 91, White's early 6 Bf4 encourages Black to embark on an immediate pawn hunt with 6 ... Qb6!?

Games 92-93 feature the older line with 6 Nf3 Bg4. As I remarked above, it is not at all clear that White wants to avoid this pin - though he should now confine himself to 7 Be2 and maybe a later Nh4. The variations with g3 are much enhanced for Black if he has the bishop on g4 and can perhaps get in ... h5-h4 quickly: and indeed Black sometimes even loses a tempo with a later ... Bf5-g4 in the lines starting 6 c3 Bf5 7 Nf3 e6 8 g3.

=========== 80 ===========

Mokry-Brestian
Trnava 1988

1 e4 c6 2 d4 d5 3 Nc3 dxe4 4 Nxe4
Nf6 5 Nxf6+ ● gxf6 6 c3 Bf5 7 Nf3
e6 8 g3 Nd7 9 Bg2

9 ... Be4

◊ 9 ... Qc7
a:- 10 Bf4 Bd6 11 Bxd6 Qxd6 12 0-0 Be4
13 Re1 Bxf3 14 Qxf3 Qe7 15 c4 0-0-0 16
d5 Ne5 17 Qe3 Kb8 18 b3 cxd5 19 cxd5
Rhe8 20 Rad1 Rd6 21 dxe6 fxe6 22 Rxd6
Qxd6 23 h3 Gomez Baillo-Dückstein,
Thessaloniki Ol 88.
b:- 10 0-0 Be4 11 Re1 f5 12 Ng5 Nf6 13
Nxe4 Nxe4 14 Bxe4 fxe4 15 Rxe4 0-0-0
16 Bf4 Bd6 17 Qh5 Bxf4 18 Rxf4 f5 19
Re1 Qd7 20 Re5 Rhg8 21 Rh4 Rg7 22
Qh6 Re8 23 Qe3 Kb8 24 Rh5 Ree7 25
Rh6 Rg6 26 Rxg6 hxg6 27 c4 b5 28 cxb5
cxb5 1-0 Mokry-Pieterse, Gronigen 89.
◊ 9 ... Bg7 10 0-0 0-0:
a:- 11 c4 Nb6 12 b3 Re8 13 Bb2 Qd7 14
Qd2 Rad8 15 Rfe1 Nc8 16 Rad1 Ne7 17
Bc3 Bg6 Sherzer-Ball, Saint John I 88.
b:- 11 Nh4!? Bg6 12 a4 a5!? 13 Bf4
[Adams-Spraggett, Hastings 89-90] 13
... Qb6! △ 14 ... Rfd8 = Spraggett.
10 0-0 Bg7
◊ 10 ... Be7 11 Re1 f5 12 Bf1 Bxf3?!
[12 ... c5 13 dxc5 Bxc5 14 Ng5 Nf6 +=]
13 Qxf3 h5 14 Bf4 Nf6 15 Be5 Qd5 16
Qd3 0-0-0 17 Bg2 Qd7 18 b4 Rhg8 19 b5
± Ernst-Sehner, Malmö 85-86.
11 Re1 Bxf3 12 Qxf3 0-0 13 Bf4 Re8

14 Rad1 Qb6 15 Qe2 Rad8 16 c4 e5
17 dxe5 fxe5 18 Bg5 f6 19 Be3 Qc7
20 Be4 Nf8 21 Qh5 Rxd1 22 Bxh7+
Kh8 23 Rxd1 1:0

=========== 81 ===========

Gelfand-Pieterse
Amsterdam (OHRA B) 1988

1 e4 c6 2 d4 d5 3 Nc3 dxe4 4 Nxe4
Nf6 5 Nxf6+ gxf6 6 c3 Bf5 7 Nf3 e6 8
g3 ● h5 9 Bg2

◊ 9 Qe2 Bg4 10 h3 Bxf3 11 Qxf3 Qd5
12 Be2 Nd7 13 Bf4 f5 14 0-0 Qxf3 15
Bxf3 Bh6 16 Bc7 Rc8 17 Bd6 Bf8 18 Bf4
Bh6 19 Bd6 Bf8 20 Bf4 Bh6 ½:½
F.Kuijpers-Pieterse, Dutch Ch 88.
9 ... Be4 10 0-0 f5
◊ 10 ... Be7:
a:- 11 Bf4 f5 12 Qe2 h4 13 Rfd1 hxg3?!
14 hxg3 Nd7 15 c4 Nf6 16 Ne5 Bxg2 17
Kxg2 Rg8! += van de Oudeweetering-
Pieterse, Amstelveen 86-87.
b:- 11 Re1 f5 ∞ 12 Bf1? [12 Bf4!?] 12 ...
c5! =+ 13 Be3 Nc6 14 Bb5 h4 15 Nd2
hxg3 16 fxg3 Qb6 17 Qa4 0-0-0! 18 Nc4
Qc7 [Riemersma-Pieterse, Dutch Ch 87]
19 Bxc6! bxc6 20 Bf4 Qb7 ∞ Pieterse.

**11 Qb3 Qb6 12 Ne5 Bxg2 13 Kxg2
Nd7 14 Nc4 Qa6 15 Bf4 Nb6 16 Ne3
Bh6 17 Bxh6 Rxh6 18 c4 f4 19 gxf4
0-0-0 20 Rad1 Rf6 21 Rd2 Rxf4 22
Rfd1 Qa5 23 d5 Qc5 24 dxe6 Rg8+
25 Kh1 fxe6 26 Qc2 Qf8 27 Qh7 Qf7
28 Qxf7 Rxf7 29 Re2 Nd7 30 Nf1
Nf6 31 h3 Nh7 32 Rd3 h4 33 Nh2
Ng5 34 b3 e5 35 Rde3 e4 36 Ng4**

Nxh3 37 Nh6 Rg1+ 38 Kh2 Rf6 39 Rxh3 Rgg6 40 Rxh4 Rxh6 41 Rxh6 Rxh6+ 42 Kg3 Rd6 43 Rxe4 Rd2 44 a4 Kd7 45 Re3 b5 46 cxb5 cxb5 47 axb5 Rd5 48 f4 Rxb5 49 Kg4 a5 50 f5 a4 51 bxa4 Rb4+ 52 Kg5 Rxa4 53 f6 Ra1 54 f7 Rg1+ 55 Kf6 Rf1+ 56 Kg7 Rg1+ 57 Kf8 Rf1 58 Rd3+ 1:0

===== 82 =====

Grünfeld-Hickl
Munich Zonal 1987
1 e4 c6 2 d4 d5 3 Nc3 dxe4 4 Nxe4 Nf6 5 Nxf6+ gxf6 6 c3 Bf5 7 Nf3 e6 8 g3 • Qd5

◇ 8 ... Be4?! 9 Bg2 Bd6 10 0-0 Nd7 11 Re1 f5? [11 ... Bd5 12 b3 ±; 11 ... Bg6 12 c4 ±] 12 Ng5 Bxg2? [12 ... Nf6 ±] 13 Qh5! ±± Yanovsky-Fradkin, Sverdlovsk 89.

◇ 8 ... Rg8 9 Bg2 Na6 10 0-0 Nc7 11 Re1 Qd7 12 Nh4 Bg6 13 Qf3 Be7 14 Nxg6 hxg6 15 a4 a5 16 b3 Rh8 17 Bb2 Nd5 18 Rad1 Rh5 19 c4 Nb4 Beulen-Pieterse, Groningen 89.

◇ 8 ... Bd6 9 Bg2 Nd7 10 Nh4 Bg6 11 0-0:

a:- 11 ... Qc7 12 b4 0-0 13 f4 f5 14 Qb3 Be7 15 Nf3 a5 16 bxa5 Rxa5 17 c4 Rfa8 18 Bb2 Bh5 19 Ne5 Kramnik-Zhukhovitsky, semi-final RSFSR Ch 88.
b:- 11 ... Qe7 12 a4 0-0 13 a5 a6 14 Re1 Rfe8 15 Qb3 Rab8 16 Bh3 Qf8 17 Bd2 f5 18 c4 Qg7 19 Bc3 Qh6 20 Bg2 f4 Kir. Georgiev-Orr, Dubai Ol 86.

9 Bg2 Qc4

10 Nd2
◇ 10 Bf1 Qd5 = Pieterse.
◇ 10 Be3 Nd7 11 Nh4 Bg6 12 Nxg6 hxg6 13 Qd2 Rd8 = 14 b3 Qb5 [Am. Rodriguez-Hickl, Dubai Ol 86] 15 c4 Qb4 16 Qxb4 Bxb4+ 17 Ke2 += Am. Rodriguez.
◇ 10 Nh4 Bd3 11 Be3 Nd7 12 Qd2 Qa6 13 Rd1 Bg6 14 b3 Bd6 15 c4 Bh5 16 Nf3 f5 17 0-0 Nf6 18 d5 De Armas-Santa Torres, Sagua la Grande 89.

10 ... Qa6 11 Ne4 Nd7 12 g4? [12 Bf4 += Pieterse] 12 ... Bg6 13 h4 h5 14 gxh5 Bxh5 15 Bf3 Bxf3 16 Qxf3 Be7 17 Bf4 f5 ∞ 18 Ng5?! [18 Nd6+ Bxd6 19 Bxd6 0-0-0 ∞ Hickl] 18 ... Nb6 19 Qe2 Qa5 20 Qe5 Qxe5 21 dxe5 Rd8 =+ 22 Ke2 Na4! 23 Rab1 Rd5 24 Kf3? [24 Nf3 Nc5! =+ Hickl] 24 ... Nc5! 25 Rbe1 Nd3 26 Re2 Rh5 -+ 27 Be3 Nxe5 28 Kg2 Ng6 29 Nf3 e5 30 Kf1 e4 31 Ne1 Rxh4 32 Rxh4 Bxh4 33 Bxa7 Nf4 34 Re3 Rd2 35 f3 Rf2+ 36 Kg1 Nh3+ 37 Kh1 Bg3 38 Rxe4+ fxe4 39 Bxf2 Bxf2 0:1

===== 83 =====

Sokolov-Spraggett
Clermont Ferrand 1989
1 e4 c6 2 d4 d5 3 Nc3 dxe4 4 Nxe4 Nf6 5 Nxf6+ gxf6 6 c3 Bf5 7 Nf3 e6 •
◇ 7 ... Nd7 8 g3 Nb6 9 Bg2 Qd7 10 0-0 Bh3 11 Bxh3 Qxh3 12 a4 Qf5! 13 a5 Nd5 14 c4 Nc7 15 Bf4 0-0-0! 16 a6?! Nxa6 17 Qe2 Rg8 18 Be3 e6 19 Rxa6 bxa6 20 Ra1 Rd7 21 c5 Qd5 22 Qxa6+ Kd8 23 Nd2 e5 24 Qa5+ Ke8 25 dxe5 fxe5 26 Qb4 f5! 27 Re1 Rg4 28 Bf4 Kf7 29 Nc4 exf4 30 Ne5+ Kg8 31 Nxg4 fxg4 32 Qxf4 h5 33 Re5 Qd1+ 34 Kg2 Qf3+ 35 Qxf3 gxf3+ 36 Kxf3 Rd3+ -+ Fedorowicz-Roos, France 90.
◇ 7 ... Bg7 8 Bc4 Qc7 9 Nh4 Bg6 10 Qf3 e6 11 0-0 Nd7 12 Bf4 Qd8 13 Rfe1 0-0 = Hernandez-Christiansen, Saint John Open I 88.

◊ 7 ... h5 8 Nh4 Be4 9 Bd3 Qd5 10 0-0 Bxd3 11 Qxd3 Nd7 12 c4 Ne5 13 Qb3 Nxc4 14 Qxb7 Nb6 15 Be3 Qd7 16 Qa6 Rg8 17 Rac1 Rg4 18 Nf3 Rxg2+ 19 Kxg2 ½:½ Wang-Antonio, Thessaloniki Ol 88.

8 Be2

◊ 8 Bf4 Bd6 9 Qd2 Bxf4 10 Qxf4 Nd7 11 Nd2 Qb8 12 Qxb8+ Rxb8 13 Nc4 Bg6 14 Be2 Nb6 15 0-0 Nxc4 ½:½ Horvath-Grószpéter, Budapest (Noviki B) 87.

8 ... Qc7 9 Nh4 Bg6 10 0-0 Nd7 11 Re1 0-0-0 12 Bf1 Bd6 13 g3 f5 14 Ng2 Rhg8 15 Bg5 Rde8 16 c4 f6 17 Bh6 c5 18 b4 cxd4 19 c5 Bf8 20 Bxf8 Rgxf8 21 Qxd4 Ne5 22 Be2 Kb8 23 Nf4 Nc6 24 Qc3 e5 25 Nd5 Qd8

26 Bc4 Nd4 27 Kf1 Bf7 28 Ne3 Bxc4 29 Qxc4 f4 30 gxf4 Qd7 31 f5 Rd8 32 c6 Nxc6 33 Qe4 Nd4 34 Kg2 Qb5 35 Kh1 Rg8 36 Rab1 Nc6 37 Qc4 Qxc4 38 Nxc4 Rd4 39 Ne3 Nxb4 40 Re2 Nd3 41 Rg1 Rxg1+ 42 Kxg1 Nf4 43 Rc2 Rd3 44 h4 h5 45 Kh2 Nd5 46 Nf1 Rd4 47 Kh3 Rg4 48 f3 Nf4+ 49 Kh2 Rxh4+ 50 Kg3 Rh1 51 Kf2 Nh3+ 52 Kg2 Rg1+ 53 Kxh3 Rxf1 54 Kg2 Rd1 55 f4 exf4 56 Kf3 Rd8 57 Rh2 Rh8 58 Rh4 Kc7 59 Kxf4 Kd6 60 Ke4 b5 61 Kd4 Rc8 62 Rxh5 Rc4+ 63 Kd3 Ra4 64 Rh8 Ke5 65 Rc8 Ra3+ 66 Kc2 Rxa2+ 67 Kb3 Rd2 0:1

═══════ **84** ═══════

Hecht-Miltner

Bundesliga 1986

1 e4 c6 2 d4 d5 3 Nc3 dxe4 4 Nxe4 Nf6 5 Nxf6+ gxf6 6 c3 Bf5 7 Nf3 ●

◊ 7 Bf4 Nd7 8 Bd3 Bg6 [8 ... Bxd3 9 Qxd3 Ne5 10 Bxe5 fxe5 11 Nf3 exd4 12 Nxd4 - Nunn-Hosking, London 88 - 12 ... Bg7! +=] 9 Ne2 Nb6 10 0-0 e6 11 Bg3 Bd6 12 b4!? [12 Nf4!? +=] 12 ... Qc7 13 a4 Nd5 14 Qd2 Rd8 15 Rab1 0-0 16 c4 += Short-Larsen, Hastings 88-89.

◊ 7 Bc4 e6 8 Ne2 Bd6 [8 ... Nd7 9 Ng3 Bg6 10 0-0 Qc7 11 Qf3 0-0-0 12 a4 h5 13 h4 Nb6 14 Bb3 Nd5 15 a5 Be7 16 Ra4 Qd7 17 c4 Nb4 18 a6 Nxa6 19 Be3 e5 20 d5 Qg4 21 dxc6 Qxf3 22 gxf3 Bc5 23 cxb7+ Kxb7 24 Rfa1 Bxe3 25 fxe3 Nc5 26 Rxa7+ Kb6 27 R7a5 Rhg8 28 Rb5+ Kc6 29 Raa5 Nxb3 30 Ra6+ Kd7 31 Rxb3 Bc2 32 Rb7+ Ke8 = Kobas-Grószpéter, Zenica 88] 9 Bh6 Nd7 10 Ng3 Bg6 11 Qf3 Rg8 12 h4 Qc7 13 h5 ± Möhr-Hennig, Budapest Open 89.

7 ... Qc7

8 g3

◊ 8 Bd3 Bxd3 9 Qxd3 Nd7 10 Be3 e6 11 0-0-0 0-0-0 12 Qc2 Nb6 13 Rhe1 Nd5 14 Bd2 c5 15 c4 Nb6 16 Ba5! cxd4 17 Kb1 Qc5 18 b4! Stierhof-Brandias, Hungarian Open 89.

8 ... Nd7 9 Bg2 e6

◊ 9 ... 0-0-0 10 0-0 e5!?:

a:- 11 Nh4 Be6 12 Qc2 exd4 13 cxd4 Nb6 14 Rd1 Nd5 15 Bd2 Kb8 16 a3 Qd7 17 Be4 h5 18 b4 Bd6 19 Qd3 Bc7 20 a4 Ne7 21 Be3 f5 22 Bg2 f4 23 Bxf4 Bxf4 24 gxf4 Rhg8 25 f5 Nxf5 26 Nxf5 Bxf5 27

Qf3 Bh3 0:1 Glauser-Anic, Lugano 89.
b:- 11 Re1 Bd6! 12 a4 h5 13 b4 Bg4! 14
Qb3 Bxf3 15 Bxf3 h4 16 Bg2 Rdg8 17
Re4 h3! 18 Bh1 f5 19 Re1 f4 20 Kf1 fxg3
21 fxg3 f5 22 Ra2 exd4 23 cxd4 f4 24
Rae2 Rf8! 25 g4 f3 26 Rf2 Bxh2 27 Rxf3
Rxf3+ 28 Bxf3 Qg3 29 Qf7 Bg1 0:1
Pardon-Demian, O'Kelly Memorial,
postal 87-89.

10 0-0 Bg4
◊ 10 ... Bd6?!:
a:- 11 Re1 0-0-0 12 b4 h5 13 Nh4 Bg4 14
Qa4 Kb8 15 c4 e5 16 c5 Bf8 17 b5 cxb5
18 Qxb5 a6 19 Qb2 exd4? 20 Bf4 Ne5 21
Rxe5 1:0 Kudrin-Sowray, London 87.
b:- 11 d5!? cxd5 12 Nd4 Bg6 13 Nb5 Qb6
14 Nxd6 Qxd6 15 c4 d4 16 b4!? d3 17 c5
Qc7 18 Bh6 ± Nievelt-Vasilyev, USSR
Corres Ch 86-88.

**11 Bf4 Bd6 12 Bxd6 Qxd6 13 Qb3
0-0-0?!** [13 ... Bxf3 14 Bxf3 0-0-0] **14
Nd2! h5 15 h3 Bf5 16 Nc4 Qc7**

17 Rad1 Rdg8? [17 ... h4!?; 17 ...
Rhg8] **18 Qa3 h4 19 Nd6+ Kb8 20 g4
Bg6 21 c4 ± Nb6 22 d5 exd5 23 cxd5
Nxd5 24 Bxd5 cxd5 25 Rxd5 Rh5?**
[25 ... Rd8; 25 ... a6] **26 Nb5 Qb6 27
Rxh5 Bxh5 28 Qb4! ±± a6 29 Qf4+
Ka8 30 Nc7+ Ka7 31 Nd5 Qc5 32
Nxf6 Rg6 33 Qe3 1:0**

===== **85** =====

Gipslis-Seirawan
Saint John Open II 1988
1 e4 c6 2 d4 d5 3 Nc3 dxe4 4 Nxe4

Nf6 5 Nxf6+ gxf6 6 c3 Bf5 ● 7 Ne2
**Nd7 8 Ng3 Bg6 9 h4 h5 10 Be2 Qa5
11 b4**
◊ 11 0-0!? e6 12 b4 Qc7 13 f4 0-0-0 [13
... Bd6 14 f5! Bxg3 15 fxg6 fxg6 16 Bc4
=/∞ Andres] 14 f5 exf5?! 15 Bf4 Bd6 16
Bxd6 Qxd6 17 Nxf5 Bxf5 18 Rxf5 ±
Andres-Ricardi, Havana 88.
11 ... Qc7

12 Nxh5
◊ 12 Bd3 Bxd3 13 Qxd3 e6 14 Bd2
0-0-0 15 Qf3 Bh6 16 0-0-0 f5 17 Nxh5
Bxd2+ 18 Rxd2 Nb6 19 Nf4 Gscheidlen-
Miltner, Bundesliga 85-86.
12 ... e5
◊ 12 ... a5 13 Bd2 axb4 14 cxb4 Qd6
15 Ng3 Qxd4 16 h5 Be4 17 Nxe4 Qxe4
18 Kf1 Ne5 19 Rh3 Rd8 20 Qe1 Rg8 21
f3 Qf5 22 Be3 e6 23 a3 Ng4 24 Qc3 Rd5
25 Bc4 Qc2! 0:1 Ivanov-Dolgov, postal
86-87.
**13 Be3 0-0-0 14 0-0 Be7 15 f4 Nb6 16
Rc1 Nd5 17 Bf2 exf4 18 b5 Ba3 19
Ng7 Bxc1 20 Qxc1 Rdg8 21 Bg4+
Kb8 22 Nf5 Bxf5 23 Bxf5 f3 24 g4
Ne7 0:1**

===== **86** =====

Ilinčić-Grószpéter
Belgrade (GMA) 1988
**1 e4 c6 2 d4 d5 3 Nc3 dxe4 4 Nxe4
Nf6 5 Nxf6+ gxf6 6 Ne2 Bf5**
◊ 6 ... Bg4 7 h3 Bh5 8 Be3 Nd7 9 Qd2
Nb6 10 Nf4 Bg6 11 c4 e5 12 Nxg6 hxg6
13 Be2 Bg7 14 Rb1 0-0 15 dxe5 Qxd2+

16 Rxd2 fxe5 17 0-0 Rfd8 += Estrin-Gabdarakhmanov, Burevestnik Ch, Kazan 85.

◊ 6 ... h5?!:

a:- 7 Qd3:

a1:- 7 ... Na6? 8 Bd2 Qb6 9 0-0-0 Nb4 10 Bxb4 Qxb4 11 Kb1 Qa5 12 Nc3 Be6 13 Be2 0-0-0 14 Bf3 ± Barlov-Mik.Tseitlin, Sochi 85.

a2:- 7 ... Qa5+ += 8 Bd2 Qf5 9 Qb3 Bh6 10 0-0-0 Qxf2 11 Bxh6 Rxh6 12 Nc3 e6 13 Be2 Qf4+ 14 Kb1 f5 15 d5! ±± exd5 16 Bf3! Qc7 17 Bxd5! cxd5 18 Nxd5 Qc6 19 Qg3 Rg6 20 Nc7+ Ke7 21 Qa3+ 1:0 La Rosa-Muller, postal 86-87.

b:- 7 Be3:

b1:- 7 ... Bf5 8 Ng3 Bg6 9 h4 e6 10 Be2 Bd6 11 c3 Qa5?! 12 a4 Nd7 13 b4 Qd5 14 0-0 Bxg3 15 fxg3 Kf8 16 b5 ↑ Klovan-Rakhmanov, Pinsk Otborochnii 86.

b2:- 7 ... Qb6 8 b3 h4 9 Qd2 Qc7 10 Nf4 e5 11 Nd3 Bf5 12 dxe5 fxe5 13 Nc5 b6 14 Bd3 Bxd3 15 Nxd3 Nd7 16 0-0-0 0-0-0 17 Kb1 Nf6 18 Qe2 Nd5 19 Bd2 Re8 20 c4 Nf6 21 Bc3 Bd6 22 Rhe1 Rhg8 23 Qf3 Rg6 24 Nxe5 Bxe5 25 Bxe5 1:0 Klovan-Dzuban, USSR Armed Forces Teams Ch 86.

7 Ng3 Bg6 8 h4 h5 9 Be2 Nd7 10 c3 Qa5 11 a4 e5

◊ 11 ... 0-0-0 12 b4 Qc7 13 a5! e5 14 a6 b6 15 0-0 Bd6 [15 ... e4!?] 16 Bd3! exd4 17 cxd4 Bxb4 [17 ... Bxg3? 18 fxg3 Qxg3 19 Bxg6! fxg6 20 Bf4 Qg4 21 Rc1! ±± Am.Rodriguez] 18 Be3 Kb8 19 Rc1 += Am.Rodriguez-Pieterse, Dieren 87.

12 b4 Qc7 13 0-0 Be7 14 Bd3 a5 15 b5 cxb5 16 Bxb5 Rd8 17 Qf3 Kf8 18 Nf5 Bxf5 19 Qxf5 Nb6 20 Ba3 Nd5 21 Bxe7+ Qxe7 22 Rfe1 Qe6 23 Qxe6 fxe6 24 dxe5 f5 25 c4 Nf4 26 c5 Rg8 27 g3 Nd5 28 Rac1 f4 29 Kh2 Ke7 30 c6 bxc6 31 Rxc6 Rdf8 32 Ra6 fxg3+ 33 fxg3 Rf2+ 34 Kh3 Rg4 35 Rc1 Kf8 36 Rc8+ Kg7 37 Raa8 Ne7 38 Rc7 Rf7 39 Raa7 Kf8 40 Be2 Rxa4 41 Bxh5 1:0

87

Kiril Georgiev-Panbukchayan
Bulgarian Championship 1989
1 e4 c6 2 d4 d5 3 Nc3 dxe4 4 Nxe4 Nf6 5 Nxf6+ gxf6 6 c3 ● h5

◊ 6 ... Qc7 7 g3 h5 8 Nf3 Bg4 9 Bg2 Nd7 10 0-0 h4 11 Qd3 hxg3 12 fxg3 e6 13 Bf4 Bd6 14 Bxd6 Qxd6 15 Nh4 f5 16 Rae1 0-0-0 ∞ Bauer-Hickl, Bundesliga 86-87.

◊ 6 ... Qd5 7 Ne2 e5:

a:- 8 Be3 Be6 9 Qc2 Nd7 10 a3 0-0-0 11 0-0-0 Nb6 12 dxe5 Qxd1+ 13 Qxd1 Rxd1+ 14 Kxd1 fxe5 15 Ng3 f5 16 Bd3 e4 17 Be2 c5 18 Nh5 ½:½ Spassky-Seirawan, Barcelona (World Cup) 89.

b:- 8 Qb3 Qxb3 9 axb3 Be6 10 b4 Nd7 11 Be3 a6 12 Ng3 ½:½ Sokolov-Seirawan, Rotterdam (World Cup) 89.

7 Bc4

◊ 7 Ne2 h4 8 Nf4 Bf5 9 Bc4 e6 10 Qe2 Bh6?! [10 ... Nd7] 11 g4 hxg3 12 hxg3 Kd7 [Auer-Hönig, Solingen (Mephisto Cup) 89] 13 Nxe6 Bxc1 14 Rxh8 Qxh8 15 Nc5+ Kc7 16 Rxc1 ± Auer.

7 ... Qc7 8 Nf3 Bf5 9 Nh4 Bd7 10 0-0 e6 11 Qf3 Be7 12 Bf4 Qb6 13 Rfe1 Kd8 14 Qg3 Na6 15 Qg7 Rf8

16 Nf5! Nc7

◊ 16 ... exf5 17 Rxe7 Kxe7 18 Re1+ Be6 19 Rxe6+ Kd7 20 Rd6+ Ke7 21 Qxf6+ Ke8 22 Qe5 mate.

17 Bd6! 1:0

=========== **88** ===========

Gallagher-Guseinov
Baku 1988
1 e4 c6 2 d4 d5 3 Nc3 dxe4 4 Nxe4 Nf6 5 Nxf6+ gxf6 ● 6 Bc4 Bf5 7 Ne2 e6 8 0-0
◊ 8 Be3 Nd7 9 Nf4 Qc7 10 Qh5 0-0-0 11 Qxf7 e5 ∞ Marković-Tegeltija, Novi Sad Open 88.
◊ 8 Ng3 Bg6:
a:- 9 h4 h5 10 Be2 Qa5 11 b4 Qc7 12 Nxh5 Bxh5 13 Bxh5 a5 14 Qe2 axb4 15 Qxe6+ Be7 16 Bxf7+ Kd8 17 cxb4 Bxb4+ 18 Kf1 Nd7 19 g3 Bd2 20 Kg2 Ra4 21 Re1 ± N.Nilsson-Kliforth, Lyngby Open 88.
b: 9 c3 Nd7:
b1:- 10 h4 h5 11 Be2 Qa5 12 b4 Qc7 13 Nxh5 e5!? 14 Ng3 0-0-0 15 h5 Bh7 16 Qb3?! Nb6 =/∞ Peters-Seirawan, Berkeley 84.
b2:- 10 f4 Bd6 11 0-0 f5 12 Qe2 Qe7 13 b4 h5 14 b5 h4 15 Nh1 Bh5 16 Qd3 c5 Basanta-Spraggett, Canadian Ch 89.
8 ... Bd6 9 Bf4 Qc7 (9 ... h5 - Samarian) **10 Bxd6 Qxd6**

11 Bd3
◊ 11 a4 Nd7 12 a5 h5?! [12 ... a6 +=] 13 Bd3 Bxd3 14 Qxd3 h4 15 c4 0-0-0 16 a6 b6 17 Qf3 Rdg8 [Sisniega-Grószpéter, New York Open 88] 18 b4!? ± Grószpéter.
11 ... Bg6 12 c4 Nd7 13 b4 Qxb4 14

Rb1 Qd6 15 Rxb7 Bxd3 16 Rxd7 Qxd7 17 Qxd3 0-0 18 Nf4 Kh8 19 Nh5 f5 20 Rd1 f6 21 Qf3 Rab8 22 h3 Rb4 23 d5 cxd5 24 cxd5 e5 25 Qd3 Rb6 26 Kh2 f4 27 Qa3 Rd8 28 d6 Qf7 29 d7 Rb7 30 Qa6 Rbb8 31 Nxf6 Rb6 32 Qxa7 Rxf6 33 Qc7 Qe7 34 Rd5 Rff8 35 a4 Qg7 36 a5 Rg8 37 Qxe5 Qxe5 38 Rxe5 Rxd7 39 Rf5 Rdg7 40 g4 fxg3+ 0:1

=========== **89** ===========

Fette-Schaak
Lugano Open 1989
1 e4 c6 2 d4 d5 3 Nc3 dxe4 4 Nxe4 Nf6 5 Nxf6+ gxf6 6 Bc4 Bf5 7 Ne2 ●

7 ... h5
◊ 7 ... Nd7:
a:- 8 Nf4!? e6 9 g4 [9 Qh5 Qe7 10 Bb3 0-0-0 11 Be3 △ 12 0-0-0 +=] 9 ... Bg6 10 h4 [Dončević-Hickl, Luxembourg Open 88] 10 ... Nb6 11 Bb3 Be4 12 f3 Bd5 ∞ Dončević.
b:- 8 0-0 Nb6 9 Bb3 Qd7 10 c4!? Bg7 11 Be3 0-0 12 Qd2 += Bg6 13 Rfd1 Nc8! 14 Nf4?! [14 f3 Nd6 15 Bf2 += Popović] 14 ... Nd6 15 Nxg6 hxg6 = Popović-Seirawan, Sarajevo 87.
c:- 8 Ng3 Bg6 9 h4 h6 10 h5 Bh7 11 Bd3 Bxd3 12 Qxd3 e6 13 Bf4 Qa5+ 14 c3 0-0-0 15 0-0 Nb6 16 c4 += Qa6 17 b3 c5 18 d5 Rxd5 19 Qc3 Rd7 20 Qxf6 ±

Mateo-Skembris, Prokuplje 87.

8 Be3 e6 9 Nf4 h4 10 Qe2 Nd7

◊ 10 ... Bd6 11 0-0-0 Qc7?! [11 ... Nd7] 12 Nh5! Ke7 13 Ng7! [Przewoznik-Redzepagić, Naleczow 87] 13 ... Bg6!? ∞ Przewoznik.

11 0-0-0 Bd6

◊ 11 ... Be7 12 Bb3 Qc7 13 g4 Bh7 14 h3 0-0-0 15 Rhe1 Bd6 16 Qf3 c5 17 dxc5 Nxc5 18 Bxc5 ½:½ Fries Nielsen-Jelling, Esbjerg II 88.

12 g4 hxg3 13 hxg3 Rxh1 14 Rxh1 Qc7 15 Rh8+ Nf8 16 Nh5 0-0-0 17 Nxf6 Be7 18 Bf4 Qa5 19 Qe5 Qxe5 20 Bxe5 Ng6 21 Rxd8+ Kxd8 22 f4 Nxe5 23 dxe5 Bc5 24 Kd2 Ke7 25 g4 Bg6 26 Bd3 Bxd3 27 Kxd3 Bg1 28 Ke4 Bh2 29 Kf3 Bg1 30 Ne4 b5 31 Nf2 f6 32 exf6+ Kxf6 33 Kg2 1:0

90

Kindermann-Plachetka
Stary Smokovec 1987

1 e4 c6 2 d4 d5 3 Nc3 dxe4 4 Nxe4 Nf6 5 Nxf6+ gxf6 6 Bc4 Bf5 7 Ne2 h5 8 Be3 ●

◊ 8 0-0 e6 9 Bd3 Bxd3 10 Qxd3 Na6 11 c4 Bd6 12 Qf3 Nc7 13 Rd1 f5 14 d5 cxd5 15 cxd5 Nxd5 16 Nc3 Nxc3 17 Qxc3 f6 18 Bf4 e5 19 Be3 Qe7 20 Qd3 f4 21 Qb5+ Kf7 22 Bc5 ½:½ van der Wiel-Hort, Thessaloniki Ol 88.

◊ 8 h4 Nd7 9 Bb3 e6 10 Bf4 a5 11 a4 Nb6 12 c4 Rg8!? 13 Ng3 Rg4 14 Nxh5 Qe7! 15 c5 Nd7 16 Bd6 Qd8 17 Ng3 Bxd6 18 cxd6 Qb6 19 Nf5 exf5 20 0-0 0-0-0 =+ Mikhalchishin-Skembris, Banja Luka 87.

8 ... Nd7 9 Nf4 Nb6

◊ 9 ... h4 10 Bb3 e6 11 Qf3 Qa5+ 12 c3 0-0-0 13 0-0 e5 14 Nd5 Bd3 15 Nxf6 Bxf1 16 Rxf1 Nxf6 17 Qxf6 Bd6 18 Qxf7 Kb8 19 Re1 Rhf8 20 Qh5 Rh8 21 Qg5 ± Hellers-Alber, West Berlin 88.

10 Bb3 a5

◊ 10 ... Qd7! ∞ P.Nikolić.

◊ 10 ... h4?! 11 d5! ±.

◊ 10 ... Bg4!? 11 f3 Bf5 12 Qe2 Qc7 13 0-0-0 Bh6! 14 g3 0-0-0 [14 ... h4!?] 15 Ng2! Bxe3 16 Nxe3 Bg6 17 Ng2! e5 18 dxe5 fxe5 19 f4! ± Popović-Skembris, Pucarevo Z 87.

11 a4 Nd5?! 12 Nxh5 Qd7 13 Ng3 Nxe3 14 fxe3 Bg4 15 Qd3 Qc7

16 Qe4! ± Rg8 17 0-0 Rg6 18 Rf4 Qd7 19 Nf5 Bxf5 20 Rxf5 e6 21 Raf1 Be7?! [21 ... Bg7 △ ... Kf8 ±] **22 Rh5 ±± Rg8 23 Rh7 Qd6 24 Qh4 Rf8 25 Qh5 f5 26 c3 Bd8 27 Rxf5 1:0**

91

Davies-Grószpéter
Budapest (Noviki B) 1987

1 e4 c6 2 d4 d5 3 Nc3 dxe4 4 Nxe4 Nf6 5 Nxf6+ gxf6 ● 6 Bf4

◊ 6 g3 h5 7 Bg2 Bg4 8 Qd3 e6 9 Bf4 Bd6 10 Bxd6 Qxd6 11 Nf3 Nd7 12 Nh4!? [12 0-0-0 0-0-0 =] 12 ... e5 13 h3 Be6 14 0-0-0 0-0-0 15 Qe3 Nb6 16 dxe5 Qxe5 [16 ... Qb4!? 17 a3 Qc4 18 b3 Qa6 19 Kb2 Qb5 20 Ka2 Qe5 =] 17 Rxd8+ Rxd8 18 Qxe5 fxe5 19 Re1 += Aratovsky-Mik.Tseitlin, USSR 88.

◊ 6 Qd3:

a:- 6 ... Qb6 7 g3 Bg4 8 Bg2 Nd7 9 Nf3 e6 10 0-0 Bg7 11 Be3 Qa5 12 Qb3 Qb6 13 Qc3 Qd8 14 Qb4 Nb6 Engqvist-D. Andersen, Lyngby Open 88.

b:- 6 ... Na6:

b1:- 7 c3 Qd5 8 Nf3 Bf5 9 Qc4 Be6 10
Qe2 0-0-0 11 g3 Nc7 12 Bg2 Qh5 13 h3
Bh6 14 g4 Qg6 15 Nh4 Qg7 16 f4 Qf8 17
0-0 Bd5 Galakhov-Guseinov, Tashkent
85.
b2:- 7 Be3 Bg4 8 Be2 Qd7 9 Qb3 Bxe2 10
Nxe2 e6 11 0-0-0 Nb4 12 Bd2 a5 13 a3
a4 14 Qf3 Nd5 15 c4 Ueter-Litzka, Bun-
desliga 87-88.

6 ... Qb6
◊   6 ... Bf5 7 Nf3 e6 8 Be2 Na6 9 0-0
Nc7 10 c4 Bd6 11 Bg3 Qd7 12 Re1 Bxg3
13 hxg3 0-0-0 14 Qa4 Kb8 15 Rad1 Rhg8
16 b4 h5 17 Qb3 Bg4 18 a4 Qd6 19 b5 c5
Davies-Muse, Bundesliga 87-88.

7 Nf3 Qxb2
◊   7 ... Bf5 8 Bd3 Bg4 9 0-0 e6 10 Re1
Nd7 11 b4 Bxb4 12 Rb1 Qa5 13 Re3 b6
14 c4 Be7 15 Qc2 Rc8 16 Nd2 Bh5 17
Bxh7 Nf8 18 Bd3 T.Clarke-Duckstein,
Euro-Teams, Haifa 89.

**8 Bd3 Qb4+ 9 Bd2 Qd6 10 0-0 Bg4
11 h3 Bh5 12 Rb1 Qc7 13 Qe2 Nd7
14 Rfe1 Bg6**

**15 c4 e6 16 Bc3 Bg7 17 d5 e5 18 Bb4
c5 19 Bc3 0-0 20 Nh4 Rfe8 21 Be4
Nb6 22 Ba5 Qd7 23 Bxb6 axb6 24
Qf3 Ra4 25 Bf5 Qd6 26 Bd3 Rxa2 27
Nf5 Qd7 28 Rxb6 e4 29 Rxe4 Ra1+
30 Rb1 Rxb1+ 31 Bxb1 Rxe4 32
Bxe4 Bxf5 33 Bxf5 Qe7 34 g3 h6 35
Be4 b6 36 Qf5 Qe5 37 Qg4 h5 38
Qc8+ Bf8 39 Bf3 h4 40 g4 Qe1+ 41
Kg2 Qe5 42 Qf5 ½:½**

======= **92** =======

O'Donnell-Grószpéter
Saint John Open II 1988
**1 e4 c6 2 d4 d5 3 Nc3 dxe4 4 Nxe4
Nf6 5 Nxf6+ gxf6 • 6 Nf3 Bg4 7 Be2**

7 ... Qc7
◊   7 ... Qa5+ 8 Bd2 Qh5 9 h3 Rg8 10
Bf4 Qa5+ 11 Qd2 Qxd2+ 12 Kxd2 Bh5
13 g4 Bg6 14 Nh4 Nd7 15 Rad1 0-0-0 16
Kc1 e6 17 Nxg6 hxg6 18 h4 += Lukin-
Guseinov, Klaipeda 88.
◊   7 ... e6:
a:- 8 Bf4 Bd6 9 Qd2 Qc7 10 Bxd6 Qxd6
11 0-0-0 Nd7 12 c4 0-0-0 13 b3 Kb8 14
Kb2 c5 15 Qe3 Bxf3 16 Bxf3 Qc7 17 d5
Solomon-Santa, Thessaloniki Ol 88.
b:- 8 0-0:
b1:- 8 ... Nd7 9 c4 Nb6 10 b3 Qc7 11
Nh4 Bxe2 12 Qxe2 0-0-0 13 Nf3 h5 14
a4 Nd7 15 a5 a6 Suetin-Barwinski, War-
saw 89.
b2:- 8 ... Qc7 9 c4 Nd7 10 Be3 0-0-0 11
Qa4 Kb8 12 b4 Rg8 13 Kh1 f5 14 g3 Nf6
15 Rfe1 Ne4 16 Rac1 f4 Lazić-Cirić,
Belgrade (GMA) 88.

8 h3
◊   8 0-0 Nd7 9 c4 0-0-0 10 Be3 f5 11
Ng5 Ne5 12 f3 Bh5 13 Qc2 Bg6 14 f4
Ng4 15 Bxg4 fxg4 16 f5 h6 17 Ne6
King-Emms, British Ch, Swansea 87.
**8 ... Bf5 9 Be3 Nd7 10 c4 e6 11 Qd2
0-0-0 12 b4 Rg8 13 Kf1 Be4 14 h4
Bxf3 15 gxf3 f5 16 d5 Nb6 17 Rc1 c5
18 Qc2 cxb4 19 d6 Qc6 20 Qb3 Kb8
21 Bg5 Rc8 22 c5 Nd7 23 Be3 Bxd6**

24 cxd6 Qxc1+ 25 Bxc1 Rxc1+ 26 Bd1 Nc5 27 Qxb4 Rxd1+ 28 Ke2 Rd5 29 Rd1 Rxd1 30 Kxd1 b6 31 Ke2 e5 32 Qc3 Re8 33 f4 f6 34 Qc4 Re6 35 Qd5 exf4+ 36 Kf3 Kc8 37 Qc6+ Kd8 38 Qc7+ Ke8 39 Qc8+ Kf7 40 d7 Nxd7 41 Qxd7+ Re7 42 Qxf5 Kg7 43 h5 Rf7 44 Kxf4 Rc7 45 h6+ Kf8 46 Kg4 Rf7 47 Qc8+ Ke7 48 Kf5 1:0

=========== **93** ===========

Spassky-Kaidl
Vienna 1986
1 e4 c6 2 d4 d5 3 Nc3 dxe4 4 Nxe4 Nf6 5 Nxf6+ gxf6 6 Nf3

◊ 6 Be2 Rg8!? 7 Bf3 Na6 8 Ne2 Bg4 9 Bxg4 Rxg4 10 0-0 Qd7 11 c3 0-0-0 12 Qd3 f5 13 Qh3 e6 14 f3 Rg8 ∞ S.Arkell-Conquest, British Ch, Blackpool 88.

6 ... Bg4 7 Be2 ●

◊ 7 c3 e6:

a:- 8 g3 Nd7 9 Bg2 Qc7 10 0-0 0-0-0 11 h3 Bh5 12 b4 Rg8 13 Qa4 a6 14 Qa5 Qxa5 ½:½ D.Gurevich-Kudrin, US Ch 89.

b:- 8 Be2 Bd6 9 Bh6 Nd7 10 Qd2 Qc7 11 h3 Bh5 12 0-0-0 Bg6 13 Nh4 Qa5 14 Bc4 0-0-0 15 Bf4 Bxf4 16 Qxf4 Qg5 = Rozentalis-Brestian, Trnava II 88.

◊ 7 Be3 e6 8 Be2 Nd7 9 0-0 Rg8 10 Kh1 Qa5 11 c4 0-0-0 12 c5! e5 13 Qb1! exd4? [13 ... f5! 14 b4 Qc7 ∞ Georgiev] 14 b4 Qc7 15 Nxd4 Ne5 16 f3 ± Kir.Georgiev-Quendro, Thessaloniki Ol 88.

7 ... Nd7 8 Bf4 Qa5+ 9 c3 Rg8 10 Nh4 Qh5 11 f3 Bh3 12 g3 e5 13 Be3 exd4 14 Qxd4 Bc5 15 Qe4+ Be6 16 Bf4 Qd5 17 Qxd5 cxd5 18 0-0-0 0-0-0 19 Bd3 Nf8 20 b4 Bd6 21 Bxd6 Rxd6 22 Nf5 Bxf5 23 Bxf5+ Kc7 24 Rd4 Rg5 25 Bd3 Re5 26 Rh4 d4 27 cxd4 Red5 28 Kb2 Rxd4 29 Rxd4 Rxd4 30 Kc3 Rd6 31 Bc4 Ne6 32 Re1 Kd8 33 f4 Rc6 34 a4 Rc7 35 Re4 Re7 36 Bd5 b6 37 Bc4 Kd7 38 Re2 Kd6 39 Rd2+ Kc7 40 Rd5 Ng7 41 Bb5 Kc8

42 a5 Kc7 43 Kd3 bxa5 44 bxa5 f5 45 Kc3 Re3+ 46 Kd2 Re7 47 Kd3 f6 48 Rc5+ Kd8 49 Rd5+ Kc7 50 Kd2 Ne6 51 Rxf5 1:0

=========== **94** ===========

Gelfand-Nikolić
Candidates play-off (2) 1990
1 e4 c6 2 d4 d5 3 Nc3 dxe4 4 Nxe4 Nf6 5 Nxf6+ gxf6 6 Nf3 ● **Bf5**

7 g3

◊ 7 Bf4 e6 8 Bd3 Nd7 9 0-0 Bg4 10 h3 Bh5 11 c4 Nb6 12 Rb1 Bg7 13 Re1 Bxf3 14 Qxf3 Qxd4 15 Rbd1 Qxb2 16 Qh5 Kf8 17 c5 Nd5 18 Bd6+ Ne7 19 Rb1 Qc3 20 Bxe7+ 1:0 Todorović-Tabatadze, Novi Sad Open 88.

◊ 7 Bc4 e6 8 0-0 Bd6 9 c3 Nd7 10 Nh4 Bg6 11 f4 f5 12 Qe1 Qc7 13 Nf3 0-0-0 14 Ne5 Kb8 15 Be3 Nb6 16 Bb3 c5 G.Garcia-Antonio, Thessaloniki Ol 88.

◊ 7 Be2:

a:- 7 ... Qc7 8 0-0 Nd7 9 c4 0-0-0 10 d5

e5! 11 Be3 Kb8 12 Nh4 Bg6 13 f4?! cxd5! 14 cxd5 Bc5! 15 Bxc5 Qxc5+ 16 Kh1 exf4 17 Rxf4 Rhe8! 18 Nxg6 hxg6 19 Bf3 f5 20 Rc1 Qe3 21 Rb4 Rc8 22 Rb1 Rc2! -+ Ljubomirov-Mikhail Tseitlin, postal 87-88.

b:- 7 ... e6 8 0-0 Qc7 9 c4 Nd7 10 d5 Rg8 11 Kh1 Be4 12 dxc6 bxc6 13 Qd4 Bg6 14 Be3 c5 15 Qc3 Bd6 16 h3 Be4 17 Ne1 0-0-0 18 Bf3 Bxf3 19 Nxf3 f5 20 Rad1 Qc6 21 Bc1 Bc7 22 Ne1 Rg6 23 f3 Rdg8 24 Rf2 e5 25 Nc2 f4 26 Re2 Nf6 27 Rde1 e4 28 Rf1 Qe6 29 Qe1 e3 30 g4 fxg3 31 Kg2 Qxh3+ 32 Kxh3 Rh6+ 33 Kg2 Rh2+ 34 Kg1 g2 35 Rxe3 Rh1+ 36 Kf2 gxf1Q+ 37 Qxf1 Rh2+ 38 Ke1 Rxc2 39 Kd1 Rcg2 40 Re1 Rd8+ 41 Bd2 Rdxd2+ 42 Kc1 Rc2+ 0:1 O'Donnell-Spraggett, Canadian Ch 89.

7 ... e6 8 Bg2 Bg7

◊   8 ... Nd7 9 0-0 Bg7 10 Re1 0-0 11 c3 Re8 12 Bf4 Nb6 13 Qc1 a5 14 Bh6 Bh8 15 Nd2 a4 ∞ G.Garcia-Ball, Saint John Open II 88.

9 0-0 0-0 10 Nh4 Bg6 11 c4 Nd7 12 Be3 a5? (12 ... Re8 ∞) **13 d5! Ne5 14 Nxg6 hxg6 15 Qe2 cxd5 16 cxd5 exd5 17 Rad1 Qe7 18 Rxd5 Nc6 19 Qb5 Rfd8 20 Rxd8+ Nxd8 21 Rd1 f5 22 b3 Bf8 23 a4**

23 ... Nc6 24 Bxc6 bxc6 25 Qxc6 Rb8 26 Rd7 Qe5 27 Qc4 Qe6 28 Qxe6 fxe6 29 Ra7 Bb4 30 Ra6 Kf7 31 Bb6 g5 32 Ra7+ Ke8 33 Bc7 Rc8 34 Bxa5 Rc1+ 35 Kg2 Bc5 36 Ra8+ Ke7 37 Rc8 Be3 38 Rxc1 Bxc1 39 Bb6 g4 40 b4 Kd7 41 b5 1:0

Advance 3 e5

(Games 95-113)

Mikhail Tal employed 3 e5 in the return match with Botvinnik in 1961 scoring not particularly impressive results: +1=5−2. Partly, perhaps, as a result of this, the whole line was never really taken seriously until the early eighties.

Round about 1982, 3 e5 was revived with a vengeance as word spread about the wonderful complications which White can conjure up with 3...Bf5 4 Nc3 e6 5 g4 (see games 101-7). Nowadays, however, attention has shifted away from this violent interpretation to a much more positional approach, championed by Nigel Short.

We examine the Shortian approach in games 95-99. It had always been assumed, that if White played quietly then he would merely obtain an inferior version of the French Defence Advance variation. True, the c8 bishop is outside the pawn chain: but White still retains his space advantage. And this bishop may prove to be merely straffing air; while in it's absence White can try to play on the queenside. Moreover, Black must lose a tempo if he wishes to play ...c6-c5. And finally quite an important psychological point: with 3 e5 White is immediately determining the closed central pawn structure - presumably one which he likes - while most Caro-Kanns lead to half-open positions.

This is still a great shock to the classical constitution. During the 1991 Lloyds Bank Masters I was with a group of Soviet players as the moves of one of the Anand-Karpov games came through. What would Petrosian have thought of all this somebody wondered? Not a lot, one suspects. And it may have been partly under his aegis that 3 e5 totally failed to take off as an idea in the sixties.

In games 95−96, White plays all of c3, Be2, Nf3 and 0−0 on moves 4-7. People have done this in almost every possible order. But mostly nowadays they leave c3 to move 6 or 7 in case it can be dispensed with.

Seirawan lost both games 95 and 96. In the latter he was doing very well until he mangled his pawn structure with the appaling 37...Rxb4?: but Short suggests 9 b3! instead of 9 Nbd2.   In game 98, Ljubojević found reasonable squares for both knights by shuffling the king's knight to c6. But after various errors - particularly opening the h file with 20...hg?, he too lost.

Faced with such excellent White results, Karpov in two match games with Anand delayed c5. In game 99 we give the second of these encounters, both of which Karpov drew though certainly not without suffering.

Game 97 features a quite different approach to which 4 c3 is integral. Igor Ivanov showed a quite splendid disregard of his opponent's counterplay.

Jan Timman has always favoured the more violent approach with 4 Nc3 e6 5 g4. In game 100, Kamsky avoided the main line with 4...Qb6 and eventually won. But although 4...Qb6 is quite popular among the prudent, Black has no overwhelming theoretical reason to avoid the fun.

7 Be3 of Biro-Berg is unusual nowadays with most players preferring 7 h4. 7...h6 is safest with both games 102-3, and Sokolov-Karpov in the notes to game 102 being very pleasant for Black. In his game with Timman from the Belfort World Cup, however, Karpov couldn't remember his game with Sokolov; and he got into a lot of trouble before breaking out and finally winning

see notes to game 102

7 ... h5 was Seirawan's novelty in the fourth game of his friendly match with Timman. This turned out very well.

Both 7 ... h6 and 7 ... h5 are quite playable: but the 7 ... cxd4 8 Nxd4 h5 of game 105 is very ambitious. White can launch a ferocious attack and this line is viewed with extreme suspicion by theory.

Games 106-8 involve earlier deviations for Black which are not so important given that games 101-4 are holding up for him at the moment.

In games 109-113, we examine a variety of other lines, quite distinct from the complex of variations stemming from 4 Nc3.

4 c4 in game 109 is unusual and not particularly dangerous. This move has much more poison after the preliminary 4 h4 h5 - games 110-111; and for instance Spassky has played 4 h4 h5 5 c4 on a number of occasions.

Interestingly, the old recipe of 5 ... Bxb1 is almost never seen nowadays - people simply don't give up their bishops so easily. The main lines are 5 ... e6 and 5 ... dxc4 6 Bxc4 e6. It might appear that these two variations would quickly transpose back into each other. However there is a serious distinction. After 5 ... dxc4 6 Bxc4 e6, White has the possibility of 7 Nge2 when they normally continue 7 ... Nd7 8 Ng3. If Black omits 5 ... dxc4 then White cannot achieve this piece placement but instead he can make trouble with either 7 cxd5 or Vasyukov's 7 Qb3(!).

Game 112 features 4 Ne2. 3 ... c5 of game 113 was played three times by Botvinnik in 1961 before he switched permanently to 3 ... Bf5. In the lines with 4 ... Nc6 5 Bb5, Black really has to sacrifice a pawn - at least temporarily. And it isn't clear that he gets enough against accurate White play.

95

Short-Seirawan
Manilla Interzonal 1990
1 e4 c6 2 d4 d5 ● 3 e5 Bf5 4 c3 e6 5 Be2 c5

♙ 5 ... Be7 6 Nf3 g5 7 0-0 h5 8 Be3 Nd7 9 a4 g4 10 Ne1 Bg5 11 Nd3 Nh6 12 Nd2 h4? 13 Qc1 Rg8 14 Nb3 Bxd3 15 Bxd3 a5 16 f4! ± Short-Kamsky, Tilburg 90.

♙ 5 ... Ne7 6 Nd2 c5 7 g4?! Bg6 8 h4 h6 9 h5 Bh7 10 Ngf3 Nec6 11 a3 Nd7 12 b4 c4 13 Nf1 b5! 14 Ng3 a5 15 Be3 Be7 16 0-0-0 0-0 17 Qd2 f6 18 a4? [18 exf6 = +] 18 ... axb4 19 axb5 Rxa1 20 Rxa1 Na5 21 Qb2 b3 -+ 22 exf6 Bxf6 23 Ra4 Qb6? 24 g5 ∞ hxg5 25 Nxg5 Bxg5 26 Bxg5 Qb5 27 Rb4 ∞ Short-Timman, Prague 90.

6 Nf3

♙ 6 a3 c4 7 Nd2 Nc6 8 Ngf3 Be7 9 b3 cxb3 10 Nxb3 Nh6 11 a4 0-0 12 a5 Rc8 13 0-0 f6 14 Bxh6 gxh6 15 exf6 Bxf6 16 Re1 Kh8 17 Qd2 Bg7 18 Qe3 Rc7 19 a6 b6 20 Bb5 Ne7 21 Nbd2 Ng6 22 Rac1 Re7 23 Bd3 e5 24 dxe5 Nxe5 25 Bxf5 Rxf5 26 Nd4 = Short-Timman, Match (2) 89.

6 ... Nc6

♙ 6 ... Nd7 7 0-0 Ne7 8 dxc5 Nc6 9 b4 [9 Nd4 Bxb1 10 Rxb1 Bxc5 11 f4 0-0 12 Kh1 Rc8 13 Be3 a5 14 f5 Ndxe5 15 fxe6 Qb6 16 exf7+ Rxf7 17 Rxf7 Nxf7 18 Bd3 Bxd4 19 cxd4 Nb4 20 Bf5 Re8 21 Qf3 Qf6 ∞ Xie Jun-Marić, Women's Candidates (6) 91] 9 ... Ndxe5 10 Nd4 Bxb1 11 Rxb1 Be7 12 f4 Nd7 13 f5 e5 14 Nf3 e4 15 Nd4 Nde5 16 Bf4 a6 17 Rb2 Bf6 18 Rd2 Qd7 19 b5 axb5 20 Nxb5 0-0 21 Rxd5 Qe7 22 a4 Bg5 23 Bxg5 Qxg5 24 f6 g6 25 Nd6 Qe3+ 26 Kh1 Qxc3 27 Nxe4 Qb4 28 Qc1 1:0 Benjamin-Seirawan, USA Ch Quick play-off 91.

7 0-0 h6

♙ 7 ... Bg4! 8 Be3 Bxf3 9 Bxf3 cxd4 10 cxd4 Nge7 11 Nc3 Nf5 12 Bg4 Nxe3 13 fxe3 Bb4?! 14 Rf4 0-0 15 Qf3 Bxc3 16 bxc3 Qe7 [16 ... Qa5!? 17 e4 dxe4 18 Rxe4 += - Seirawan] 17 Rf1 Rac8 18 e4 dxe4 19 Qxe4 Na5 20 R4f3 Nc4 21 Rh3 h6 22 Qd3 b5 23 Rg3 Rfd8 24 Qe2 Rd7 25 Bh5 Qh4 26 Rg4! Qd8 27 Qf2 Qf8 28 Qg3 b4 29 cxb4 Nd2 30 Rd1 f5 31 exf6 Qxf6 32 Rf4 Qg5 33 Bg4 Kh8 34 Bxe6 Qh5 35 Qg4 1:0 Benjamin-Dzindzichash-vili, USA Ch 91.

♙ 7 ... Rc8 8 a3 c4 9 Nbd2 Nh6 10 b3 cxb3 11 Qxb3 Rc7 12 Bb2 Be7 13 c4 0-0 14 Bc3 f6 15 cxd5 exd5 16 Rad1 Kh8 17 Qb2 Qc8 18 Rc1 Bg4 19 Bd3 fxe5 20 Nxe5 Bf5 21 Bb5 Nxe5 22 dxe5 a6 23 Be2 Bg4 24 Bxg4 Qxg4 = Short-Hjartarson, Manila IZ 90.

8 Be3 cxd4 9 cxd4 [9 Nxd4 Nge7 10 f4 Nxd4 11 cxd4 Nc6 12 Nc3 Be7 13 g4 Bh7 14 f5 Bg5 ∞] **9 ... Nge7 10 Nc3 Nc8 11 Rc1 a6** [11 ... Nb6] **12 Na4 Nb6 13 Nc5 Bxc5 14 Rxc5 += 0-0 15 Qb3 Nd7 16 Rc3 Qb6 17 Rfc1 Qxb3 18 Rxb3 Rfb8 19 Nd2 Kf8 20 h4! Ke8 21 g4 Bh7 22 h5 Nd8?** [22 ... Kd8 +=] **23 Rbc3 Nb6**

24 Nb3! Na4 25 Rc7 Nxb2 26 Nc5 b5 27 g5! Nc4 28 gxh6 gxh6 29 Nd7 Nxe3 30 fxe3 Bf5 31 Kf2 Rb7 32 Nf6+ Kf8 33 Rg1 1:0

96

Short-Seirawan
Tilburg (Interpolis) 1990

1 e4 c6 2 d4 d5 3 e5 Bf5 ● 4 Be2 e6 5 Nf3 c5 6 0-0 Nc6 7 c3 Qb6 8 Qa4! c4!

9 Nbd2?!
◊ 9 Nh4!? Bg6 10 b3 ± - Seirawan.
◊ 9 b3! Qa5 10 Qxa5 Nxa5 11 Nfd2! Rc8 12 bxc4 dxc4 13 Na3 Bd3 14 Bxd3 cxd3 15 Ne4 ± - Short.
9 ... Qa5 10 Qd1 h6! 11 Re1 b5 12 b4? (12 Nf1) **12 ... Nxb4! 13 cxb4 Bxb4 14 Nf1 Ne7 15 Ng3 Bg6?! 16 Rf1 Bc3?! 17 Bd2 Nc6 18 Bxc3 Qxc3 19 Qc1 Qxc1 20 Rfxc1 Kd7 21 Bd1! Rhb8 22 Ne2 Rb6 23 a3 Rab8 24 Ra2! Ra6?! 25 Rca1 Ra5?! 26 g4! +=** Be4 27 Ne1 f6 28 exf6?! gxf6 29 f3 Bg6 30 Bc2 Bf7 31 Kf2 Ra6 32 h4 Rab6 33 h5 a5 34 Rb2 Kd6 35 Rab1 e5 36 Rd1 b4! 37 axb4 Rxb4? 38 Ra2 Rb2 39 Rxb2 Rxb2 40 Ke3 Nb4 41 Rd2! Be8 42 Bd1 Rb1 43 Nc3 Rc1 44 Nc2! Bf7 45 f4 exd4+ 46 Kxd4 Nc6+ 47 Ke3 d4+ 48 Rxd4 Nxd4 49 Kxd4 f5 50 gxf5! a4 51 Ne3 Ke7 52 Nxa4 Rb1 53 Nc3 Rb2 54 Ne4 Rh2 55 f6+ Kf8 56 Nxc4 Bxh5 57 Bxh5 Rxh5 58 Ncd6 Ra5 59 Nc5 Ra8 60 Ne6+ 1:0

══════════ **97** ══════════

Igor Ivanov-Rowley
Reno 1990
1 e4 c6 2 d4 d5 3 e5 Bf5 4 c3 e6 ● 5 Be3
◊ 5 Qb3 Qc7 6 Be3 Nd7 7 f4 h5 8 Nf3

Nh6 9 Bf2 c5 10 dxc5 Bxc5 11 Bd4 0-0 12 Na3 f6 13 Bb5 += Arnold-Berg, Bundesliga 86/87.
5 ... Qb6
◊ 5 ... Nd7:
a:- 6 Qb3 Qc7 7 Nd2 c5 8 Ngf3 Ne7 9 Be2 Nc6 10 0-0 Be7 11 Rac1 0-0 12 c4 ± Efimov-Berg, Gausdal 91.
b:- 6 Nd2 f6 7 f4 fxe5 8 fxe5 Be7 9 Ngf3 Nh6 10 h3 Be4 11 Be2 Nf5 12 Bf2 Nf8 13 Qb3 Rb8 14 0-0 Bxf3 15 Nxf3 Ng6 16 g3 0-0 += Korneyev-Henkin, USSR 87.
6 Qb3 Nd7
◊ 6 ... Nh6?! 7 h3 c5? 8 dxc5 Bxc5 9 Bxc5 Qxc5 10 Qxb7 0-0 11 Nf3 d4 12 b4 Qc8 13 Qxa8 bxc3 14 Na3 c2 15 Nc4 Qd7 16 Nd6 Qa4 17 Qb7 Nc6 18 Bc4 Rb8 19 Bb3 1:0 Malaniuk-Hodgson, Moscow 87.
7 Nf3
◊ 7 Nd2:
a:- 7 ... c5 8 Qxb6 axb6 9 Bb5 c4 10 Ne2 Ne7 11 0-0 Nc6 12 b3 Ba3 13 bxc4 Bb2 14 Rae1 Rxa2 15 cxd5 exd5 [Petrienko-Sapis, Königsgrätz 87/88] 16 Ng3 Bg6 17 f4 Bxc3 18 Rf2 Nxd4 19 Bxd7+ Kxd7 20 f5 ± - Sapis.
b:- 7 ... Ne7 8 f4 Ng6 [8 ... f6] 9 Ngf3 c5 10 Qxb6 axb6 11 Bb5 Ra5?! 12 a4 c4 13 b3 cxb3 14 Nxb3 Ra8 15 0-0 += Aseyev-Magomedov, USSR Ch 89.
c:- 7 ... 0-0-0 8 f4 h5 9 Ngf3 Nh6 10 h3 Be7 11 g3 f6 12 Be2 Rdf8 13 0-0-0 Qxb3 14 axb3 a5 15 exf6 Nxf6 = Yakovich-Garcia Gonzales, Sochi 86.
7 ... Ne7 8 Nbd2 Qxb3 9 axb3 c5 10 dxc5 Nc6 11 b4 Ncxe5 12 Bb5 Bd3 13 Ba4 Kd8 14 Nd4 Rc8 15 f4 Ng4 16 Bg1 Nb8 17 N2f3 a5 18 h3 Nf6 19 Ne5 Bg6 20 g4 axb4 21 cxb4 Nfd7 22 Nxd7 Nxd7 23 f5 exf5 24 gxf5 Bh5 25 Bxd7 Kxd7 26 Ra7 Be7 27 Bh2 Bf6 28 Rxb7+ Kd8 29 Nb5 Re8+ 30 Kd2 Re2+ 31 Kd3 Rxb2 32 Na7 Be2+ 33 Ke3 Bg5+ 34 Kd4 Bf6+ 35 Be5 Bxe5+ 36 Kxe5 Rxc5 37 Kd6 Rc8 38 Rc1 Ra8 39 Rcc7 Bh5 40 Re7 1:0

98

Short-Ljubojević
Amsterdam (Euwe) 1991
1 e4 c6 2 d4 d5 3 e5 Bf5 • 4 Nf3 e6 5 Be2 c5 6 0-0

◊ 6 Be3 Qb6 [6 ... Nd7 7 0-0 Rc8 8 c4 dxc4 9 Nc3 cxd4 10 Nxd4 Bd3 11 Bxd3 cxd3 12 Qxd3 a6 13 Qe4 Qc7 14 Rac1 Nc5 15 Qb1 Qxe5 16 Ne4 Qb8 17 Qc2 a5 18 a3 a4 19 Nxc5 Rxc5 20 Qxa4+ b5 21 Qa6 Bd6 22 Rxc5 Bxc5 23 Qc6+ 1:0 Palac-Borković, Borovo 91] 7 Nc3:

a:- 7 ... a6 8 0-0 Nd7 9 dxc5 Qxb2 10 Na4 Qxc2 11 Nb6 Nxb6 12 cxb6 Ba3 13 Qxc2 Bxc2 14 Rac1 Ba4 15 Rc7 Rb8 16 Bxa6 bxa6 17 b7 Ne7 18 Ba7 0-0 19 Bxb8 Rxb8 20 Rb1 Bb5 21 Nb4 Bc4 22 Nc6 Nxc6 23 Rxc6 1:0 Djurhuus-Egeli, Gausdal 90.

b:- 7 ... Nc6 8 0-0 c4 9 Rb1 Nge7 10 b3 cxb3 11 Rxb3 Qa5 12 Bd2 Nc8 13 Rxb7 ± Bern-Dahl, Gausdal 90.

6 ... Ne7

◊ 6 ... Nc6 7 Be3:

a:- 7 ... c4 8 b3 cxb3 9 axb3 Nge7 10 c4 Ng6 11 c5 Bxb1 12 Qxb1 a5 13 Qd3 Be7 14 Qb5 Qd7 15 b4 Nxb4 16 Rxa5 Rxa5 17 Qxa5 Nc6 18 Qa8+ Nd8 19 Rb1 +=/± Szalanczy-Roos, Paris 91.

b:- 7 ... Bg4 8 c3 Nge7 9 dxc5 Bxf3 10 Bxf3 Nxe5 11 Nd2 Nf5 12 Bd4 Nc6 13 Nb3 Be7 14 Bg4 Nfxd4 15 cxd4 0-0 16 Rc1 Bf6 17 f4 g6 18 Qd2 b5 19 Rcd1 a5 20 Qf2 a4 21 Nc1 Qa5 22 Rd2 b4 23 Rfd1 b3 24 a3 h5 25 Bf3 Rac8 26 Ne2 Rfd8 27 Rd3 Rd7 28 Kf1 Kg7 29 Ng3 Rh8 30 Ne2 Rc8 31 Ng3 h4 32 Ne2 Qa6 33 Bg4 Rdc7 34 h3 Nxd4 35 Nxd4 Rxc5 36 Be2 Qd6 37 R3d2 Kg8 38 Qe3 Rc1 39 Kf2 R8c5 40 Rxc1 Rxc1 41 Nf3 Rb1 42 Ne5 Bd8 43 Kf3 Bf6 44 Bd3 Rh1 45 Re2 Rf1+ 46 Kg4 Kg7 47 Qa7 Rxf4+ 48 Kxf4 Bxe5+ 49 Kf3 Bxb2 50 Qf2 Bf6 51 g4 Qxa3 52 Kg2 Qd6 53 Qf3 a3 54 Bb1 a2 55 Bxa2 bxa2 56 Rxa2 e5 56 Ra7 e4 58 Qa3 Qf4 59 Ra8 Qd2+ 60 Kh1 Qe1+

61 Kg2 Qe2+ 0:1 Szalanczy-Dorfman, Debrecen 88.

7 c3

◊ 7 dxc5 Nec6 8 Be3 Nd7 9 Bb5 Bg4 10 h3 Bh5 11 Nbd2 Bxc5 12 Bxc5 Nxc5 13 Bxc6+ bxc6 14 c4 Qb6 15 cxd5 cxd5 16 Qc2 Bg6 ∞ Zelčić-Burović, Torcy 91.

7 ... Nec6 8 Be3 Nd7 9 a3 c4 10 Nbd2 b5 11 Ne1 h5! 12 g3 Bh3 13 Ng2 g6 14 Re1 Bxg2 15 Kxg2 Rb8 [15 ... Nb6!? △ ... Be7, ... Kd7 ∞ - Short] **16 h3 a5 17 Nf3 Be7 18 Qd2 Nb6 19 Ng5! Kf8 20 g4 hxg4?! 21 hxg4 Kg7 22 Rh1 Qd7 23 Bf4** [23 Nh7!] **23 ... Rbf8 24 Qe3 Qd8 25 Nh7! Rxh7 26 Rxh7+ Kxh7 27 Rh1+ Kg8 28 Qh3 Bh4 29 Bh6! g5 30 f4 gxf4 31 Bd1 Nd7 32 Bc2 Ndxe5 33 dxe5 Nxe5 34 Bxf8 f3+ 35 Kf1 Qg5 36 Qxh4 Qc1+ 37 Qe1 Qxe1+ 38 Kxe1 Kxf8 39 g5 Kg7 40 Kf2 f5 41 Re1 Nd3+ 42 Bxd3 cxd3 43 Kxf3 1:0**

99

Anand-Karpov
Candidates Match (7) 1991
1 e4 c6 2 d4 d5 3 e5 Bf5 4 Nf3 e6 5 Be2 • Nd7 6 0-0 Ne7 7 Nh4

◊ 7 Nbd2 Bg6 8 c4 Nf5 9 cxd5 cxd5 10 Nb3 Rc8 11 Bd2 Be7 12 Na5 0-0 13 Qa4 Nb6 14 Qb3 Bh5 15 Bc3 Rc7 16 Rfe1 Qd7 17 Bb5 Qc8 18 Be2 Qd7 19 Bb5 Qc8 20 Qe2 ½:½ Nunn-Seirawan, Wijk aan Zee 91.

7 ... Bg6 8 Nd2 c5 9 c3 cxd4

◊ 9 ... Nc6 10 Nxg6 hxg6 11 Nf3 c4 12 g3 b5 13 h4 b4 14 Ng5 bxc3 15 bxc3 Qa5 16 Qc2 Ne7 17 Kg2 Nb6 18 a4 Nf5 19 Rh1 Be7 20 h5 gxh5 21 Bxh5 Bxg5 22 Bxg5 g6 23 Bg4 Kd7 24 Rhb1 Rhb8 25 Rb5 Qa6 26 Rab1 Kc8 27 Rc5+ Kb7 28 a5 1:0 Hellers-Konig, Bad Worishofen 91.

10 exd4 Nf5 11 Nxg6 hxg6 12 Nf3 Be7 13 Bd3 Nb8 14 Bd2 Nc6 15 Bc3 a6 16 b3 Nh4 17 Nxh4 Bxh4 18 g3

18 ... Be7 19 a3 Qb6 20 b4 0-0 21 Qg4 Rfc8 22 Rac1 Bf8 23 h4 Ne7 24 h5 gxh5 25 Qxh5 g6 26 Qh4 Qd8 27 Bd2 Rxc1 28 Rxc1 Rc8 29 Rd1 Nf5 30 Qxd8 Rxd8 31 Bxf5 gxf5 32 Rc1 b5 33 Rc6 Ra8 34 Rb6 Be7 35 Kf1 Bd8 36 Rb7 Kg7 37 Ke2 Rc8 38 Kd3 Rc6 39 Rb8 Bc7 40 Ra8 Kg6 41 Rc8 f6 42 Bc3 Kf7 43 exf6 Kxf6 44 Bd2 Rc4 45 Rf8+ Kg6 46 Ra8 Rc6 47 Rg8+ Kf7 48 Rc8 Rc4 49 Ra8 Rc6 50 Ra7 Kg6 51 Be3 Bd6 52 Bd2 Bc7 53 Ra8 Bd6 54 Rh8 Kg7 55 Rh6 Bc7 56 Rh1 Bd6 57 f3 Bc7 58 g4 fxg4 59 fxg4 Bd6 60 Rh6 Bf8 61 Bg5 Kg8 62 Rh1 Bg7 63 Be7 ½:½

═══════ **100** ═══════

Timman-Kamsky
Tilburg 1990
1 e4 c6 2 d4 d5 3 e5 Bf5 • 4 Nc3 Qb6 5 g4
◊ 5 Na4 Qc7 6 Be3 e6 7 Ne2 Nd7 8 f4 h5 9 Qd2 Nb6 10 Nxb6 axb6 11 Ng3 Ne7 12 Nxf5 Nxf5 13 Bf2 b5 14 Bd3 ½:½ Nunn-Lobron, Biel 86.
◊ 5 Bd3 Bxd3 6 Qxd3 e6 7 Nge2:
a:- 7 ... c5 8 dxc5 Bxc5 9 0-0 Nd7 10 Na4 Qc7 11 Nxc5 Qxc5 12 Qg3 Ne7 13 Qxg7 Rf8 14 Qxh7 Nxe5 15 Be3 Qc7 16 Nd4 N5g6 17 Qh3 Kotronias-Gausel, Reykjavik 88.
b:- 7 ... Nd7 8 0-0 Ne7 9 a4 c5 10 a5 Qc6

11 dxc5 Nxe5 12 Qg3 N5g6 13 Nd4 Qxc5 14 Be3 e5 15 Ndb5 Qc6 16 a6 b6 17 Rad1 d4 18 Qh3 Nc8 19 Bxd4 Nd6 20 Rfe1 Nxb5 21 Bxe5 Be7 22 Nxb5 0-0 23 Nd4 Qc5 24 b4 Qc4 25 Nf5 Bxb4 26 Qh6! 1:0 Kotronias-King, New York 90.
c:- 7 ... Qa6 8 Qh3 Nd7 9 0-0 c5 10 a4 Qc6 11 Be3 a6 12 dxc5 Bxc5 13 Qg3 Ne7 14 Bxc5 Qxc5 15 Qg7 Rg8 16 Qxh7 Nxe5 17 Qh5 ± Kotronias-S.Hansen, Gausdal 90.
◊ 5 h4 h5 6 Nge2 e6 7 Nf4 c5 8 Bb5+ Nc6 9 Be3 0-0-0 10 Bxc6 Qxc6 11 Nxh5 Qb6 12 Ng3 Qxb2 13 Nce2 Bxc2 14 Qc1 Qxc1+ 15 Rxc1 Bd3 16 dxc5 Ne7 17 Nd4 Ng6 18 Bg5 Re8 19 f4 Be7 20 Bxe7 Rxe7 = Ivanchuk-Adams, World Junior 88.

5 ... Bd7 6 Na4
◊ 6 Bg2 e6 7 Nge2 c5 [7 ... h5 8 gxh5 c5 9 0-0 Rxh5 10 Be3 Nh6 11 Bf3 Rf5 12 Bg2 Ng4 13 Bh3 Nxe3 14 fxe3 Rxf1+ 15 Qxf1 cxd4 16 exd4 Nc6 17 Rd1 Nxe5 18 Qf2 Nc4 ∞ Quillan-Hodgson, Lugano 88] 8 0-0 cxd4 9 Nxd4 Nc6 10 Nb3 [Ioseliani-Chiburdanidze, 12th match game,
Telavi 88] 10 ... h5! = Kuzmin.
◊ 6 f4 e6 7 Nf3 h5 8 f5 exf5 9 gxf5 Bxf5 10 Bd3 Ne7 11 0-0 g6 12 Bg5 Bg4 13 Bf6 Rg8 14 Ne2 Bxf3 =+ Morin-Christiansen, Philadelphia 90.

6 ... Qc7 7 Be3
◊ 7 Nc5 e6:
a:- 8 Nd3?! c5 [8 ... h5 9 gxh5 c5 10 dxc5 Na6 =+ I.Gurevich-Hodgson, Philadelphia 90] 9 dxc5 Bb5 [9 ... Na6!] 10 f4 Bxc5 11 Nf3 Ne7 12 a4 Bxd3 13 Bxd3 Nbc6 14 Qe2 h5 15 g5 g6 16 c3 a6 17 Be3 Bxe3 18 Qxe3 0-0 19 0-0 Rac8 20 Rad1 Rfd8 21 Qf2 Na5 =+ Kamsky-Adams, London (Lloyds Bank) 89.
b:- 8 Nxd7 Nxd7 9 Bd3 [9 f4!? c5 10 c3 Ne7 11 Nf3 h5 12 gxh5 Nf5 13 Bd3 +=] 9 ... c5 10 c3 Ne7 11 Ne2 h5 12 gxh5 Rxh5 13 f4 g6 14 Be3 Nc6 15 Qd2 0-0-0 = Biro-Adams, World Cadet Ch, Innsbruck 87.

7 ... e6 8 Bg2 Ne7 9 f4 Na6 10 Nf3 h5
11 h3 Ng6 12 Nc3 Be7 13 Qe2 Nh4
14 Nxh4 Bxh4+ 15 Bf2 Bxf2+ 16
Qxf2 hxg4 17 hxg4 0-0-0 18 0-0-0 c5
19 Kb1 Kb8 20 a3 Qb6 21 dxc5 Nxc5
22 Qd4 Bc6 23 Bf3 Nd7 24 Ne2
Qxd4 25 Nxd4 g5! =+ 26 fxg5 Nxe5
27 Rhe1 Ng6 28 c4 Rhg8 29 Re3 Ne7
30 Nxc6+ bxc6 31 cxd5 cxd5 32 Rc1
Rd7 33 Be2 Rxg5 34 Ba6 Rd6 35 Be2
Rc6 36 Rf1 Rg7 37 Ref3 f5 38 gxf5
Nxf5 39 Bd3 Nd6 40 Re3 Re7 41
Rfe1 Ne8 42 Re5 Nc7 43 Bf5 Kc8 44
Bg4 Kd7 45 Rg5 Kd6 46 Rg8 Rc4 47
Re3 Rf7 48 Bh3 Rcf4 49 Rd8+ Ke7
50 Rc8 Kd7 51 Rxc7+ Kxc7 52 Bxe6
Re7 53 Rc3+ Kd6 54 Bh3 Re1+ 55
Ka2 Rh1 56 Bc8 Rh7 57 Ba6 d4 58
Rg3 Re7 59 Rg8 Ke5 60 Rg3 Rf2 61
Kb3 Kf4 62 Rg8 Ke3 63 Kc4 Rf3 64
Rd8 Rf6 65 Bb5 Rb6 66 a4 a6 67 Kc5
Rf6 68 Bc4 Rc7+ 69 Kb4 Rb6+ 70
Ka5 Rxc4! 71 Kxb6 Rxa4 72 b3 Ra1
73 Kc5 d3 74 Re8+ Kd2 75 Kd4 Rh1
0:1

===== **101** =====

Biro-Berg
Budapest 1986
1 e4 c6 2 d4 d5 3 e5 Bf5 4 Nc3 ● e6 5
g4 Bg6 6 Nge2 c5 7 Be3 Nc6
◊ 7 ... cxd4 8 Nxd4:
a:- 8 ... Ne7 9 f4 a6 10 f5 exf5 11 Qe2
Nbc6 12 0-0-0 Nxd4 13 Rxd4 fxg4 14
Bg2 Rc8 15 Rhd1 Qc7 16 R1d2 Bf5 17
Bxd5 Ziatdinov-Savon, Tashkent 85.
b:- 8 ... Nc6 9 f4 Bb4 10 Bg2 [10 a3
Bxc3+ 11 bxc3 Be4 12 Rg1 Nge7 13 Bd3
0-0 14 Bxe4 dxe4 =] 10 ... Nge7 11 0-0
Nxd4 12 Qxd4 Bxc3 13 bxc3 0-0 14 Rf2
Rc8 15 Raf1 Qd7 16 Qd2 Rc4 17 Bd4
h5? 18 f5! exf5 19 gxf5 Bxf5 20 Rxf5
Nxf5 21 Bh3 ±± Nijboer-Scheeren,
Dutch Teams 86-87.
8 dxc5 Nxe5 9 Nd4

9 ... Nd7!
◊ 9 ... a6? 10 f4 Nc6 11 f5 Nxd4 12
Qxd4 exf5 13 Qa4+ Qd7 14 Bb5 axb5
15 Qxa8+ Qd8 16 Qxb7 Qd7 17 c6 1:0
Students-Miltuzis, Junior Teams, Riga
86.
◊ 9 ... Nc6 10 h4 h5 11 Bd3 Bxd3 12
cxd3 Nxd4 13 Bxd4 hxg4 14 Qxg4 Nh6
15 Qg5 Nf5 Lutovinov-Akopov, USSR
Corres Ch 83-86.
◊ 9 ... Ne7 10 f4 N5c6 11 Ncb5 Nc8 12
f5 exf5 13 gxf5 Qh4+ 14 Bf2 Qe4+ 15
Qe2 Bh5 16 Qxe4 dxe4 17 Nxc6 bxc6 18
Nc7+ Kd7 19 Nxa8 van der Wiel-
Ljubojević, SWIFT Blitz 87.
◊ 9 ... Nf6 10 f4 Nexg4 11 Bb5+ Ke7
12 Qe2 △ 0-0-0 - Timman.
10 Bb5 a6 11 Ba4 [11 Bxd7+ Qxd7 12
Nb3 h5! -+] 11 ... Bc5 -+ 12 Nxe6
fxe6 13 Bxd7+ Qxd7 14 Bxc5 Nf6 15
Qe2 Rc8 16 Bd4 [16 Ba3! Rc4! -+] 16
... 0-0 17 0-0-0 b5 18 a3? [18 Bxf6 Rxf6
19 Rd2 -+] 18 ... a5 19 g5 Ne4 20
Rhg1 e5 21 Nxe4 exd4 22 Rxd4 Rfe8
23 Rgd1 Qe6 0:1

===== **102** =====

Timman-Seirawan
KRO Match (2) 1990
1 e4 c6 2 d4 d5 3 e5 Bf5 4 Nc3 e6 5 g4
Bg6 6 Nge2 c5 ● 7 h4 h6
◊ 7 ... cxd4 8 Nxd4 h5 9 Bb5+ Nd7 10
f4! hxg4 11 f5 Rxh4 12 Rf1 ±.
8 Be3 Qb6
◊ 8 ... cxd4 9 Nxd4 Bb4!? 10 h5 Be4 11

f3 Bh7 12 Bd3 Bxd3 13 Qxd3 [13 cxd3!?
Nc6 14 Nxc6 bxc6 15 a3] 13 ... Nd7 14
0-0-0 [14 f4!?] 14 ... Bxc3 15 Qxc3 Rc8
16 Qe1 Nxe5 ∞/= 17 Bf4 Nc6 18 Nf5
Kf8 19 Bd6+ Nge7 20 Nxe7 Nxe7 21
Qe5! Kg8 22 Bxe7 Qxe7 23 Rxd5 Qc7!
24 Qxc7 Rxc7 25 Rb5 Kf8 26 f4 Ke7 27
b3 Rd8 28 Rd1 Rxd1+ 29 Kxd1 Kd6 30
a4 a6 = Timman-Seirawan, Tilburg
90.
◊   8 ... Nc6? 9 dxc5! Nxe5 10 Nf4! ±
Timman-Karpov, Belfort 88.
9 f4
◊   9 Qd2 Nc6 10 0-0-0 h5! 11 dxc5
Bxc5 12 Bxc5 Qxc5 13 Nf4 Nge7 14
Nxg6 Nxg6 15 f4 hxg4 16 h5 Nge7 17
Be2 Qa5 18 a3 g3 19 Bg4 b5 20 Rhg1 b4
=+ A.Sokolov-Karpov, Match (9) 87.
9 ... Nc6 [9 ... Qxb2 10 f5 exf5 11 Rb1
Qa3 12 Nxd5 ± - Nunn] **10 f5 Bh7** [10
... exf5 11 Nf4 ∞] **11 Qd2 0-0-0 12
0-0-0 c4 13 Nf4 Qa6! 14 fxe6**

14 ... b5
◊   14 ... Nb4! 15 exf7 Ne7 [15 ...
Nxa2+? 16 Nxa2 Qxa2 17 Qc3 Ne7 18
Qa3 ±] 16 a3!? Nxc2 17 g5? [17 Qf2 ∞]
17 ... Na1! 0:1 Prasard-Ravi, India 91.
15 exf7 Nge7 16 Ne6 b4 17 Nxd8? [17
Nc5 Qa5 18 N3a4 Qa5 ∞] **17 ... Kxd8
-+ 18 a3 bxc3?! 19 Qxc3 Nc8 20 g5!
Nb6** [20 ... Qa5!?] **21 gxh6 gxh6 22
Bd2! Qa4 23 Kb1 a5 24 Rg1 Bb4 25
Rg8+ Rxg8 26 fxg8Q+ Bxg8 27 Qf3
Nxd4?** [27 ... Nd7! ∞] **28 Qf6+! Kc7
29 Qg6 Bc5 30 Be3 Nxc2 31 Bxc5
Nxa3+ 32 Kc1 Nd7 33 Bxa3 c3 34
Qd6+ Kd8 1:0** time.

═══ **103** ═══

Yudasin-Seirawan
US Open 1990
**1 e4 c6 2 d4 d5 3 e5 Bf5 4 Nc3 e6 5 g4
Bg6 6 Nge2 c5 7 h4 h6 ● 8 h5**
◊   8 f4 Be7 9 Be3 Nc6 10 dxc5 Nb4 11
Nd4 a6 12 f5 exf5 13 gxf5 Bh7 14 Qg4
Qa5 15 Qxg7 0-0-0 16 Qxh8 Nf6 17
Qxd8+ Bxd8 18 exf6 ±± Hill-Jones,
Australian Ch 87-88.
8 ... Bh7 9 Be3 Nc6!?
◊   9 ... Qb6:
a:- 10 dxc5?! Bxc5 11 Bxc5 Qxc5 12 Qd4
Qa5 13 b4 Qb6! 14 Qxb6 axb6 15 Nb5
Kd7 ∞ Oll-Tukmakov, USSR Armed
Forces Teams Ch 86.
b:- 10 Qd2 c4 11 0-0-0 Nc6 12 f4 0-0-0
13 Bh3 Kb8 14 f5 Bb4 15 a3 Ba5 16 Nf4
Re8 17 Rhf1 Nd8 18 Qe1 += Kotronias-
Campora, Moscow A 89.
10 dxc5 Nxe5 11 Nd4 Nf6 12 Bb5+

12 ... Nfd7! 13 f4?
◊   13 Qe2 a6 14 Ba4 Bxc5 15 Nxe6 fxe6
16 Bxc5 b5 17 Bd4 bxa4 18 Bxe5 =.
13 ... a6! 14 fxe5?!
◊   14 Be2 Nc6 15 Nxc6 bxc6 16 b4 a5!?
17 b5 Qc7 18 b6 Qb8 19 Na4 Be7 ∞.
14 ... axb5 15 Ndxb5 Nxc5! 16 Qd4?
[16 Qf3 Ne4 17 0-0 Qd7 18 a4 Nxc3 19
bxc3 ∞] **16 ... Ne4! 17 Qb6 Qxb6 18
Bxb6 Kd7!** [18 ... Rc8!?] **19 0-0 f6! 20
Bd4 Be7 21 Rae1?** [21 Nxe4 Bxe4 22
Rf2 =+] **21 ... Rhf8! 22 Nxe4 Bxe4
23 a3 Bxc2 24 Rc1 Rac8 25 exf6 gxf6
26 Rf2 Bd3 27 Nc3 Rc4 0:1**

104

Timman-Seirawan
KRO Match (4) 1990
**1 e4 c6 2 d4 d5 3 e5 Bf5 4 Nc3 e6 5 g4
Bg6 6 Nge2 c5 7 h4 • h5**

◊ 7 ... f6 8 Nf4 [8 h5 Bf7 9 f4 fxe5 10
fxe5 Nc6 11 Be3 Nh6 ∞] 8 ... Bf7 9
Bb5+ Nc6 10 exf6 cxd4 11 Qxd4 gxf6 12
Be3 [12 Qa4 Nge7 13 Bd2 a6 14 Bxc6
Nxc6 15 Nd3 e5 16 g5 d4 17 0-0-0 b5 18
Nxb5 axb5 19 Qxb5 Qd5 20 c4 Qxc4+
21 Qxc4 Bxc4 0:1 D.Taylor-
Summerscale, London (Lloyds Bank) 89]
12 ... Qa5 13 Qd3 a6 14 Bxc6+ bxc6 15
0-0 Ne7 16 Rfe1 Rg8 17 f3 h5 18 b4
Qxb4 19 Rab1 Qc4 20 Ne4 Qxd3 21
Nxf6+ Kd8 22 cxd3 Rh8 23 Rb7 1:0
Brandner-Schroll, Austrian League 90.
8 Nf4 Nc6

◊ 8 ... Bh7 9 Nxh5 cxd4 10 Qxd4 Nc6
11 Bb5:
a:- 11 ... Ne7 12 Bh6!? a6 13 Bxc6+
Nxc6 14 Qf4 gxh6 15 Nf6+ Ke7 16
Nfxd5+ exd5 17 Qf6+ Ke8 18 Qxh8 d4
19 0-0-0 Bxc2! 20 Kxc2 Qa5 21 e6 dxc3
22 exf7+ Kxf7 23 Qh7+ Bg7 24 Rd7+
Ke6 25 Qxg7 Nb4+ 26 Kxc3 Rc8+ 27
Kd4 Nc2+ 28 Ke4 Qb4+ 29 Rd4 Nxd4
30 Qxh6+ =.
b:- 11 ... Bxc2 12 Bg5 Be7 13 Rc1 Bg6 14
Nxd5 exd5 15 Rxc6 bxc6 16 Bxc6+ Kf8
17 Bxa8 Qxa8 18 Bxe7+ Nxe7 19 Nf4
Qc6 20 Rh3 Qc1+ 21 Ke2 Be4 22 Nh5
Qc2+ 23 Ke1 Qc1+ 24 Ke2 Qc2+ 25
Ke1 Nc6 26 Qc3 d4 27 Qxc2 Bxc2 28 f4
Bf5 29 gxf5 Rxh5 0:1 Utasi-von Alvens-
leben, Budapest Festival 91.
9 Nxg6 fxg6 10 Qd3?

◊ 10 Ne2!? cxd4 [10 ... hxg4!?] 11
Nxd4 Nxd4 12 Qxd4 Ne7 = - Seira-
wan.

◊ 10 gxh5! cxd4 11 Nb5 Rxh5 -+.
**10 ... cxd4 11 Nb5 hxg4! 12 Qxg6+
Kd7 13 Qxg4 Qb6 14 c3! dxc3 15
Nxc3 Nh6! 16 Bxh6 Qxb2 17 Bd2!**

Qxa1+ 18 Ke2

18 ... Qb2?
18 ... d4 19 Bg2 d3+ 20 Ke3 Bc5+ 21
Ke4 Qb2 22 Qxg7+ Ne7 23 Rb1 Qxd2
24 Rxb7+ Kc6 25 Rxe7 Rxh4+ -+ -
Seirawan.
**19 Bh3 Re8 20 Rb1 Qc2 21 Rxb7+
Kc8 22 Rb1?** [22 Rb5 ∞] **22 ... Ba3! 23
Rd1 Bb2 24 Nb5 Kb8 25 Nd6 Nd4+
26 Ke3 Rxh4 27 Qxh4 Qxd1 28 Bg4
Nc2+ 29 Kd3 Ne1+ 0:1**

105

Westerinen-Adianto
Thessaloniki Olympiad 1988
**1 e4 c6 2 d4 d5 3 e5 Bf5 4 Nc3 e6 5 g4
Bg6 6 Nge2 c5 7 h4 • cxd4**

◊ 7 ... Nc6!?:
a:- 8 Be3 cxd4 9 Nxd4 h5 10 Bb5 Nge7
11 f4 hxg4 12 Qxg4 a6 13 Ba4 Rc8 14 h5
+= Garcia Callejo-Peelen, Amsterdam
(OHRA B) 89.
b:- 8 h5 Be4 9 Nxe4 dxe4 10 Bg2?! [10
c3] 10 ... cxd4 11 Bxe4 Qa5+ 12 Kf1
Qxe5 13 Bxc6+ bxc6 14 Qxd4 Qd5! 15
Rh3 Nf6 16 g5 Bc5 17 Qxd5 Nxd5 =+
van der Wiel-Peelen, Dutch Ch 86.

◊ 7 ... h6 8 Be3 Qb6 9 h5 Bh7 10 dxc5?
Bxc5 11 Bxc5 Qxc5 =+ Oll-Tukmakov,
Novosibirsk (Teams) 86.
8 Nxd4 h5 9 f4

◊ 9 Bb5+!? Nd7:
a:- 10 f4 hxg4 11 f5! Rxh4:
a1:- 12 Rg1 exf5 13 Qe2!? - Seirawan.

a2:- 12 0-0 Rh1+ 13 Kxh1 Qh4+ 14
Kg2 Qh3+ 15 Kf2 g3+ 16 Ke3 g2+ 17
Rf3 Qh2 18 Nce2 Bh5 19 fxe6 fxe6 20
Rxf8+ Kxf8 21 Bxd7 Ke7 22 Bxe6! Bxe2
23 Nxe2 Qxe5+ 24 Kf2 Rf8+ 25 Bf4
Qxe6 26 Qd4 g5 27 Qg7+ Ke8 28 Qxg5
±± Crisan-Garcia Callejo, Amsterdam
(OHRA B) 89.
b:- 10 Bg5 Be7 11 f4 hxg4 12 Qxg4 Bh5!
13 Bxe7 Bxg4 14 Bxd8 Kxd8 15 Kd2 g6
16 Rag1 Nh6 17 Be2 Bxe2 18 Ncxe2 Ke7
19 h5 Rag8 20 hxg6 Rxg6 [Vasyukov-
Prasad, Montabu 86] 21 Rg5! +=
Vasyukov.

9 ... hxg4
◊ 9 ... Qd7 10 f5 exf5 11 gxf5 Bxf5 12
Nxf5 Qxf5 13 Qxd5 Nc6 14 Bh3!?
Qxe5+ 15 Qxe5 Nxe5 16 Bf4 Bd6! 17
Rd1 Bb8 [Korolev-Kastarnov, postal 86]
18 Bc8! ± - Bouwmeester.

10 Bb5+ Nd7 11 f5
◊ 11 Qxg4!? Nh6 12 Qg2:
a:- 12 ... Qb6!? 13 Be3 0-0-0 14 h5 Bh7
15 Rh3! Nc5 16 0-0-0 a6 17 Bd3 Nxd3+
18 cxd3 Qc7 19 Kb1 Kb8 20 Bg1! +=
Nagel-Gebhardt, postal 89.
b:- 12 ... Bh5 13 f5 Nxf5 14 Nxf5 exf5 15
Qxd5 a6 16 Bg5 Be7 17 Ba4 ± Handoko-
Adianto, Jakarta 87.

11 ... Rxh4 12 Rf1 exf5
◊ 12 ... Rh2!? 13 Qxg4 Bxf5 14 Nxf5
exf5 15 Qxf5 Qh4+.
◊ 12 ... Bxf5? 13 Nxf5 exf5 14 Qxd5 a6
15 e6! Nf6 16 exd7+ Nxd7 17 Bg5! Be7
18 Rxf5 1:0 Kamsky-Fossan, Innsbruck
87.

13 Bf4!
◊ 13 Nxd5 Rh2! 14 Bg5?! Qxg5 15
Nc7+ Ke7 16 Qd3 Qh4+ 17 Kd1 Nxe5
18 Qe3 Kd6 19 Nxa8 Qd8? [19 ... Qh3!]
20 Re1 1:0 Wollmann-Neumann, postal
88.
◊ 13 e6 fxe6 14 Nxe6 Qe7 15 Qe2
Rh2! 16 Nc7+! [16 Qe5 ∞ Kotliar-
Retter, Israel 86] 16 ... Kd8 17 Qxe7+
Bxe7 18 Bf4! Rxc2 19 Nxa8 Bh4+ 20
Kd1 Rxb2 21 Nc7 Bf7 22 Kc1! ±±
Nagel-Wouters, postal 88.

13 ... a6! 14 e6
◊ 14 Ba4 b5 15 Bb3 Rh3 16 Bxd5
Qh4+ 17 Kd2 0-0-0 ∞ - Adianto.
14 ... axb5 15 Qe2 Be7 16 exd7+?
◊ 16 exf7+ Bxf7 17 Nxf5 Kf8 18 0-0-0
Rh5 19 Qxg4 Rxf5 20 Qxf5 Ndf6 ∞ -
Adianto.
**16 ... Qxd7 -+ 17 Ndxb5 Kf8 18
0-0-0 Nf6 19 Nc7 Ra5 20 Qe5 Nh5!
21 N7xd5 Nxf4 22 Qxf4 Qd6!**

23 Qc4 Rc5 24 Qa4 Bg5+ 25 Kb1
Rc8 26 Rfe1 g3 27 Qb5 Qc6 28 Qe2
Kg8 29 Qf3 f4 30 Re5 Bh5 31 Qe4
Bxd1 32 Rxg5 Re8 33 Qd4 Qh6 34
Nf6+ Kh8 35 Nxe8 Qg5 36 Qxd1 g2
37 Ne2 Rh1 38 Ng1 Qc5 0:1

106

van der Wiel-Timman
Amsterdam 1987

**1 e4 c6 2 d4 d5 3 e5 Bf5 4 Nc3 e6 5 g4
Bg6 6 Nge2 • f6**
◊ 6 ... Qh4 7 Nf4 Nh6 8 h3 Bb4 9 Bd2
Nd7 10 Nce2 Bxd2+ 11 Qxd2 Qe7 12 f3
f6 13 exf6 Qxf6 14 0-0-0 0-0-0 15 h4
Qe7 van der Wiel-Timman, SWIFT
Blitz 87.
◊ 6 ... Bb4:
a:- 7 Nf4 Ne7 8 h4 h6 9 h5 Be4! 10 f3
Bh7 11 Bd3 Nd7 12 Bd2 Qc7 13 Bxh7
Rxh7 14 Nce2 Bxd2+ 15 Qxd2 c5 =
Djurhuus-Fasson, Stavanger 89.
b:- 7 h4:
b1:- 7 ... h6?! 8 Bg2 Nd7 9 h5 Bh7 10

Be3 Ne7 11 0-0 g6? [11 ... 0-0! 12 f4 c5 ∞ Shabalov] 12 Ng3 Qc7?! [12 ... Bxc3] 13 Nce2! 0-0-0 14 c3 Ba5 15 Bxh6 ± Shabalov-Magomedov, USSR Young Masters, Minsk 90.

b2:- 7 ... Be4 8 Rh3! h5 9 Ng3 hxg4!? 10 Qxg4 Ne7! 11 Nh5 Kd7 12 Bd3 Bxd3 13 Rxd3 Nf5 14 Bg5 Be7 15 Rf3 g6 16 Nf6+ Kc7 17 0-0-0 Nd7 18 Qf4 Nxf6 19 exf6+ Bd6 20 Qg4 Rc8 21 Rh3 Rh5 22 Ne2 = Lee-Pieterse, Dieren 89.

7 h4?!

◊ 7 Nf4:

a:- 7 ... Bf7!? 8 Qe2 [8 h4!?] 8 ... Qe7 9 Bh3?! fxe5 10 dxe5 Nd7 11 Nd3 Qh4! 12 Bg2 Nc5! 13 Bf4 Nxd3+ 14 cxd3 h5 =+ Hill-Shaw, Adelaide 86-87.

b:- 7 ... fxe5:

b1:- 8 Nxe6 Qe7 9 Nxf8 exd4+ [9 ... Kxf8 10 dxe5 Nd7!] 10 Be2 dxc3 11 Nxg6 hxg6 12 Qd3 ∞ Minasian-Karpman, USSR Young Masters, Minsk 90.

b2:- 8 Nxg6?! hxg6 9 dxe5 Nd7 10 Bf4 Bc5! 11 Bd3 Ne7 12 Bg3 Qc7 13 Na4 a5 14 Qd2 b5?! [14 ... Bb4! 15 c3 b5 16 cxb4 axb4! 17 Nc3 bxc3 18 Qxc3 Ra4 =+ van der Wiel] 15 Nxc5 Nxc5 16 Qg5 Rh6 17 Qe3! Nxd3+ 18 cxd3 c5 19 Rc1 Rc8 20 0-0 ½:½ Sax-Korchnoi, Tilburg 89.

7 ... fxe5

◊ 7 ... Nd7 8 h5 Bf7 9 f4 c5 10 exf6 Ngxf6 11 Bh3 Qb6 12 Be3 0-0-0 13 dxc5 Bxc5 14 Bxc5 Nxc5 15 Qd4 Kb8 16 h6 gxh6 17 Qxf6 d4 18 Qe5+ Ka8 19 Nxd4 Qxb2 20 Ndb5!! Nd3+ 21 cxd3 Qxa1+ 22 Ke2 Qb2+ 23 Ke3! 1:0 Westerinen-Ostenstaad, Aabybro 89.

8 h5 Bf7 9 dxe5 Nd7

◊ 9 ... Bb4 10 Bg2 Ne7 11 f4 Nd7 12 Bd2 Qc7 13 Nd4 Qb6 14 a3 Ba5 15 Nxe6 Bxe6 16 b4 Qd4 17 bxa5 0-0 18 Rb1 Rxf4 19 Bxf4 Qxf4 -+ Westerinen-Grószpéter, Copenhagen 88.

10 f4 Qb6 11 Bg2

◊ 11 Nd4 Bc5 12 Na4 Qa5+ 13 c3 Be7 14 b4 Qc7 15 Be3 b5 16 Nb2 a6 17 Bd3

c5 18 Nf3 Nh6 = Nory-Large, France 89.

11 ... 0-0-0 12 b3 Ne7 13 Na4 Qc7 14 Be3 c5 15 c4! d4 =+ 16 Bf2 [16 Bd2!] 16 ... g5! 17 hxg6 Bxg6 18 Ng3 Nc6 19 0-0 Be7 [19 ... Bh6 20 g5 Bf8 21 Qg4 ∞] **20 a3! Rhf8 21 Be1 d3?!** [21 ... Ndxe5 22 fxe5 Nxe5 =+] **22 Nc3! Nd4**

23 Nge4? [23 Ra2 ∞] **23 ... Bxe4 24 Bxe4 Nxe5! 25 fxe5 Rxf1+ 26 Kxf1 Nc2 27 Kg1 Nxa1 28 Nb5 Qxe5 29 Bxb7+ Kxb7 30 Qf3+ Kb6 31 Ba5+ Kxa5 32 Qb7 Qg3+! 0:1**

═══════ **107** ═══════

Minasian-Miles

Moscow (GMA) 1989

1 e4 c6 2 d4 d5 3 e5 Bf5 4 Nc3 e6 5 g4 Bg6 6 Nge2 ● Be7

◊ 6 ... Ne7?! 7 Nf4 Qc7 8 h4 h6 9 Nxg6 Nxg6 10 h5 Ne7 11 Be3 Nd7 12 Qd2 0-0-0 13 0-0-0 f5?! 14 Bh3! fxg4 15 Bxg4 Nf5 16 Bxf5 exf5 17 Rhg1 ± Filipowicz-Neyer, Mendrisio 89.

◊ 6 ... h6 7 Be3 Qb6 8 Qd2 Nd7 9 0-0-0 h5 10 Nf4 Ne7 11 Na4 Qc7 12 Nxg6 Nxg6 13 Bd3 += Shabalov-Bouaziz, Torcy 91.

7 Be3

◊ 7 Bg2 Nd7 8 0-0?! h5! 9 Nf4 hxg4 10 Nxg6 fxg6 11 Qg4 Nf8 [△ ... Nh6-f5 - Miles] 12 Ne2 Nh6 13 Bxh6 Rxh6 14 b3 Ba3! 15 Rab1 a5 16 c4 Qh4 [van der Wiel-Miles, Ter Apel 87] 17 Qg3! ∞.

7 ... Nd7 8 Qd2

◊ 8 Bg2!? Qb6 9 Rb1 h5! 10 Nf4 hxg4 11 Nxg6 fxg6 12 Qxg4 Nf8 =+ 13 0-0 Rh4 14 Qf3 Nh6 15 Bxh6 gxh6 16 Ne2 g5 17 Qd3! Qb5! = Psakhis-Rogers, Calcutta 88.

8 ... h5

◊ 8 ... b5 9 Bg2 h5 10 Nf4 hxg4 11 Nxg6 fxg6 12 h3 Qa5 13 Ne2 Qxd2+ 14 Kxd2 +=/± Hjorth-Haïk, Dubai Ol 86.

9 Nf4 hxg4 10 Nxg6 fxg6 11 Bd3

◊ 11 h3 Nf8 12 0-0-0 Qa5 13 a3 b5 14 Na2 Qxd2+ 15 Kxd2 a5 16 Nc1 Kf7 17 Nd3 Rh4 ∞ Kamsky-Miles, New York Open 89.

11 ... Nf8 12 0-0-0 Rh4

◊ 12 ... Qa5!? 13 Rdg1 Rh4! 14 Bg5 Bxg5 15 Qxg5 Qd8 16 Bxg6+ Kd7 17 Rxg4 Qxg5 18 Rxg5 Rxd4 19 Bd3 g6 20 Bxg6 Nxg6 21 Rxg6 Ne7 =/∞ Dokhoian.

13 Ne2! += Nh6

◊ 13 ... g5!? 14 Rdf1 Nh6 15 f3 gxf3 16 Rxf3 Ng4 ∞ Dokhoian.

14 c4

14 ... Nf5?

◊ 14 ... Qd7 15 cxd5 cxd5 16 Bg5 Bxg5 17 Qxg5 Qe7 18 Bxg6+ Kd7 ∞ Dokhojan.

15 Nf4 Kf7 16 Kb1 Nd7 [16 ... g5!? 17 Ng2 Rh3 18 Qe2 Nh6 ∞] **17 cxd5 cxd5 18 Ng2 Rh8 19 Qe2 Nh6 20 h3** [20 Bxh6 △ Qg4 ±] **20 ... gxh3 21 Bxg6+! Kxg6 22 Nf4+ Kf7! 23 Qh5+ Kg8 24 Nxe6 Qe8?** [24 ... Qb6 25 Nxg7 Kxg7 26 Rdg1+ Kf8 27 Rg6 Nf7 28 Qf5 Qc7!

∞] **25 Rdg1! ±± Bf8 26 Qxh3 Nf7 27 Qf5 Rc8 28 Rxh8+ Nxh8 29 Nxg7 Bxg7 30 Bh6 Rc1+ 31 Kxc1 1:0**

108

Short-Seirawan

Rotterdam (World Cup) 1989

1 e4 c6 2 d4 d5 3 e5 Bf5 4 Nc3 ● h5

◊ 4 ... Qd7 5 Be3 [5 Nf3 e6 6 Nh4 Bg6 7 Be3 Qc7 8 f4 a6 9 f5 Bxf5 10 Nxf5 exf5 11 Bd3 g6 12 g4 ∞ Schmittdiel-Serrer, Bundesliga 91]:

a:- 5 ... h6 6 h3 e6 7 g4 Bh7 8 f4 Bb4 9 Ne2 Ne7 10 a3 Bxc3+ 11 Nxc3 Qc7 12 Bd3 Nd7 13 Bxh7 Rxh7 14 Qd3 g6 15 Bf2 Rg7 16 0-0-0 0-0-0 = van der Wiel-Hort, Wijk aan Zee 86.

b:- 5 ... h5 6 Nf3 Nh6 7 h3 e6 8 Be2 Be7 9 Qd2 b5 10 Bg5 a5 11 Rc1 Qd8 12 a4 b4 13 Nd1 Na6 14 0-0 Bg6 15 Qf4 Nf5 16 Bxe7 Nxe7 17 Ne3 Qb6 18 Rfd1 0-0-0 Nunn-Hort, Lugano 87.

5 Bd3 Bxd3 6 Qxd3 e6 7 Nf3 Qb6

◊ 7 ... Nh6 8 0-0 Nf5 9 Ne2:

a:- 9 ... Be7 10 b3 Nd7 11 c4 Nf8 12 Bd2 Ng6 13 c5 Ngh4 14 Nxh4 Bxh4 15 b4 Be7 16 Rab1 a6 17 a4 ± Glek.

b:- 9 ... Nd7 10 Ng3! Nh4 11 Nxh4 Qxh4 12 Be3 Qd8 13 Rfd1! Rc8 [13 ... Be7 △ ... g6, ... Kf8-g7] 14 b3 c5?! 15 c4 cxd4 16 cxd5! Nxe5 17 Qxd4 Qxd5 18 Qa4+ 1:0 Nunn-Dlugy, London 86.

8 0-0 Qa6?! [8 ... Ne7] **9 Qd1 Ne7 10 Ne2 Nd7 11 c3 Nf5 12 Bg5 Be7 13 Ng3 Nxg3 14 fxg3 f6 15 exf6 gxf6 Bf4 0-0-0 17 Re1 Nf8 18 b4 Qb6 19 a4 Bd6 20 Qd2 Qc7 21 b5 += ↑ Rh7 22 Bxd6 Qxd6** [22 ... Rxd6?! 23 Qf4 ±] **23 bxc6 Qxc6 24 Qf4 Nd7 25 Kh1 Re7 26 a5 e5 27 Qf5 Kb8 28 Qxh5 Qxc3 29 Qf5 += Rde8?!** [29 ... Qc7] **30 Rec1 Qe3?** [30 ... Qb4 △ ... Qd6 Cabrilo] **31 Qc2 Ka8 32 a6 ±± Nb6 33 axb7+ Rxb7 34 dxe5 fxe5 35 Re1 Qh6 36 Nxe5 Rbe7 37 Reb1 Rb7 38 Nc6 Qe3 39 Nxa7 Kb8 40 Nc6+ Kc8 41 Ne7+ Kd8 42 Nxd5 1:0**

109

van der Wiel-van der Sterren
Lyon Zonal 1990
1 e4 c6 2 d4 d5 3 e5 Bf5 • 4 c4 e6 5 Nc3 dxc4

◊ 5 ... Nd7 6 cxd5 cxd5 7 g4 Bg6 8 Nh3 Bb4 9 Nf4 Qh4 10 Qb3 Bxc3+ 11 bxc3 Nh6 12 Ng2 Qxg4 13 Ne3 Qh4 14 Qxb7 Rb8 15 Qc6 Ng4 Smit-S.Arkell, Guernsey 87.

◊ 5 ... Ne7!? 6 Nge2 dxc4 7 Ng3 Nd7 [7 ... c5 8 Qa4+ Nbc6 9 dxc5 Ng6 10 Be3 Ngxe5 11 Nxf5 exf5 12 Bxc4 f4 13 Bxf4 Qd4 = Gruchacz-Cunningham, US Open 89] 8 Bxc4 Nb6 9 Bb3 Bg6 10 0-0 Qd7 11 Be3 Nbd5 12 Qe2 h5 13 Bg5 h4 14 Nge4 Nf5 15 Rad1 Be7 16 Nxd5 cxd5 17 Nc3 0-0 18 Qg4 Bxg5 19 Qxg5 Qe7 20 Qg4 Rac8 21 a3 b5 22 Ne2 Nh6 23 Qh3 Qg5 24 Nc3 ½:½ Benjamin-Christiansen, US Ch 90.

6 Bxc4 Nd7 7 Nge2

◊ 7 Nf3 Nb6 8 Be2 Ne7 9 Nh4 Bg6 10 Bg5 Qd7 ∞ Lamothe-Barbero, Novi Sad 90.

7 ... Nb6

◊ 7 ... Ne7 8 0-0 Nb6 9 Bb3 Bg6 10 Ng3 Nf5 11 Nxf5 Bxf5 12 g4 Bg6 13 f4 Qh4 14 f5 exf5 15 gxf5 Qh4 16 Qd3 0-0-0 17 Rf4 Qe1+ 18 Qf1 ± Hellers-Rowley, Philadelphia 90.

8 Bb3 Ne7

◊ 8 ... a6 9 0-0 Ne7 10 Ng3 Qd7 11 f4 Bh7 12 Be3 Nbd5 13 Qf3 Nf5 14 Nxf5 += Brandner-Miguel, World Jnr 89.

9 0-0 Ned5 [9 ... Bg6!? △ ... Nf5] **10 Ng3 Bg6 11 Nce4 Be7 12 h4! h5 13 Qf3 Qc7 14 Bg5 0-0-0 15 Rfe1 Kb8 16 a3 Bxg5!**

◊ 16 ... f6? 17 exf6 gxf6 18 Nxf6 ± van der Wiel-Peelen, Netherlands 90.

◊ 16 ... Rdf8 17 Rac1 f6 18 exf6 gxf6 19 Bd2 e5 20 Nc3! += van der Wiel.

17 Nxg5 Qe7 18 N3e4 f6 19 exf6 gxf6 20 Nh3 Ka8 21 a4 a6 22 a5 Nd7 23 Nf4 [23 Bxd5 cxd5 24 Nc3 Qd6 25 Nf4 Bf7 ∞] **23 ... Nxf4 24 Qxf4 e5 25 dxe5 Bxe4! 26 Qxe4 Nxe5 27 Red1! Qc5 28 Qf5 Rd4?** [28 ... Ka7! 29 Rxd8 Rxd8 30 Qxh5 Rd2 31 Rf1 Rxb2 32 Bd1 Qxa5 33 Qf5 ∞] **29 Rxd4 Qxd4 30 Qxf6 ± Qxb2?** [30 ... Re8! 31 Rf1 ±] **31 Qxh8+ Ka7 32 Qxh5 ±± Qxa1+ 33 Qd1 Qxa5 34 Qd4+ b6 35 h5 Qe1+ 36 Kh2 Qe2 37 Bd1 c5 38 Qd8 Ng4+ 39 Kg3 Qxf2+ 40 Kxg4 Qxg2+ 41 Kf5 Qf2+ 42 Kg6 Qg3+ 43 Kf7 c4 44 h6 c3 45 h7 Qf4+ 46 Ke8 1:0**

110

Vasyukov-Dlugy
Moscow (GMA) 1989
1 e4 c6 2 d4 d5 3 e5 Bf5 • 4 h4 h5

◊ 4 ... c5 5 dxc5 Nc6 6 Bb5 Qa5+ 7 Nc3 0-0-0 8 Bxc6 bxc6 9 Qd4 h5 10 b4 Qa6 11 a4 Qc4 12 Qxc4 dxc4 13 Ra2 e6 14 a5 Ke7 15 Nf3 Nd5 16 Nxd5 Rxd5 17 0-0 Be7 18 Be3 Rhd8 19 c3 ± Yudasin-Sapis, Leningrad 89.

◊ 4 ... h6 5 g4 [5 c3 e6 6 g4 Bh7 7 Be3 Qb6 8 Qb3 h5 9 gxh5 Ne7 10 Nd2 Nf5 11 Ngf3 ∞ Schmittdiel-Engqvist, Gausdal 91]:

a:- 5 ... Be4 6 f3 Bg6 7 h5 Bh7 8 e6 Qd6 9 exf7+ Kxf7 10 Bd3 ± Ralle-Nigon, French teams 89.

b:- 5 ... Bd7 6 h5 e6 7 f4 c5 8 c3 Qb6 9 Nf3 Nc6 10 Kf2 0-0-0 11 Kg3 Kb8 ± Filipowicz-Belotti, Mendrisio 88.

c:- 5 ... Bh7 6 e6!? ∞.

5 c4 dxc4

◊ 5 ... Bxb1?! 6 Rxb1 e6:

a:- 7 c5! b6 8 b4 a5 9 a3 Ne7 10 Nf3 axb4 11 axb4 Nf5 12 Bd3 Be7 13 g3 g6 14 0-0 Kf8 15 Bf4 Kg7 16 Qe2 Nd7 17 Ra1 ± Vasyukov-Skembris, Corfu 89.

b:- 7 a3 dxc4 8 Bxc4 Nd7 9 Bg5 Be7 10 Nf3 g6 11 Qc2 Bxg5 12 hxg5! Nb6 13 Bd3 Kf8 14 g4 h4 15 Rh3 Kg7 16 Ke2 Qd5 17 Rbh1 Rc8 18 b4 ± Berkovich-Donchenko, Moscow Ch 86.

6 Bxc4 e6 7 Nc3 Nd7

◊ 7 ... Be7 8 g3 b5 9 Be2 b4 10 Na4 Be4 11 Nf3 Nh6 12 Bxh6 Rxh6 13 0-0 Nd7 14 Rc1 Bd5 ∞/= Vasyukov-Kremenitsky, Moscow 91.

8 Nge2

◊ 8 Nf3!? Nb6 9 Bb3 Bg4 10 Bg5 Qd7 11 Qd3 Bxf3 12 Qxf3 Qxd4 13 0-0 [Lein-Campora, New York Open 87] 13 ... Qxe5!? 14 Rfe1 Qc7 15 Rad1 Ne7 △ ... Rd8 - Minev.

◊ 8 Bg5 Be7 9 Qd2 Nb6 10 Bb3 Qd7 11 Nge2 Bb4! [11 ... 0-0-0 12 Ng3 Qxd4 13 Qxd4 Rxd4 14 Nxf5 exf5 15 Bxf7 += Blatny] 12 a3 Ba5 13 Ba2!? Nd5 14 b4 Nxc3! 15 Qxc3 Bb6 ∞ 16 Qg3?! Ne7 17 0-0 Nd5 =+ Blatny-Plachetka, Namestovo 87.

8 ... Nb6

◊ 8 ... Ne7 9 Bg5 [9 Ng3 Bg6 10 Be3 Nf5 ½:½ Am.Rodriguez-Adorján, World Teams, Lucerne 89] 9 ... Qb6?! 10 Bd3! Bxd3 11 Qxd3 Qa6 12 Qf3 Ng6 13 0-0-0 Nb6 14 Kb1 Nc4 15 Ng3 Bb4 16 Nce4 += Oll-Adianto, Adelaide 90-91.

◊ 8 ... Be7 9 Ng3 Bg6 10 Nce4 Nh6! 11 Ng5?! [11 Bg5 Bxe4! 12 Nxe4 Nf5] 11 ... Qa5+! 12 Bd2 Bb4 13 N5e4 Bxe4 14 Nxe4 Nf5 15 Bc3 Bxc3+! 16 bxc3 Rd8! 17 Bd3 Nxd4 18 Nd6+ Ke7 19 0-0 Nf3+! Chandler-Speelman, British Ch, Edinburgh 85.

9 Bd3 Nh6

◊ 9 ... Bxd3 10 Qxd3 Qd7 11 0-0 0-0-0 12 Ne4 Nd5 13 Qf3 Qe8 14 Bg5 f6 15 exf6 gxf6 16 Nxf6 Ngxf6 17 Bxf6 Nxf6 18 Qxf6 Rh6 19 Qf3 Bd6 Malaniuk-Vasyukov, Moscow 87.

◊ 9 ... Ne7!? 10 Bg5 Bxd3 11 Qxd3 Qd7 12 0-0 Nf5 13 Rad1 Be7 14 Ne4 Bxg5 [14 ... Nh4!?] 15 hxg5 0-0-0 16 N2g3 [Oll-Adianto, Sydney 91] 16 ... g6! ∞.

10 Bxh6 Bxd3 11 Qxd3 Rxh6 12 0-0-0 Nd5 13 Kb1 Be7 14 g3 Nxc3+ 15 Nxc3 Rh8 16 Rc1 Qd7 17 Rhd1 g6 18 Qf3 Kf8 19 Qf4 Kg7 20 Ne4 Rad8 21 Rd3 Kg8 22 Rf3 Rh7 23 Rb3

23 ... a5 24 a3 Rh8 25 Rf3 Rh7 26 Rb3 Rh8 27 Nc5 Bxc5 28 Rxc5 Ra8 29 Rf3 Qe7 30 Qd2 a4 31 Rc4 Qd8 32 Qc2 Qd5 33 Rd3 Kg7 34 Rxa4 Rxa4 35 Qxa4 c5 36 Qc2 cxd4 37 f4 Rd8 38 Qb3 Qe4 39 Ka1 Rc8 40 Qd1 Rd8 41 Qb3 Rd5 42 Qd1 Rd7 43 Qd2 Rd7 44 Qd1 Qd5 45 Kb1 Qc4 46 Qd2 Rd8 47 Qd1 Qd5 48 Qd2 Qe4 49 Qd1 Rc8 50 Qf3 Qf5 51 Ka2 Rc4 52 Kb3 Qh3 ½:½

111

Vasyukov-Lutz
Budapest 1989

1 e4 c6 2 d4 d5 3 e5 Bf5 4 h4 h5 5 c4 ● e6 6 Nc3 Be7

◊ 6 ... Nd7:

a:- 7 Bg5 Qb6! 8 Qd2 Ne7 9 c5 Qc7 10 Bf4 Ng6 11 Bg3 b6 12 cxb6 Qxb6 13 Nf3 Rb8 14 Na4 Qb4 15 Qxb4 Rxb4 16 b3 Bg4 17 Rd1 Bxf3 18 gxf3 Nb6 =+ Filipowicz-Seirawan, Lugano 88.

b:- 7 cxd5:

b1:- 7 ... exd5 8 Bd3 Bxd3 9 Qxd3 Qe7 10 Nge2 0-0-0 11 Bf4 f6? 12 exf6 gxf6 13 Nxd5! Qf7 14 Ne3 Bb4+ 15 Kf1 Ne7 16 a3 Ba5 17 Nc4 Bc7 18 Bxc7 Kxc7 19 Qg3+ Ne5 20 dxe5 Qxc4 21 exf6+ 1:0 Sutkus-Zenner, postal 89.

b2:- 7 ... cxd5 8 Bg5 Be7 9 Nf3 a6 10 Be2 Bg4 11 Bxe7 Nxe7 12 Ng5 Bxe2 13 Nxe2 Nf5 14 g3 Qb6 15 0-0 Nb8 16 Qd3 Nc6 Tostich-Ykov, Bulgaria 88.

7 Qb3

◊ 7 cxd5:

a:- 7 ... cxd5 8 Bg5 Nc6 9 Qd2 Qb6 10 Bb5 Bb4 11 Nge2 Nge7 12 a3 Bxc3 13 Nxc3 0-0 14 Rd1 Bh7 15 Bxe7 Nxe7 16 Be2 f6! Malaniuk-Georgadze, 56th USSR Ch, 1st League, Simferopol 88.

b:- 7 ... exd5 8 Bd3 Bg4 9 Be2 Qd7 10 Nh3 Na6 11 Nf4 Bxe2 12 Qxe2 Qf5 13 Rh3 Nc7 14 Be3 g6 15 Nd3 Nh6 16 Bxh6 Rxh6 17 Qe3 Rh7 18 Ne2 ½:½ Oll-Haritonov, Lvov Z 90.

◊ 7 Nf3 Bg4 8 Be2 Nh6 9 Bg5 Nf5 10 Qd2 Bxf3 11 Bxf3 Nxh4 12 Bxh4 Bxh4 13 cxd5 cxd5 14 Qd3 Nc6 15 g3 Be7 16 Rxh5 Rxh5 17 Bxh5 g6 18 Bg4 Bb4+ 19 Kf1 Qg5 20 Bh3 Qh5 21 Kg2 g5 22 f3 Short-Andruet, Bundesliga 86-87.

7 ... Qb6 8 c5 Qc7

◊ 8 ... Qxb3 9 axb3 Nd7 10 b4 △ b5.

9 Nge2

◊ 9 Qa4!? Nd7 10 Be2 f6 11 exf6 Ngxf6 12 Nf3 0-0 13 g3 e5 14 Nxe5 Nxe5 15 Bf4 Nfg4 16 0-0 Bxc5 17 dxc5 Qe7 18 Qd4 Rae8 ∞ Vasyukov-Berg, Graestved 90.

9 ... Nd7 10 Ng3 Bg6 11 Be2 f6 12 f4 0-0-0 [12 ... fxe5 13 fxe5 Nh6 14 Bxh5 Bxh5 15 Nxh5 Nf5] **13 Qa4 a6 14 Bd2 Nh6 15 Rc1 fxe5 16 Nxd5 exd5 17 Ba5 Nxc5!** [17 ... Qb8 18 Bxa6! △ Qxc6+ ±±] **18 dxc5 Qd7 19 Bxd8 Bxd8 20 0-0 Bxh4 21 f5 Bxg3 22 fxg6 e4 23 Rc3 Be5** [23 ... h4 24 Rb3 △ Bxa6/Rxb7] **24 Rh3 Qe7 25 b4 d4 26 Bxa6! bxa6** [26 ... d3! 27 Qxc6+ Kb8] **27 Qxc6+ Kb8 28 Rxh5 d3 29 Qb6+**

Ka8 30 Qxa6+ Kb8 31 Qb6+ Ka8 32 Qa6+ Kb8 33 c6 Bd4+ 34 Kh1 Ba7 35 b5 Qc7 36 Qa3 [36 b6?? Qxb6 37 Rb5 Ng4 -+] **36 ... Bb6 37 Rf8+ Rxf8 38 Qxf8+ Ka7 39 Rd5 e3**

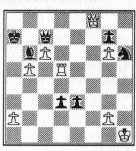

40 Rd7?! Qxd7 [40 ... d2!] **41 Qa3+ Kb8 42 cxd7 e2 43 Qf8+ Ka7 44 Qa3+ Kb8 45 Qd6+ Kb7 46 Qc6+ Ka7 47 Qxb6+ Kxb6 48 d8Q+ Kc5 49 Qe8 Nf5 50 Kg1 Nd4 51 Kf2 Nc2 52 Qe5+ Kb6 53 a4 Ka5 54 Qc3+ Kb6 55 a5+ 1:0**

112

Spassky-Adams
Cannes 1989

1 e4 c6 2 d4 d5 3 e5 Bf5 • 4 Ne2

◊ 4 Bd3!? Bxd3 5 Qxd3 e6 6 Nc3 Ne7 [6 ... Qa5 7 Nge2 Qa6 8 Qh3 Nd7 ∞ Bosch-van Wely, Dieren 88] 7 Nge2 Nd7 8 0-0 a6 9 Nd1 c5 10 c3 Rc8 11 Ne3 h5! = 12 Bd2 g6 13 h3?! [13 Rac1!] 13 ... Qb6 14 b3 Nc6 15 Rac1 cxd4 16 cxd4 Qb5!? =+ Hellers-Ivanchuk, Biel 89.

◊ 4 g4:

a:- 4 ... Bd7 5 Be3 h5 6 gxh5 Bf5 7 Nd2 e6 8 c3 Qb6 9 b4 Nd7 10 Ne2 Bg4 11 Qc1 Bh5 12 Ng3 Bg6 13 Nb3 += Apicella-Haik, French Ch 87.

b:- 4 ... Be4 5 f3 Bg6 6 h4 h6 7 h5 Bh7 8 e6 fxe6 9 Bd3 Nf6 10 Bxh7 ± P.Chandler-Kirschinger, Moscow Open 90.

c:- 4 ... Bg6 5 Ne2 e6 6 Nf4 Ne7 7 h4 h5 8 gxh5 Bf5 9 c3 c5 10 b4 cxd4 11 cxd4

Nbc6 12 a3 Qb6 13 Be3 Rc8 14 Nd2 Nxd4 15 Nb3 Nc2+ ∞ Lupu-Lobron, Paris Principal 90.

4 ... e6 5 Ng3

◊ 5 Nf4 h6 6 Nc3 c5 7 dxc5 Bxc5 8 Bd3 Ne7 9 Nh5 Kf8 10 Bxf5 Nxf5 11 Ne4 Nc6 12 Nxc5 Qa5+ 13 Bd2 Qxc5 14 0-0 Nxe5 15 Qe1 += Zagema-Pieterse, Gronigen 90.

5 ... Bg6 6 h4 h5

◊ 6 ... h6 7 h5 Bh7 8 Bd3 Bxd3 9 cxd3 Nd7 10 Qg4 c5 11 0-0 cxd4 12 f4 Qb6 13 Nd2 0-0-0 14 Nb3 Ne7 15 Bd2 Nc6 16 Rfc1 Kb8 17 Ne2 Rg8 18 Nexd4 Shirenkov-Anastasov, Burgas 88.

7 Bd3

◊ 7 Be2 Be7 8 Nxh5 Bxh5 9 Bxh5 g6 10 Bf3 Rxh4 11 Rxh4 Bxh4 12 Qd3 Qb6 13 b3 Nd7 ∞ Fruteau-Dimitriadi, Val Maubuee 89.

7 ... Bxd3 8 cxd3

◊ 8 Qxd3 Be7 9 Ne2 Qa5+ 10 c3 Qa6 11 Qg3 g6 12 Nf4 Kd7 13 Nxg6 fxg6 14 Qxg6 Bf8 15 Bg5 c5 16 Qf7+ Ne7 17 Bf6 Nbc6 18 Bxh8 Bh6 19 Bg7 Bc1 Eng-Haldorsson, Reykjavik 86.

8 ... Qb6 9 Ne2 Ne7 10 Nd2 Nf5 11 Nf3 c5 12 dxc5 Bxc5 13 d4 Be7 14 Bg5 Bb4+ 15 Kf1 Nc6 16 g3 Be7 17 Bxe7 Nfxe7 18 Qd2 0-0-0 19 Rc1 Kb8 20 Kg2 Rc8 21 Rc5 Nf5 22 Rhc1 Qd8 23 b4 Qd7 24 Nf4 Nce7 25 Ng5 Rxc5 26 dxc5 Rf8 27 Nxh5 Ng6 28 Nf3 d4 29 Nf4 Qc6 30 Nxg6 fxg6 31 Qe2 g5 32 hxg5 d3 33 Qxd3 Nd4 34 Qxd4 Qxf3+ 35 Kf1 Qh1+ 36 Ke2 Qf3+ ½:½

━━━ **113** ━━━

Minasian-Henkin
USSR Young Masters, Minsk 1990
1 e4 c6 2 d4 d5 3 e5 • c5

◊ 3 ... Na6 4 c3 Nc7 5 Ne2 g6 6 Ng3

Nh6 7 Nd2 Bg4 8 f3 Bd7 9 f4 Ne6 10 Nf3 Ng7 11 h3 Nhf5 12 Nxf5 Bxf5 13 g4 Be4 14 Rg1 f5 15 Ng5 e6 16 Qb3 Qd7 17 Be3 Be7 18 Nxe4 fxe4 19 0-0-0 0-0-0 20 c4 Kb8 21 c5 ± Nunn-K.Arkell, London (Lloyds Bank) 90.

◊ 3 ... g6 - compare with 3 Nc3/3 Nd2 g6 (games 165-172).

4 dxc5 Nc6 5 Bb5 e6 6 b4!?

◊ 6 Be3 Nge7:

a:- 7 Nf3 Nf5 8 Bd4 Nfxd4 9 Qxd4 Qa5+ 10 Nc3 Qxb5! 11 Nxb5 Nxd4 12 Nbxd4 Bxc5 13 c3 =+ Bd7 14 Kd2 Ke7 ½:½ Westerinen-S.Arkell, London (WF&W) 88.

b:- 7 c3 Bd7 8 Nf3 Nf5 9 Bxc6 Bxc6 Bd4 h5 11 0-0 g5 12 a4 g4 13 Ne1 Qg5 14 b4 Bh6 15 Na3 h4 16 b5 Bd7 17 c4 Qf4 18 Bb2 g3 19 Nd3 gxf2+ 20 Rxf2 Qe4 21 c6 Be3 [21 ... bxc6 22 Nc5 ±±] 22 cxd7+ Ke7 23 Nc2 ±± A.Ivanov-S.Arkell, Reykjavik 90.

6 ... Qh4?

◊ 6 ... a5 7 c3 axb4 8 cxb4 Qh4 9 Qb3! Qe4+ 10 Ne2 Qxe5 11 Bb2 Qc7 12 0-0 Nf6 = Henkin.

7 c3 Qe4+ 8 Ne2 Qxg2 9 Ng3! Qh3 10 Bg5 f5!

◊ 10 ... h6 11 Bf1 Qxf1+ 12 Kxf1 hxg5 13 Qe2 ± Henkin.

11 f3 Qg2 12 Nd2 h6 13 Be3! Qh3 14 f4 g5! 15 Be2 Bg7 16 Nf3 Nge7 17 Qd2 Ng6 18 Ng1! Qg2! 19 0-0-0! gxf4 20 Bxf4 Nxf4 21 Qxf4 Bxe5 22 Qd2! Ke7? [22 ... Kf8 ∞] **23 Nf3 Bf6 24 Rhe1! Qh3** [24 ... e5 25 b5! Be6 26 bxc6 bxc6 27 Nxe5! Bxe5 28 Qe3! △ 29 Bf3 ± Henkin] **25 b5! Na5 26 Bf1 Qg4 27 Qxd5 ± Qf4+! 28 Kc2 Qa4+ 29 Kb1 Bxc3 30 Nxf5+?!** [30 Qd6+! Kf7 31 Ne5+ Bxe5 32 Qxe5 ±±] **30 ... Kf6 31 Qd6! Qb4+ 32 Kc2 Qb2+ 33 Kd3 Bxe1 34 Qe7+! Kxf5 35 Bh3+?** [35 Qf7+! Kg4 36 Bh3+ Kxh3 37 Qh5+ Kg2 38 Qg4+ Kf2 39 Qg3+ Kf1 40 Rxe1 mate] **35 ... Kf4? 36 Qf7+ 1:0**

Panov Attack
(Games 114-164)

The Panov Attack is still very highly regarded; the more so since many IQP (Isolated Queen's Pawn) positions are nowadays felt to be more favourable for White than was previously believed.

Essentially, White is playing the Tarrasch Defence to the Queens Gambit but with a very valuable extra tempo. As a result, the most reliable line against the QGD Tarrasch-Rubinstein's fian-chetto variation - here involves the sacrifice of Black's d pawn. Many people play 5 ... g6, nevertheless: for Black gets good compensation and can usually win back the pawn eventually. But against very accurate White play, it is quite an uphill struggle. We examine the lines with 5 ... g6 last of all in games 153-64.

Given the problems associated with 5 ... g6 which in some sense ought to be the best move if the black position were really good, the majority of games involve either 5 ... Nc6 or 5 ... e6. We have divided the material as follows:
Game 114 involves 5 c5 which is probably a little premature. In games 115-126, we examine independent lines with 5 ... Nc6. These divide into: (1 e4 c6 2 d4 d5 3 exd5 cxd5 4 c4 Nf6 5 Nc3) 5 ... Nc6 6 Bg5 - games 115-118; 5 ... Nc6 6 Nf3 Bg4 - games 119-125; and 5 ... Nc6 6 Nf3 Be6!? - game 126.

Games 127-136 involve 5 ... e6 6 Nf3 Bb4, which can lead to various IQP positions including some more usually classified under the Nimzo-Indian and more rarely a symmetrical pawn structure after 7 cxd5 exd5!? - games 135-136.

The most common line of all is 5 ... e6 6 Nf3 Be7 7 cxd5 Nxd5 - games 137-148. There have been countless games in the lines from this position - many of them starting life as Queen's Gambits, sometimes via a Symmetrical English move order; and indeed some via 2 c3 against the Sicilian.

Finally, we have some odds and ends starting from 5 ... e6 6 Nf3 Be7 in games 149-152: before the circle closes with 5 ... g6 as we mentioned above.

Panov with 5 ... Nc6
(Games 115-126)

In games 115-118, White plays 6 Bg5. Kosten-Bagirov transposed back to something very similar to the normal IQP positions after both players lost tempi with Bg5-d2-g5 and Qa5-d8 respectively. There have been several games with 7 Bxf6 exf6 8 cxd5 Bb4 - see the notes. This is minutely better for White structurally speaking but Black is very active.

Sveshnikov went over the top too early in game 116: 8 Nf3 is much sounder. 6 ... Be6 is fairly playable with the bishop committed to g5 - games 117-118: but after 6 Nf3 it is really a bit much - see game 126.

Games 119-125 all involve 6 Nf3 Bg4 7 cxd5 Nxd5 8 Qb3 Bxf3 9 gxf3 - though not necessarily by that move order since this position is often reached via 1 e4 c6 2 c4 d5 3 cxd5 cxd5 4 exd5 Nf6 5 Nc3 Nxd5 6 Nf3 Nc6 7 d4 Bg4 etc.

It is then up to Black to choose between the ending which arises by force after 9 ... e6; and the more robust positions which 9 ... Nb6 leads to.

Playing this ending for Black is far from everybody's taste since White's bad kingside pawns are amply compensated by his queenside majority and strong initiative. However, it is playable if he grits his teeth. Castling kingside is probably White's most dangerous plan - game 122. Perhaps Black should retreat 18 ... Ke6 rather than get his pieces into a very slight tangle as in Brunner-Adorján. 21 ... g5 is supposed to be an improvement over Beliavsky-Wells: but it still seems a little uncomfortable for Black.

Although 9 ... Nb6 is much more fun to play, much of that fun tends to devolve to White: as we see in games 123-124.

We consider 6 ... e6 (instead of 6 ... Bg4) under the move order 5 ... e6 6 Nc3 Nc6 - see notes to game 152. Although this could transpose back to normal IQP lines, this move order suffers from the disadvantage that the plan of 7 c5 is greatly enhanced by Black's already being committed to ... Nc6.

Panov/Nimzo-Indian
(Games 127-136)

After 5 ... e6 6 Nf3 Bb4, White will normally choose between 7 cxd5 and 7 Bd3.

Games 127-130 all reach the position after 7 Bd3 dxc4 8 Bxc4 0−0 9 0−0. As Ivanchuk-Karpov shows, this position can also be obtained from the Nimzo-Indian and indeed it·is normally classified as such. Much the most common move then is 9 ... b6, which Karpov has played as Black intermittently for many years: but there are also many other possibilities as we see in games 128-130.

There is a great deal of theory on this position which is thought to be marginally better for White since the release of tension - ... cxd4 exd4 in the Nimzo move order (or 3 exd5 cxd5 in the Caro-Kann) - increases White's options and frees the c1 bishop in comparison with other Nimzo positions. I should point out here that the best place to look for further information is not in a tome on the Caro-Kann but in one of the many books on the Nimzo-Indian. While the Informator code varies from E53 to E55 depending on subsequent moves.

In game 127, Ivanchuk had a clear advantage before blowing it and then winning on time! I was simply too greedy in number 128. The lines in games 129-130 are less common.

When White plays 7 cxd5 Black has the option of 7 ... exd5 as in games 135-136. This is better than 7 ... exd5 with the bishop on e7, since ... Ne4 can be annoying sometimes; moreover the attempt to incarcerate the c8 bishop with 8 Bd3 0-0 9 h3 - a very good idea against ... Be7 - was markedly unsuccessful in Landenbergue-Haba in the notes to game 135.

Most of the time, though, Black retains the IQP structure with 7 ... Nxd5. 8 Bd2 is quite playable - games 131−132: but most interest is focused on 8 Qc2 Nc6. Here 9 Bd3 Ba5!? forces White either to sacrifice a pawn with 10 a3 Nxc3 11 bxc3 Nxd4 - a highly unclear line in which White has done quite well in practice but a well prepared Black can hope to repulse the attack; or to give up the d3 bishop after 10 0-0 Ndb4. White players have therefore started to play the more modest 9 Be2. And although I eventually won game 133, Patrick Wolff stood well out of the opening.

Panov: 6 ... Be7
(Games 137-152)

Games 137-145 reach the position after 1 e4 c6 2 d4 d5 3 exd5 cxd5 4 c4 Nf6 5 Nc3 e6 6 Nc3 Be7 7 cxd5 Nxd5 8 Bd3 Nc6 9 0-0 0-0.

This IQP position can be reached from a whole variety of move orders and indeed via several different openings. For example, Informator classify it under D42 as a Queens Gambit Semi-Tarrasch: 1 d4 d5 2 c4 e6 3 Nc3 Nf6 4 Nf3 c5 5 cxd5 Nxd5 6 e3 Nc6 7 Bd3 cxd4 8 exd4 Be7 9 0-0 0-0. This position was reached in a more unusual way in game 137, Smyslov-Ivanchuk. And for that matter, Smyslov got to it in quite another fashion against Karpov in the 39th USSR Championship Leningrad 1971: 1 c4 c5 2 Nf3 Nf6 3 Nc3 d5 4 cxd5 Nxd5 5 e3 e6 6 d4 cxd4 7 exd4 Be7 8 Bd3 0-0 9 0-0 Nc6.

White normally plays 10 Re1 after which the main lines begin 10 ... Bf6 — games 137-40; and 10 ... Nf6 (11 a3 b6) - games 141-143.

None of the stuff with 10 ... Bf6 is particularly cheery for Black. Smyslov easily obtained a small advantage in game 137 and won a splendid game. While Black is really fighting to stay alive in game 138. Ljubojevic, however, got very little by diverging with 12 Bg5. But Cabrilo's switchback with 12 Bc2 got him an easy edge in game 140.

Beliavsky's 12 Bg5 followed by Bc2 and Qd3 certainly forces the slightly weakening ... g6: but nowadays the absolute main line goes (10 ... Nf6 11 a3 b6) 12 Bc2. Now if 12 ... Bb7 13 Qd3 as in game 142, Black must avoid the horror of 13 ... a6? 14 d5 exd5 15 Bg5 g6 16 Rxe7 as in the notes. 13 ... g6 is forced and White has gained a tempo by playing Bc1-h6 in one move.

People therefore started playing 12 ... Ba6. However, Black must be careful to avoid the grisly tactics of Anand-Adams - game 143.

Game 144 and its notes deal with various less common lines - none of which quite equalise.

White can also play 10 a3 - game 145 (and sometimes he will have been committed to this earlier by the move order): but this is less common than the slightly more flexible 10 Re1.

Games 146-148 feature less common approaches. To my surprise the caveman tactics of game 146 were employed by Sveshnikov against no less than the future World Champion as you can see in the notes.

After 7 cxd5 exd5 - games 149-150, is much less promising than with the bishop on b4 - see games 135-136. Black has been getting abysmal results with this line as our games and notes confirm.

It is very unusual to omit 7 cxd5 - game 151. Black has managed to dispense with ... Nf6xd5 and as a result there is less pressure on d5 and he can play lines with ... a6 as in the notes, which are too slow against the normal set-up.

The plan of playing c5 was one of White's main ideas in the Panov in its early days. But today this rather one-dimensional strategy is very uncommon unless Black has already committed his knight to c6. In game 152, Black could have equalised easily with 18 ... Qxd1 had he not been pursuing the phantom of an advantage.

Panov: 5 ... g6
(Games 153-164)

As I said earlier, 5 ... g6 is the move that Black would like to play: if his position were good enough to support it.

Unfortunately, however, the main line with 6 Qb3 Bg7 7 cxd5 is very dicey for Black if White knows what he's doing. This is an excellent line for Black to play against a weaker player, or one who is not very well prepared: for then there are splendid chances of winning the pawn back to reach a nice position in which White is burdened by a horrible isolated queen's pawn. But if White really knows what he or she ought to do - life is tough.

Judit Polgar has often played this line for White and with excellent results. Game 153 against Skembris is one of her many wins. Dolmatov is another White devotee. Once he got control against Adams he never let go - though as the notes show there were chances to wriggle earlier.

In game 156, King followed the game Hebden-K.Arkell from a year previously, waiting for his opponent to diverge. In fact this came extremely late: just a move before disaster struck in Hebden-Arkell with 25 ... Rc2?? 26 Rd7! winning at once. Arkell got his draw: but this line isn't much fun for Black either.

Games 157-158 feature sidelines for Black after 8 Be2. White lost control in Santa Maria - Hansen but it was foolish to allow 10 ... Nb4.

Finally, in game 159 Michael Adams got the advantage in yet another way with 8 Nge2. 8 Bf4 is not usually played in this position nowadays since it is too early to commit the bishop. But I should point out an interesting transposition from the Grunfeld: 1 d4 Nf6 2 c4 g6 3 Nc3 d5 4 Bf4 Bg7 5 e3 0-0 6 Qb3 c5 7 cxd5 cxd4 8 exd4 etc as, for instance in Reshevsky-Szabo, Zurich 1953.

Games 160-164 show various less common lines in which White refrains from 6 Qb3.

When White plays 6 cxd5, Black will normally recapture with reasonable chances as in 160-161. In game 162, Skembris with 7 ... Bd7?! avoided a position which would more normally arise after 1 e4 c6 2 c4 d5 3 cxd5 cxd5 4 exd5 Nf6 5 Bb5+ Nbd7 6 Nc3 g6 7 d4 Bg7 - see game 173 Kasparov-Nogueiras. Although he subsequently won, Nunn-Hickl in the notes is less than encouraging for Black.

The diagram in Timman-Ljuboevic often arises via a totally different move order: 1 c4 c5 2 Nf3 Nf6 3 Nc3 g6 4 e3 Bg7 6 d4 cxd4 6 exd4 d5. Both 7 Bg5 and 7 cxd5 Nxd5 8 Qb3 are supposed to give White something here.

In game 164, Black reached a similar position but with the distinct improvement that he was not committed to a very early ... Nc6. The pawn sacrifice which he essayed gives excellent compensation.

114

Barber-Hill
Australian Championship 1987-88
1 e4 c6 2 d4 d5 • 3 exd5 cxd5 4 c4 Nf6 5 c5

5 ... e5!

◊ 5 ... g6 6 b4 Bg7 7 Bb2 0-0 8 Nf3 b6 9 b5 Ne4 10 c6 Qd6 11 Qb3 Bg4 12 Be2 a6 13 a4 axb5 14 axb5 Rxa1 15 Bxa1 Nxc6? 16 bxc6 Qxc6 17 0-0 Qa8 18 Bb2 Rc8 19 h3 ± West Hansen-J.Christiansen, Copenhagen Open 89.

◊ 5 ... Nc6 6 Bb5 e5 7 Nc3 exd4 8 Qxd4 Be7 9 Nge2 0-0 10 Bxc6 bxc6 11 Bg5 h6 12 Bh4 a5 13 a3 Nd7 14 Bxe7 Qxe7 15 Rc1 Ba6 16 0-0 Qxc5 =+ Mariotti-Badals, Andorra Zonal 87.

◊ 5 ... e6 6 Nc3 b6 7 b4 a5 8 Bb5 Bd7 9 Qa4 Qc7 10 Nge2 Qb7 11 Bxd7+ Nfxd7 12 Nb5 Be7 13 Bf4 Na6? [13 ... 0-0 =] 14 c6! ± Barber-Holiday, Adelaide 86-87.

6 Nc3

◊ 6 dxe5 Ng4 7 Qd4 Nc6 8 Bb5 Qa5+ 9 Nc3 Qxb5 10 Nxb5 Nxd4 11 Nxd4 Bxc5 12 Ngf3 Nxe5 13 0-0 0-0 0:1 !! West Hansen-Cirić, Copenhagen Open 89.

6 ... exd4 7 Qxd4 Nc6 8 Bb5 Bd7

◊ 8 ... Be7! 9 Nf3 0-0 10 Bxc6 bxc6 11 0-0 Nd7! =+ Konstantinopolsky.

9 Bxc6 bxc6 10 h3 Rb8 11 b4 Be7 12 Bf4 0-0?! 13 Bxb8 Qxb8 14 Nge2 Nh5 15 0-0 Bf6 16 Qd2 Qxb4 17 Rab1 Qxc5 =/∞ 18 Rfc1 Qc4 19 Rb7

Bc8 20 Rxa7 Qh4 21 Ra4 d4 22 Nxd4 Bg5 23 Qc2 Bxc1 24 Ne6 Qe7 25 Nxf8 Qe1+ 26 Kh2 Kxf8 27 Ne2 Qxf2 28 Qxc1 Qxe2 29 Qc5+ Qe7 30 Qxh5 g6 31 Qh6+ Kg8 32 Qf4 Bf5 33 Ra8+ Kg7 34 Qd4+ Kh6 35 Ra7 Qe8 36 Qh4+ Kg7 37 Qe7 Qxe7 38 Rxe7 c5 39 Rc7 Be6 40 a4 c4 41 a5 1:0

115

Kharlov-Sorokin
RSFSR Championship play-off, 1991
1 e4 c6 2 d4 d5 3 exd5 cxd5 4 c4 Nf6 • 5 Nc3 Nc6 6 Bg5 Qa5

◊ 6 ... e6:

a:- 7 c5 Be7 8 Bb5 0-0 9 Nf3 h6 10 Bf4 Ne4 11 Nxe4 dxe4 12 Bxc6 bxc6 13 Ne5 Qd5 14 0-0 g5 15 Bg3 Kg7 16 Qh5 Bd7 17 Ng4 Rh8 18 Ne3 1:0 Berg-Ostl, Bundesliga 86-87.

b:- 7 Nf3 Be7 8 c5 [8 Bd3 0-0 9 0-0 Nb4!? 10 Be2 dxc4 11 Bxc4 Bd7! 12 a3! Nbd5 13 Qd3 = Fedorowicz-Seirawan, Wijk aan Zee 91] 8 ... 0-0 9 Bb5 Ne4 10 Bxe7 Nxe7:

b1:- 11 Rc1 b6 12 c6 Nd6 13 0-0 Nxb5 14 Nxb5 a6 15 Qa4 Nxc6 16 Rxc6 Bd7 17 Nd6 Ra7 18 Rfc1 Rc7 19 Nxf7 Rxf7 20 Rxc7 Bxa4 21 Rc8 ± Yurtayev-Ivanchuk, Armed Forces Ch 87.

b2:- 11 Qc2 Qa5 12 Bd3 Nxc3 13 bxc3 h6 14 0-0 b6 15 Nd2 Ba6 16 Nb3 Qa4 17 Bxa6 Qxa6 18 a4 Nf5 19 a5 bxc5 20 Nxc5 += Brodsky-Henkin, Junior Otborochnii, Riga 87.

7 Bxf6

◊ 7 Qd2 Be6 8 c5 Ne4 9 Nxe4 dxe4 10 Qxa5 Nxa5 11 Bb5+?! [11 Bd2] 11 ... Nc6 12 Ne2 0-0-0 13 Bxc6 bxc6 14 b3 g6 15 h3 Rd7 16 0-0-0 Bg7 17 Rd2 Rhd8 =+ Suba-Hort, Dortmund 85.

◊ 7 Bd2:

a:- 7 ... Qd8 8 Nf3 Bg4 9 cxd5 Nxd5 10 Bb5 Rc8 11 h3 Bxf3 12 Qxf3 e6 13 Nxd5 Qxd5 14 Qxd5 exd5 15 0-0 Be7 16 Rfe1 Kd8 17 Red1 Kc7 = Hebden-Garcia

Palermo, Malmö 87-88.
b:- 7 ... dxc4 8 Bxc4 e6 9 Nf3 Be7 10 0-0
Qd8 11 Bg5 0-0 12 a3 a6 13 Ba2 b5 14
Re1 Bb7 15 Qd3 b4 16 Na4 bxa3 17 bxa3
Qa5 18 Bxf6! gxf6 19 Nc3 Qh5 20 d5
Rfd8 21 Rad1 Ne5 22 Nxe5 fxe5 23
Qg3+ Qg6 24 dxe6 f6 25 Bd5 [25 Qh3!
±] 25 ... Qxg3 26 hxg3 Bxd5? [26 ...
Rac8 27 Bxb7 Rxc3 ±] 27 Nxd5 Kf8 28
f4 exf4 29 gxf4 Rd6 30 Nxe7 Kxe7 31 f5
Rad8 32 Rb1 Rd5 33 Rb7+ Kd6 34 e7
Re8 35 Re6+ Kc5 36 Rc7+ 1:0 Kosten-
Bagirov.

7 ... exf6 8 cxd5 Bb4 9 Nge2
◊ 9 dxc6 Bxc3+ 10 bxc3 Qxc3+ 11
Ke2 0-0 12 f3 Re8+ 13 Kf2 Qe3+ 14
Kg3 Qg5+ ½:½ Knezević-Matulović,
Maribor 87.

◊ 9 Qd2 Bxc3 10 bxc3 Qxd5 11 Nf3
0-0 12 Be2 Bg4 13 0-0 Ne5 14 Nxe5
Bxe2 15 Qxe2 fxe5 16 dxe5 Rfe8 17 Rfe1
Rac8 18 Rad1 Qa5 19 c4 Qc3 20 Rd7 b5
21 c5 Qxc5 ½:½ Dueball-Libeau, Bun-
desliga 88.

**9 ... Qxd5 10 Qd2 Qd6 11 d5 Ne7 12
a3 Ba5 13 b4 Bb6 14 g3 a5 15 Rd1
axb4 16 axb4 0-0 17 Bg2 Rd8 18 Qb2
Bg4 19 0-0 Nf5 20 Rd2 Qe5 21 Ne4
Rac8 22 h3?** Bxe2 23 Rxe2 Nxg3 24
Nxg3 Qxg3 25 Re7 Rc7 26 Rfe1
Rxe7 27 Rxe7 Kf8 28 Re1 Rxd5 29
Qc2 g6 30 Kf1 Qd3+ 31 Qxd3 Rxd3
32 Bxb7 Rxh3 33 Rd1 Ke7 34 Bc6
Rb3 35 b5 Rb2 36 f3 h5 37 Rd7+ Ke6
38 Rb7 Bc5 39 Be8 Rf2+ 40 Ke1
Rxf3 0:1

=========== **116** ===========

Sveshnikov-Röpert
Budapest Open 1988
**1 e4 c6 2 d4 d5 3 exd5 cxd5 4 c4 Nf6
5 Nc3 Nc6 6 Bg5 ● dxc4 7 d5 Na5 8
b4**
◊ 8 Nf3!:
a:- 8 ... e6 9 Bxf6 gxf6 10 Bxc4 Nxc4 11
Qa4+ Bd7 12 Qxc4 Rc8 13 Qh4 f5 14
dxe6 Bxe6 ∞ Hebden-Orr, Haringey

88.
b:- 8 ... Bg4 9 Be2 e6 10 Ne5! +=
Sax/Hazai.
c:- 8 ... g6? 9 b4 cxb3 10 axb3 Bd7 11
Bxf6 exf6 12 Qe2+ ±± Sax/Hazai.
8 ... cxb3 9 axb3 Bd7!?

10 b4
◊ 10 Bxf6! gxf6 11 b4 Rc8 [11 ... Qc8!
12 Rc1 Nc4 13 d6 b5 14 Nd5 Rb8] 12
Ne4 Nc4 [12 ... f5 13 Nc5] 13 Qb3 Qc7
14 Nf3 Bg7 15 Nc5 Nd6 16 Rxa7 f5 17
Bd3 0-0 18 0-0 Ra8 19 Qa3 Nb5
Sveshnikov-Vuruna, Belgrade (GMA)
88.
10 ... Rc8 11 Nb5 Nc4 12 Nxa7
◊ 12 Bxf6 Bxb5 13 Bc3 Nd6 14 Qb3
Bxf1 15 Kxf1 Ne4 -+ Feher-Röpert,
Budapest Open 88.
**12 ... e6! 13 Qb3 Qb6! 14 Nxc8
Bxb4+ 15 Ke2 Qc5 16 Rb1?!**
◊ 16 Bxf6 gxf6 17 Ra8 0-0 18 Ne7+
Qxe7 19 Qg3+ Kh8 20 Rxb8+ Qxf8 21
Qh4 exd5 = Röpert.
**16 ... Nxd5 17 Kf3 Ne5+ 18 Kg3
Qxc8 -+ 19 f4?** [19 Nf3 Nc6 20 h4 h6
21 Bd2 Qc7+ 22 Kh3 g5 -+] **19 ... Nc6
-+ 20 Nf3 h6 21 Bh4 Qb8 22 Qc4 g5
23 Bxg5 hxg5 24 Nxg5 Nxf4 25 Kf2
Qa7 26 Kg3 Qe3+ 27 Nf3 Rg8+
0:1**

=========== **117** ===========

Blatny-Lim
World Junior Ch, Adelaide 1988
1 e4 c6 2 d4 d5 3 exd5 cxd5 4 c4 Nf6

5 Nc3 Nc6 6 Bg5 ● Be6

7 g3

◊ 7 c5 Ne4 8 Be3 g6 9 Bd3 Nf6 10 Nf3 Bg7 11 h3 0-0 12 0-0 Qc8 13 a3 Bf5 14 b4 a6 Einarson-Schiller, Reykjavik 86.

◊ 7 Qd2:

a:- 7 ... g6 8 g3 Na5?! [8 ... Qa5! ∞] 9 Bxf6 exf6 10 c5 += h5 11 Bg2 Bh6 12 Qc2 0-0 13 Nge2 Re8?! [13 ... Nc6 +=] 14 0-0 Bf5 15 Qa4? [15 Qd1 ±] 15 ... Bd3 16 Rfe1 Bd2 17 Red1! Nc4 18 Nxd5 ± Sveshnikov-Mik.Tseitlin, Sochi 85.

b:- 7 ... Qa5 8 c5 0-0-0 9 f3 Bf5 10 Bb5 e5 11 Bxc6 bxc6 12 dxe5 h6 13 Bh4 g5 14 exf6 gxh4 =+ Lawson-Dunnington, British Ch, Southampton 86.

◊ 7 Nge2 dxc4:

a:- 8 Bxf6 exf6 9 d5 Nb4 10 Nf4 Bf5 =+ Baudrier-Miles, Ostend 86.

b:- 8 Nf4 Nxd4 9 Nxe6 Nxe6 10 Bxc4 Nxg5?! [10 ... a6 =] 11 Qa4+! Nd7 12 0-0-0 a6 13 Rxd7 Qxd7 14 Bb5 axb5 15 Qxa8+ Qd8 16 Qxb7 f6 17 Rd1 Qa5 18 f4 Ne6 19 f5 Nd8 20 Qd7+ Kf7 21 Qd5+ e6 [Mortensen-Fette, Malmö 87] 22 Qd7+! Be7 23 Nb5 Rf8 24 Nd6+ Kg8 25 Qxe7 exf5 26 Kb1 △ Nc4 ± Mortensen.

7 ... Bg4

◊ 7 ... Qa5!? 8 Bg2 Ne4 9 Bxe4 dxe4 10 d5 0-0-0 11 Bd2 Nb4 12 Nxe4 Bf5 13 Qb1 Qb6 14 Ne2 e6 15 Be3 Qa6! 16 0-0 Kb8! 17 Nd4 Qxc4 18 Nxf5 exf5 19 Bf4+ Ka8 20 Ng5 Qxd5 21 Rd1 [Tal-Hodgson, Sochi 86] 21 ... Qxd1 22 Qxd1 Rxd1 23 Rxd1 Be7 24 Nxf7 Rf8 25 Ne5 Rd8 = Tal.

8 f3 Be6 9 c5 h6 10 Bxf6 exf6 11 Nge2 Rc8 12 Qa4 Qa5 13 Qxa5 Nxa5 14 Nf4 Nc6 15 0-0-0 Rd8 16 g4 g5 17 Nh5 Be7 18 Bb5 Kd7 19 Rhe1 Rhg8 20 Ba4 Kc7 21 Bc2 b6 22 cxb6+ axb6 23 Kb1 Kd6 24 Ng3 Na7 25 Bb3 Bf8 26 Rc1 h5 27 Nxd5 Bxd5 28 Nf5+ Kd7 29 Bxd5 ±± Bb4 30 Re4 Rdf8 31 gxh5 Rh8 32 h6 Rh7 33 a3 Bd6 34 h4 Rc8 35 Rg1 Rg8 36 Reg4 Bf8 37 hxg5 fxg5 38 Rxg5 Rxg5 39 Rxg5 Nc8 40 Be4 Rh8 41 h7 Be7 42 Rg8 Bf6 43 Ng7 1:0

═══════ **118** ═══════

Mainka-Miles
Bad Wörishofen 1989
1 e4 c6 2 d4 d5 3 exd5 cxd5 4 c4 Nf6 5 Nc3 Nc6 6 Bg5 Be6 ● 7 Bxf6 gxf6

◊ 7 ... exf6 8 c5:

a:- 8 ... a6! 9 Nge2 b6 10 b4 Be7 11 Qa4 b5 12 Qb3 a5 -+ 13 Nxb5 axb4 Yurtayev-Dreyev, USSR Armed Forces Ch, Frunze 88.

b:- 8 ... Be7 9 Bb5 0-0 10 Nge2 Qc7 11 Rb1 a5 12 a3 f5 13 0-0 f4 14 Qd2 g5 15 Bd3 Bf6 16 Bc2 Bg7 17 Qd3 f5 18 b4 Rf6 19 Bb3 Qf7 20 b5 Ne7 21 b6 Hennigan-Hanreck, London 87.

8 c5

◊ 8 Nf3 Qd7:

a:- 9 Be2 Rd8 10 cxd5 Bxd5 11 Nxd5 Qxd5 12 0-0 Bh6 13 Qc2 0-0 14 Bd3 Nxd4 15 Nxd4 Qxd4 16 Rad1 Kh8 17 Rfe1 e6 18 Bxh7 Qb6 19 Bd3 f5 Fedorowicz-Miles, US Ch 88.

b:- 9 c5:

b1:- 9 ... Rg8 10 a3 Bf5 11 b4 e5 12 Bb5 0-0-0 =+ Hennigan-Dunnington, British Ch, Southampton 86.

b2:- 9 ... Bg4! 10 Be2 Bxf3! 11 Bxf3 e6 =+ 12 0-0 Bg7 13 Be2 a6! 14 Qa4 0-0 15 Rfd1 f5 16 Rd3 Qc7! 17 Rad1 b6 -+ Sax-Miles, Wijk aan Zee 89.

8 ... Qd7

◊ 8 ... Bg7:

a:- 9 Bb5 0-0 10 Nge2 Bg4 11 f3 Bf5 12 Qb3 e6 13 Rd1 Bg6 14 0-0 Qa5 15 Nf4 a6?! [15 ... Nh6!?] 16 Bxc6 bxc6 17 Qb6 Qxb6 18 cxb6 ± Chiburdanidze-Hodgson, Hastings 86-87.

b:- 9 a3 0-0 10 Bb5 Kh8 11 Nge2 Bg4 12 Qd2 Bxe2 13 Nxe2 f5 14 0-0 Rg8 15 Bxc6 bxc6 16 Ng3 e6 17 Nh5 Qh4 Hennigan-Hodgson, British Ch 88.

9 Bb5 Rg8!? 10 g3 0-0-0 11 Qh5! Bg4 12 Qxh7 Qe6+ 13 Kf1! Nxd4! 14 Qxg8! Bh6! 15 Be8! Bh3+ 16 Nxh3 Qxh3+ 17 Ke1 Nc2+ 18 Ke2 Nd4+ 19 Ke1 Nc2+ 20 Ke2 Qh5+ 21 g4 Qe5+ 22 Kf3 Nxa1 23 Rxa1 d4 24 Ne2?? [24 Rd1 Bg5!? 25 Kg2! Qf4 26 f3 =] **24 ... d3 25 Nc3 Qxh2 26 Rd1 Qh3+ 27 Ke4 Qg2+ 28 f3 f5+! 0:1**

119

Losev-Zhachev
Moscow Central Chess Club 1990
1 e4 c6 2 d4 d5 3 exd5 cxd5 4 c4 Nf6 5 Nc3 Nc6 • 6 Nf3 Bg4 7 cxd5 Nxd5 8 Qb3 Bxf3 9 gxf3 e6 10 Qxb7 Nxd4 11 Bb5+ Nxb5 12 Qc6+ Ke7 13 Qxb5
◊ 13 Nxb5 Rb8 14 0-0 Qb6 15 Qxb6 axb6 16 Be3 Kd7 17 Rac1 =/∞ Savage-Bellon Lopez, New York 87.

13 ... Qd7

◊ 13 ... Nxc3 14 bxc3:

a:- 14 ... f6!? 15 Ba3+ [15 Be3!?] 15 ... Kf7 16 Rd1 Qc8 17 Rd7+ Kg8 18 Bxf8 Qxc3+ 19 Ke2 Rxf8 20 Rhd1 h5 21 Rd8 Qa3 22 R1d7 Rh6 23 Rxf8+ Qxf8 24 Qd3 Qc5 = Christiansen-Shamkovich, US Ch, South Bend 81.

b:- 14 ... Qd5 15 Bg5+ f6 16 Qxd5 exd5 17 Be3 Ke6 18 0-0-0 Ba3+ 19 Kc2 Rhb8 20 Rb1 Bd6 21 h3 a6 22 Rb3 Rb5 23 Rg1 g5 = Kuporosov-Svirin, RSFSR Cup, Smolensk 86.

14 Nxd5+

◊ 14 Qe2 f6 15 Bd2 Kf7 16 0-0-0 Rb8 17 Rhe1 Qc6 18 Qe4 Bb4 19 a3 Ba5 20 Kc2 Rxb2+ 21 Kxb2 Rb8+ 22 Kc2 Bxc3 23 Rb1 f5 =+ Schmittdiel-Martinovsky, Gausdal 87.

14 ... Qxd5

◊ 14 ... exd5 15 Qxd7+ Kxd7 16 Be3 Bd6 17 Ke2 Be5 18 Rad1 Ke6 19 b3 Rhd8 20 Kd3 d4 21 Bc1 Kd5 22 f4 Afek-Brook, Israeli Ch 86.

15 Bg5+?! f6 16 Qxd5 exd5 17 Be3

17 ... Ke6! 18 Ke2?!

◊ 18 0-0!? Bb4 19 Rfc1 Rhc8? [19 ... Rhd8 △ ... d4] 20 Rxc8 Rxc8 21 Bxa7 Rc2 22 Rb1 Bd6 23 a4 Be5 24 b4 d4 25 f4! Bd6! ± Rachels-Braunlich, World Open, Philadelphia 86.

◊ 18 0-0-0 Bb4 19 a3 Rhc8+ 20 Kb1 Bc5 21 Rhe1 Bxe3 22 Rxe3+ ± Sorokin-Sturua, Polodsk Masters 89.

18 ... Bd6 19 Rhc1 Rhb8 20 Rc2 a5 21 Rg1 g6 22 Kd3 Be5 23 Bc1 Rb4 24 h3 Rh4 25 Rh1 a4 26 Ke2 Rb8 27 Rd1 Rb6 28 Rd3 Rhb4 29 Kf1 Bxb2 30 a3 Rc4 31 Re2+ Be5 32 Bd2 Rb3 33 Rde3 Kf5 34 Kg2 Rc2 35 Bb4 Rxe2 36 Rxe2 Bb2 37 Rd2 d4 38 Bc5 Ke5 39 Re2+ Kd5 40 Be7 d3 41 Rd2 Bxa3 42 Bxf6 Bb4 43 Rd1 Kc4 44 f4 Bc3 0:1

120

Reeh-Adorján
Bundesliga 1989-90
1 e4 c6 2 d4 d5 3 exd5 cxd5 4 c4 Nf6
5 Nc3 Nc6 6 Nf3 Bg4 7 cxd5 Nxd5 8
Qb3 Bxf3 9 gxf3 e6 10 Qxb7 Nxd4 11
Bb5+ Nxb5 12 Qc6+ Ke7 13 Qxb5
Qd7 14 Nxd5+ Qxd5 ● 15 Qxd5 exd5

16 Bf4 Ke6

◊   16 … Kf6 17 0-0-0 Rd8:
a:- 18 Rhg1 Rd7 19 Be3 Rg8 20 Rg4 Ke6
21 Re1 h5 22 Ra4 Kf5 23 Rxa7 Rxa7 24
Bxa7 Bd6 25 Be3 Be5 26 h3 Rb8 27 b3 d4
=/∞ Kindermann-Lobron, Bern Z 90.
b:- 18 Rhe1 Bd6 19 Rd4 g5 20 Bd2 Bxh2
21 Rg4 Rac8+ 22 Kd1 Rhg8 23 Rh1 h5
= Sofia Polgar-de Jong, Wijk aan Zee
90.

17 0-0-0 Bb4

◊   17 … Rc8+!? 18 Kb1 Bc5 19 Rhe1+
Kf5 20 Bg3 d4 =.

◊   17 … Rd8 18 Rhe1+ Kf5 19 Bc7 Rd7
20 Bg3 f6 21 Re8 g6 22 Kc2 Bg7 23 Rxh8
Bxh8 24 b4 Bg7 25 a4 ± Hoeksema-
Voormans, Dieren Open 89.

18 a3

◊   18 Rd4! Rhc8+ 19 Kb1 Rc4 20 Rxc4
dxc4 21 Be3 +=.

18 … Rhc8+

◊   18 … Rac8+ 19 Kb1 Ba5 20 Rhg1!
g6 21 b4 Bb6 22 Rge1+ Kf5 23 Bg3 d4 24
a4 Rc4! = Brunner-Stoering, Luxem-
bourg Open 89.

◊   18 … Ba5 19 b4 Bb6 20 Rhe1+ Kf5
21 Bd6 d4 22 Re5+ Kf6 23 Rde1 h6 24

R5e4 Rhc8+ 25 Kb2 [Lukin-Komarov,
Leningrad 89] 25 … d3 26 Be5+ Kg6 27
Rg1+ Kh5 = +.
**19 Kb1 Ba5 20 Bg3 Rd8 21 b4 Bb6 22
Rhe1+ Kf6 23 a4 Rac8 24 Rc1 a6 25
a5 Bd4 26 Bc7 Re8 27 Rc6+ Kf5 28
Rxe8 Rxe8 29 Rd6 Bxf2 30 Rxd5+
Kf6 31 Rd6+ Re6 32 Bd8+ Kf5 33
Rd7 f6 34 Rxg7 Rd6 35 Bc7 Rd3 =/∞
36 b5 Rb3+ 37 Ka2 Rxb5 38 Rxh7
Rb7 39 Rd7 Kg6 40 Rd2 Rxc7 41
Rxf2 Rc5 42 Rg2+ Kf5 43 Kb3 Rxa5
44 Rg4 Re5 45 Ra4 Re3+ 46 Kc2
Rxf3 47 Kd2 ½:½**

121

Vaganian-Dreyev
56th USSR Championship, Odessa 1989
1 e4 c6 2 c4 d5 3 exd5 cxd5 4 cxd5
Nf6 5 Nc3 Nxd5 6 Nf3 Nc6 7 d4 Bg4
8 Qb3 Bxf3 9 gxf3 e6 10 Qxb7 Nxd4
11 Bb5+ Nxb5 12 Qc6+ Ke7 13
Qxb5 Qd7 14 Nxd5+ Qxd5 15 Qxd5
exd5 ● 16 Be3 Ke6

17 0-0-0

◊   17 Rg1 Bd6 18 Rxg7 Be5 19 Rg4
Bxb2 20 Rb1 Rhb8 21 Kf1 Be5 22 Re1
Kd6 23 Bc1 Re8 24 Ba3+ Kd7 25 Rg5 f6
∞/= Rogers-Adams, London (NatWest
Young Masters) 88.

◊   17 0-0:
a:- 17 … Be7 18 Rfe1 Kf5 19 Red1 Rhd8
20 Rac1 Rd7 21 Rd4 Bf6 22 Rf4+ Kg6 23
Rc6 Re8 24 Rg4+ Kf5 25 Rf4+ ½:½
Klinger-Ivanchuk, World Junior, Baguio
87.

b:- 17 ... Bb4 18 Rac1 Rhd8 19 Rfd1:
b1:- 19 ... Ba5 20 Rc6+ Rd6 21 Rc2 Bb6
22 Bf4 Rd7 23 Rc6+ Kf5 24 Bg3 Re8 ∞
R.Kuijf-L.Garcia, Amsterdam (OHRA
B) 89.
b2:- 19 ... Rd7 20 Rc6+ Rd6 21 Rc7 Ra6
22 a3 Bd6 = Ruxton-Miguel, World Junior 89.

17 ... Bb4
◊ 17 ... Rc8+ 18 Kb1 Bc5 19 Rhe1
Kd6 20 Bf4+ Kc6 21 Re2 Rhd8 22 Rc1
Kd7 23 Re5 Bxf2 24 Rxd5+ Ke6 25
Re5+ Kf6 26 Rxc8 Rxc8 27 Rd5 Rc5 =
Judith Polgar-de Jong, Wijk aan Zee
90.

18 a3
◊ 18 Kb1 Rhd8 19 Rd3 a6 20 Rb3 Rab8
21 Ba7 [21 Bd4 f6 22 Rc1 +=] 21 ... Rb5
22 Bd4 f6 23 h3 Bd6 24 Rxb5 axb5 25
Rc1 Kf5 26 Rc6 b4 A.Sokolov-Spragg
-ett, 2nd match game, Saint John 88.
**18 ... Rhc8+ 19 Kb1 Bc5 20 Rhe1
Bxe3 21 Rxe3+ Kd6 22 f4 Rab8 23
Rd4 ½:½**

122

Brunner-Adorján
Lucerne (World Teams) 1989
**1 e4 c6 2 d4 d5 3 exd5 cxd5 4 c4 Nf6
5 Nc3 Nc6 6 Nf3 Bg4 7 cxd5 Nxd5 8
Qb3 Bxf3 9 gxf3 e6 10 Qxb7 Nxd4
11 Bb5+ Nxb5 12 Qc6+ Ke7 13
Qxb5 Qd7 14 Nxd5+ Qxd5 15 Qxd5
exd5 ● 16 0-0 Ke6**
◊ 16 ... Rd8 17 Rd1 Rd7 18 Be3 Ke6 19
Rac1 Be7 20 Rc6+ Kf5 21 Bd4 Rhd8 22
a3 Bf6 ½:½ Sieiro Gonzalez-Santa Torres, Sagua le Grande 89.

17 Re!+ Kf5
◊ ½:½ Dolmatov-Adorján, Akureyri
88.

18 Rd1
◊ 18 Be3 Be7:
a:- 19 Bd4 Bf6 20 Red1 Rhd8 21 Rac1
Rd7 22 Rc5 Bxd4 23 Rxd4 Ke5 24 Ra4
Rb8 25 b3 Rbb7 = Karaklajić-Libeau,

Dortmund Open 88.
b:- 19 Rac1 Rhc8 20 Rxc8 Rxc8 21 Bxa7
Bf6 22 Rd1 d4 23 Rd2 Rd8 24 Bb6 Rd5
25 a4 d3 26 Be3 Buchweitz-Schmid,
Bundesliga 88.
18 ... Rd8
◊ 18 ... Ke6 19 Re1+ Kf5 20 Rd1 Ke6
[½:½ Yudasin-Mikhalchishin, USSR
Ch 1st League, Lvov 87] 21 Be3 Bd6 22
Re1 Kd7 23 Rad1 Kc6 24 Rd3 Rhd8 25
Rc1+ Kd7 26 Rxd5 Gdanski-Burgess,
Euro-Junior Ch, Groningen 86-87.
19 Be3 Rd7 20 Rac1 Be7

21 Rd4
◊ 21 Rc4 Bf6 22 Rf4+ Kg6 23 Rg4+
Kf5 24 Rf4+ Kg6 25 Rg4+ ½:½
Kuzmin-Savchenko, Ukraine Ch, Kherson 89.
21 ... g5!?
◊ 21 ... Bf6?! 22 Rf4 Ke5 23 Ra4 d4 24
Ra5+ Ke6 25 Bf4 Rb7 26 b3 ± Beliavsky
-Wells, London (Lloyds Bank) 88.
22 Rc6
◊ 22 b3 Bf6 23 Ra4 d4 24 Ra5+ Kg6 25
Bd2 Re8 26 Rc6 Re6 27 Rxe6 fxe6 =+
Baburin-Filipenko, semi-final RSFSR
Ch 87.
◊ 22 Ra4 Bf6 23 b4!? d4 24 Ra5+ Kg6
25 Bd2 Re8 26 Kf1 [Arkhipov-Filipenko,
Belgorod 89] 26 ... Re6! ∞.
**22 ... Rhd8 23 Kf1 Bf6 24 Rb4 d4 25
Rb5+ Be5 26 Bxg5 Kxg5 27 Rxe5+
Kf4 28 Rcc5 Kxf3 29 Rf5+ Ke4 30
Ke2 Rd5 31 Rcxd5 Rxd5 32 Rxd5
Kxd5 33 Kd3 Kc5 34 a3 h6 35 h3 h5
36 h4 Kd5 37 b4 Ke5 38 Kc4 Ke4 39
a4 Kf3 40 Kxd4 Kxf2 41 b5 1:0**

123

Jansa-Kraut
Bundesliga 1987
**1 e4 d5 2 exd5 Nf6 3 c4 c6 4 Nc3
cxd5 5 cxd5 Nxd5 6 Nf3 Nc6 7 d4
Bg4 8 Qb3 Bxf3 9 gxf3 ● Nb6**

10 Be3 e6 11 Rg1
◊ 11 d5 exd5 12 Bxb6 Qxb6 13 Qxb6
axb6 14 Nxd5 0-0-0 15 Bh3+ Kb8 16
Nxb6 Bb4+ 17 Kf1 Ne5 18 Kg2 Ka7 19
Na4 Nd3 20 Rhd1 Nf4+ 21 Kg3 Ne2+
22 Kg2 ½:½ Tan Changxuan-Song Jia-
fu, PRC Ch 87.
11 ... Bb4
◊ 11 ... g6?! 12 0-0-0:
a:- 12 ... Bg7? 13 d5 Nxd5 14 Nxd5 exd5
15 Bc5 Rc8 1:0 Gobet-Chevaldonnet,
Neuchatel 86.
b:- 12 ... Be7 13 d5 exd5 14 Nxd5 Nxd5
15 Rxd5 Qc7 16 Qc3 Bf6 17 Qc5 Be7 18
Qc3 Bf6 19 Qc5 Be7 20 Qc3 ½:½
Sveshnikov-Hodgson, Sochi 86.
◊ 11 ... Qd6!? 12 0-0-0 0-0-0 13 Nb5
Qb4 14 Qxb4 Bxb4 15 Rxg7 a6 16 Nc3
f5 17 a3 Bd6 18 d5 Nxd5 19 Nxd5 exd5
20 Rxd5 Be5 21 Rxd8+ Nxd8 22 Rg5
Bxh2 23 Bh3 Bc7 24 Bxf5+ Kb8 25 Rh5
h6 26 Rxh6 Rf8 27 Bg4 Re8 28 Rh7 Ne6
29 Rf7 a5 30 Kd1 Rd8+ 31 Ke2 ∞
Reeh-Molinaroli, Dortmund Open
87.
12 0-0-0
◊ 12 Rxg7 Nd5 13 0-0-0 Rc8 14 Kb1
Bxc3 15 bxc3 a6 16 Rc1 Na5 17 Qa3 b5
18 Ka1 h6 19 Bd3 Qb6 20 Rcg1 Rxc3 21

Rg8+ Rxg8 22 Rxg8+ Kd7 23 Qf8 Rxd3
24 Qc8+ Kd6 25 Rd8+ Ke7 26 Rd7+
Kf6 27 Qh8+ 1:0 Reeh-Heinemann,
Delmenhorst 87.
◊ 12 Bb5 Nd5 13 Rxg7 Qb6 14 Kf1
Nxc3 15 Bxc6 Qxc6 16 bxc3 Bf8 17
Rg5 Be7 18 Rb5 Qxf3 19 Rxb7 0-0 20
Rb1 Bf6 21 Qd1 Qh3+ 22 Ke2 Kh8 23
Qh1 e5 24 Qf3 Qe6 25 d5 Qa6+ 26 Ke1
Bg7 27 Rxf7 e4 28 Rxf8+ Rxf8 29 Qxe4
Bxc3+ 30 Kd1 Bg7 31 a4 Rc8 32 Rb5
Qf6 33 Qg4 Rd8 34 Ke2 Qc3 35 Rb7
Qc2+ 36 Kf1 Qd3+ 37 Kg1 Rg8! 38 Bg5
Qxd5 39 Rxg7 Rxg7 40 Bf6?! Qd1+! 0:1
Ehlvest-Kasparov, Moscow 77.
12 ... Bxc3 13 bxc3 g6

◊ 13 ... 0-0 14 Bh6 g6 15 Bxf8 Qxf8
=/∞ Jansa.
**14 d5! ± Nxd5 15 c4 Rc8 16 Qb2! 0-0
17 Bh6 Qf6 18 cxd5 Nb4+ 19 Kb1
Qxb2+ 20 Kxb2 Rfd8 21 d6 Nd5 22
Rg4 Rxd6 23 Bc4 f5 24 Rgd4 Rb6+
25 Ka1 Nf6 26 Rd8+ Rxd8 27
Rxd8+ Kf7 28 Bb3 a5 29 Rc8 Rd6
30 Rc7+ Rd7 31 Rc5 Rd4 32 Be3
1:0**

124

Anand-Karolyi
Frunze 1987
**1 e4 c6 2 c4 d5 3 exd5 cxd5 4 cxd5
Nf6 5 Nc3 Nxd5 6 Nf3 Nc6 7 d4 Bg4
8 Qb3 Bxf3 9 gxf3 Nb6 10 Be3 e6 ●
11 0-0-0 Be7**
◊ 11 ... Bb4!? 12 d5 Nxd5 13 Nxd5

exd5 14 Rxd5 Qc7 15 Kb1 0-0 16 Bd3 Rfd8 17 Rg5 Bf8 18 Be4 ± Rachels-Jones, World Junior, Adelaide 88.

◊ 11 … Qc7?! 12 Kb1 0-0-0 13 Bh3 Kb8 14 Nb5 Qe7 15 Bf4+ e5 16 dxe5 g5 17 Bg3 Bg7 18 Nd6 ±± King-Knudsen, Kecskemet 85.

12 d5

◊ 12 f4?! 0-0 13 f5? exf5 14 d5 Ne5 15 Kb1 Ng4! 16 Bd4 Bf6 17 h3 Bxd4 18 hxg4 Bxc3 19 Qxc3 fxg4 20 f3 Rc8 21 Qd3 g6 22 fxg4 Qf6! -+ Wolff-Bauer, Newton Open 88.

◊ 12 Rg1:

a:- 12 … g6?! 13 Bh6 Qc7 14 Bh3 Nb4 15 Kb1 N4d5 16 Rc1 Qd7 17 Ne4 Qa4 18 Qxa4+ Nxa4 19 b3 Nab6 20 Nc5 Bf6 21 Rg4 ± Sofia Polgar-Icklicki, Brussels (OHRA II) 87.

b:- 12 … 0-0 13 Bd3 Rc8 14 Kb1 Na5 15 Qb5 Nd5 16 Bh6 g6 17 Nxd5 exd5 18 Bxf8 ± Murshed-Cavendish, London (Lloyds Bank) 89.

◊ 12 Kb1 0-0:

a:- 13 Rg1 Bf6 14 Ne4 Bxd4?? 15 Bxd4 Nxd4 16 Qe3 1:0 Klinger-Fette, Berlin Open 88.

b:- 13 d5 exd5 14 Nxd5 Nxd5 15 Qxd5:

b1:- 15 … Bf6! 16 Bc4 Qc7 17 Qf5 Ne7 18 Qf4 Qxf4 19 Bxf4 = Abramović-Matulović, Yugoslavia 84.

b2:- 15 … Bh4 16 Qxd8 Rfxd8 17 Bd3 += Dory-Kohlweyer, Dortmund II 87.

b3:- 15 … Qxd5? 16 Rxd5 Rfd8 17 Bc4! a6 18 Rf5 Bf6 19 Rg1 Ne5 20 Bb3 Ng6 21 h4 ± Abramović-Icklicki, Brussels 86.

12 … exd5 13 Nxd5

◊ 13 Bxb6 Qxb6 14 Qxb6 axb6 15 Nxd5:

a:- 15 … 0-0!:

a1:- 16 Kb1 Bc5 17 Rd2 Rfd8 = Jacobs-Icklicki, London 86.

a2:- 16 Nxe7+ Nxe7 17 Kb1 Rfd8 18 Bc4 Kf8 19 Rhe1 Nc6 20 Bd5 Ra5 21 Bxc6 Rxd1+ 22 Rxd1 bxc6 23 Rc1 c5 24 Rc4 Ke7 25 a4 Kd6 26 Kc2 f5 ½:½ San Segundo-Burgess, Groningen 86-87.

b:- 15 … Rxa2 16 Kb1 Ra5 17 Bb5:

b1:- 17 … Kf8 18 Nxe7 Kxe7 19 Rhe1+ ½:½ Ribli-Miles, Indonesia 82.

b2:- 17 … Bd8?! 18 Rhe1+ Kd7 19 b4! Ra3 20 Bd3 g6 21 Re3 ± Morović-Campora, Dubai Ol 86.

13 … Nxd5 14 Rxd5 Qc7 15 Kb1 0-0

16 f4! +=

◊ 16 Be2 Rad8 17 Rc1 Rxd5 18 Qxd5 Rd8 19 Qe4 Qd7 20 Bb5 Bf6 21 a3 g6 22 Bxc6 bxc6 23 Rxc6 Qd1+ = Rantanen-Pyhala, Jarvenpaa 85.

16 … Nb4 17 Rd4

◊ 17 Re5?! Bd6 18 Rg5 Bxf4 19 Rg4 Bxe3 20 fxe3 Nc6 Stein-Finegold, Dortmund B 90.

17 … Nc6

◊ 17 … Rfd8 18 Rxd8+ Rxd8 19 Bc4 Bd6 20 Rg1 Qd7 21 a3 Qf5+ 22 Ka1 Nc2+ 23 Ka2 Nxe3 24 fxe3 Qf6 25 Qxb7 van Riemsdijk-Gomez Baillo, Santiago Z 89.

◊ 17 … Qc6 18 Rg1 a5 19 a3 Na6 20 f5 Bf6 21 Rdg4 Qf3 22 Rxg7+ Bxg7 23 Rxg7+ Kh8 24 Rxf7 Qe4+ 25 Bd3 Qh1+ 26 Kc2 Rac8+ 27 Kd2 Rxf7 28 Qxf7 Qc1+ 29 Ke2 Qxb2+ 30 Kf3 Qg7 31 Qe6 Rg8 32 f6 Rf8 33 Bd4 Nc7 34 Qe5 Ne8 35 Qxe8 1:0 Blauert-Boersma, Groningen 89.

18 Rd1 Bf6 19 Bg2 Rfd8 20 Be4 ± Rxd1+ 21 Rxd1 Rd8? [21 … Rc8 ±] **22 Rxd8+ Bxd8 23 Qd3! ±± h5 24 Bxc6 bxc6 25 Bxa7 Qxa7 26 Qxd8+ Kh7 27 Qd3+ g6 28 Qe3 Qd7 29 b3! Qf5+ 30 Kc1 Qf6 31 a4 c5 32 Kc2 Qb6 33 f5 Qd6 34 fxg6+ fxg6 35 a5 Qc6 36 Qe2 Kh6 37 a6 Qb6 38 h4 g5 39 hxg5+ Kxg5 40 Qe7+ Kg4 41 a7 1:0**

125

Dorić-Lagudin
Bled Open 1989
1 e4 c6 2 d4 d5 3 exd5 cxd5 4 c4 Nf6
5 Nc3 Nc6 6 Nf3 Bg4 7 cxd5 Nxd5 8
Qb3 Bxf3 9 gxf3 Nb6 ● 10 d5 Nd4

11 Bb5+
◊ 11 Qd1 e5 12 dxe6:
a:- 12 … Qf6 13 Bb5+ Nxb5 14 exf7+
Kxf7 15 Qb3+ Qe6+ 16 Qxe6+ Kxe6
17 Nxb5 += Bischel-Preissman, Swiss
Ch 88.
b:- 12 … fxe6 13 Be3 Bc5:
b1:- 14 Bg2!? 0-0 15 0-0 e5 16 Ne4 Nd7
17 Nxc5 Nxc5 18 f4 ± Romero Holmes-
Boersma, Amsterdam (OHRA B) 87.
b2:- 14 b4 Qf6 15 bxc5 [15 f4? Bxb4! -+]
15 … Nxf3+ 16 Ke2 0-0 17 cxb6 Rad8:
b21:- 18 Bg2 Rxd1 19 Raxd1 Qxc3 20
Bxf3 Qc4+ 21 Rd3 Rxf3! = 22 Kxf3
Qxd3 23 bxa7 Qf5+ ½:½ M.Kuijf -
Boersma, Dutch Ch, Hilversum 87.
b22:- 18 Qc2 Nd4+ 19 Bxd4 Qxd4 20
Ne4 Qxa1 21 Bg2 Qe5 [L.B.Hansen-
M.Kuijf, Graested 90] 22 bxa7 Qb5+ 23
Ke3! ∞ M.Kuijf.
11 … Nd7 12 Qa4 Nxb5
◊ 12 … Nxf3+? 13 Ke2 Nfe5 14 Bf4
Ng6 15 Bg3 a6 16 Bxd7+ Qxd7 17
Qxd7+ Kxd7 18 Na4 1:0 Carlier-
Boersma, Amsterdam (OHRA B) 87.
13 Qxb5 Qb6
◊ 13 … g6 14 Bg5 h6 15 Bf4 Bg7 16 0-0
0-0 17 Rfe1 Nb6 18 Rad1 Rc8 19 a4 Nc4
20 Rd3 b6 21 Kg2 Nd6 22 Qa6 Qd7 23

Bxd6 exd6 24 Nb5 Peelen-R.Kuijf,
Amsterdam (OHRA B) 89.
**14 Be3 Qf6 15 Ke2 a6 16 Qxb7 Rb8
17 Qc6 Rxb2+ 18 Kf1 Kd8 19 Kg2
e5 20 Rab1 Rxb1 21 Rxb1 Qxc6 22
dxc6 Nf6 23 Rb7 Bd6 24 Bg5 Kc8 25
Bxf6 gxf6 26 Na4 Bc7 27 Nc5 Re8 28
Nxa6 Re7 29 Ra7 1:0**

126

Anand-Miles
Wijk aan Zee 1989
1 e4 c6 2 d4 d5 3 exd5 cxd5 4 c4 Nf6
5 Nc3 Nc6 6 Nf3 ● Be6!?

7 c5!
◊ 7 Qb3 Na5?! [7 … dxc4! =] 8 Qb5+
Bd7 9 cxd5! Bxb5 10 Bxb5+ Nd7 11
Ne5 Qc7! 12 Bxd7+ Kd8 13 Bh3 Ke8 14
0-0!? [14 Bd7+ =] 14 … Rd8 15 Re1
=/∞ Nc4 16 Bf4 Nd6! 17 Rac1 Qa5 18
b3! Rg8! 19 Bg3 g5 20 Bg4 Bg7 ∞
Rantanen-Vladimirov, Helsinki 90.
◊ 7 Bg5 Ne4! 8 Nxe4 dxe4 9 d5 exf3 10
dxe6 Qa5+ 11 Qd2 Qe5+ 12 Be3 Qxe6
13 gxf3 g6 = Anand.
7 … g6
◊ 7 … Bg4 8 Bb5 g6 9 Qa4 Bd7 10 Ne5
a6 11 Bxc6 bxc6 12 0-0 Bg7 13 Re1 Qc8
14 Bg5 Ra7 15 Qd1 h6 16 Bh4 g5 17 Bg3
h5 18 h3 += Sibarević-Hort, Mende-
riso 86.
8 Bb5
◊ 8 b4!? Bg7 9 b5 Nb8 10 Bd3 0-0 11
h3 h6 12 Be3 Nbd7 13 Qd2 Kh7 14 Rc1
Ng8 15 h4 Kh8 16 Ng5 ± McDonald-

Rogers, London (Lloyds Bank) 88.
8 ... Bg7 9 Ne5
◊ 9 0-0 0-0 10 Bxc6 bxc6 11 Ne5 Qc8 12 Re1?! [12 Qa4 +=] 12 ... Nd7 13 Bf4 Nxe5 14 Bxe5 f6 15 Bg3 Re8 16 b4 Bf7 17 f4 Rb8 18 Rb1 Qf5 19 b5 cxb5 20 Rxb5 Rxb5 21 Nxb5 Qd7 = Gobet-Landenbergue, Geneva 89.
9 ... Bd7 10 Bxc6 bxc6 11 0-0 0-0 12 Re1 Be8! 13 h3 Kh8 14 Bf4 Ng8 15 b4 f6 [15 ... a5!? 16 a3! △ Na4-b6 += Anand] **16 Nf3 Qd7 17 a4 a6 18 Bh2 g5!** ↑ ↓ **19 Qe2 h5!? 20 Qe6 Qxe6 21 Rxe6 Bh6** [21 ... Nh6!? 22 Rd1! Rf7 23 b5 axb5 24 axb5 cxb5 25 Nxd5 += Anand] **22 Nd2 Bd7 23 Ree1 g4**

24 Nb3 e6?! [24 ... gxh3 25 b5 axb5 26 axb5 cxb5 27 Nxd5! Rxa1 28 Nxa1 += Anand] **25 hxg4 hxg4**

26 Re2! Ne7 27 Bd6 Rfe8 28 Bxe7 Rxe7 29 b5 axb5 30 axb5 Rxa1+ 31 Nxa1 cxb5 32 Nxd5 Rf7 33 Nb6 e5 34 d5 Bf5 35 Ra2! Bf8 36 Nb3 Rb7 37 Ra6 Kg7 38 d6 Rf7 39 Na5 b4 40 Nbc4 Bd3 41 Rb6 Ra7 42 c6 Ra8 43 c7 Bf5 44 Rb8 Ra6 45 Ne3! Be6 46 Re8 1:0

=====**127**=====

Ivanchuk-Karpov
Linares 1991
1 d4 Nf6 2 c4 e6 3 Nc3 Bb4 4 e3 0-0 5 Bd3 d5 6 Nf3 c5 7 0-0 dxc4 8 Bxc4 cxd4 9 exd4 b6

10 Bg5
◊ 10 a3 Bxc3 11 bxc3 Bb7 12 Bd3 Nbd7 13 c4 Qc7 14 Re1 Rac8 15 Ne5 Nxe5 16 Rxe5 Rfd8 17 Bb2 h6 18 a4 Qc6 19 Bf1 Ba6 20 Rc1 Qd6 21 Re3 Qf4 Hess-Welin, Lugano Open 89.
10 ... Bb7 11 Rc1
◊ 11 Qd3 Nbd7 12 a3 Bxc3 13 bxc3 Qc7 14 Nd2 Rac8 15 f3 Bd5 16 Bxd5 exd5 17 Rfc1 h6 18 Be3 Rfe8 19 c4 Qc6 20 c5 bxc5 21 dxc5 Ne5 Hübner-van der Sterren, Munich 88.
◊ 11 Re1 Nbd7 12 Rc1 Rc8 13 Bd3 Bxc3 14 bxc3 Qc7 15 Bh4 Rfe8 16 Bg3 Qc6 17 Qe2 Qd5 18 c4 Qh5 19 Ne5 Qxe2 20 Bxe2 Nxe5 21 Bxe5 ½:½ Fedorowicz-Benjamin, US Ch, Estes Park 87.
◊ 11 Qe2 Nbd7 [11 ... Bxc3 12 bxc3 Bxf3 △ ... Qc7] 12 Ne5 Be7 13 Rad1

Rc8 14 Rfe1 Bd5 15 Ba6 Ra8 16 Nxd5 Nxd5 17 Nc6 Qe8 18 Nxe7+ Nxe7 19 d5 Nxd5 20 Bb7 Qb8 21 Bxa8 Qxa8 22 Qg4 Kh8 23 Rd3 1:0 Knaak-Martinelli, Lugano Open 89.

11 ... Nc6 12 a3 Be7 13 Qd3 Nd5 [13 ... h6!?] **14 Bxd5 exd5** [14... Bxg5!? 15 Nxg5 Qxg5 16 Be4 Rfd8! 17 Qb5 Qxb5 18 Nxb5 Na5 19 Bxb7 Nxb7 20 Rc7 Nd6 21 Nxa7 Ne8 22 Rb7 Nd6 = - Ivanchuk] **15 Bxe7 Nxe7 16 Rfe1 Rc8 17 h4 h6 18 h5 Rc7 19 Nb5 Rxc1 20 Rxc1 Ba6?! 21 a4 Bxb5?! 22 Qxb5 Nf5 23 g3 Ne7 24 Ne5 Qd6 25 Qa6 Nf5 26 Qd3 Ne7 27 Qf3 a5 28 Kg2 f6 29 Nd3 Rc8 30 Re1 Rc4 31 Nf4 Rxd4 32 Ng6 Nxg6 33 hxg6 Kf8 34 Qf5 Rc4 35 g4 Qf4?** [35 ... d4!] **1:0** time.

128

Dolmatov-Speelman
Hastings 1989-90
1 e4 c6 2 d4 d5 3 exd5 cxd5 4 c4 Nf6 5 Nc3 e6 6 Nf3 Bb4 7 Bd3 dxc4 8 Bxc4 0-0 9 0-0 ● Nbd7 10 Bg5!?

◊   10 a3 Bxc3 11 bxc3 Qc7 12 Qe2 b6 13 Bd3 Bb7 ½:½ Gerber-Preissmann, Swiss Ch 88.

◊   10 Bd3 b6 11 Bg5 Bb7 12 Rc1 Be7 13 Bb1 Re8 14 Qd3 Nf8 15 Ne5 Ng6 16 a3 Nxe5 17 dxe5 Qxd3 18 Bxd3 Nd5 Dolmatov-Am.Rodriguez, Moscow 85.

◊   10 Bf4:
a:- 10 ... b6 11 Rc1 Bb7 12 Nb5 a6 13 Nc3 b5 14 Bb3 Nb6 15 Bg5 Be7 16 Ne5 Rc8 17 Qd3 Nfd5 18 Bxe7 Qxe7 19 Ne4 Nf4 20 Qe3 Nxg2! M.Kuijf-Bouaziz, World Teams, Luzern 89.
b:- 10 ... Nb6 11 Bd3 Bd7 12 Be5 Bc6 13 Ng5 Nbd7 14 Rc1 Bxc3 15 Rxc3 Nxe5 16 dxe5 Qd5 17 Nf3 Ne4 18 Bxe4 Qxe4 19 Re1 Rfd8 20 Qc1 Qf5 21 Qe3 Qg4 ½:½ Kuijf-de Boer, Dutch Ch 88.
10 ... Bxc3
◊   10 ... a6 11 a4 b6 12 Qb3 Bxc3 13 bxc3 Qc7 14 Rab1 Bb7 15 Bxf6 Bxf6 16

Be5 Nxe5 17 dxe5 Be4 18 Rbe1 Qc6 19 f3 Bg6 20 Kh1 Rfc8 21 Be2 a5 Gdanski-Adams, Oakham Young Masters 88.
11 bxc3 Qc7 12 Bd3
◊   12 Qd3 b6 13 Bh4 Nh5 14 Ng5 Ndf6 15 Bg3 Qc6 16 Bb5 Qd5 17 Be5 Bb7 18 f3 h6 19 c4 Qd8 20 Nh3 Gulko-Tatai, Rome 88.
12 ... Qxc3 13 Rc1 Qa5 14 Ne5 Nxe5
◊   14 ... Qd5 15 Re1 Kh8 16 Re3 Qxd4 17 Rc4 Qd5 18 Rh4 Nxe5 19 Bxf6 Ng6 20 Re5 Qxe5! -+ Ivanović-Mirković, Yugoslav Ch 91.
15 Rc5 Qa3 16 dxe5! Qxc5 17 Bxf6

17 ... Re8?
◊   17 ... gxf6 18 Qg4+ Kh8 19 Qh4 [19 exf6? Rg8 20 Qh4 h5] 19 ... f5 20 Qf6+ Kg8 21 Re1! Bd7 22 Re3 Qc1+ [22 ... Rfc8 23 Rg3+ Kf8 24 Rg7 Qe7 25 Qh6!] 23 Bf1 Qxe3 24 fxe3 Rfc8 25 h4 +=.

18 Bxh7+! Kxh7 19 Qh5+ Kg8 20 Qg5 Qf8 21 Rd1!! b6 22 Rd4 Ba6 23 Rg4 Be2 24 Bxg7! Bxg4 25 Bxf8+ Kxf8 26 Qxg4 ±± Rac8 27 h4 [27 Qg5!?] **27 ... Ke7 28 Qg5+ Kd7 29 Qf4 a5 30 Qxf7+ Ke6 31 Qf3+ Kc5**

32 Qe3+ Kc6 33 Qf3+ Kc5 34 Qa3+
Kc4 35 Qb3+ Kc5 36 a4 Rb8 37
Qc3+ Kd5 38 f4 Ke4 39 Qf3+ Kd4
40 Qc6 Ke3 41 Qc1+ Ke2 42 h5
Rec8 43 Qf1+ Kd2 44 Qb5 Ke3 45
g3 Kd4 46 Kg2 Kc3 47 h6 Rh8 48
Qd7 b5 49 axb5 a4 50 b6 a3 51 Qa4
Kb2 52 Qb4+ Ka2 53 h7 Rbc8 54 b7
Rc2+ 55 Kf3 Rb2 56 Qc4+ Rb3+ 57
Kg4 Kb2 58 Qc8 Rxh7 59 b8Q Rg7+
60 Kh5 Rgxg3 61 Qd6 Rh3+ 62 Kg6
Rbg3+ 63 Kf7 Rh7+ 64 Kxe6 Rh6+
65 Kf5 Rxd6 66 exd6 a2 67 d7 a1Q
68 Qb7+ 1:0

129

Goldin-Haritonov
Moscow A 1989
**1 e4 c6 2 d4 d5 3 exd5 cxd5 4 c4 Nf6
5 Nc3 e6 6 Nf3 Bb4 7 Bd3 0-0 8 0-0
dxc4 9 Bxc4 • a6 10 a3**
◊   10 Bd3 b5 11 a4 bxa4 12 Rxa4 a5 13
Bg5 Ba6 14 Ne5 h6 15 Bh4 Be7 16 Re1
Bxd3 17 Qxd3 Nd5 18 Bxe7 Nxe7 19
Qb5 Ra6 20 Nc4 Qxd4 Hübner-Adorján,
Lugano Open 89.
◊   10 Bg5 b5 11 Bd3 Be7:
a:- 12 Rc1 Bb7 13 Re1 Nbd7 14 Bb1 Re8
15 Qd3 Nf8 16 Ne5 Qb6 17 Bxf6 Bxf6 18
Ne4 Bxe4 19 Qxe4 Rad8 20 Red1 Rd5
Berg-Sorensen, Naestved Open 88.
b:- 12 Qe2 Bb7 13 Rfd1 Nbd7 14 Rac1
Rc8 15 a4 b4 16 Nb1 Qa5 17 Bxf6 Bxf6
18 b3 Nb6 19 Nbd2 Nd5 Wolf-Berg,
Bundesliga 86-87.

10 ... Bxc3 11 bxc3 b5 12 Bd3 Bb7 13
a4 Qd5 14 axb5 axb5 15 Rxa8 Bxa8
16 Qe2 Rc8 17 Bd2 Ne4 18 Bxe4
Qxe4 19 Qxe4 Bxe4 20 Ne5
◊   20 Re1 Bc6 21 Ne5 Be8 22 Ra1 Nd7
23 Nxd7 Bxd7 ½:½ Ulibin-Haritonov,
66th USSR Ch, 1st L. Simferopol 88.
20 ... Nc6 21 Nxc6 Bxc6 ½:½

130

Karpov-van der Wiel
Thessaloniki Olympiad 1988
**1 c4 c6 2 e4 d5 3 exd5 cxd5 4 d4 Nf6
5 Nc3 e6 6 Nf3 Bb4 7 Bd3 dxc4 8
Bxc4 0-0 9 0-0 • Qc7**
◊   9 ... Nc6:
a:- 10 a3 Bxc3 11 bxc3 h6 12 Qd3 b6 13
Bf4 Bb7 14 Rfe1 Nh5 15 Bd2 Qf6 16 Ba2
Ne7 17 Ne5 Nf4 18 Qg3 Nxg2 19 Nxf7
Nf5 20 Nxh6+ Qxh6 21 Rxe6 Nxg3 22
Rxh6+ Rf7 23 fxg3 gxh6 24 Rf1 Raf8 25
Bxh6 Kh7 26 Bxf8 Rxf1+ 1:0 Clement-
Carlier, Benidorm 89.
b:- 10 Bg5 Be7 11 Re1 b6 12 a3 Bb7 13
Rc1 Rc8 14 Ba2 Nd5 15 Bxe7 Ncxe7 16
Bb1 Nxc3 17 bxc3 Bxf3 18 Qxf3 Qd6 19
Qd3 ½:½ Ilinčić-W.Watson, Bor 86.
10 Qe2
◊   10 Qb3 Bxc3 11 bxc3 Nbd7 12 Ba3
Re8 13 Rfe1 Nb6 14 Bf1 Bd7 15 c4 Red8
16 Rac1 Bc6 17 Bb2 Qf4 Hvenekilde-
Grooten, Copenhagen Open 87.
◊   10 Qd3 Bxc3 11 bxc3 b6 12 Bb3 [12
Ba3 Rd8 13 Rfe1 Bb7 14 Ne5 ∞
Lehtimen-Ebeling, postal 87-88] 12 ...
Bb7 13 Re1 Nbd7 14 Bg5 Rac8 15 Rac1
Qc6 16 c4 h6 17 Bh4 b5 18 c5 a5 19 a3
Anand-Morris, British Ch, Southport
88.
10 ... Nbd7
◊   10 ... Bxc3 11 bxc3 Nbd7 12 Bb2 Re8
13 Bd3 Bb7 14 c4 Rfe8 15 Rfe1 Rad8 16
Rad1 h6 17 h3 Qf4 18 Bc1 Qb8 19 Qe3
Qa8 Franco-M.Kuijf, Cala d'Or 86.
**11 Nb5 Qc6 12 Ne5 Qe4 13 a3 Be7
14 Bg5 Qxe2 15 Bxe2 h6 16 Bh4 g5**

17 Bg3 Ne4 18 Rfd1 Nxg3 19 hxg3
Rd8 20 Ng4 Nf6 21 Nc7 Rb8

22 Nxh6+ Kg7 23 Ng4 Nxg4 24
Bxg4 e5 25 Bf3 exd4 26 Be4 Bf6 27
Rac1 Bg4 28 f3 Bh5 ½:½

131

Vaiser-Sveshnikov
Moscow (GMA) 1989
1 c4 c6 2 e4 d5 3 exd5 cxd5 4 d4 Nf6
5 Nc3 e6 6 Nf3 Bb4 ● 7 cxd5 Nxd5

8 Bd2 Nc6
◊ 8 … 0-0 9 Bd3 Nf6 10 0-0 Bd7 11
Qe2 Bc6 12 Rad1 Nbd7 13 Ne5 Nb6 14
Bg5 Be7 15 Qe3 g6 16 Bh6 Re8 17 Rfe1
Qd6 18 Qf4 Nbd5 19 Nxd5 exd5 20 Bg5
Kg7 21 g4 Bf8 22 Re3 Re6 23 Bf5 Re7 24
Rh3 Kg8 25 Nxg6 1:0 Zude-Lutz, Bun-
desliga 89-90.
9 Bd3
◊ 9 Bb5 0-0 10 0-0 Be7 11 Rc1 Nxc3 12
Bxc3 Bd7 13 a3 Ne5 14 Be2 Ng6 15 d5
exd5 16 Qxd5 Nf4 17 Qe5 Nxe2+ 18
Qxe2 Re8 19 Qe5 Bf6 Andersson-Ribli,
Reggio Emilia 87.

9 … Be7
◊ 9 … Nxc3 10 bxc3 Bd6 11 0-0 h6 12
Qe2 Qf6 13 Rab1 Rb8 14 Rfe1 Bf4 15 d5
Ne7 16 Bb5+ Kf8 17 Bxf4 Qxf4 18 d6
Nd5 19 Ne5 Kosten-Lehmann, Ostend
87.
10 a3
◊ 10 0-0:
a:- 10 … Bf6 11 Qe2 0-0 12 Qe4 g6 13
Bh6 Bg7 14 Bxg7 Kxg7 15 Rfd1 Nf6 16
Qf4 b6 17 Be4 Bb7 18 d5 Qb8 19 d6
Zsuzsa Polgar-Pyhala, Haifa 89.
b:- 10 … 0-0 11 Rc1 Ndb4 12 Bb1 Nxd4
13 Nxd4 Qxd4 14 Nb5 Qd8 15 Nc7 Rb8
16 Qe2 Nd5 17 Rfd1 Bd6 18 Nb5 b6 19
Nxa7 Qf6 20 Nxc8 Rfxc8 21 Rxc8+
Rxc8 Rechlis-Agdestein, Jerusalem 86.
10 … Bf6
◊ 10 … Nf6 11 Be3 Nd5 12 0-0 Nxe3
13 fxe3 0-0 14 b4 a6 15 Rc1 f5 16 Bc4
Kh8 17 e4 b5 Schlick-Gscheidlen, Bun-
desliga 87-88.
**11 0-0 Bxd4 12 Nxd4 Nxd4 13 Nxd5
Qxd5**
◊ 13 … exd5 14 Re1 Ne6 15 Bb4 a5 16
Bb5+ Bd7 17 Qh5! axb4 18 Rxe6+ Kf8
19 Rd6 Bxb5 20 Rxd8+ Rxd8 21 Qh4!
±± - Janovsky.
14 Qg4!

14 … 0-0? [14 … Kf8] **15 Bh6 Qe5 16
f4 f5 17 fxe5 fxg4 18 Bxh7+!** ±±
**Kxh7 19 Rxf8 Kxh6 20 Raf1! Kg6 21
Re8 a5 22 Rff8 Nc6 23 Rxc8 Ra6 24
Rf4 Rb6 25 Rxg4+ Kf5 26 Rxg7
Rxb2 27 h4 Nxe5 28 Rf8+ Ke4 29 h5
Rb1+ 30 Kh2 Rb5 31 h6 Nc4 32
Rg4+ Kd3 33 Rf3+ Ne3 34 Rh4 1:0**

132

Sveshnikov-Speelman
Moscow 1985
**1 e4 c6 2 d4 d5 3 exd5 cxd5 4 c4 Nf6
5 Nc3 e6 6 Nf3 Bb4 7 cxd5 Nxd5 8
Bd2 Nc6**

◊ 8 ... 0-0 9 Bd3 Nf6 10 0-0 Bd7 11
Qe2 Bc6 12 Rad1 Nbd7 13 Ne5 Nb6 14
Bg5 Be7 15 Qe3 g6 16 Bh6 Re8 17 Rfe1
Qd6 18 Qf4 Nbd5 19 Nxd5 exd5 20 Bg5
Kg7 21 g4 Bf8 22 Re3 Re6 23 Bf5 Re7 24
Rh3 Kg8 25 Nxg6 1:0 Zude-Lutz, Bun-
desliga 89/90.

9 Bd3 ● 0-0 10 0-0 Be7
◊ 10 ... Nf6:
a:- 11 a3 Be7 12 Be3 b6 13 Re1 [13 Bc2
Ba6!? 14 Re1 Na5 =+] 13 ... Bb7 14
Bc2 Na5?! 15 Ne5 Rc8 16 Qd3 [Dlugy-
Oll, Moscow GMA 89] 16 ... Nc6 =+ -
Dlugy.
b:- 11 Bg5 h6 12 Bh4 g5?! 13 Bg3 a6 14
a3 Be7 15 Qd2 b5 16 h4 Nh5 17 Bh2 Bb7
18 hxg5 hxg5 19 Be4 Na5 20 Bxb7 Nxb7
[Zsuzsa Polgar-Mephisto, Almeria 90] 21
d5 Ng7 22 Rad1 ±.

11 a3 Bf6 12 Qc2
◊ 12 Qe2 Nxd4 13 Nxd4 Bxd4 14
Bxh7+ Kxh7 15 Qe4+ Kg8 16 Qxd4
Nxc3 17 Qxc3 +=:
a:- 17 ... Qb6 18 Qg3 f6 19 Bb4 Rf7 20
Rad1 a5 21 Rd6 Qc7 22 Rfd1 Bd7 23 Bc3
e5 24 h4 J.Polgar-Verat, France 88.
b:- 17 ... Bd7 18 Qg3 Ba4 19 Bb4 Re8 20
Rfe1 f6 21 Re3 Rc8 22 Bc3 Rc5 23 Qg4
Bc6 Hübner-Campora, Biel 87.

12 ... h6
◊ 12 ... g6 13 Bh6 Re8 14 Rad1 Nxc3
15 Qxc3 Bd7 16 Be4 Rc8 17 Qd2 Na5 18
Qf4 Bc6 19 Bxc6 Nxc6 20 Ne5 Qe7 21
Ng4 Bg7 22 d5 Dizdar-A.Rodriguez, Bel-
grade (GMA) 88.

13 Be3
◊ 13 Rad1 Bd7 [13 ... Nxc3 14 Bxc3
Ne7 15 Qe2 Bd7 16 Qe4 g6 17 Ne5 Ba4!
- Cordoba-Dorfman, French teams 91 -
18 d5 Bxd1 19 dxe6 Bb3 20 Nxf7 Rxf7 21

exf7+ Kxf7 22 Bxf6 Kxf6 23 Re1 Bd5 24
Qe5+ Kf7 25 Qf4+ Kg7 26 Qe5+ =
Dorfman] 14 Nxd5 exd5 15 Qb3 Bg4 16
Bb1 h5 17 h3 Bxf3 18 Qxf3 g6 19 Bc3
Bg7 20 Ba2 Qb6 21 Bxd5 Nxd4 22 Qe3!
Nc6 23 Qxb6 axb6 24 Bxg7 Kxg7 =
Korolev-Kastarnov, USSR Corres Ch
86-88.

13 ... Nxc3
◊ 13 ... Nce7 14 Ne4 Nf5 15 Qd2 b6
16 Rac1 Bb7 17 Bb1 Qe7 18 Qd3 Rfd8
19 Bd2 g6 += Vaganian-Sveshnikov,
Sochi 86.

14 bxc3 e5 15 Bh7+ Kh8 16 Be4

**16 ... exd4 17 cxd4 Bg4 18 Bxc6 Rc8
19 Qe4 Bxf3 20 Qxf3 bxc6 21 Rac1
Bxd4 22 Rfd1 c5 23 Bxd4 cxd4 24
Rxc8 Qxc8 25 Rxd4 Rd8 26 Rxd8+
Qxd8 27 g3 Kg8 28 Qe4 a5 ½:½**

133

Wolff-Speelman
New York (WF & W) 1990
**1 e4 c6 2 d4 d5 3 exd5 cxd5 4 c4 Nf6
5 Nc3 e6 6 Nf3 Bb4 7 cxd5 Nxd5 ● 8
Qc2 Nc6**

◊ 8 ... Be7 9 a3 Nd7 10 Nxd5 exd5 11
Bd3 Nf6 12 0-0 0-0 13 Re1 h6 14 Bf4
Be6:
a:- 15 Qb3 Qb6 16 Qxb6 axb6 17 Bc7
Rfc8 18 Rac1 Bd8 19 Bxd8 Rxd8 20 Rc7
Rd7 21 Rec1 Ne8 = Suba.
b:- 15 Bc7 Qc8 16 Rac1 Ne8 17 Bg3
Qxc2 18 Rxc2 Bd8! += Suba-Smagin,
Moscow 86.

9 Be2

◊ 9 Bc4 Nb6 10 Bb5 0-0 11 Be3 Bd7 12 Bd3 h6 13 0-0 Rc8 14 Bh7+ Kh8 15 Be4 Nc4 16 Rad1 f5 17 Bd3 N6a5 = Timman-van der Wiel, Tilburg 88.

◊ 9 a3 Ba5:

a:- 10 Bg5 Qd6 11 b4 Nxc3 12 bxa5 Nd5 13 Bd3 h6 14 Bd2 0-0 15 0-0 b6 16 Rfc1 Bd7 17 Qb2 Nxa5 18 Ne5 Nc6 19 Ba6 Rad8 Velimirović-Grószpéter, Zenica 87.

b:- 10 b4 Bb6 11 Bb2 a5 12 Nxd5 exd5 13 b5 Ne7 14 Bd3 Bg4 15 Ne5 Rc8 16 Qb1 Bh5 17 0-0 f6 18 Nf3 Bxf3 19 gxf3 Qd6 20 Re1 Kf7 Miles-Djurić, San Francisco 87.

9 ... 0-0 10 0-0

10 ... Re8

◊ 10 ... Be7 11 Rd1 Qd6 [11 ... b6!? △ 12 Nxd5 Qxd5 13 Bd3 Nb4! - Benjamin]:

a:- 12 Bg5 [! += Benjamin] 12 ... Nxc3? 13 bxc3 b6 14 Qe4! Bb7 15 Bd3 g6 16 Qh4 ± Rfe8 17 Re1 Rac8 18 Re3 Benjamin-Miles, US Ch 88.

b:- 12 Ng5 g6 13 Qe4 f6 14 Nf3 Bd7 15 Bc4 Ncb4 16 Re1 Rfe8 17 Bd2 Bf8 18 Bb3 += Sveshnikov-Spraggett, Palma de Mallorca (GMA) 89.

◊ 10 ... Qd6 11 Rd1 Nxc3 12 bxc3 Ba3 13 Rb1 e5 = Dappet-Almeria, 8th World Computer Ch, Spain 90.

11 Rd1 Bf8 12 Bg5 Qa5 13 Ne4 Bd7 14 a3 Rac8 15 Qd3 Qc7 16 Rac1 Nf4 17 Bxf4 Qxf4 18 Nc5?! [18 g3 Qh6 19 h4!?] **18 ... Rc7 19 g3 Qh6 20 Qe4**

Rd8 21 b4 Be8 22 Bc4 a5 23 Qb1 axb4 24 axb4

24 ... Qf6! -+ 25 Qb3 Nxb4 26 Ne4 Qg6 27 Nc5 Nc6 28 Bd3 Qh6 29 Qb6 Rdc8 30 Nxb7 Nxd4 31 Rxc7 [31 Nxd4? Rxc1] **31 ... Nxf3+ 32 Kg2 Qxh2+ 33 Kf1** [33 Kxf3 Qh5+ 34 g4 Qd5+ ±±] **33 ... Rxc7 34 Qxc7 Qg1+ 35 Ke2 Nd4+ 36 Kd2 Bb4+ 37 Kc1 Ba3+ 38 Kd2 Qxf2+ 39 Kc3 Qb2+ 0:1**

═══════ ● **134** ═══════

Plaskett-Smagin
Belgrade (GMA) 1988
1 c4 c6 2 e4 d5 3 exd5 cxd5 4 d4 Nf6 5 Nc3 e6 6 Nf3 Bb4 7 cxd5 Nxd5 8 Qc2 Nc6 ● 9 Bd3 Ba5

◊ 9 ... h6 10 0-0 Be7 11 a3 Bf6 12 Rd1 Nxc3 13 bxc3 0-0 14 Qe2 Qd5 15 Rb1 Ne7 16 Rb5 Qd6 17 Rh5 Ng6 18 Ne5 Bxe5 19 dxe5 Qe7 20 Qg4 Bd7 21 Bxh6 Rfc8 22 Bg5 Qxa3 23 Rh3 Be8 24 Qh5 f5 25 exf6 1:0 Holmes-Grant, British Ch, Plymouth, 89.

◊ 9 ... Nf6 10 0-0 Be7 11 a3 0-0 12 Be3 g6 13 Rad1 b6 14 Rfe1 Bb7 15 h4 Rc8 16 Qe2 Qc7 17 Ne4 Rfd8 18 Nxf6+ Bxf6 19 Bb1 Ne7 20 h5 Glavina-Gomez Baillo, Argentine Ch 87.

10 0-0

◊ 10 a3 Nxc3 11 bxc3 Nxd4 12 Nxd4 Qxd4:

a:- 13 0-0 Qe5 14 Bd2 Bc7 15 g3 Bd7 16 Rfe1 Qh5 17 Rab1 Bc6 18 Rb4 Rd8 19 Be4 Bb6 20 Bxc6+ bxc6 21 Rh4 Qf3

Subasic-Grószpéter, Zenica 87.
b:- 13 Bb5+ Ke7 14 0-0 Qxc3 15 Qe4! f6
16 Be3 Qe5 17 Qa4 a6 18 Qxa5 Qxb5 19
Qc7+ Qd7 20 Rac1! [Rogers-Effert,
Altensteig 88] 20 … Kf7! 21 Qa5 Kg6!
22 Rc7 Qb5 23 Qd2 =/∞ Rogers.
10 … Ndb4 11 Qe2 Nxd3 12 Qxd3 h6

**13 Rd1 0-0 14 Qe4 Bxc3 15 bxc3
Qd5 16 Qd3 Rd8 17 Rb1?** [17 Bf4 △
Ne5 = Smagin] **17 … Qxa2 18 Bf4
Qa3! 19 Re1 b6 20 Ne5 Nxe5 21
Bxe5 Bb7 22 Re3 Qf8 23 Rbe1 f6 24
Bg3 e5 25 Qg6 e4?!** [25 … exd4 26 Re7
Bc6! 27 cxd4 Re8 28 Bd6 Rxe7 29 Rxe7
Re8! -+ Smagin] **26 f3 f5 27 fxe4 Bxe4
=+ 28 Rf1 Qe8 29 Qxe8+ Rxe8 30
c4 Rac8 31 Ra3 Rxc4 32 Rxa7 Rxd4
33 Rc1 Bd5 34 Rcc7 Rg4 35 Rd7 Be4
36 Re7 Rc8 37 Kf2 Rc2+ 38 Ke3
Rxg2 39 Be5 h5 40 h3 Rg6 41 h4
R6g4 42 Rad7 Bc6 43 Rc7 Bb5 44
Rb7 Bc4 45 Re8+ Kh7 46 Rbb8 f4+
47 Ke4 Re2+ 48 Kf3 Re3+ 49 Kf2
Re2+ 53 Kf3 Re3+ 54 Kf2 b5 55
Rh8 Re2+ 56 Kf3 Re3+ 57 Kf2
Re2+ 58 Kf3 Rxh4 0:1**

135

Benjamin-Douven

Wijk aan Zee 1989
**1 e4 c6 2 d4 d5 3 exd5 cxd5 4 c4 Nf6
5 Nc3 e6 6 Nf3 Bb4 7 cxd5 exd5 8
Bd3**
◊ 8 Be2 0-0 9 0-0 Nc6 10 Ne5 Re8 11
Bf4 Bd6 12 Nxc6 bxc6 13 Bxd6 Qxd6 14
Rc1 Bf5 15 Bd3? Ng4! 16 g3 Qh6 -+
Betker-Schulze, postal 88/89.
8 … 0-0 9 0-0
◊ 9 Ne5 Nc6:
a: 10 Nxc6 bxc6 11 0-0 Bg4 12 Qc2 Bh5
13 Ne2 Qb6 14 Nf4 Bg6 15 Nxg6 hxg6
16 Be3 Ng4 17 Qe2 Nxe3 18 fxe3 Bd6 19
Rf3 c5 20 Qf2 c4 Kosten-Adams, British
Ch, Southport 88.
b:- 10 0-0:
b1:- 10 … Nxd4 11 Bxh7+ Kxh7 12
Qxd4 Qa5 13 Bd2 Kg8 14 Nd3 Bxc3 15
Bxc3 Qb5 16 Nf4 Re8 17 Rad1 b6 18 f3
Bb7 19 Rf2 Kosten-Wells, Brit. Ch 88
b2:- 10 … Re8 11 Nxc6 bxc6 12 Bg5
Qd6 13 Rc1 Ne4 14 Nxe4 dxe4 15 Bc4
Be6 16 Qa4 a5 17 Bxe6 Qxe6 18 Rxc6
Wahls-Burgess, World Jnr Ch 87.
◊ 9 h3 Re8+ 10 Be3 Ne4 11 Qc2 Nc6
12 0-0 Bxc3 13 bxc3 Bf5 14 Rab1 Na5 15
Ng5 Rc8 16 Bxe4 Bxe4 17 f3 Nc4 -+
Landenbergue-Haba, Prague Bohemians
A 90.
9 … Bg4 10 Bg5
10 h3 Bh5 11 Bg5 Bxc3 12 bxc3
Nbd7:
a:- 13 Re1 Re8 14 Qc2 Bxf3 15 Bxh7+
Kh8 16 gxf3 g6 17 Bxg6 Rg8 18 Qf5 fxg6
19 Qf4 Nh5 Coleman-Wells, British
Ch, Southport 88.
b:- 13 c4 dxc4 14 Bxc4 Rc8 15 Bb3 Qa5
16 Qd2 Qxd2 17 Nxd2 h6 18 Bf4 Nb6 19
Rac1 Nbd5 20 Be5 Nunn-Plachetka,
Namestovo 87.
10 … Bxc3
◊ 10 … Be7 11 h3 Bxf3 12 Qxf3 Nc6
13 Be3 Re8 14 Rac1 a6 15 Rfd1 h6 16
Bb1 Rc8 17 a3 Na5 18 Ba2 Nc4 19 Nxd3
Nxb2 20 Nxf6+ Bxf6 21 Bxf6+ 1:0
Bischoff-Schlichtmann, W G Open 86
11 bxc3 Nbd7 12 Qd2 Bxf3
◊ 12 … Qc7 13 Nh4 Ne4 14 Bxe4 dxe4

15 h3 Bh5 16 Nf5 Bg6 17 Bf4 Qa5 18 Nd6 Qa6 19 c4 Nf6 20 Qb4 Rad8 Brenninkmeijer-Kuijf, Groningen 89.
13 gxf3 += Rc8 14 Kh1 Rc6 15 Rg1 Kh8 16 Rab1 Qc8 17 Qf4 Nh5?! 18 Qh4 g6

19 Bb5! Re6 20 c4 Nb6?! [20 ... Ndf6] **21 Be7 Rg8 22 c5 ± Nd7 23 Bd3 Re8 24 Bd6 Nhf6 25 Qg5! Qc6 26 Bb5 Qc8 27 Rgc1 Qd8 28 Bf1 Qa5?!** [28 ... b6] **29 Rxb7 ±± Qxa2 30 Bg3** [30 Be5 ±±] **30 ... Re1 31 c6?? Qa6! 32 Rxe1 Rxe1 33 Rb8+ Kg7 0:1**

═══ **136** ═══

Mortensen-Rasmussen
Esbjerg 1988
1 e4 c6 2 d4 d5 3 exd5 cxd5 4 c4 Nf6 5 Nc3 e6 6 Nf3 Bb4 7 cxd5

♢ 7 Bf4 Nc6 8 Rc1 0-0 9 c5 Ne4 10 Bb5 Qa5 11 Qa4 Nxc3 12 bxc3 Bxc3+ 13 Ke2 f6 14 Bd6 Rf7 15 Qb3 Nxd4+ 16 Nxd4 Bxd4 17 Be8 Qa6+ 18 Kf3 e5! 19 Bxf7+ Kxf7 20 Rb1 Kg6!? 21 Rhd1 Bf5 22 Qxb7 Qc4! -+ 23 Rbc1 Qxa2 24 Rxd4 exd4 25 Re1 Rg8 26 g4 Be4+ 27 Rxe4 dxe4+ 28 Qxe4+ Kf7 29 Qxd4 Re8 30 c6 Kg8 31 c7 Qe6 32 Bf4 a5 33 Qc5 a4 34 Kg3 Qd7 35 h4 Ra8 36 Bd6 Kh8 37 Qb6 a3 38 Bxa3 Qd3+ 39 f3 Qxa3 40 Qb8+ Qf8 0:1 Thomas-Jelling, Esbjerg II 88.

♢ 7 a3 Bxc3+ 8 bxc3 0-0 9 Bg5 Qa5 10 Qc2 Ne4 11 Bd2 Nd7 12 Bd3 b6 13 0-0 Ba6 14 cxd5 Bxd3 15 Qxd3 exd5 Kemp-Wells, British Ch, Swansea 87.

♢ 7 Bd2 dxc4 8 Bxc4 0-0 9 0-0 Nbd7 10 Qb3 Be7 11 Rfe1 Nb6 12 Bd3 Bd7 13 Ne5 Be8 14 Be3 Nfd5 15 Nxd5 Qxd5 16 Qxd5 Nxd5 17 Be4 f6 18 Bxd5 exd5 19 Nd3 Bg6 20 Bf4 Rf7 Cooper-Adams, World Junior, Adelaide 88.

7 ... exd5 8 Bd3 ●

♢ 8 Qb3 Nc6 9 Bb5 Bb6 10 0-0 0-0 11 Bg5 Bd6 12 Bxc6 bxc6 13 Na4 Re8 14 Rac1 h6 15 Bh4 Rb8 16 Qd1 Bg4 17 Rxc6 Qd7 18 Rxd6 Qxd6 19 Bg3 Blaskowski-W.Watson, Bundesliga 88.

♢ 8 Be2 0-0 9 0-0 Bxc3 10 bxc3 Ne4 11 Qb3 Nc6 12 Be3 Na5 13 Qb4 Be6 14 Rac1 Rc8 15 Rfd1 b6 Bosboom-Douven, Dutch Ch, Hilversum 88.

♢ 8 Bb5+ Bd7 9 Qe2+:
a:- 9 ... Qe7 10 Qxe7+ Bxe7 11 Bg5 Bxb5 12 Nxb5 Na6 13 Rc1 0-0 14 0-0 h6 15 Bh4 g5 Izrailov-Sarwer, St John II 88.
b:- 9 ... Ne4 10 0-0 Bxc3 11 bxc3 0-0 12 Bd3 Nxc3 13 Qb2 Qc8 14 Qb3 Ba4 15 Qa3 Bb5 16 Bxb5 Nxb5 17 Qb3 Qc4 Sveshnikov-Meduna, Sochi 86.

8 ... Bg4 9 Qa4+ Nc6 10 Ne5 Qb6 11 0-0 Be6 12 Bg5 Be7 13 Bb5 Rc8 14 f4 g6 15 Bxf6 Bxf6 16 Qd1 0-0 17 Bxc6 Bxe5 18 fxe5 Rxc6 19 Qd2 Rc4 20 Rad1 Rfc8 21 Rf4 Qd8 22 Rdf1 a6 23 Qf2 R8c7 24 Rf6 b5 25 h4 b4 26 Na4 Rc2 27 Qf4 Qe7 28 Kh2 Bf5 29 Nc5 Rxb2 30 Rxa6 Ra7 31 Rxa7 Qxa7 32 e6 fxe6 33 Nxe6 Rc2 34 Ng5 Qe7 35 Rc1 Rxa2 36 Qb8+ Qf8 37 Qe5 Ra7 38 Qxd5+ Kg7 39 Qe5+ Qf6 40 Rc7+ Rxc7 41 Qxc7+ Kg8 42 Qb8+ Qf8 43 Qc7 Qf6 44 Qc4+ Be6 45 Qxb4 Qf4+ 46 Kg1 Bd5 47 Qb6 Qe3+ 48 Kh2 Qf4+ 49 Kh3 Qe3+ 50 g3 Qe7 51 Qb5 Qd8 52 Kh2 h6 53 Nh3 g5 54 hxg5 hxg5 55 Qe2 Kf8 56 Qe5 Qa5 57 Nxg5 Qd2+ 58 Kh3 Qg2+ 59 Kg4 Qh1 60 Qf4+ Kg7 61 Kf5 Qb1+ 62 Ke5 Ba2 63 Qf6+ Kg8 64 Qd8+ Kg7 65 Ne4 Qb5+ 66 d5 Qb2+ 67 Ke6 Qe2 68 Qg5+ Kf8 69 Qf5+ Kg8 70 Qg5+ Kf8 71 Qf5+ Kg8 72 Kf6 Qb2+ 73 Qe5 1:0

137

Smyslov-Ivanchuk
55th USSR Ch Moscow 1988
1 d4 Nf6 2 c4 e6 3 Nf3 c5 4 e3 cxd4 5
exd4 d5 6 Nc3 ● Be7 7 cxd5 Nxd5 8
Bd3 Nc6 9 0-0 0-0 10 Re1 Bf6 11 Be4
Nce7 12 Ne5 Nc6

◊　12 ... Nxc3 13 bxc3 Nd5 14 Qd3 g6
15 Bh6 Bg7 16 Bxg7 Kxg7 17 c4 Nf6 18
Bf3 Rb8 19 Rad1 Bd7 20 d5 b5 Lanka-
Zhuravlev, Riga 87.

◊　12 ... Bd7 13 Qd3 g6 14 Ng4 Bg7 15
Nh6+ Kh8 16 Qf3 f5 17 Bc2 Nc6 18
Nxd5 Nxd4 19 Qg3 Nxc2 20 Bg5 Qa5 21
Nf4 e5 22 Nxg6+ hxg6 23 Qh3 Rae8! 24
Red1? Nxa1 25 g4 fxg4 26 Qh4 g3 27
Ng4+ Kg8 28 Rxd7 Qe1+ 29 Kg2
Rxf2+ 0:1 Ibrahimov-Sorokin, RSFSR
Teams Ch 89.

13 Qd3

◊　13 Nf3 Nce7 ½:½ Ivanchuk-
Karpov, 55th USSR Ch, Moscow 88.

13 ... h6 14 Bxd5

◊　14 Qg3 Bh4! 15 Qd3 =.

◊　14 Nf3 Nxc3!? 15 Nxc6 bxc6 16
Bxc6 Rb8 17 bxc3 Qa5 =/∞ Nijboer.

◊　14 a3! Bxe5 15 dxe5 Nxe5 16 Qg3?!
[16 Bh7+] 16 ... Nxc3 17 Bxh6 Ng6 18
bxc3 gxh6 19 Bxg6 Qg5 20 Be4 Qxg3 21
hxg3 Rb8 = Nijboer-van der Sterren,
Dutch Ch, Hilversum 89.

14 ... Nb4 15 Qg3 Bh4

◊　15 ... Nc2? 16 Be4 Nxe1 17 Bxh6
Qxd4 18 Ng4 ± Smyslov.

16 Qf3 exd5?! [16 ... Nxd5 +=] **17
Re2 Be6 18 a3 Nc6 19 Nxc6 bxc6
20 Na4 += Qc8 21 h3 Be7 22 Bf4
Qa6 23 Nc5 Bxc5 24 dxc5 Qb5 25
Rae1 Kh7 26 Qg3 Bf5 27 Bd6 Rg8 28
Re7 Bg6 29 Qc3! Qa4 30 Be5 Rae8
31 Bd4 Rb8 32 R1e3! a5 33 f4! Qd1+
34 Re1 Qa4 35 Qd2 Rb3 36 Bc3 Qc4
37 Qf2 Be4 38 Rxf7! d4 39 Qxd4
Qxf7 40 Qxe4+ Kh8 41 f5 Qd5 42
Qxd5 cxd5 43 Re6! Rd8 44 Rxh6+
Kg8 45 Rh4! Rc8 46 Rg4 Rxc5 47**

Rxg7+ Kf8 48 f6 Rcxc3 49 bxc3
Rxc3 50 Rd7 Rxa3 51 Rxd5 Kf7 52
Rd6 1:0

138

Berg-van de Bourry
Sas van Gent 1986
1 d4 Nf6 2 c4 e6 3 Nf3 c5 4 e3 cxd4 5
exd4 d5 6 Nc3 Be7 7 cxd5 Nxd5 8
Bd3 Nc6 9 0-0 0-0 10 Re1 Bf6 11 Be4
Nce7 12 Ne5 ● g6 13 Bh6 Bg7 14
Bxg7 Kxg7 15 Qf3

15 ... Qd6

◊　15 ... Qb6 16 Bxd5 [16 Rad1!?] 16 ...
Nxd5 17 Nxd5 exd5 18 Qxd5 Be6 19
Qc5 Rfc8 20 Qxb6 axb6 21 a3 Ra4
Wahls-B.Hansen, Munich 89.

◊　15 ... b6 16 Bxd5 exd5 17 Rad1 f6 18
Nd3 g5 19 h4 h6 20 Nb4 Rf7 21 Nc2
Qd6 22 Ne3 Kosten-Muse, Berlin Open
87.

◊　15 ... Nxc3 16 bxc3 Rb8 17 Rad1
Qc7 18 Qf4 Bd7 19 Nxg6 Qxf4 20 Nxf4
Bc6 21 Rd3 Bxe4 22 Rxe4 B.Andersson-
Eriksson, Rilton Cup 87.

◊　15 ... Nf6 16 Bxb7 Bxb7 17 Qxb7 a5!
18 Qf3 Qxd4 19 Rad1 Qb4 20 Nd7 Nxd7
21 Rxd7 [Nunn-Campora, Biel 83] 21 ...
Nf5! 22 Rb7 Qc4 = Nunn.

**16 Rad1 Bd7 17 Bxd5 exd5 18 h4
Be6 19 h5 f6 20 Nd3 Bf7 21 h6+
Kxh6?? 22 Qe3+ 1:0**

139

Ljubojević-Torre
Brussels (SWIFT) 1987
1 c4 c6 2 e4 d5 3 cxd5 cxd5 4 exd5
Nf6 5 Nf3 Nxd5 6 Nc3 Nc6 7 d4 e6 8
Bd3 Be7 9 0-0 0-0 10 Re1 Bf6 11 Be4
Nce7

● **12 Bg5**
◊ 12 Qb3 Qb6 13 Qxb6 axb6 14 Bg5
Rd8 15 Red1 h6 16 Bxf6 Nxf6 17 Bc2
Bd7 18 Ne5 Be8 19 Bb3 Nc6 20 Nxc6
Bxc6 21 f3 b5 Chiburdanidze-Ioseliani,
1st match game, Telavi 88.
◊ 12 h4 Bd7 13 Qd3 h6! 14 a3 Bc6 15
Ne2 Nb6 16 Ng3 Bxe4 17 Qxe4 Qd5 18
Qg4 Kh7 19 Ne4 Nd7 20 Bg5 Nf5!
Chiburdanidze-Ioseliani, 3rd match
game, Telavi 88.
◊ 12 Qd3 h6!:
a:- 13 Ne5 Nxc3 14 Qxc3 Nf5! 15 Be3
Nxe3 16 fxe3 Rb8 17 Rad1 Bd7 18 Bb1
Be8 [18 ... Qe7!? 19 Qc7 Bc6!] 19 Ng4
Bg5 20 e4 h5 21 Nf2 Rc8 22 Qh3 g6
Chiburdanidze-Ioseliani, 5th match
game, Telavi 88.
b:- 13 h4 Bd7 14 a3 Bc6 15 Bd2 Rc8 16
Rad1 a6 17 g3 Qd6 18 Nh2 Nxc3 19
Bxc3 ½:½ Vizmanavin-Kron, RSFSR
Ch, Gorky 89.
◊ 12 Qc2 g6 13 Bh6 Bg7 14 Bg5 f6 15
Bd2 Bd7:
a:- 16 h4 Bc6 17 h5 Qe8 18 hxg6 hxg6 19
Nxd5 Bxd5 20 Bb4 Rc8 Mainka-
Buecker, Bundesliga 88.
b:- 16 Qb3 Bc6 17 Bd3 Qd7 18 Bc4 Rfe8
19 a4 Kh8 20 Re2 Nf5 21 Ne4 ½:½
Paunović-Meduna, Namestovo 87.
12 ... Bxg5 13 Nxg5 Nf6 14 Bf3 Ned5

15 Qd3 h6 16 Bxd5 exd5 17 Nf3 Qb6
18 b3 Be6 19 Na4 Qc7 20 Nc5 Bg4
21 Ne5 b6 22 Na6 Qd6 23 Rac1 Rac8
24 f3 Rxc1 25 Rxc1 Rc8 26 Qd2 Be6
27 Re1 Bf5 28 Nb4 a5 29 Nbd3 Bxd3
30 Nxd3 Qc7 31 Rc1 Qd7 32 Rxc8+
Qxc8 33 Kf2 Qc7 34 h3 Qd6

35 Qc3 g6 36 b4 axb4 37 Nxb4 Kg7
38 Nd3 h5 39 Ne5 Qe6 40 Qc2 h4 41
Qc7 Nh5 42 Ke3 Qf5 43 Ng4 Qb1 44
Qe5+ Kg8 45 Nh6+ Kh7 46 Nxf7
Qe1+ 47 Kd3 Qd1+ 48 Kc3 Qc1+
49 Kb3 Qb1+ 50 Ka4 Qxa2+ 51 Kb5
Qb3+ 52 Kc6 Qc4+ 53 Kb7 Ng7 54
Ng5+ ½:½

===============**140**===============

Cabrilo-Savon
Belgrade (GMA) 1988
1 e4 c6 2 d4 d5 3 exd5 cxd5 4 c4 Nf6
5 Nc3 e6 6 Nf3 Be7 7 cxd5 Nxd5 8
Bd3 Nc6 9 0-0 0-0 10 Re1 Bf6 11 Be4
● **Qd6**
◊ 11 ... Nde7 [½:½ Kudrin-Benjamin
US Ch 86] 12 Qd3 g6 13 Bh6 Bg7 14
Bxg7 Kxg7 15 Rad1 f6 16 Qc4 Bd7 [16 ...
Qb6 17 d5 exd5 18 Nxd5 Nxd5 19 Bxd5
Kh8 20 Qh4 +=] 17 d5! exd5 18 Nxd5
Be6 19 Qb5! Bxd5 20 Bxd5 Qc7 21 Bb3
Korolev-Razvaliev, postal 86-88.
◊ 11 ... g6 12 Bh6 Nxc3? 13 bxc3 Re8
14 Bf4 Bg7 15 Rb1 f5 16 Bd3 Na5 17
h4! b6 18 h5 Bd7 19 Re3 Bc6 20 hxg6
hxg6 21 Ne5! 1:0 Kling-Wöhrmann,
postal 89.

12 Bc2!?

◊ 12 a3 Bd7 13 Nb5 Qb8 14 Ng5 Bxg5 15 Bxg5 Nce7 16 Nc3 Bc6 17 Qh5 Ng6 18 Rad1 Nxc3 19 bxc3 Bxe4 20 Rxe4 Qd6 21 c4 Qxa3 22 h4 =/∞ Mortensen-L.B.Hansen, Graestved 90.

◊ 12 h4 Bd7 13 Bg5 Bxg5 14 hxg5 Nf4 15 g3 Ng6 16 Kg2 Nce7 17 Rh1 Bc6 18 Qg1 Bxe4 19 Nxe4 Qc6 20 Nf6+ gxf6 21 Qh2 Schulz-Meduna, Porz 88.

◊ 12 Bg5 Bxg5 13 Nxg5 Nf6! 14 d5 [14 Nb5!?] 14 … exd5 15 Nxd5 Nxe4 16 Nxe4 Qh6 17 Qc1 Qxc1 18 Raxc1 Rd8 19 Nd6 Be6 20 Nc7 Rab8 21 Nxe6 Rxd6 22 Nc5 b6 23 Nb7 Rf6 M.Kuijf-Dlugy, Amsterdam (OHRA II) 87.

◊ 12 Qd3 h6 13 a3 Rd8 14 Nb5 Qb8 15 g3 a6 16 Nc3 Nde7 17 Be3 b5 18 Rad1 Bb7 19 Qe2 Na5 20 Bf4 Yurtayev-Zilberman, Frunze 87.

◊ 12 Nb5?! Qb8 13 g3 Bd7 14 Nc3 Nce7 15 Bxd5 Nxd5 16 Nxd5 exd5 17 Bg5 Bxg5 18 Nxg5 Qd8 19 Nf3 Qb6 = 20 Qd2?! [20 Re3 Bg4 = Portisch] 20 … Rfe8 21 Ne5? [21 Rxe8 Rxe8 22 Re1 Rxe1 23 Nxe1 = Ligterink] 21 … Bh3 22 Re3? f6 23 Rb3 [23 Nf3 Rxe3 24 fxe3 =+] 23 … Qa6! 24 Nd3 g5! 25 f3 Re7 26 Nf2 Re2! 27 Qb4 Rc8! 0:1 Beliavsky-Portisch, Reggio Emilia 86.

12 … Nce7 13 Qd3 [13 Ne5 Ng6 14 Ng4 Be7] **13 … Ng6 14 Ne4 Qb6 15 Nxf6+ Nxf6 16 Bg5 Nd5 17 Bb3 Bd7 18 Ne5 Bb5 19 Qg3 Qxd4 20 Rad1 Qb4 21 Nxg6 hxg6 22 Bxd5 exd5 23 Be7 Qa5 24 Bxf8 Rxf8 25 a3 Ba4 26**

b4 Qd8 27 Rd4 Bc6 28 h4 Qf6 29 Re5 a6 30 Qe3 Rd8 31 Qg3 Qd6 32 Re3 Qxg3 33 Rxg3 Re8 34 Re3 Rxe3 35 fxe3 f6 36 Kf2 Kf7 37 Kg3 g5

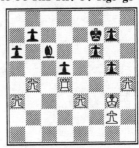

38 hxg5 fxg5 39 Rd2 Kf6 40 Rf2+ Ke5 41 Kg4 d4 42 exd4+ Kxd4 43 Kxg5 Kc3 44 g4 Kb3 45 Kg6 Kxa3 46 Rf4 b6 47 Kxg7 a5 48 bxa5 bxa5 49 Kf6 a4 50 g5 Kb3 51 g6 a3 52 Ke6 a2 53 g7 a1Q 54 g8Q Qc3 55 Kd6+ Ka3 56 Rc4 Qf6+ 57 Kc5 Ba4 58 Rxa4+ 1:0

═══════ **141** ═══════

Beliavsky-Karpov
TRUD-CSKA, Moscow 1986
1 e4 c6 2 c4 d5 3 exd5 cxd5 4 cxd5 Nf6 5 Nc3 Nxd5 6 Nf3 Nc6 7 d4 e6 8 Bd3 Be7 9 0-0 0-0 10 Re1 ● Nf6

11 a3 b6

◊ 11 … a6?! 12 Bc2 b5 13 Qd3 g6 14 Bh6 Re8 15 Rad1 Bb7 16 Qe2! += Hébert-Leveille, Montreal 85.

12 Bg5

◊ 12 Bb1 Bb7 13 Qd3 g6 14 Bh6 Re8 15 Ba2 Nd5 16 Nxd5 exd5 17 Ne5 Bf6 18 Nxc6 Bxc6 19 Rxe8+ Qxe8 20 Qd2 Qd7 21 Be3 h5 Le Blancq-Campora, Thessaloniki Ol 88.

◊ 12 Bf4 Bb7 13 Bc2 Rc8 14 Qd3 g6 15 Rad1 Na5 16 Bh6 Re8 17 Ba4 Bc6 18 Bxc6 Nxc6 19 d5 Nxd5 20 Nxd5 exd5 21 Qxd5 = Smyslov-Andersson, Reggio Emilia 86-87.

12 ... Bb7

◊ 12 ... Kh8 13 Qe2 Nxd4 14 Nxd4 Qxd4 15 Rad1 Rb8 16 Bxh7 Qc5 17 Bf4 Rb7 18 Bb1 Rd7 19 Rxd7 Bxd7 20 Be5 Rd8 21 b4 Qc8 22 Nd5 Bb5 23 Qf3 Qb7 24 Qh3+ Kg8 25 Bxf6 Bxf6 26 Qh7+ 1:0 Allan-Hawkes, Winnipeg Z 86.

13 Bc2

◊ 13 Bb1 Nd5 14 Qd3 g6 15 Bh6 Re8 16 Ba2 Nxc3 17 bxc3 Bf8 18 Bxf8 Rxf8 19 Rad1 Qf6 20 c4 Rfd8 [Batakov-Kastarnov, USSR Central CC Corres 86-87] 21 Qe3 △ 22 d5 - Sveshnikov.

13 ... Rc8

◊ 13 ... Nd5 14 h4 Nxc3 15 bxc3 Ba6 16 Qd2 Bxg5 17 hxg5 Rc8 18 Re4 Bc4 19 Rh4 g6 20 Qf4 Bd5 21 Be4 f5 22 gxf6 Qxf6 23 Qh6 Rc7 ≈ Pigusov-Bareyev, Tallinn 86.

14 Qd3 g6 15 Rad1 Nd5 16 Bh6 Re8 17 Ba4 a6?! [17 ... Bf8!?] **18 Nxd5 Qxd5 19 Qe3 Bf6 20 Bb3 Qd7!? 21 d5 exd5 22 Qxb6 Rxe1+ 23 Rxe1 Bxb2 24 Bxd5 += Bg7 25 Bxg7 Kxg7 26 h4 Qxd5 27 Qxb7 Rb8 28 Qxa6 Rb3 29 Qa4 Rc3 30 Re3 Rc4 31 Qb3 Nd4! 32 Qb2**

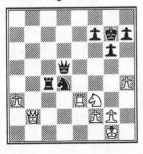

32 ... Kh6!! [32 ... Kg8 33 Re8+ ±] **33 Ne5 Rc2 34 Qb8 Kg7 35 h5 Nf5 36 Re1 gxh5 37 Nf3 Qc5 38 Qe5+ Qxe5 = 39 Rxe5 Rc1+ 40 Kh2 Kf6 41 Rb5 Ra1 42 Rb6+ Kg7 ½:½**

142

Gobet-Campora
La Chaux de Fonds 1987

1 e4 c6 2 c4 d5 3 exd5 cxd5 4 cxd5 Nf6 5 Nc3 Nxd5 6 Nf3 Nc6 7 d4 e6 8 Bd3 Be7 9 0-0 0-0 10 Re1 Nf6 11 a3 b6 ● 12 Bc2 Bb7 13 Qd3 g6

◊ 13 ... a6 14 d5 exd5 15 Bg5 g6 16 Rxe7 Qxe7 17 Nxd5 Nxd5 18 Bxe7 Ncxe7 19 Re1 Rad8 20 Qd4 Nc6 21 Qg4 Nf6 22 Qf4 Nd5 23 Qh6 Sigurjonsson-Haldorsson, Reykjavik 86.

14 Bh6 Re8 15 Rad1 Nd5

◊ 15 ... Rc8 16 Bb3 Na5 17 Ba2 Nd5 18 Ne5 Bf8 19 Bxf8 Rxf8 20 Qg3 = Gobet-Gerber, Swiss Ch 88.

16 Ne4 Rc8 17 Ba4 a6 18 Nfg5 Qd7 19 Qf3 f5 20 Nc3 Nxc3 21 Qxc3 Bf6 22 Rxe6 Rxe6 23 Nxe6 Kh8 24 Qe3 b5 25 Nc5 Qe7 26 Bb3 Ba8 27 Qxe7 Nxe7 28 Nd7 Bg7 29 Bxg7+ Kxg7 30 Re1 Nd5 31 h3 Rd8 32 Bxd5 Bxd5 33 Re7+ Kh6 34 Nf6 g5 35 Rxh7+ Kg6 36 Rd7 ±± Rxd7 37 Nxd7 f4 38 b4 Kf5 39 Nc5 Bc4 40 f3 Bf7 41 Kf2 Bc4 42 g4+ fxg3 43 Kxg3 Be2 44 Nxa6 Ke6 45 Nc5+ Kd5 46 Ne4 Kxd4 47 Nxg5 Ke3 48 h4 1:0

143

Anand-Adams
London (Lloyds Bank) 1987

1 e4 c6 2 d4 d5 3 exd5 cxd5 4 c4 Nf6 5 Nc3 e6 6 Nf3 Be7 7 cxd5 Nxd5 8 Bd3 Nc6 9 0-0 0-0

◊ 9 ... Ncb4 10 Bb1 Nf6 11 Ne5 Bd7 12 a3 Nbd5 13 Nxd5 Nxd5 14 Qh5 g6 15

Qf3 Bf6 16 Bh6 Bc6 17 Be4 Rc8 18 Rac1 Rc7 19 Rc5 Bg5 20 Bxd5 Bxd5 21 Rxd5 exd5 22 Re1 Rg8 23 Nc6+ 1:0 Karaklajić-Ellebracht, Dortmund Open 88.

10 a3

◊ 10 Be3 Nxe3 11 fxe3 g6 12 Qe2 Bf6 13 a3 Bg7 14 Rad1 Bd7 15 Kh1 Rc8 16 Bb1 Qa5 17 Qf2 Ne7 18 e4 Qb6 19 Rd2 Nc6 20 Na4 Qb5 21 Nc3 Qa5 House-Adams, London (Lloyds Bank) 88.

10 ... Nf6

11 Bc2

◊ 11 Re1 Qd6 12 Bc2 Rd8 13 Be3 b6 14 Qd3 g5 15 Rad1 Bb7 16 Bxg5 Rac8 17 Bb1 Qb8 18 Ba2 Ng4 19 Bxe7 Nxd4 20 Qxd4 Rxd4 21 Rxd4 Bxf3 22 Bd6 Qb7 23 gxf3 Qxf3 24 Bg3 Seirawan-Hort, Lugano Open 85.

11 ... b6 12 Re1

◊ 12 Qd3 a5 13 Ne4 g6 14 Rd1 Ba6 15 Qe3 Re8 16 Ne5 Nd5 17 Qh6 Qc7 18 Nxc6 Qxc6 19 Bb3 Bc4 20 Bxc4 Qxc4 Jacobs-Adams, NatWest Young Masters, London 87.

● **12 ... Ba6**

◊ 12 ... Bb7 13 Qd3 g6 14 Bh6 Re8 15 h4 Nd5 16 h5 Nxc3 17 hxg6 hxg6 18 Rxe6 Bf6 19 Rxe8+ Qxe8 20 Re1 Qd7 21 bxc3 O'Donnell-Frois, Thessaloniki Ol 88.

13 b4

◊ 13 Bg5!? Rc8 14 Qd2 Bc4 15 Rad1 Nd5 16 Ne4 Bxg5 17 Nexg5 Nf6 18 Nxh7 Nxh7 19 Bxh7+ Kxh7 20 Qc2+ Kg8 21 Qxc4 Gobet-Campora, Bern

88.

13 ... Rc8

◊ 13 ... Bc4 14 b5 Na5 15 Ne5 Rc8 16 Re3 g6 17 Rg3 Qe8 18 Bh6 Bxb5 19 h4 Nd7 20 Nxb5 Nxe5 21 Nxa7 Ra8 22 dxe5 Rxa7 23 h5 Ulibin-Hlian, RSFSR Ch. 87.

14 Bb2

◊ 14 b5 Na5 15 Qd3 Qc7 16 Bd2 Nc4 17 Ne4 Nxe4 18 Qxe4 g6 19 Bf4 Bd6 20 Bh6 Bxb5 Pyhala-Christiansen, Reykjavik 86.

14 ... Nd5 15 b5 Nxc3 16 Qd3 g6 17 Bxc3 Qc7 18 bxa6 Na5 19 Bxa5 1:0

═══════**144**═══════

Mortensen-Larsen
4th match game, Aalborg 1989
**1 e4 c6 2 c4 d5 3 exd5 cxd5 4 d4 Nf6 5 Nc3 e6 6 Nf3 Be7 7 cxd5 Nxd5 8 Bd3 0-0 9 0-0 Nc6 10 Re1 ●
Qd6**

◊ 10 ... Ncb4 11 Bb1 Nf6 12 Ne5 Bd7 13 Re3! Rc8 14 Rg3 g6 15 Bh6 Re8 16 Bxg6! hxg6 17 Rxg6+ Kh7 [17 ... fxg6 18 Qb1!] 18 Qb1 Ne4 19 Qxe4 f5 20 Qf3 Rg8 21 Qh5 1:0 Averbuch-Maidanovich postal 86-87.

◊ 10 ... a6 11 Ne4 Re8 12 a3 Nf6 13 Bc2 Nxe4 14 Bxe4 Bf6 15 Be3 Ne7 16 Ne5 Ng6 17 f4 Rb8 18 Qc2 Bd7 19 Rad1 Qe7 20 Qc7 Bc6 Oppitz-Spindel, Bundesliga 88.

◊ 10 ... b6 11 Nxd5:
a:- 11 ... exd5 12 Bxh7+ Kxh7 13 Qc2+ g6 14 Qxc6 Bf5 15 Bd2 Rc8 16 Qb5 Be4 17 Ne5 Bd6 18 Qd7 Kg7 19 Qxd8 Rfxd8 20 Rac1 Bf5 21 Bh6+ Howell-Wians, Oakham Young Masters 88.

b:- 11 ... Qxd5 12 Be4 Qd6 13 Qc2 Bb7 14 Bxh7+ Kh8 15 Be4 Bf6 16 Qe2 Nxd4 17 Nxd4 Bxe4 18 Nxe6 Qxe6 19 Qxe4 Qxe4 20 Rxe4 Rfd8 21 Be3 Bxb2 22 Rb1 Bf6 23 g4 Hebden-Einarsson, London

(Lloyds Bank) 87.

11 a3

◊ 11 Nb5:

a:- 11 ... Qb8 12 Ne5 a6 13 Nc3 Nxc3 14 Qh5 f5 15 Nxc6 bxc6 16 bxc3 c5 17 Ba3 Qc7 18 Bc4 cxd4 19 Bxe7 Qxe7 20 cxd4 Qd6 Klinger-Gobet, Bern 89.

b:- 11 ... Qd7 12 Bg5 Bxg5 13 Nxg5 Nf6 14 Qc2 g6 15 Nf3 a6 16 Ne5 Qd8 17 Nxc6 bxc6 18 Nc3 Qxd4 Alvarez-Ostenstad, Euro-Teams, Haifa 89.

11 ... Rd8 12 Qc2

◊ 12 Bc2 Nf6 13 Be3 e5 14 Nb5 Qd7 15 dxe5 Nxe5 16 Nxa7 Qc7 17 Qe2 Nxf3+ 18 gxf3 Bd7 19 Rac1 Qa5 20 Bd3 Qh5 21 Rc4 Bd6 22 h4 Re8 23 Qd2 Bb8 24 Rc5 Qxf3 25 Be2 Qh3 0:1 Brunner-Bouaziz, World Teams, Luzern 89.

12 ... h6 13 Be3 Bd7 14 Nxd5 Qxd5 [14 ... exd5 15 Ne5! △ f4 Mortensen] **15 Bh7+ Kh8 16 Be4 Qh5 17 Rad1 Rac8 18 Qe2 Be8 19 b4!** += **a6 20 h3 Kg8 21 Bb1** [21 Qf1!? △ 22 g4 Qb5 23 Qxb5 axb5 24 d5] **21 ... Bf8 22 Be4 b5?!** [22 ... a5 23 b5 Ne7 24 a4 Nd5 25 Bd2 △ Rc1, Qf1] **23 Qf1 f5 24 Bb1 Bd6** [24 ... Ne7!? 25 Ba2 Nd5 26 Bd2 +=] **25 Ba2 Bf7 26 Bc1 Qg6 27 Qe2 Re8 28 Ne5** ± **Nxe5 29 dxe5 Bf8 30 Rd3 Rc6 31 Be3 Rec8 32 Bb3 Qh5 33 Qd2 Kh7 34 f4 Be8 35 Rd8 Qf7 36 Rxc8 Rxc8 37 Rc1 Rxc1+ 38 Qxc1 Qd7 39 Bc5 Qc6 40 Qe3 Kg8 41 Qd4 Bxc5 42 bxc5 Kf7 43 Kf2 a5 44 Qd6 Qxd6**

45 cxd6? [45 exd6! Bc6 46 Ke3 ±] **45 ... a4! 46 Ba2 Bc6 47 Ke3! b4! 48 axb4**

a3? [48 ... Bd5! =] **49 b5 Bxg2 50 h4 g6 51 b6 Bc6 52 Kd2 Ke8 53 Bxe6 1:0**

===== **145** =====

Mestel-Shrentzel
Beersheva 1988

1 e4 d5 2 exd5 Nf6 3 c4 c6 4 Nc3 cxd5 5 cxd5 Nxd5 6 d4 Nc6 7 Nf3 e6 8 Bd3 Be7 9 0-0 0-0 • 10 a3 Bf6

◊ 10 ... a6?!:

a:- 11 Re1 Nf6 12 Bc2 b5 13 Qd3 Ra7 14 d5! Rd7 15 Ne4! g6 16 Bh6 Nxd5 17 Bxf8 Bxf8 18 Rad1 Qb6 19 Bb3! Bg7 20 Qc2 Rd8 21 Rd2 Bb7 22 Qc5 Qa5 23 Bxd5 exd5 24 Rxd5 Rxd5 25 Nf6+! 1:0 Makarichev-Ageichenko, Moscow 87.

b:- 11 Ne4 Nf6 12 Be3 g6 13 Rc1 Bd7 14 Nc5 Bc8?! 15 Nxa6 bxa6 16 Rxc6 Bb7 17 Rc2 Nd5 18 Bh6 Re8 19 Ne5 Bf6 20 Qf3 Qe7 21 Be4 ± Mukhutdinov-Konstantdinov, Moscow 86.

11 Be4

◊ 11 Qc2 h6 12 Rd1 Qb6 13 Bc4 Rd8 14 Ne2 Bd7 15 Qe4 Nce7 16 Bd3 [Smyslov-Ribli, 5th match game, London 83] 16 ... Bb5! 17 Qh7+ Kf8 18 Ng3 Bxd3 19 Qxd3 Rac8 20 h3 = Smyslov.

◊ 11 Be3 Nxc3 12 bxc3 b6 13 h4 Bb7 14 Ng5 Bxg5 15 Bxg5 Qd5 16 Qg4 Ne5 17 Bxh7+ Kxh7 18 dxe5 Qxe5 Visetti-Marić, Dortmund Open 87.

◊ 11 Re1:

a:- 11 ... Re8 12 Be4 Nce7 13 Ng5 Ng6 14 Qh5 Bxg5 15 Bxg5 Nf6 16 Bxf6 Qxf6 17 Re3 Nf8 18 Rf3 Qe7 19 Bxh7+ Kxh7 20 Rb3 Qf6 21 Qxh7+ Kf8 22 Re1 ±± Kositsin-Teachenko, Simferopol 89.

b:- 11 ... Nxc3 12 bxc3 Qa5 13 Qc2 g6 14 Bf4 Rd8 15 h4 Bd7 16 Ne5 Nxe5 17 Bxe5 Ba4 18 Qb2 Bxe5 19 Rxe5 Qc7 20 h5 D.Cramling-Evertsson, Rilton Cup 88.

c:- 11 ... Nce7 12 Ne4 Bd7 13 Nxf6+
Nxf6 14 Bg5 h6 15 Bxf6 gxf6 16 Nh4 f5
17 Qh5 Kg7 18 Re3 Ng6 19 Nxg6 fxg6
20 Qe2 Qf6 21 Re5 Rääste-Long, Dubai
Ol 86.

11 ... Qd6!?

◊ 11 ... Nce7:

a:- 12 Ne5 g6 13 Bh6 Bg7 14 Bxg7 Kxg7
15 Rc1! b6 16 Nxd5 Nxd5 17 Bxd5
Qxd5 18 Rc7! Bb7 19 Qg4 Rad8 20 Rd1
a5 21 h4 ± Smyslov-Ribli, 7th match
game, London 83.

b:- 12 Qd3 g6 13 Bh6 Bg7 14 Bg5 Nxc3
15 Qxc3 h6 16 Bxe7 Qxe7 17 Ne5 Rd8
18 Rfd1 a5 19 Rac1 Ra6 20 f4 Romero
Holmes-Antunes, Andorra Z 87.

12 Qd3

◊ 12 Bg5 Bxg5 13 Nxg5 h6 14 Nf3 Rd8
15 Qd3 Nf6 16 Rad1 Bd7 17 d5 exd5 18
Nxd5 Nxe4 = Novikov-Sveshnikov,
Kuibyshev 86.

12 ... g6

◊ 12 ... h6 13 Rd1 Bd7 14 Qe2 Rac8 15
Bc2 Nce7 ∞ Mestel.

**13 Bh6 Bg7 14 Qd2 Nf6 15 Rad1 Rd8
16 Rfe1 Bd7**

17 Bg5 Na5 18 Ne5 Be8 19 Bf3 Qb6
20 Qf4 Nd5 21 Nxd5 exd5 22 Bxd8
Rxd8 23 Ng4 Ba4 24 Re7 Rf8 25
Bxd5 Bb3 26 Rxf7 1:0

=============== **146** ===============

M.Kuijf-Gelpke
Dutch Championship, Hilversum 1989
1 e4 c6 2 d4 d5 3 exd5 cxd5 4 c4 Nf6
5 Nc3 e6 6 Nf3 Be7 7 cxd5 Nxd5

8 Bd3 0-0 ●

◊ 8 ... Na6 9 0-0 0-0 10 Re1 Qd6 11 a3
Rd8 12 Ne5 Nxc3 13 Qh5 g6 14 Nxg6
fxg6 15 Bxg6 hxg6 16 Qxg6+ Kh8 17
Qh6+ ½:½ Zude-Cirić, Baden-Baden
Open 88.

◊ 8 ... Bf6 9 0-0 Nc6 10 Be4 Nce7 11
Qd3 a6 12 Re1 Qd6 13 a3 Bd7 14 Bd2
Bc6 15 Rac1 Rd8 16 Nxd5 Nxd5 17 Be3
h6 18 Qb3 0-0 Ebeling-Gheiadi, Thessa-
loniki Ol 88.

◊ 8 ... Nd7 9 Nxd5 exd5:

a:- 10 Qb3 Nf6 11 Bb5+ Bd7 12 Bxd7+
Qxd7 13 Ne5 Qe6 14 Qb5+ Nd7 15 0-0
f6 16 Qxb7 Rd8 17 Nc6 0-0 18 Nxd8
Bxd8 19 Bf4 Bb6 20 Rae1 Qf7 21 Bd6
Re8 22 Rxe8+ Qxe8 23 Bb4 1:0 R.Kuijf-
Pearce, Thessaloniki Ol 88.

b:- 10 0-0 0-0 11 Re1 Re8 12 h3 Nf8 13
Qb3 Qd6 14 Bd2 Ne6 15 Rac1 Rd8 16
Bb1 Bf6 17 Qd3 Nf8 18 Ne5 Be6 19 f4
Short-Lehmann, Bundesliga 85.

9 h4

◊ 9 0-0:

a:- 9 ... b6 10 Nxd5 exd5 11 Qc2 g6 12
Re1 Bb7 13 Bh6 Bb4 14 Bxf8 Bxe1 15

Ba3 Ba5 16 b4 Breyther-Lueders, Bundesliga 88.
b:- 9 ... Nf6:
b1:- 10 a3 b6 11 Bg5 Nc6 12 Re1 Bb7 13 Bc2 Rc8 14 Qd3 g6 15 h4 Rc7 16 Bb3 Rd7 17 Rad1 a6 18 Bh6 Re8 19 d5 exd5 20 Nxd5 Nxd5 21 Bxd5 Pyhala-Larsson, Rilton Cup 87.
b2:- 10 Bg5 Nc6 11 Rc1 Nb4 12 Bb1 b6 13 a3 Nbd5 14 Qd3 g6 15 Nxd5 Nxd5 16 Bh6 Re8 17 Ne5 Bb7 18 Qf3 Bf6 19 Be4 Schneider-Larsson, Rilton Cup 87.
9 ... f5
◊ 9 ... Nc6 10 Qc2 f5 11 a3 b6?! 12 0-0 Kh8 13 Re1 Nf6 14 Qa4 Bd7 Sveshnikov-Kasparov, USSR Ch 78.
10 Bg5 Nc6 11 Rc1 Bf6 12 Bc4 Nb6 13 Bxf6 Qxf6 14 Bb3 Bd7 15 0-0 Rad8 16 Re1 Bc8 17 Ne2 Kh8 18 Qc2 Rd6 19 Qc5 Rfd8 20 g3 Nd5 21 Ne5 b6 22 Qa3 Nde7 23 Nf4 Nxd4 24 Qxa7 Ndc6 25 Nxc6 Nxc6 26 Qa3 h6

27 Bd1? [27 h5 e5 28 Ng6+ Kh7 29 Ba4 Bb7 30 Bxc6 Rxc6 31 Qa7 ±±] **27 ... e5 28 Ng2 Bb7 29 Bf3 e4 30 Bh5 Ne5?** [30 ... g5 31 hxg5 hxg5 32 f4 Rd3 33 Rc3 Qd4+ 34 Kf1 Nb4] **31 Rc7 R6d7 32 Qc3 Rxc7 33 Qxc7 Rd7 34 Qb8+ Kh7 35 Nf4 g5 36 Rd1 Nd3?? 37 Bg6+ Kg7 38 Nh5+ Kxg6 39 Nxf6 ±± Kxf6 40 Qf8+ Kg6 41 Qe8+ Rf7 42 h5+ Kg7 43 Qe6 f4 44 Qg6+ 1:0**

──────── **147** ────────

Kasparov-Gonda
Cannes (Simultaneous) 1988

1 d4 Nf6 2 c4 e6 3 Nf3 c5 4 Nc3 Nc6 5 e3 d5 6 cxd5 Nxd5 ● 7 Bc4 Nxc3 8 bxc3 cxd4 9 exd4 Be7 10 0-0 0-0 11 Re1 b6
◊ 11 ... Re8 12 Qe2 g6 13 Qe4 e5 14 Nxe5 Bf6 15 Bf4 Bxe5 16 Qe3 Bf5 17 Bxf5 Bxf4 18 Qxf4 Qf6 0:1 Eriksson-Bjerring, Rilton Cup 87.
12 Bd3

12 ... Bb7 13 h4! Bxh4
◊ 13 ... Bf6 14 Ng5 g6 15 Qg4 h5:
a:- 16 Qg3 Ne7:
a1:- 17 Ne4 Bxe4 18 Bxe4 Rc8 19 Bh6 Re8 20 Qf3 Bg7 21 Bg5 Qd6 Djurhuus-Ostenstad, Oslo 88.
a2:- 17 Ba3 Rc8? [17 ... Qd7 ∞] 18 Nxe6! fxe6 19 Rxe6 Rc7 20 Rae1 Rf7 21 Bxg6 Rd7 22 Bxf7+ Kxf7 23 Rf6+ Kxf6 24 Qe5+ Kf7 25 Qe6+ Kf8 26 Qf6+ 1:0 C.Hansen-Kir.Georgiev, Kiljava 84.
b:- 16 Qf4 e5 17 Qg3 Qd7 18 Ba3 Rfe8 19 Bc4 Bxg5 20 Qxg5 Qf5 21 Qxf5 gxf5 = 22 d5 Na5 23 Bb5 Bxd5 24 Bxe8 Rxe8 =/∞ A.Sokolov-Christiansen, Dubai 88.
14 Nxh4 Qxh4 15 Re3 g6
◊ 15 ... f5!? 16 Rxe6 Nxd4 17 Re3 Nc6 18 Rh3 Qg4! 19 Qxg4 fxg4 20 Bxh7+ Kf7 ∞ Mikhalchishin.
16 Rh3
◊ 16 Rg3 Qf6 17 Qg4 Qg7 18 Qh4 f5 19 Bh6 Qf6 20 Bg5 Qf7 21 Re1 Na5 22 c4 Anand-Morrison, British Ch 88.
16 ... Qf6 17 Bh6 Rfe8 18 Qg4 Rac8 19 Bg5 Qg7 20 Qh4 f5 21 Re1 Na5 22 Rhe3 Qf7 23 Bb5 Bc6 24 Bxc6 Nxc6 25 c4 Qd7 26 Bf6 Qf7 27 d5 exd5 28 Rxe8+ Rxe8 29 Rxe8+ Qxe8 30

cxd5 Qe1+ 31 Kh2 Ne5 32 d5 Nd7
33 Qc4+ Kf8 34 Qc8+ Qe8 35 Be7+
Kf7 36 Qc4+ Kg7 37 Qe6 g5 38
Bf6+ 1:0

148

A.Sokolov-Karpov
1st Match Game, Linares 1987
1 e4 c6 2 c4 d5 3 exd5 cxd5 4 cxd5
Nf6 5 Nc3 Nxd5 6 Nf3 e6 7 d4 Be7 8
Bc4 ● 0-0
◊ 8 ... Nb6 9 Bb3 Nc6 10 0-0 0-0 11 a3
Bf6 12 Be3 Na5 13 Bc2 Nac4 14 Ne4 Be7
15 Bc1 g6 16 b3 Nd6 17 Nc5 Nd5 18 Bh6
Re8 19 Qd2 b6 A.Sokolov-Zhuravlev,
Riga 87.
◊ 8 ... Nxc3 9 bxc3 Nd7 10 0-0 0-0 11
Qe2 Qc7 12 Bb2 b6 13 Rfe1 Nf6 14 Ne5
Bb7 15 Bd3 Rac8 16 Rac1 Nd5 17 Qg4 f5
18 Qg3 Bd6 Findlay-Vranesić, Toronto
89.
◊ 8 ... Nc6 9 0-0 Nxc3 10 bxc3 0-0 11
Bd3 Bf6 12 Qe2 Re8 13 Rd1 Bd7 14 Rb1
Na5 15 Ne5 ± Ba4?? 16 Bxh7+ 1:0
C.Hansen-Kraidman, Jerusalem 86.
9 0-0 Nc6 10 Re1 a6
◊ 10 ... Nf6 11 a3 a6 12 Ba2 Qd6 13
Bg5 Rd8 ½:½ Djurić-Dlugy, New York
Open 88.
◊ 10 ... Bf6 11 Ne4 b6 12 a3 Bb7 13
Qd3 Rc8 14 Nfg5 Bxg5 15 Bxg5 f6 16
Bd2 Qd7 17 Rad1 Nce7 18 Ba2 Rfe8 19
h4 Kh8 20 Bb1 g6 Nikolić-Ribli, Por-
torož 85.
11 Bb3
◊ 11 a3 b5 12 Ba2 Nxc3 13 bxc3 Bb7
14 Qd3 Na5 15 Bb1 g6 16 Bh6 Re8 17
Ne5 Bg5 18 Qh3 Bxh6 19 Qxh6 Qe7 20
Re3 Qf8 21 Qh4 F.Portisch-Zier, Vien-
na 86.
11 ... Nxc3 12 bxc3 b5 13 Qd3 Ra7
◊ 13 ... Bb7 14 Bc2 g6 15 Bh6 Re8 16
Rad1 Rc8 17 h4 Qd5 18 Bb3 Qh5 19
Qe3 Na5 20 Bg5 Nxb3 21 axb3 Bxg5 22
hxg5 Bxf3 23 gxf3 Red8 Matveeva-

Anand, Frunze 87.
14 Bc2 g6 15 Bh6 Re8 16 Qe3 Rd7 17
h4 Bf6 18 Bg5! Bb7 19 Qf4 Bxg5 20
Nxg5 Qc7 21 Qf6 Nxd4 22 Bxg6
hxg6 23 cxd4 Rd5 24 Rac1 ± Qd7?!
[24 ... Qe7]

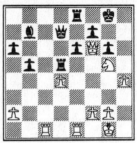

25 Rc5?! [25 Ne4! Rf5? 26 Qxf5! △ 27
Nf6+] 25 ... Qe7 26 Rxe6? [26 Qf4] 26
... Qxf6 = 27 Rxf6 Rd7! 28 a3 Kg7 29
Rb6 Re2 30 Rc3 Rd2 31 Nf3 Bxf3 32
Rxf3 R2xd4 33 Rxa6 Rxh4 34 g3 Rh5
35 Kg2 Rhd5 ½:½

149

Vaganian-van der Wiel
Rotterdam (World Cup) 1989
1 c4 c6 2 e4 d5 3 exd5 cxd5 4 d4 Nf6
5 Nc3 e6 6 Nf3 Be7 7 cxd5 ● exd5

8 Bd3
◊ 8 h3 Nc6 9 Bd3 0-0 10 0-0 Be6 11 Bf4
Rc8 12 Re1 a6 13 Qd2 Na5 14 Ng5 Bd7
15 Qe2 Nc6 16 Rad1 h6 17 Nf3 Re8 18
Qd2 Be6 19 Bb1 Bf8 20 Ne5 Kosten-
Ravi, London (Lloyds Bank) 89.

◊ 8 Ne5 0-0 9 Bd3 Nc6 10 0-0 Nxd4 11 Bxh7+ Nxh7 12 Qxd4 Be6 13 Be3 Nf6 14 Rad1 Re8 15 Rfe1 ½:½ Speelman-Dolmatov, Moscow 85.

8 ... 0-0

◊ 8 ... Nc6 9 h3 0-0 10 0-0 h6 11 Bf4! Be6 12 Re1 Rc8 13 Qd2 Re8 14 Rad1 Bb4?! [14 .. Bf8] 15 a3 Bf8 16 Bb1 Nd7 [Anand-Ravi, Indian Ch 88] 17 Re2! Nb6 18 Rde1 ± Anand.

9 h3 Nc6 10 0-0 Be6 11 Be3

◊ 11 Ne5 Nxd4 12 Bxh7+ Nxh7 13 Qxd4 = Vaganian.

◊ 11 Re1 Rc8 12 Bf4 Nh5 13 Bh2 g6 14 Qd2 Re8 15 Rad1 Bf8 16 Bf1 a6 17 Ne5 b5 18 Nxc6 Rxc6 19 Be5 += Salov-Noguieras, Barcelona (World Cup) 89.

11 ... Nd7?

◊ 11 ... Qc8!? 12 Ne5 Bf5 13 Nxc6 bxc6 14 Rc1 △ Na4, b3 += Vaganian.

12 Ne2! ± **Qb6 13 Nf4 Rac8**

◊ 13 ... Qxb2? 14 Rb1 Qxa2 15 Nxe6 fxe6 16 Rxb7 Rad8 17 Ng5! Bxg5 18 Bxg5 Nf6 19 Bxf6! Rxf6 20 Qg4 g6 21 Qh4 ±± Vaganian.

14 Qb1! h6 15 Bh7+ Kh8 16 Bf5 Bxf5 17 Qxf5 Nf6 18 Nxd5 Nxd5 19 Qxd5 Bf6 20 Rad1! Ne7 [20 ... Qxb2? 21 Rb1 Qc3 22 Rxb7 Rcd8 23 Qc5 ±± Vaganian] **21 Qh5 Rc2 22 d5 Qa6 23 d6 Ng8 24 d7 Qxa2 25 Rfe1 Rd8 26 Bg5! Rc7 27 Ne5! Kh7 28 Bxf6 Nxf6 29 Qf5+ Kh8 30 Rd6!** [△ Rxf6] **1:0**

Adams-Larsen
Cannes 1989
1 e4 c6 2 d4 d5 3 exd5 cxd5 4 c4 Nf6 5 Nc3 e6 6 Nf3 Be7 7 cxd5 exd5 ● 8 Bb5+ Nc6

◊ 8 ... Nbd7:

a:- 9 0-0 0-0 10 Ne5 a6 11 Bd3 Bd6 12 Bf4 Nb6 13 Bg5 Be6 14 f4 h6 15 Bh4 Be7 16 f5 Bd7 17 Rf2 Rc8 18 Qf3 Bc6 19 Re1 Re8 20 Rfe2 Wolff-Rowley, New York Open 89.

b:- 9 Qb3 0-0 10 0-0 Nb6 11 Re1 Be6 12 Bg5 Rc8 13 Rac1 Rc7 14 Bd3 Nh5 15 Nb5 Rxc1 16 Bxc1 a6 17 Nc3 h6 18 Ne5 Bg5 19 Ne2 Bxc1 20 Rxc1 Qd6 21 Bxa6 Heidrich-Hickl, Bundesliga 87-88.

◊ 8 ... Bd7:

a:- 9 Qb3 Bxb5 10 Qxb5+ Qd7 11 Ne5 Qxb5 12 Nxb5 Na6 13 Bf4 0-0 14 Rc1 Bb4+ 15 Ke2 Rfe8 16 a3 Bf8 17 Rhe1 Re6 18 b4 Ne4 19 Kf1 J.Polgar-Finegold, Amsterdam (OHRA B) 89.

b:- 9 Bxd7+ Nbxd7 10 0-0 0-0 11 Qb3 Nb6 12 Re1:

b1:- 12 ... Re8 13 Bg5 Qd7 14 Ne5 Qf5 15 Bxf6 gxf6 16 Nf3 Bd6 17 a4 Kh8 18 a5 Rg8 19 Ne2 Nc4 20 Ng3 King-Seegers, Bundesliga 88.

b2:- 12 ... h6 13 Bf4 Nh5 14 Be5 Qd7 15 h3 Rfd8 16 Bh2 Bd6 17 Ne5 Bxe5 18 dxe5 g6 19 Rad1 Ng7 20 a4 Lutikov-Pantaleev, USSR 85.

9 0-0 0-0 10 Ne5 Qb6 11 Bg5 Nd8!

12 Qd3 [12 Bd3! ± Adams] **12 ... Ne6 13 Be3! Rd8 14 f4 Nc7 15 Ba4 Qa6?** [15 ... Qxb2 16 Rab1 Qa3 17 Bc2 g6 18 Rb3 Qd6 19 f5!] **16 Qxa6 Nxa6 17 f5**

Kf8 18 Bb3 Nc7 19 g4 Nfe8 20 g5
Rd6 21 Rf3 a5 22 Rc1 f6 23 g6 h6 24
Nf7 Rb6 25 Re1 Bb4 26 Ba4 Bxc3 27
bxc3 Rb2 28 Nxh6 b5 29 Nf7 bxa4 30
Bc1 Rxa2 31 Rh3 Ne6 32 fxe6 Ke7
33 c4 dxc4 34 d5 Bb7 35 Rd1 1:0

===== **151** =====

Janosević-Schroeder
Dortmund Open 1987
1 e4 c6 2 d4 d5 3 exd5 cxd5 4 c4 Nf6
5 Nc3 e6 6 Nf3 Be7 ● 7 Bd3 0-0 8 0-0
dxc4 9 Bxc4

9 ... Nc6
◊ 9 ... Nbd7 10 Re1 a6 11 Bb3 b5:
a:- 12 d5 Nc5 13 Nd4 Nxb3 14 Qxb3 Bc5
15 Nc6 Qd6 16 Be3 Bxe3 17 Rxe3 Bb7
18 a4 Nxd5 19 Nxd5 Bxc6 Kasperson-
Stein, Copenhagen Open 88.
b:- 12 Qe2 Nb6 13 Ne5 Qxd4 14 Bg5
Bd6 15 Nf3 Qg4 16 Rad1 Nfd5 17 Rd4
Qh5 18 Ne4 Bb8 19 Nc5 h6 20 Bd2 Ra7
Varasdy-Stein, Dortmund Open 88.
◊ 9 ... a6:
a:- 10 a3 b5 11 Bb3 Bb7 12 Bg5 Nc6 13
Qd3 Rc8 14 Rad1 Na5 15 Bc2 g6 16 Ne5
Nd7 17 Bxe7 Qxe7 18 Nxd7 Qxd7 19
Qe2 Bd5 Donchenko-Sveshnikov,
USSR 86.
b:- 10 a4 Nc6 11 Bg5 Nb4 12 Qe2 b6 13
Rad1 Bb7 14 Ne5 Rfd5 15 Bxe7 Qxe7 16
f4 Rac8 17 Rd2 a5 Inkiov-Ravikumar,
Calcutta 86.
10 a3 b6
◊ 10 ... a6 11 Ba2 b5 12 Re1 Bb7 13
Bg5 Nd5 14 Ne4 Bxg5 15 Nfxg5 Ra7 16

Rc1 h6 17 Nf3 a5 18 Rc5 b4 Bischoff-
Naumann, Berlin Open 88.
11 Qd3
◊ 11 Bg5 Bb7 12 Qd3 Nd5 13 Bxd5
Bxg5 14 Be4 f5 15 Nxg5 Qxg5 16 Bf3
Rad8 17 Rfe1 Qf6 18 Qe3 Rxd4 19 Nb5
Rd7 20 Qxe6+ Qxe6 21 Rxe6 Nd8
Inkiov-Ernst, Berlin Open 86.
11 ... Bb7 12 Rd1 Nd5
◊ 12 ... Rc8 13 Bb3 Qd6 14 Bg5 h6 15
Bh4 Nh5 16 d5 Bxh4 17 dxc6 Qxd3 18
Rxd3 Ba6 19 Rd7 Bf6 Martinez-Armas,
Camaguey B 87.
**13 Nxd5 exd5 14 Bb3 Bf6 15 Re1
Ne7 16 h4 Bc8 17 Bg5 Bf5 18 Qe3
Bxg5 19 Qxg5 Be6 20 Rac1 Rc8 21
Rxc8 Nxc8 22 Qxd8 Rxd8**

**23 Ng5 Rd6 24 Rc1 Ne7 25 Rc7 Nc6
26 Ba4 Nxd4 27 Be8 a5 28 Bxf7+
Bxf7 29 Rc8+ 1:0**

===== **152** =====

Reppmann-Gebhardt
W.German Correspondence 1987-88
1 e4 c6 2 d4 d5 3 exd5 cxd5 4 c4 Nf6
5 Nc3 e6 6 Nf3
◊ 6 c5 Be7 7 Nf3 0-0 8 Bd3 b6 9 b4 a5
10 Na4 Nfd7 11 h4 h6 12 Rh3 Bf6 13
Rg3 e5!? 14 Bxh6 e4 15 Ng5 exd3 16
Qxd3 Re8+ 17 Kd2 Nf8 18 Nxb6 axb4
∞ Blatny-Adams, Oakham 90.
6 ... Be7 ●
◊ 6 ... Nc6 7 c5 Ne4 8 Bd3 Nxc3 9 bxc3
Be7 10 0-0 b6 11 cxb6 axb6 12 Re1 Ba4
13 Bc2 0-0 14 Bf4 Rc8 15 Re3 g6 [Glek-
Vladimirov, Frunze 88] 16 Ne5 +=.

7 c5

◊ 7 Bg5 0-0 8 Rc1 Nc6 9 c5 Ne4 10 Bxe7 Qxe7 11 Be2 f5 12 Bb5 Nd8 13 Ne5 Qf6 14 0-0 Nf7 15 Nxf7 Rxf7 16 f3 += Unzicker-Christoffel, Bern 87.

◊ 7 a3:

a:- 7 ... b6 8 Bd3 0-0 9 Bg5 dxc4 10 Bxc4 Bb7 11 0-0 Nc6 12 Re1 Rc8 13 Qd3 Na5 14 Ba2 Re8 15 Rad1 Nd5 16 Bxe7 Rxe7 17 Ng5 g6 18 Qh3 h5 19 Nce4 Bradbury-Prezwoznik, London (Lloyds Bank) 88.

b:- 7 ... 0-0 8 Bd3 dxc4 9 Bxc4 a6 10 0-0 b5 11 Ba2 Bb7 12 Re1 Nd5 13 Ne4 Nd7 14 Qd3 Rc8 15 Bd2 N7f6 16 Ng3 Qb6 17 Ne5 Rfd8 18 Rad1 Ba8 19 Bg5 b4 Plaskett-Summerscale, London (Lloyds Bank) 87.

7 ... 0-0

◊ 7 ... Nc6:

a:- 8 Bg5 0-0 9 Rc1 Ne4 10 Bxe7 Qxe7 11 Be2 Ng5 12 Ne5 f6 13 Nf3 f5 14 0-0 Nxf3+ 15 Bxf3 Qf6 16 Ne2 Bd7 17 Qd2 g5 18 g3 a5 19 Rfd1 f4! =+ Hort-Zude, West German Ch 87.

b:- 8 Bb5 Bd7 9 0-0 0-0 10 Re1 b6 11 Bxc6 Bxc6 12 Ne5 Be8 13 Be3 bxc5 14 dxc5 Qc7 15 Nd3 Ne4 16 Bf4 Qb7 17 Rc1 f6 18 Qe2 e5 19 Bg3 Nxc5 20 Nxc5 Bxc5 21 Qf3 Bf7 22 Red1 Rac8 0:1 Am. Rodriguez-O.Rodriguez, Malaga 87.

8 Bd3 b6

9 b4

◊ 9 cxb6 Qxb6 10 0-0 Ba6 11 Na4 Qb7 12 Nc5 Bxc5 13 dxc5 Ne4 14 Ng5!? Rc8 15 Bxe4 dxe4 16 Re1 Bd3 17 f3 Rxc5 18 fxe4 Qd7 19 Bd2 Na6 20 Qg4 Rd8 Celli-Timperley, postal 83-87.

9 ... a5 10 Na4 Nbd7 11 a3

◊ 11 Qc2 Qc7 12 cxb6 Bxb4+ 13 Bd2 Qd6 14 Rb1 Nxb6 15 Bxb4 axb4 16 Nc5 Nbd7 17 0-0 Nxc5 18 dxc5 Qc7 19 Rxb4 e5 20 Bb5 Bg4 21 Rb3 d4 Blatny-Ostenstad, Trnava II 89.

◊ 11 Bf4 Nh5 12 Bd2 axb4 13 c6 Nb8 14 Ne5 f5 15 Rc1 Bd6 16 Qb3 [16 Qxh5 Rxa4 17 c7! Bxc7 18 Bg5 Qd6 19 Bb5 Ra7 △ 20 ... Be8!!] 16 ... b5 17 Nc5 Qh4 [17 ... Bxe5 18 dxe5 Nxc6 19 Nxe6 Bxe6 20 Rxc6] 18 Nf3 Qg4 19 Bxb5 Nf4 20 Bxb4 Nxg2+ 21 Kf1 Nf4 22 Rg1 Qh3+ 23 Ke1 Ng2+ 24 Kd1 Schkurovich Hazin-Halldorsson, postal 83-86.

11 ... axb4 12 axb4 bxc5 13 bxc5 e5 14 Nxe5

◊ 14 dxe5 Nxc5 15 Bc2 Nfe4 16 0-0 Nc3 17 Nxc3 Rxa1 18 Nxd5 Bb7 19 Nxe7+ Qxe7 20 Bxh7+ Kxh7 21 Ng5+ Kg8 22 Qc2 g6 23 Qc3 Rxc1 24 Qxc1 Qxe5 Einarsson-Bücker, Dortmund Open 87.

14 ... Bxc5 15 0-0 Nxe5 16 dxe5 [16 dxc5? Nxd3 17 Qxd3 Ba6] **16 ... Ne4 17 Bxe4 dxe4 18 Bb2 Bb4** [18 ... Qxd1 19 Rfxd1 Bb4 =] **19 Qb3 Bd2 20 Nc5 Rxa1 21 Rxa1**

21 ... Bf5

◊ 21 ... e3 22 fxe3 Qg5 23 Bd4 Bh3 24 g3 Qh5 25 Qd1 Qxd1 26 Rxd1 Bb4 ± Reppmann.

22 e6! Qe7 23 exf7+ Kh8 24 Bd4! Bg5 25 Qd5 Bf6?!

◊ 25 ... Bc8 26 Nxe4 Bf4 27 Ra8 Qb4 29 g3 ± Reppmann.

26 Bxf6 Qxf6 27 Ra8 Bc8 28 Nd7

Qc3 29 g4! Qe1+?! [29 ... e3!? 30 Nxf8 exf2+ 31 Kxf2] **30 Kg2 e3 31 Nxf8 Qxf2+ 32 Kh3 e2 33 Ng6+ hxg6 34 Qd8+ Kh7 35 Qg8+ Kh6 36 Qh8+ Kg5 37 Ra5+ Bf5 38 Rxf5+! 1:0**

153

J.Polgar-Skembris
Corfu 1990

1 e4 c6 2 d4 d5 3 exd5 cxd5 4 c4 Nf6 5 Nc3 ● g6 6 Qb3 Bg7 7 cxd5 0-0 8 Be2 Nbd7 9 Bf3 Nb6 10 Nge2 Bg4
◊ 10 ... Bf5 11 Nf4 Rc8 12 h3 g5 13 Nfe2 h6 14 g4 Bd3 15 h4 J.Polgar-Bass, New York Open 88.
11 Bxg4 Nxg4 12 a4!
◊ 12 0-0 Nf6 13 Nf4 Qd7 14 Be3 Rfd8 15 d6 Qxd6 16 Rad1 e6 17 Nb5 Qb8 18 Nxa7 Qxa7 19 d5 Nfxd5 20 Nxd5 Rxd5 21 Bxb6 Qxa2 22 Qf3 Rxd1 23 Rxd1 Qxb2 24 Qxb7 Ra1 25 Qb8+ Bf8 26 Rf1 Qb1 0:1 Bryson-Santos, Euro-Teams, Haifa 89.
12 ... a5
◊ 12 ... Nf6 13 Nf4 g5 14 Nfe2 h6 15 h4.
13 0-0
◊ 13 Bf4 Nf6 14 d6 exd6 15 Nb5 Nfd5 16 Bxd6 Re8 Sofia Polgar-Belotti, Biel 87.
13 ... Qd6 14 Bf4 Qb4 15 Qd1! Rfd8
◊ 15 ... Nf6 16 d6 exd6 17 Nb5 Ne8 [17 ... Rfd8 18 b3 Ne4 19 f3 g5 20 fxe4 gxf4 21 Nxf4 d5 22 e5 Nc8 23 Nc7 Carlier-Sibbing, Corres 85-86] 18 b3 d5 19 Bc1 Qe7 20 Ba3 Qd7 21 Rc1 Nc8 22 Bxf8 Bxf8 23 Qc2 Nb6 24 Nc7 Nxc7 25 Qxc7 Qg4 =/∞ Ricardi-Glavina, Argentine Ch 87.
16 Bc7! [16 d6 e5!] **16 ... Rd7 17 d6 exd6 18 Bxb6 Qxb6 19 Nd5 Qa7**
◊ 19 ... Qc6 20 Nef4 Nf6 21 Rc1 Qxd5 22 Nxd5 Nxd5 23 Qg4.
◊ 19 ... Qa6 20 Nec3.
20 Nec3! Qxd4 21 h3! [21 Qxd4 Bxd4

22 Nb5 Nf6!] **21 ... Nh6** [21 ... Qxd1 22 Raxd1 Nf6 23 Nb6 ±] **22 Qxd4 Bxd4 23 Nb5 Bxb2 24 Ra2! Bg7 25 Nb6 Rad8 26 Nxd7 Rxd7 27 Rd1 Bf8** [27 ... Nf5 28 g4 Nh4 29 Rxd6 ±] **28 Rad2 Nf5 29 g4 Nh4 30 Rd5 b6 31 Kh2 h6 32 Kg3 g5 33 Nxd6 Re7 34 Nf5 Re4 35 Rd8** [35 R1d4 ±] **35 ... Rxa4??**
◊ 35 ... Nxf5+ 36 gxf5:
a:- 36 ... Rf4 37 R1d6 Kg7 [37 ... Rxf5 38 Rxb6 Kg7 39 Rb5 Bc5 40 f3 Kg6 41 Rg8+ Kf6 42 Rc8 ±] 38 f6+ ±±.
b:- 36 ... f6 37 R1d7 Rxa4 38 Rb7 Rb4 39 Rbb8 ±.
36 Rxf8+! 1:0

154

Dolmatov-Adams
Hastings 1989-90

1 e4 c6 2 d4 d5 3 exd5 cxd5 4 c4 Nf6 5 Nc3 g6 6 Qb3 Bg7 7 cxd5 0-0 8 Be2 Nbd7 9 Bf3 Nb6 10 Nge2 ● Bf5
◊ 10 ... a5 11 a4 Qd6 12 Nb5 Qb4+ 13 Qxb4 axb4 14 d6 exd6 15 b3 Be6 16 Nc7 Rab8 17 Nxe6 fxe6 18 Bd2 +=/± Dolmatov-Halldorsson, Reykjavik Open 88.

11 0-0
◊ 11 Nf4? g5 12 Ne2 g4 13 Ng3 Bg6 14 Be2 Nbxd5? 15 0-0 [15 Qxb7! Rb8 16 Qxa7 ±] 15 ... Qa5 16 Bd2 Rfd8 17 Qxb7 Rab8 18 Nxd5 Qxd5 19 Qxd5 Nxd5 20 Ba5 Rd6 21 b3 h5 =+ Batakov-Volchok, 16th USSR Corres Ch 83-86.
◊ 11 d6 exd6 12 Bxb7 Rb8 13 Bf3 Nbd5 14 Qd1 Nxc3 15 bxc3 Qa5 16 0-0

Rfc8 17 a4 Bg4 18 Ba3 Bxf3 19 gxf3 Qa6 20 Qd2 Nd5 Dolmatov-Tomaszewski, Polanica Zdroj 87.

◊ 11 Bf4 Bd3 12 d6 e6 13 0-0 Ne8 14 Rfe1 Nxd6 15 Rad1 Ba6 16 Be5 Rc8 17 Nf4 Nbc4 18 Bxg7 Kxg7 19 Rxe6 Nd2 20 Rxd2 Bc4 21 Rxd6 Qxd6 22 Nh5+ gxh5 23 Qxb7 Qf4 24 Rd1 Rb8 25 Qxa7 Rxb2 =/∞ Johannesson-Solmundarsson, Reykjavik Open 88.

11 ... a5

◊ 11 ... Qd7 12 a4 Bd3 [12 ... Rfd8 13 d6! ±] 13 d6 Bc4 14 Qb4 Bxe2?! [14 ... Qxd6 15 Qxd6 exd6 16 Bxb7 Rab8 △ ... Nbd5 =/∞] 15 Nxe2 Nbd5 16 Qa3 exd6 17 Qb3 += Miles-Christiansen, Szirak IZ 87.

12 Bf4 Bd3 13 d6 exd6 14 Qd1 Ba6 15 b3 h6 16 h3?! [16 g3!?] **16 ... Nh7 17 g3 Rc8?!** [17 ... a4!?] **18 Bg2 Re8 19 Re1 Nf6 20 Rc1 Qd7 21 Qd2 Kh7 22 Be3 d5 23 Nf4 Rc7 24 Nd3 Bxd3 25 Qxd3 Rcc8 26 a4 Bf8 27 Bd2 Rxe1+ 28 Rxe1 Qd8 29 Ne2 Na8**

30 Nf4 b6 31 Qb5 Rc2 32 Be3 Bb4 33 Rc1 Rxc1+ 34 Bxc1 Kg7 35 Be3 Bd6 36 Nxd5 Nc7 37 Nxc7 Qxc7 38 Qc6 Qe7 39 Qxb6 Bxg3 40 Qxa5 Bd6 41 Qb5 g5 42 a5 1:0

═══ **155** ═══

Brynell-K.Arkell
Leningrad 1989
1 e4 c6 2 d4 d5 3 exd5 cxd5 4 c4 Nf6 5 Nc3 g6 6 Qb3 Bg7 7 cxd5 0-0 8 Be2

Nbd7 9 Bf3 Nb6

● **10 Bf4**

◊ 10 a4!? a5 11 Bf4:
a:- 11 ... Bg4!? 12 Bxg4 Nxg4 13 Nf3 Nf6 14 d6 exd6 15 0-0 += Estrin-Gabdrachmanov, Kazan 85.
b:- 11 ... Bf5 12 Rd1 Rc8:
b1:- 13 Nge2 Rc4 14 0-0 Rb4 15 Qa2 Bc2 16 Ra1 Bb3 17 Qb1 Nfxd5 =+ Faure-Miralles, Zug 87.
b2:- 13 Qb5 Bd7 14 Qxa5 Ra8 15 Qb4 Bxa4 16 Nxa4 Nbxd5 17 Qb3 Nxf4 18 Nc3 Ra6 19 Nge2 Rb6 20 Qc2 Nxe2 21 Qxe2?? Re6 22 Ne4 Nxe4 23 Bxe4 f5 24 Qc4 Qd6 -+ 25 0-0 fxe4 26 Rfe1 Kh8 27 d5 Ref6 28 Re2 Qb6 29 Rf1 e3 30 f3 Rf4 0:1 Dzindzihashvili-Kamsky, New York Open 89.

10 ... Bg4

◊ 10 ... e6?! 11 d6 Bd7 12 Be5 Nbd5 13 Nge2 Bc6 14 Nxd5 Nxd5 15 0-0 Qg5! 16 Bg3 Rfd8 17 Nc3 Nxc3 18 bxc3 Bf8 19 c4! Bd6 20 d5 ± Sveshnikov-Gipslis, Soviet Club Teams Ch 88.

11 Bxg4 Nxg4 12 Nf3 Nf6 13 d6 exd6 14 0-0 Re8 15 Rfe1 Qd7 16 a4 Rxe1+ 17 Rxe1 Re8 18 Rxe8+ Nxe8 19 a5 Nc8 20 h3 a6 21 Nd5 Na7 22 Nb6 Qf5 23 Qe3 Qe6 24 Qd3 Nb5 25 d5 Qe7 26 b3 h6 27 Be3 Qf6 28 Kh2 Qc3 29 Qxc3 Bxc3 30 Bd2 Nf6 31 Nc4 Bxd2 32 Nfxd2 Kf8 33 Ne3 Ke7 34 Nb1 Ne4 35 f3 Nc5 36 Nd2 Nd4 37 b4 Nd3 38 Ne4 Nxb4 39 Nc4 Nb5 40 Nb6 f5 41 Nd2 Nc3 42 Ndc4 Ncxd5 43 Nc8+ Ke6 44 N8xd6 b5 45 axb6 Nxb6 46 Nxb6 Kxd6 47 Kg3

Nd5 48 Na4 Kc6 49 Kh4 Kb5 50 Nb2 a5 51 g4 f4 52 g5 h5 53 Na4 Ne3 0:1

156

King-K.Arkell
London (Watson Farley & Williams) 1988
1 e4 c6 2 d4 d5 3 exd5 cxd5 4 c4 Nf6 5 Nc3 g6 6 Qb3 Bg7 7 cxd5 0-0 8 Be2 Nbd7 9 Bf3 Nb6 ● 10 Bg5 Bg4
◊   10 ... Bf5 11 Rd1 a5?! [11 ... Qc8!?] 12 Nge2 a4 13 Qb5:
a:- 13 ... Ne8 14 Ng3 Nd6 15 Qe2 Re8 16 0-0 Rc8 17 Bf4 a3 18 Rfe1 axb2 19 Qxb2 Nbc4 20 Qb4 Qd7 21 h3 += King-Campora, Bern 88.
b:- 13 ... h6 14 Bxf6 exf6 15 0-0 Re8 16 Ng3?! [16 d6 +=] 16 ... Bd7 17 Qd3 f5 18 Rfe1 [18 d6!] 18 ... Nc8 19 Rxe8+ Bxe8 20 Nf1 Nd6 21 Nd2 b5 =+ H. Larsen-Jensen, postal 88.
◊   10 ... a5 11 Nge2 a4 12 Qb5 Bd7 13 Qb4 Bf5 14 d6 exd6 15 Bxb7 Rb8 16 Bf3 Bd3 17 0-0 Re8 18 Rfe1 h6 19 Bf4 Nc4 20 Qxa4 Nxb2 21 Qa3 g5 =/∞ Wahls-Graf, Bundesliga 87-88.
11 Bxf6 Bxf3 12 Nxf3 Bxf6

13 a4
◊   13 0-0 Qd6:
a:- 14 a4 a5 15 Ra3 Rfd8 16 Ne4 Qb4 17 d6 Nc4 18 Qxb4 axb4 19 Rb3 Rxa4 20 Nc5 Ra2 21 dxe7 Bxe7 22 Rxb4 Nxb2 23 Rxb7 Bxc5 24 dxc5 Nd3 25 c6 Rc2 1:0 Hebden-K.Arkell, London (Lloyds Bank) 87.
b:- 14 Rfe1 Rfd8 15 Ne5 Rab8 16 Ne4

Qxd5 17 Nxf6+ exf6 18 Qxd5 Nxd5 19 Nf3 Rbc8 20 Re2 Re8 21 Rd2 Kf8 22 h3 Ke7 23 Kh2 Kd6 =+ Jacobs-K.Arkell, London (NatWest Young Masters) 87.
13 ... a5 14 0-0 Qd6 15 Ra3
◊   15 Ne4! Qb4 16 Qxb4 axb4 17 d6 Nxa4 18 Rfc1 Nb6 19 Rxa8 Rxa8 [Wolff-S.Arkell, London (WF&W) 89] 20 g3!? +=.
15 ... Rfd8 16 Ne4 Qb4 17 d6 Nc4 18 Qxb4 axb4 19 Rb3 Rxa4 20 Nc5 Ra2 21 dxe7 Bxe7 22 Rxb4 Nxb2 23 Rxb7 Bxc5 24 dxc5 Nd3 25 c6 Rc8!
= [25 ... Rc2?? 26 Rd7 ±±] **26 Rb3 Nf4 27 Ne5 f6 28 Ng4 Rxc6 29 Rb8+ Kf7 30 Rb7+ Ke6 31 Rxh7 f5 32 Ne3 Ne2+ 33 Kh1 Rc1 34 g3 Rxf1+ 35 Nxf1 Nc3 36 Rc7 Rxf2 37 Rxc3 ½:½**

157

Wahls-L.B.Hansen
Hastings Challengers 1987-88
1 e4 c6 2 d4 d5 3 exd5 cxd5 4 c4 Nf6 5 Nc3 g6 6 Qb3 Bg7 7 cxd5 0-0 8 Be2 ● Na6

9 Bg5
◊   9 Bf4 Qb6:
a:- 10 Bxa6 Qxa6 11 Nge2 Bf5 12 d6 exd6 13 0-0 Bd3 14 Rfe1 Rfe8 15 Be3 Bc4 16 Qc2 Rac8 17 Rad1 b5 = Taher-L.B.Hansen, Thessaloniki Ol 88.
b:- 10 Qxb6 axb6 11 Rc1! Nb4 12 d6 Re8 13 dxe7 Rxe7 14 Be5 [Inkiov-Hodgson, Palma de Mallorca GMA 89] 14 ... Nfxd5! 15 Nxd5 Nxd5 16 Nf3 Bxe5 17

dxe5 Nf4 =/∞ Inkiov.
◊ 9 Bf3:
a:- 9 ... Bg4 10 Bxg4 Nxg4 11 Nge2 Qb6
12 Qxb6 axb6 13 0-0 Nf6 14 Bf4 Rfd8 15
d6 exd6 16 Nb5 Ne8 17 Nec3 Nac7 18
Rfd1 Ne6 19 Bg3 d5 20 Rd3 Bf8 21 a3
Bb4 ≈ Wahls-Lutz, Cologne 89.
b:- 9 ... Qb6 10 Qxb6 axb6 11 Nge2 Nb4
12 0-0 Rd8 133 d6 Rxd6 14 Bf4 Rd7 15
Rfd1 Nbd5 16 Be5 Rd8:
b1:- 17 Nf4!? Nxf4 18 Bxf4 Bg4 19 Bxb7
Bxd1 20 Bxa8 Bg4 21 Bb7 Rxd4 =
Wahls-Adorján, Altensteig 89.
b2:- 17 Nxd5 Nxd5 18 Bxd5 Rxd5 19
Nc3 Rd8 20 Bxg7 Kxg7 21 d5 e6 22 a3
Bd7 23 f3 exd5 24 Rxd5 Bc6 25 Rxd8
Rxd8 26 Rd1 Rxd1+ 27 Nxd1 Kf6 =
Sveshnikov-Adorján, Moscow (GMA)
89.
**9 ... Qb6 10 Qxb6 axb6 11 d6 exd6 12
Nf3 Nb4 13 0-0 Be6 14 Nb5 Ne4 15
Be7 Rfc8 16 Nxd6 Nxd6 17 Bxd6
Nc2 18 Rad1 Rxa2 19 d5 Bf5 20 Be5
Bxe5 21 Nxe5 Re8 22 Bc4 Rxb2 23
g4 =/∞ b5 24 gxf5 bxc4 25 d6 Rd8 26
d7 Rb5 27 Nxc4 Rb4 28 Ne5 Re4 29
Rd5 f6 30 Nf3 Re7 31 Rc1 Nb4 32
Rc8 Nc6 33 Nd4 Rexd7 34 Rxd8+
Rxd8 35 Nxc6 Rxd5 36 Ne7+ Kf7 37
Nxd5 gxf5 38 Kf1 Ke6 39 Nb6 Kd6
40 Ke2 Kc6 41 Nc8 Kd7 42 Na7 Kd6
43 Ke3 1:0**

158

Santa Maria-L.B.Hansen
World Junior, Gausdal 1986
**1 e4 c6 2 d4 d5 3 exd5 cxd5 4 c4 Nf6
5 Nc3 g6 6 Qb3 Bg7 7 cxd5 0-0 8 Be2
● a5**
◊ 8 ... Qb6 9 Qxb6 axb6 10 Bf3 Na6 11
Nge2 Nb4 12 0-0 Rd8 13 d6 exd6 14 Bg5
h6 15 Bxf6 Bxf6 16 a3 Nc6 17 Rfd1 Bf5
18 Nd5 Bg5 = Morović-Bellon, Santa
Catalina 88.
◊ 8 ... b6:
a:- 9 Bg5 Bb7 10 Bxf6 exf6 11 Bf3 Na6 12

Nge2 Qd6 13 0-0 Rfd8 14 Rad1 f5 15
Rfe1 Nc7 16 Nc1! Rd7 17 Nd3 Bxd4?!
[17 ... Nxd5 18 Ne5 Nxc3 19 Qxc3 +=]
18 Nb4 Bxc3?! 19 Qxc3 Na6 20 Nc6 ±
Kosten-K.Berg, Naestved 88.
b:- 9 Bf3 Bb7 10 Bf4 Qd7 11 Nge2 Rd8
12 Rc1! Na6 13 Qa3! Bf8 14 Be5! Ne8
15 0-0 Nac7 16 Bxc7 Qxc7 17 Ne4 Qb8
[Kruszynski-L.B.Hansen, Lyngby Open
89] 18 N2c3 Nd6 += Kruszynski.
9 Bf3
◊ 9 Nf3 Na6 10 Bg5 Nc7 11 Bxf6 Bxf6
12 0-0 a4 13 Nxa4 Nxd5 14 Bc4 Qa5 15
Nc5 Nb6 16 Bb5 Rd8 17 a4 Nd5 18 Bc4
e6 19 Bxd5 exd5 20 Nxb7 Bxb7 21 Qxb7
Hebden-Skembris, Vrnjacka Banja 89.
9 ... Na6

10 Nge2
◊ 10 a3! Nc7 11 Nge2 Qd7 12 Bf4 Rd8
13 Na4! Ncxd5 14 Be5 e6 15 Nec3 Qe8
16 0-0 ± Korolyev-Ceoev, postal 85.
**10 ... Nb4 11 0-0 Bf5 12 Bf4 Bc2 13
Qa3 Bd3 14 Rac1 Re8 15 Rfd1 Bf8
16 Qa4 Nh5 17 Be5 Bh6 18 Bxh5
Bxc1 19 Rxc1 gxh5 20 Nf4 Bg6 21
Qd1 Rc8 22 a3 Na6 23 Qd2 Rf8 24
Re1 Nb8 25 Nxh5 Bxh5 26 Qh6 f6
27 Bxb8 Rxb8 28 Qxh5 Rf7 29 Ne4
Rg7 30 Ng3 Rg5 31 Qe2 Qd7 32 Ne4
Rxd5 33 Nc5 Qd6 34 Ne4 Qd8 35
Qc4 Kh8 36 Rd1 b6 37 Nc3 Rg5 38
Ne4 Rd5 39 Nc3 Rg5 40 Ne4 Rg7 41
d5 Qc8 42 Qd4 Qg4 43 g3 f5 44 f3
Qg6 45 Qe5 Rf8 46 Nc3 Qf6 47 Qc7
e5 48 Qc4 h5 49 d6 Rd8 50 Qc6 h4
51 Kg2 Qg5 52 Ne2 Qe3 53 Nc3
hxg3 0:1**

159

Adams-Rechlis
Oakham Young Masters 1988
1 e4 d5 2 exd5 Nf6 3 c4 c6 4 Nc3 cxd5 5 d4 g6 6 Qb3 Bg7 7 cxd5

7 ... 0-0
◊ 7 ... Nbd7:
a:- 8 g3 Nb6 9 Bg2 Bf5 10 Qb5+ Bd7 11 Qa5 0-0 12 Nge2 Bg4 13 Nf4 Ne8 14 Be3 Nd6 15 b3 Rc8 16 Rc1 Qc7 17 0-0 Qb8 18 h3 += Wahls-Kosten, Altensteig 89.
b:- 8 Be2 Nb6 9 Bf3 Bg4 10 Bxg4 Nxg4 11 Nge2 Qd7 12 0-0 0-0 13 h3 Nf6 14 Nf4 Rfd8 15 Re1 Nfxd5 16 Nfxd5 Nxd5 17 Nxd5 Qxd5 18 Rxe7 Qxb3 19 axb3 Bxd4 20 Rxb7 Rac8 21 Bg5 Rd5 22 Rc1 Rxc1+ 23 Bxc1 Be5 24 f4 Rd1+ 25 Kh2 Bd4 =+ Kosten-Bass, Budapest (Noviki) 89.
● **8 Nge2**
◊ 8 g3 e6 9 dxe6 Nc6 10 exf7+ Kh8 11 Nge2 Qe7 12 Qd1 Nxd4 13 Qxd4 Ng4 14 Qe4 Qxf7 15 f4 Bd7 16 Qb4 a5 17 Qb6 Bc6 18 Rg1 Rfe8 19 Bd2 Nxh2 20 0-0-0 Nf3 21 Bg2 Qc4 22 Qb3 Qc5 23 Rh1 Nxd2 24 Rxh7+ Kxh7 25 Rh1+ Qh5 26 Rxh5+ gxh5 27 Qc2+ 1:0 Hennigan-Spraggett, Lugano 88.
8 ... Nbd7
◊ 8 ... Na6 9 g3 Qb6 10 Qxb6 axb6 11 Bg2 Nb4 12 0-0 Rd8 13 d6 e6!? 14 a3 Nbd5 15 Nxd5 Nxd5 16 Bxd5 exd5 17 Bf4 += Bh3 18 Rfe1 h6 19 Nc3 g5 20 Be5! f6 21 Nxd5 fxe5 22 dxe5 ± Novik-Dzuban, USSR Armed Forces Ch 89.

◊ 8 ... b6 9 g3 Bb7 10 Bg2:
a:- 10 ... Na6 11 0-0 Qd7 12 Nf4 Nc7 13 Re1 Rfe8 14 h4 Qd6 15 Bf3 Rad8 16 Re5 h5 17 Bd2 Ng4 18 Rg5 Nf6 19 Re1 a6 20 Nxg6 fxg6 21 Bf4 Nh7 22 Bxd6 Nxg5 23 hxg5 Rxd6 24 Qc4 1:0 Bücker-Lohmeier, Dortmund Open 87.
b:- 10 ... Qd7 11 0-0 Rd8 12 Nf4 g5 13 Nd3 Nxd5 14 Ne5 Bxe5 15 dxe5 Nxc3 16 Qxc3 Bxg2 17 Kxg2 Nc6 18 Bxg5 Qd4 19 f3 Qxe5 20 Qxe5 Nxe5 21 Bxe7 Rd2+ Iskov-Bang, Copenhagen Open 88.
9 Nf4
◊ 9 g3 Nb6 10 Bg2 Bf5 11 0-0 Bd3 12 d6 exd6 13 Bxb7 Rb8 14 Bf3 Qd7 15 Qd1 Qf5 16 Bg2 g5 Vargyas-Bastian, Balatonbereny Open 88.
9 ... Nb6 10 Be2 Bg4
◊ 10 ... a5 11 a4 Qd6 12 0-0 Qb4 13 Ra3 Rd8 14 Qa2 Bf5 15 Be3 Rac8 16 Rb3 Qd6 17 Rb5 g5 18 Qb3 Nxa4 19 Nh5 Nxc3 20 bxc3 a4 ≈ Kestler-Dr. Reefschläger, Bundesliga 86-87.
11 Bxg4 Nxg4 12 0-0 Bxd4 13 h3 Nf6 14 Rd1 Be5 15 a4 Qc7 16 a5 Nc4 17 Nb5 Qc8 18 Nd3 a6 19 Nxe5 axb5 20 Nxc4 bxc4 21 Qf3 Rd8 22 d6 Qe6 23 Qxb7 exd6 24 Qf3 Ne4 25 Be3 d5 26 Bd4 Re8 27 Qf4 Nd6 28 Bc3 Nb5 29 Re1 Qd6 30 Be5 Qc6 31 h4 Re6 32 h5 gxh5 33 Re3 Rg6 34 Rf3 f6 35 Bd4 Rg4 36 Rg3 Rxg3 37 Qxg3+ Kf7 38 Bb6 Rg8 39 Qf3 Rg5 40 Be3 Nc7 41 Bxg5 1:0

160

Barle-Adorján
Reykjavik Open 1988
1 e4 c6 2 d4 d5 3 exd5 cxd5 4 c4 Nf6 5 Nc3 g6 ● 6 cxd5 Nxd5 7 Qb3 Nb6
◊ 7 ... Nxc3:
a:- 8 bxc3 Bg7 9 Nf3 Nc6 10 Bd3 0-0 11 0-0 Bg4 12 Ng5 Qc7 13 Re1 Rac8 14 Bd2 Na5 15 Qb4 Nc6 16 Qb3 Na5 17 Qb4 Nc6 ½:½ Oll-Epishin, Vilnius 88.

b:- 8 Bc4! e6 9 bxc3 Nc6 10 Nf3 Bd7 11 Bd3 Na5 12 Qd1 Rc8 13 0-0 Bg7 14 Ba3! Bf8 15 Bxf8 Kxf8 16 Rc1 Kg7 17 Qe2 +=/± Djurhuus-Berg, Copenhagen Open 88.

8 d5

◊ 8 Bb5+ Bd7 9 Nf3 Bg7 10 Ne5 0-0 11 Nxd7 Nbxd7 12 0-0 Nf6 13 Rd1 Nc8 14 Be2 Nd6 15 Bf3 Rc8 16 Bf4 b6 17 Be5 Qd7 18 Re1 Rfe8 19 Rad1 h5 20 h3 Stein-Heinbuch, Bundesliga 86-87.

8 ... Bg7 9 Be3 0-0 10 Rd1

10 ... Na6!

◊ 10 ... Bg4 11 Be2 Bxe2 12 Ngxe2 N8d7 13 0-0 Qc7 14 Qb4 Nf6 15 d6 exd6 16 Bxb6 axb6 17 Qxd6 Qc6 18 Rd2 Rfe8 19 Rfd1 Ne4 20 Qxc6 ½:½ K.Schulz-Lutz, Porz 88.

11 Nf3

◊ 11 Be2 Qd6! 12 Nf3 Nc5 13 Qb5 += K.Schulz-Miles, Bundesliga 83.

◊ 11 Bxa6 bxa6 12 Nge2 Bb7 13 0-0 Qd6 14 Rd2 Rfd8 15 Rfd1 a5 16 a3 a4 17 Nxa4 Bxd5 18 Qb5 e6 19 Nxb6 axb6 20 Nf4 Qe5 M.Kuijf-Peelen, Amsterdam (OHRA B) 87.

11 ... Qd6 12 a3? Nc5 13 Qb5 Nca4! 14 Ne4 Qd7 15 Qb3!? [15 b3 Nc3 =+] 15 ... Nxb2 16 Bb5 Qg4 17 Ng3 Nxd1 -+ 18 h3 Nxe3 19 hxg4 Nxg2+ 20 Kf1 Nf4 21 Ng5 h6 22 d6 exd6 23 N5e4 Bxg4 24 Rh4 Be6 25 Qf3 Nfd5 26 Nxd6 Nc3 27 Nge4 Rad8 28 Nf6+ Bxf6 29 Qxf6 Rxd6 30 Qxc3 Rc8 31 Qb2 h5 32 Be2 Rc5 33 a4 Bd7 34 Rd4 Nxa4 35 Qd2 Rxd4 36 Qxd4 Bc6 37 Qd8+ Kh7 38 f3 Rf5 39 Kf2

Nc3 40 Bd3 Rxf3+ 41 Ke1 a5 42 Kd2 Ne4+ 0:1

161

Brunner-Bass
Budapest (Noviki) 1989
1 e4 c6 2 d4 d5 3 exd5 cxd5 4 c4 Nf6 5 Nc3 g6 6 cxd5 Nxd5 ● 7 Bc4

◊ 7 Bb5+:

a:- 7 ... Nc6 8 Qa4 Nxc3 9 Bxc6+ bxc6 10 bxc3 Qd5 = ½:½ Ostermeyer-Lutz, Porz 88.

b:- 7 ... Bd7 8 Qb3 Nb6 9 a4 a5 10 h4 Bg7 11 h5 Nc6 12 Be3 Be6 13 d5 Nxd5 14 0-0-0 Nxc3 15 Rxd8+ Rxd8 16 Qa3 Rd1+ 17 Kc2 Bf5+ 0:1 M.Kuijf-Douven, Amsterdam (OHRA B) 87.

7 ... Nb6 8 Bb3

◊ 8 Bb5+ N8d7 9 Nf3 Bg7 10 a4 a6 11 Be2 Nf6 12 Bf4 0-0 13 a5 Nbd5 14 Be5 Bh6 15 0-0 Nf4 16 Bc4 Bg4 17 h3 Bf5 I.Thomas-Rewitz, Esbjerg II 88.

8 ... Bg7 9 Nf3

◊ 9 d5 N8d7 10 Be3 Nf6 11 Nge2 Bd7 12 Bd4 Nc8 13 Ne4 0-0 14 Nxf6+ exf6 15 a4 Nd6 16 0-0 f5 17 Bc5 Qf6 18 Nf4 Rfc8 Winsnes-Haik, Rilton Cup 87.

◊ 9 Be3 0-0 10 a4 Nc6 11 Nge2 Bg4 12 f3 Bf5 13 a5 Nc8 14 a6 bxa6 15 Bd5 Bd7 16 Rxa6 Nb6 17 Bb3 Nb4 18 Ra1 a5 19 0-0 Bc6 Mestel-Rechlis, Beersheva 88.

9 ... 0-0 10 0-0

10 ... Nc6

◊ 10 ... Bg4 11 d5 N8d7 12 h3 Bxf3 13 Qxf3 Nc8 14 Re1 Nd6 15 Bg5 Bf6 16

Bxf6 ½:½ Nunn-Miles, Bundesliga 86.
11 d5 Na5 12 Re1
◊ 12 Bg5 Bg4 13 h3 Bxf3 14 Qxf3 Qd7
15 Rfe1 Rfe8 16 Re2 h6 17 Bd2 Rad8 18
Be3 Nxb3 19 axb3 Nxd5 20 Rd2 e6 21
Rad1 Qc7 22 Nxd5 exd5 23 Rxd5 Rxd5
24 Qxd5 a6 Brunner-Miralles, Zug 87.
12 ... Bg4
◊ 12 ... Nxb3 13 axb3 Bg4 14 h3 Bxf3
15 Qxf3 Qd7 16 Bg5 Rfe8 17 h4 Bxc3 18
bxc3 Qxd5 19 Qxd5 Nxd5 20 c4 f6 21
cxd5 fxg5 22 hxg5 a6 Dueball-Ostl, Bun-
desliga 86.
**13 h3 Bxf3 14 Qxf3 Nxb3 15 axb3
Re8 16 Bg5 Bxc3 17 bxc3 Qxd5 18
Qxd5 Nxd5 19 c4 f6 20 cxd5 fxg5 21
Rac1 Rad8 ½:½**

162

Guido-Skembris
Genova 1989
**1 e4 c6 2 d4 d5 3 exd5 cxd5 4 c4 Nf6
5 Nc3 g6 6 cxd5 ● Bg7**
◊ 6 ... a6 7 Qb3 Bg7 8 Be2 0-0 9 Nf3
Nbd7 10 Ne5 Qb6 11 Be3 Rd8 12 Bc4
Qxb3 13 Bxb3 Nb6 14 d6 e6 15 Bg5
Rxd6 16 Bxf6 Bxf6 17 Ne4 Bxe5 18 dxe5
Rd4 Am.Rodriguez-Bellon Lopez, Ma-
laga 87.

7 Bb5+
◊ 7 Bc4! 0-0 8 Nge2 Nbd7 9 Bb3 Nb6
10 Nf4:
a:- 10 ... Bf5 11 0-0 Rc8 12 Re1 a6 13 h3
Rc7 14 Qe2 h6 15 a4 Bc8 16 Nxg6
Nbxd5 17 Nxd5 Nxd5 18 Nxf8 Kxf8 19
Bxd5 Qxd5 20 Bf4 1:0 Blatny-Stefansson
World Junior, Baguio 87.
b:- 10 ... Bg4 11 f3:
b1:- 11 ... Bf5 12 0-0 g5 13 Nfe2 h6 14
Ng3 Bg6 15 f4 gxf4 16 Bxf4 Nbxd5 17
Qe2 Nxf4 18 Rxf4 e6 19 Raf1 Nd5 20
Bxd5 exd5 21 Nh5 Qg5 22 Nxg7 Kxg7
23 h4 Qh5 24 Qe7 Rae8 1:0 Plaskett-
Gikas, Litl Open 88.
b2:- 11 ... Bc8 12 0-0 g5 13 Nfe2 h6 14
h4 gxh4 15 Qe1 Nbxd5 16 Qxh4 Bf5 17
Bxh6 Bg6 18 Kf2 e5 19 Rh1 Nxc3 20
bxc3 Nh7 21 Bxg7 Qxh4+ 22 Rxh4
Kxg7 23 dxe5 Rfe8 24 f4 Rac8 25 Rd1
Nf8 26 g4 Bh7 27 Rd6 Ng6 28 Rh1 1:0
Bischoff-Wachinger, Bad Neustadt 88.
7 ... Bd7
◊ 7 ... Nbd7 8 d6:
a:- 8 ... e6 9 d5 e5 10 Nf3 0-0 11 0-0 Ne8
12 Re1 f6 13 Ne4 a6 14 Ba4 Rf7 15 Be3
Bf8 16 Nc5 Nxc5 17 Bxe8 Qxe8 18 Bxc5
Bg4 Djurhuus-L.B.Hansen, Euro-Junior,
Groningen 86.
b:- 8 ... 0-0 9 dxe7 Qxe7+ 10 Nge2 a6
11 Bd3 b5 12 0-0 Bb7 13 Bf4 b4 14 Na4
Nd5 15 Bd2 Qh4 16 Rc1 Rfc8 17 Rxc8+
Rxc8 18 Bc1 Bf8 19 g3 Qh3 Todorčević-
Gurgenidze, Belgrade (GMA) 88.
8 Bc4 0-0 9 Nge2
◊ 9 Qb3 [! ± Nunn]:
a:- 9 ... Qb6 10 Nf3 Qxb3 11 Bxb3 Bf5
12 0-0 Nbd7 13 Re1 Rfe8 14 Nb5 ±
Nunn.
b:- 9 ... Qc7 10 Nf3 Rc8 11 Ne5 Ne8 12
d6 Nxd6 13 Bxf7+ Nxf7 14 Qxf7+ Kh8
15 Bf4 ± Nunn.
c:- 9 ... Bf5 10 Qxb7! Nbd7 11 Bf4 Ne8
12 Nf3 Nb6 13 Bb3 Bc8?! [13 ... Nd6 ±]
14 Qc6 Nd6 15 Qc5 Ba6 16 Ne5 ±±
Nunn-Hickl, Dortmund 87.
**9 ... b5 10 Bb3 b4 11 Na4 Bb5 12 0-0
Nxd5 13 Re1 Nc6 14 Be3 e5 15 dxe5
Nxe3 16 fxe3 Bxe5 17 Nf4 Na5 18
Qd5 Qb8 19 a3 Nxb3 20 Qxb3 Bxa4
21 Qxa4 Bxb2 22 axb4 Bxa1 23 Qxa1
Rd8 24 Rf1 Qd6 25 h4 Qe7 26 Rf3 Rd6
27 h5 Rad8 28 Kh2 g5 29 Rg3 h6 30
Ne2 Rd3 31 Nd4 Qe5 32 Qa5 Rd5 0:1**

===== **163** =====

Timman-Ljubojević
Belgrade 1989
**1 e4 c6 2 d4 d5 3 exd5 cxd5 4 c4 Nf6
5 Nc3 g6 • 6 Nf3 Nc6**

7 Bg5
⟳ 7 cxd5 Nxd5 8 Qb3:
a:- 8 ... Nb6 9 d5 Nb8 10 Bb5+ Bd7 11
0-0 Bg7 12 d6 +=/± Davies-Rechlis,
Tel Aviv 89.
b:- 8 ... Nxc3 9 Bc4 e6 10 bxc3 Bd7 11
Bd3 Na5 12 Qc2 Rc8 13 0-0 Qc7 14 Qe2
Bg7 15 Ba3 Nc4 ∞ van der Sterren-C.
Hansen, Wijk aan Zee 88.
**7 ... Ne4 8 cxd5 Nxc3 9 bxc3 Qxd5
10 c4 Qe4+ 11 Be3 Bg7 12 Bd3 Qg4
13 0-0 0-0 14 Be2**
⟳ 14 Rc1 b6 15 Re1! += Qd7 16 d5
Ne5 17 Nxe5 Bxe5 18 Bh6 Bg7 19 Bxg7
Kxg7 20 Qe2 e6 21 dxe6 fxe6 [Daml-
janović-Ruban, Palma de Mallorca
(GMA) 89] 22 c5! bxc5 23 Rxc5 Rf7 24
h4! Qd6 25 Re5 ± Damljanović.
**14 ... Qd7 15 d5 Ne5 16 Nxe5 Bxe5
17 Bd4 Qd6 18 Bxe5 Qxe5 19 Re1
Qd6 20 Bf3 Bd7 21 Qd4 b6 22 h4
Rfe8 23 Rad1 ½:½**

===== **164** =====

Knaak-Grünberg
East German Championship 1989
1 e4 c6 2 d4 d5 3 exd5 cxd5 4 c4 Nf6

5 Nc3 g6 6 Nf3 • Bg7 7 Bg5
⟳ 7 cxd5 0-0:
a:- 8 Be2 Nxd5 9 0-0 Nc6 10 h3 b6 11
Re1 Bb7 12 Bg5 h6 13 Be3 e6 14 Qd2
Kh7 15 Rac1 Rc8 16 Red1 ½:½
Cramling-Bellon, Terrassa 90.
b:- 8 Bc4 Nbd7 9 0-0 Nb6 10 Qb3 a5 11
a4 Qd6 12 Nb5 Qd8 13 d6 exd6 14
Bxf7+ Rxf7 15 Ng5 Nfd5 16 Nxf7 Kxf7
17 Bf4 Bf8 Paz-L.B.Hansen, World Ju-
nior, Baguio 87.
⟳ 7 Be2 0-0 8 0-0 Nc6:
a:- 9 Be3 dxc4 10 d5 Na5 11 b4 cxb3 12
axb3 Bg4 13 Bd4:
a1:- 13 ... Bxf3? 14 Bxf3 Ne8 15 Bxg7
Nxg7 16 d6! exd6 17 b4 Nc4 18 Bxb7
Rb8 19 Bd5 Ne5 20 b5 ± Inkiov-
Sznapik, Warsaw 87.
a2:- 13 ... Rc8! 14 b4 Nc4 15 Rxa7 Bxf3
16 Bxf3 Nd6 17 Qb3 Nd7 18 Bxg7 Kxg7
19 Na4 Rc7 20 b5 Kg8 21 b6 Rc4 22 Be2
Nc5 23 Nxc5 Rxc5 =+ Inkiov-Hulak,
Kastel Stari 88.
b:- 9 Re1:
b1:- 9 ... dxc4 10 Bxc4 Bg4 11 d5 Nb4 12
Qb3 ∞ Pinel-Kremenetsky, Managua
85.
b2:- 9 ... Be6! 10 Ng5 Bf5 11 Be3 dxc4
12 Bxc4 Na5 13 Be2 Nd5 14 Nxd5 Qxd5
15 Qa4!? Bd7 16 Qb4!? Nc6! 17 Qxb7
Rab8 18 Qc7 Rxb2 19 Bf3 Qd6 20 Qxd6
exd6 21 Red1 Ne7 -+ Illescas-Portisch,
Thessaloniki Ol 88.
7 ... 0-0!? 8 Bxf6 Bxf6 9 Nxd5
⟳ 9 cxd5 Bg4 10 Be2 = Nd7 11 0-0
Bxf3 12 Bxf3 Qb6 13 Na4 Qxd4 14 Qxd4
Bxd4 15 d6! exd6 16 Rad1 Be5 ½:½
Pytel-Nunn, Ramsgate 81.
9 ... Bg7 10 Ne3 Nc6! 11 d5? [11 Nc2
Bg4 =] **11 ... Qa5+ 12 Nd2** [12 Qd2
Bxb2!] **12 ... Bxb2! 13 Rb1** [13 dxc6
Bxa1 14 Qxa1 Rd8 15 Qb2 bxc6 16 Be2
Rb8 17 Qc2 Rb7 =+] **13 ... Bc3 14
dxc6 Rd8 15 Nd5 Bxd2+ 16 Qxd2
Qxd2+ 17 Kxd2 bxc6 18 Bd3 cxd5
19 c5 Rd7 20 c6 Rc7 21 Rhc1 Kf8 22
Rb4 e6 23 g4 Ke7 24 g5 Kd6 25 Rh4
Rb8 26 Rxh7**

26 ... e5! 27 Rh8 Rb2+ 28 Rc2
Rxc2+ 29 Bxc2 Kxc6 30 h4 Bg4 31
Bb3 Kc5 32 Rd8 Be6 33 Rh8 Rc8! 34
Rh7 Kd4 35 h5 gxh5 36 Rxh5 e4 37
Rh1 Rg8 38 Rg1 Ke5 39 f3! f5! 40
fxe4 dxe4 41 Bc2? Bxa2 42 Ra1 Bc4
43 Ra5+ Kf4 44 Kc3 Rc8 45 Kd4
Bd3 46 Bb3 Rd8+ 47 Kc3 Kxg5 48
Be6 e3 0:1

Misc. Variations

(Games 165-192)

Gurgenidze

(Games 165-172)

In the Gurgenidze system - games 165-172 - Black holds the centre with ... c6 and ... d5 and then tries to force White to determine the central structure.

If White closes the position with e5 and f4, as in games 165-6, then we get a closed position, quite unlike most Caro-Kanns. White's space advantage and the two bishops which he often obtains after ... Bg4xf3 should give him the better chances; but this is very much a fight in which the "better player on the day" should triumph.

Games 167-170 feature the theoretical position after 1 e4 c6 2 d4 d5 3 Nc3 g6 4 Nf3 Bg7 5 h3. Black can either try to force events with 5 ... Nf6 or play around his opponent with 5 ... Nh6.

After 5 ... Nf6 the critical question is whether White can gain any advantage with 6 e5 Ne4 7 Nxe4 dxe4 8 Ng5. Nowadays, most players distrust this line - see the notes to game 168 - and therefore aim for a slight advantage with either 7 Bd3 in this sequence or 6 Bd3.

Black players who really want to win tend to avoid the possible simplification of 5 ... Nf6 6 Bd3 with 5 ... Nh6. I've always believed that this is a splendid idea, as long as White doesn't disrupt the Black structure with c4 at some inconvenient moment. Unfortunately, that is precisely what Gruenfeld did in game 170.

I find Arkell's 5 ... dxe4 a little strange; but I suppose White has lost "half a tempo", say, with 5 h3.

It is precisely because of the success of the Gurgenidze that many White players now prefer 3 Nd2 instead of 3 Nc3. In this case, Black gets no pressure against the centre after the simple 4 c3 - or 4 Nf3 Bg7 5 c3; and White is therefore always a little better at the start of the middlegame.

2 c4

(Games 173-181)

Obviously, 2 c4 can easily transpose back into the main line Panov, but there are several independent side lines.

Kasparov got a huge advantage in game 173 but Nogueiras fought back to draw the 25-minute game. This whole line is rather unpleasant for Black since the ending after 8 d6 exd6 9 Qe2+ is very comfortably better for White. For this reason, I feel that Black really ought to "risk" 6 ... a6 as in games 174-175. White's only try for an advantage is then 7 Qa4. Things certainly can go horribly wrong for Black, as for instance in my game with Rini Kuijf. But Black is really fighting in this variation.

Although Bronstein won game 176, this whole line is very critical for Black if White plays d3 rather than d4. And indeed I believe that one of the main points of 2 c4 is precisely this option of d2-d3.

In game 177, Sokolov offered Karpov the option of transposing to the Panov Attack with 6 ... Nc6 7 d4 Bg4. Instead, Karpov chose 6 ... Nxc3. This line suffered some reverses a few years ago; but Karpov's calm 8 ... Bg7 9 h5 Nc6 fared very well as compared to the more panicky 8 ... h6 of Beliavsky-Tal, Moscow 1982. Perhaps White in his turn should prefer the calm 8 d4 to the adventurous 8 h4.

Players who dislike 4 ... Nf6 5 Bb5+ sometimes play 4 ... Qxd5. There is nothing very wrong with this move which can transpose to a 2 c3 Sicilian or a more orthodox IQP position in some cases.

In games 180-181, we examine 2 c4 e5. Miles has had several interesting ideas in this line; but I trust game 180 considerably more than game 181.

Two Knights Variation

(Games 182-184)

In game 182 we get a ... gxf6 line but without d2-d4. Perhaps the extra flexibility ought to favour White very slightly; but in practise they merely got a huge mess in which Skembris won through.

Essentially, if Black ducks the complications with 4 ... Bxf3 then he is slightly worse as reiterated by Balashov-Lechtynsky. However, if he follows the theoretical lines then at the end of the tightrope he is doing quite well as in Maliutin-Dzhandzhgava and its notes.

3 f3

(Games 185-186)

This is certainly "better than it looks". But usually, nowadays, Black has the sense to avoid the old line 3 ... dxe4 4 fxe4 e5 5 Nf3! - in which White's play is very much justified.

2 d3

(Games 187-190)

2 d3 is highly respectable - and Ljubojević, in particular, has played it many times. It is very hard for Black to get a very exciting position against this move; though the reader might retort - if that's

what he wants why is he playing the Caro?

However, good sensible chess should yield a perfectly playable position. Black can play ... e5 and ... d5 defending the e5 pawn either by fianchettoing or with ... Bd6. But perhaps soundest of all is the restrained ... e5 and ... d6, as in Ljubojević-Hjartarson. I also had a perfectly good position in the note to game 190, before losing my cool with 9 ... exd4. And Karpov, who has played the Caro as Black against Ljubojević many times, precisely in the expectation of meeting 2 d3, got an excellent Old Indian type position in their games from Brussels 1988, when "Ljubo" played d4 too early, and ultimately won.

But it's important to note that in this line Black should not allow a4-a5 as in the other Ljubojević-Karpov games from Amsterdam 1988, which Ljubojević won.

3 cxd5 exd5 4 Bd3

(Games 191-192)

Games 191-192 involve 3 cxd5 exd5 4 Bd3. This line is very sound but if Black is careful White finds it very hard to build up a proper kingside attack; and later Black can play for the minority attack - as White often does in the Queen's Gambit Exchange Variation.

Despite the dismal result of Sinoviev-Watson in the notes to game 191, I feel that the idea of ... g6 and ... Bf5 is a good way for Black to play for a win against a solid White opponent who doesn't want too much out of the opening.

165

Arnason-Christiansen
Reykjavik 1986
1 e4 c6 2 d4 d5 3 Nc3 • g6 4 e5 Bg7 5 f4 h5 6 Be3
◊ 6 Nf3 Bg4 7 Be2 Bxf3!? [7 ... e6!?].
6 ... Nh6 7 Nf3

7 ... Bg4
◊ 7 ... Qb6 8 Na4:
a:- 8 ... Qc7 9 Bf2 Bf5 10 h3 Nd7 11 Qd2 b5 12 Nc3 a5 13 Be2 a4 14 0-0 0-0 15 Nh4 Nb6 16 b3 += Mestel-Murshed, British Ch, Blackpool 88.
b:- 8 ... Qa5+ 9 c3:
b1:- 9 ... Bf5 10 Nc5 Nd7 11 Nxb7 Qb6 12 Qb3 Be4 ∞ Arnason-Hebert, New York Open 89.
b2:- 9 ... Bg4 10 Nc5 Nd7 11 Nb3 Qc7 12 h3 Nf5 13 Bf2 Bxf3 14 Qxf3 h4 15 Bd3 e6 = Peters-Kavalek, USA 84.
8 Be2
◊ 8 h3 Nf5 9 Bf2 Bxf3 10 Qxf3 h4 11 Bd3 e6 12 0-0 Nd7 13 Ne2 += Gagarin-Lybimov, Briansk 85.
◊ 8 Bd3 Nf5 9 Bf2 e6 10 h3 Bxf3 11 Qxf3 Nh4?! [11 ... h4] 12 Qg3 Nf5 13 Qf3 Nh4 14 Bxh4 Qxh4+ 15 g3 Qe7 16 g4! Nd7 17 0-0-0 0-0-0 18 Ne2 Kb8 19 f5 +=/± Anand-Blatny, World Junior, Baguio 87.
◊ 8 Bf2 Qb6 9 Rb1 e6 10 Be2 Nf5 11 0-0 Bf8 12 b3 Nd7 13 Na4 Qc7 14 c4 Nb6 15 c5 Nxa4 16 bxa4 Be7 17 Qd2 b6 18 Rb3 bxc5 19 dxc5 0-0 20 Ba6 Bxf3 21 Rxf3 d4 22 Rc1 Rfd8 23 Rd3 ½:½ W.Watson-Kristiansen, Esbjerg 88.
8 ... Nd7
◊ 8 ... Nf5 9 Bf2 Bxf3 10 Bxf3 Nd7 11 0-0 e6 12 g3 Qc7? [12 ... b5 ∞] 13 Ne2 △ b3, c4 Sokolov-Tseshkovsky, Sochi 83.
9 Qd2 Nf5 10 Bf2 e6 11 g3 Bf8 12 h3 Bxf3 13 Bxf3 h4!? [13 ... b5; 13 ... Bb4] 14 g4 Ng3 15 Rg1 Qb6! 16 0-0-0 Qa6 17 Qd3 [17 Kb1 Nb6] 17 ... Qxd3 18 Rxd3 c5! ∞ 19 Nb5 c4 20 Rdd1 Rc8 21 Bxg3 hxg3 22 Rxg3 a6 23 Nc3 b5 24 Rh1 Rh4 =/∞ 25 Ne2 Nb6 26 g5?! [26 Bg2] 26 ... c3 27 b3 a5 28 Bg4 Bb4 29 Ng1 a4 30 Rh2 Ke7 31 Kd1 Ra8 32 Nf3 Rhh8 33 Ne1 Nd7 34 Nd3 axb3 35 cxb3 Ba5 36 Nc1 Nb8 37 a3 Bb6 38 Ra2 [38 Rxc3 ∞] 38 ... Rc8 39 Rd3 Nc6 40 Rxc3 Bxd4 41 Rd3 Bb6 42 b4? Nxb4 43 axb4 Rxc1+ 44 Kxc1 Rxa2 0:1

166

Ehlvest-Negulescu
Erevan 1988
1 e4 c6 2 d4 d5 3 Nc3 g6 4 e5 Bg7 5 f4 • Nh6 6 Nf3
◊ 6 h3 b6 7 Nf3 Nf5 8 Ne2 h5 9 g3 Ba6 10 Rg1 e6 11 g4 Nh4 12 Ng5 Qe7 =+ 13 Ng3 Bxf1 14 Rxf1 hxg4 15 hxg4 f6 16 exf6 exf6 17 Qe2 e5!? 18 dxe5 Bxg5 19 fxg5 Nd7 20 e6 Nc5 ∞ Ehlvest-Titov, Spartakiade, Minsk 86.
◊ 6 Be2 f6! 7 Nf3 Bg4 8 Be3 0-0 9 0-0 Nf5 10 Bf2:
a:- 10 ... Bxf3 11 Bxf3 fxe5 12 dxe5 e6 13 Ne2 Nd7 14 Bg4! = Sveshnikov-Yurtayev, Volgodonsk 83.
b:- 10 ... Bh6 11 Ne1?! [11 g3 ∞] 11 ... Bxe2 12 Nxe2 fxe5 13 dxe5 Ng7 14 Nd3 e6 15 h4 Nd7 16 g4 Ne8 17 g5 Bg7 18 Ng3 Rf7 19 h5 Nc7 20 Kg2 b6 = Rozen-talis-Ehlvest, USSR 85.
6 ... Bg4
◊ 6 ... 0-0 7 Be3 Bg4 8 Be2 f6 9 0-0

fxe5 [9 ... Nf5] 10 fxe5 Bxf3 11 Bxf3 e6 12 Ne2 Nf5 13 Bf2 Qe7 14 c3 Nd7 15 a4 c5 16 a5 Rac8 17 Kh1 Kh8 18 Qd3 += Anand-Kantsler, Frunze 87.

7 Be3

◊ 7 Be2 e6 8 Be3 Nf5 9 Bf2 h5 10 Qd3 Qa5 11 0-0 Bh6 12 g3 Nd7 13 Kg2 0-0-0 14 Nd1 h4 15 Nxh4 Nxh4 16 gxh4 Bf5 17 Qe3 Bxc2 18 Bg4 ± Chernin-I.Ivanov, New York Open 88.

◊ 7 h3 Bxf3 8 Qxf3 Qb6 [8 ... f6 9 g4] 9 Ne2 f6 10 g4 fxe5 11 dxe5 Na6 12 Bg2 0-0-0 13 Be3 d4 14 Bf2 Rhf8 15 0-0 Bxe5 16 c3 +=/± Sveshnikov-Orlov, Pinsk Otborochnii 86.

7 ... Nf5 8 Bf2 h5 9 h3 Bxf3 10 Qxf3 h4 11 Bd3 e6 12 Ne2 Bf8 13 0-0 Nd7 14 b3 Be7 15 c4 Kf8 16 a3 Kg7 17 Rfc1 Nb6 18 Kh2 a5 19 c5 Nd7 20 b4 axb4 21 axb4 b5 22 Bc2 Qc7 23 Qc3 Qb7 24 Ng1 Rxa1 25 Rxa1 Ra8

26 Ra3 Ra6 27 Nf3 Qa8 28 Rxa6 Qxa6 29 Bxf5 exf5 30 Qe1 Nf8 31 Bxh4 Bxh4 32 Qxh4 Ne6 33 Qf6+ Kg8 34 Ng5 Nxg5 35 Qxg5 Qa1 36 Qd8+ Kh7 37 Qh4+ Kg8 38 Qd8+ Kh7 39 Qc7 Kg8 40 e6 fxe6 41 Qxc6 Qxd4 42 Qxe6+ Kh7 43 Qe7+ Kg8 44 Qd6 Qxb4 45 Qxg6+ Kh8 46 Qh6+ Kg8 47 Qe6+ Kg7 48 Qe5+ Kg6 49 c6 1:0

Kudrin-Shirazi

Philadelphia (World Open) 1989
1 e4 c6 2 d4 d5 3 Nc3 g6 4 Nf3 Bg7

5 h3

◊ 5 exd5 cxd5 6 Bb5+ Bd7:

a:- 7 Bxd7+ Qxd7 8 0-0 Nc6 9 Bf4 e6 10 Nb5 Ne5 11 a4 Nxf3+ 12 Qxf3 Kf8 13 Rfe1 a6 14 Nc7! Rc8 15 Bd6+! 1:0 Deev-Zubov, postal 85-86.

b:- 7 Qe2 a6 8 Bxd7+ Qxd7 9 Bf4 Nc6 10 Rd1 b5 11 0-0 e6 12 Ne5 Nxe5 13 Bxe5 f6 = Nun-Blatny, CSSR 87.

◊ 5 Bf4!?:

a:- 5 ... dxe4 6 Nxe4 Nf6 7 Nxf6+ exf6 8 Bc4 0-0 9 0-0 Nd7 10 Bb3 Nb6 11 c4 += Re8 12 Be3! Bg4 13 h3 Bf5?! 14 Re1 Be4 15 Nh2 f5 16 f3 Bc2 17 Qxc2 Rxe3 18 Rxe3 Bxd4 19 Qf2! 1:0 Volchok-Godes, postal 87-88.

b:- 5 ... Bg4 6 exd5! cxd5 7 h3 Bxf3 8 Qxf3 Nf6 9 Bxb8 Rxb8 10 Bb5+ Kf8 11 0-0-0 Rc8 12 Ba4 = Teske-Chernin, Polanica Zdroj 88.

5 ... Nf6 6 Bd3 dxe4 7 Nxe4 Nxe4 8 Bxe4 Bf5

◊ 8 ... Nd7 9 0-0 0-0:

a:- 10 Qe2 Re8 11 Rd1 Qc7 12 c3 e5 13 Bc2 Rf8 14 Be3 exd4 15 Nxd4 Re8 16 Qd2 a6 17 Re1 c5 18 Nf3 Nf6 19 Bf4 Rxe1+ 20 Rxe1 Qb6 21 Bb3 += Fedorowicz-Ledger, London (Lloyds Bank) 90.

b:- 10 c3 c5 11 Bg5 h6 12 Bf4 cxd4 13 cxd4 Nf6 14 Bc2 Be6 15 Qd2 Bd5! 16 Ne5 Rc8 17 Rfe1 Nh5 18 Bh2 e6 19 Rad1 Qg5! = Kudrin-Dzindzihashvili, USA 84.

◊ 8 ... 0-0:

a:- 9 c3 Be6 10 0-0 Bd5 11 Qe2 Re8 12 Bf4 Bxe4 13 Qxe4 Qd5 14 Qc2 Nd7 15 Rfd1 b5 16 a4 a6 17 Re1 c5 = Matulović-Chernin, Belgrade GMA 88.

b:- 9 0-0 Nd7 10 Bg5:

b1:- 10 ... h6?! 11 Be3 Qc7 12 Qc1 Kh7 13 Bf4 Qa5 14 c3 Nf6 15 Bc2 += Barlov-Dzindzihashvili, New York Open 87.

b2:- 10 ... Re8 11 Re1 Qb6 12 Bd3 Nf6?! [12 ... e6! =] 13 Rb1! c5 14 dxc5 Qxc5 15 b4 += Horváth-Ramo, Andorra 89.

9 Bxf5 Qa5+ 10 c3 Qxf5 11 0-0 0-0 12 Re1 Re8 13 Bg5 e6 14 Re5 Bxe5 15 dxe5 Na6 16 Qe2 Red8 17 Bxd8 Rxd8 18 Qe3 Qc2 19 Kh2 Rd3 20 Rc1 Rxe3 21 Rxc2 Rd3 22 Ng5 Nc5 23 Rc1 Nd7 24 f4 Nb6 25 Ne4 Nd5

26 g3 h6 27 a3 h5 28 c4 Ne3 29 Rc3 Rxc3 30 Nxc3 Nxc4 31 a4 a6 32 Kg2 Ne3+ 33 Kf3 Nd5 34 Na2 Kf8 35 Ke4 Ke7 36 g4 f5+ 37 exf6+ Nxf6+ 38 Kf3 Nd5 39 Ke4 Kd6 40 gxh5 gxh5 41 f5 h4 42 f6 Nxf6+ 43 Kf4 Nd5+ 44 Kg4 Ke5 45 Kxh4 Kf4 46 Kh5 e5 47 Kg6 e4 48 h4 Kg4 49 h5 Nf4+ 50 Kf6 Kxh5 51 Ke5 e3 52 Nc1 e2 0:1

═══════ **168** ═══════

Popović-Ehlvest
Vrsac 1987
1 e4 c6 2 d4 d5 3 Nc3 g6 4 Nf3 Bg7 5

h3 Nf6 ● **6 e5 Ne4**

◊ 6 ... Nfd7 7 Bd3 Nf8 8 Ne2 Na6 9 c3 Nc7 10 Be3 Nfe6 11 Qd2 h5 12 Nh4 Bf8 13 0-0 Ng7 14 Ng3 e6 15 Bg5 Be7 16 Nf3 Lau-Dresen, Bundesliga 86-87.

7 Bd3

◊ 7 Nxe4 dxe4 8 Ng5 c5 9 Bc4 0-0 10 c3 cxd4 11 cxd4:

a:- 11 ... Nc6! 12 Be3 Qa5+ 13 Qd2 Qxd2+ 14 Kxd2 h6! 15 Nxe4 Rd8 16 Kc3 Bf5 17 Ng3 Rac8 Malleé-Pytel, Dortmund 75.

b:- 11 ... b5 12 Bb3 Bb7 13 h4 [13 Bc2! ± Pytel] 13 ... Bd5 14 h5 Bxb3 15 axb3 Qd5 16 hxg6 hxg6 17 Qg4! Rd8 18 e6 f5! 19 Rh8+!! Bxh8 20 Qh4 Bg7 21 Qh7+ Kf8 22 Qxg6 Kg8 23 Be3 ± Chudinovsky-Nogovicyin, USSR 88.

7 ... Nxc3 8 bxc3 c5

9 0-0

◊ 9 dxc5 0-0 10 Be3 Nd7 11 Bd4 Qc7 = 12 0-0?! [12 Qe2 Nxc5 = Gufeld] 12 ... Nxe5 13 Nxe5 Bxe5 14 Qe2 Bh2+! 15 Kh1 e5 16 Be3 [Chandler-Gufeld, Hastings 86-87] 16 ... Bf4! Gufeld.

9 ... c4

◊ 9 ... Nc6 10 Re1 Qa5 11 Bd2 c4 12 Bf1 Qa4 13 Nh4 Bd7 14 Qf3 Be6 15 g4 0-0-0 16 Ng2 Kb8 17 Rec1 h5 18 Nf4 hxg4 19 hxg4 Bc8 20 Nxd5 Epstein-Semenova, USSR Womens Ch 86.

10 Be2 Qa5 11 Bd2 f6 = 12 exf6 exf6 13 Nh4 0-0 14 f4 f5 15 g4 fxg4 16 hxg4 Qd8 17 Ng2 Nc6 18 Rb1 Rb8 19 Bf3 b5 20 Qe2 Rb7 21 Ne3 Ne7 22 Qg2 Kh8 23 Nxd5 Nxd5 24 Bxd5 Rb6 25 Bf3 b4 ½:½

169

Moingt-Hort
Lugano Open 1989
1 e4 c6 2 d4 Bg7 3 Nc3 g6 4 Nf3 Bg7
5 h3 • Nh6 6 exd5

◊ 6 Be2 0-0 7 0-0 f6 8 Re1 Nf7 9 Bf1 e6
10 a4 Nd7 11 b3 Re8 12 Ba3 Nf8 13 Qd3
Bd7 14 Rad1 Qc7 15 Nb1 dxe4 16 Qxe4
e5 Mentsinger-Schneider, Ptui 89.

◊ 6 Bd3:

a:- 6 ... 0-0 7 Qe2 f6 8 exd5 Nf7 9 dxc6
Nxc6 10 0-0 f5 11 Be3 e6 12 Rad1 g5 13
Bc4 Na5 14 d5 e5 15 Bxg5 ± Strikovic-
Gaprindashvili, Pula 90.

b:- 6 ... f6 7 0-0 Nf7 8 Re1 0-0 9 Bf1 e6
10 b3 Re8 11 Bb2 b6 12 g3 Bb7 13 Bg2
Nd7 14 Nd2 dxe4 15 Ncxe4 f5 16 Nc3
Bxd4 17 Nf3 Bg7 18 Nd4 Nf8 19 Na4
Qc7 20 Qe2 e5 21 Nf3 e4 =+ van der
Sterren-Gaprindashvili, Ter Apel 90.

◊ 6 e5 f6 7 Bf4 0-0 8 Qd2 Nf7 9 0-0-0
fxe5 10 dxe5 e6 11 h4 c5 12 h5 Nc6 13
hxg6 hxg6 14 Re1 c4 15 Rh3 d4 16 Nb5
c3 17 bxc3 Qa5 18 cxd4 Qxa2 Tseitlin-
Varlamov, Leningrad Ch 86.

6 ... cxd5

7 Bb5+

◊ 7 g4 0-0 8 Be3 f6 9 Qd2 Nf7 10 0-0-0
Nc6 11 Kb1 Qa5 12 Nb5 Qd8 13 Bg2
+= Bd7 14 Nc3 e6 15 h4 Na5 16 Qe2
Nc4 17 Bc1 Rc8 18 Rd3 Qa5 19 Nd2
Na3+ 20 bxa3 Rxc3 = Anand-
Gaprindashvili, Biel II 88.
7 ... Nc6 8 Bf4 f6 9 Qe2 Nf7 10 0-0-0
0-0 11 Rhe1 Re8 12 Kb1 a6 13 Ba4

e6 14 g4 Bd7 15 Qd2 Na5 16 Bxd7
Qxd7 17 b3 Rac8 18 Na4 Qb5 19
Nb2 Bf8 20 Qe2 Nd6 21 Bxd6 Bxd6
22 Qxb5 axb5 23 g5 Rc7 24 Nd3 Nc6
25 gxf6 Rf7 26 Nfe5 Rxf6 27 Nxc6
bxc6 28 Re3 Kf7 29 Rde1 Ke7 30
R1e2 Kd7 31 Kb2 g5 32 Ne5+ Bxe5
33 Rxe5 h6 34 c3 Ref8 35 Kb1 Rxf2
36 Rxe6 Rxe2 37 Rxe2 Rf3 38 h4
Rh3 39 Rf2 Rxh4 40 Rf7+ Ke6 41
Rc7 1:0 time.

170

Gruenfeld-Gaprindashvili
Palma de Mallorca (GMA) 1989
1 e4 c6 2 d4 g6 3 Nc3

◊ 3 h4 h5 4 Nf3 d5 5 Nc3 Bg4 6 Be2
Bg7 7 Be3 Nh6 8 Qd2 dxe4 9 Nxe4 Nf5
10 0-0-0 Nxe3 11 fxe3 Qd5 12 Nc3 Qa5
13 Ng5 Bxe2 14 Qxe2 Nd7 15 e4 +=
Frolov-Raičević, Trnava 89

3 ... d5 4 h3

◊ 4 e5 h5:

a:- 5 h3 Nh6 6 Nf3 Bf5 7 Be2 Nd7 8 0-0
Bg7 9 Re1 Nf8 10 Bf1 Qd7 11 Ne2 0-0-0
12 Nf4 Ne6 13 Bd3 Nxf4 14 Bxf4 +=
Womacka-Maciejewski, Lodz 89.

b:- 5 Nf3:

b1:- 5 ... Bg4 6 h3 Bxf3 7 Qxf3 e6 8 Bd3
Nd7 9 Ne2 h4 10 g4 Qb6 11 0-0 +=
Lanc-Lechtynsky, Trnava 89.

b2:- 5 ... Nh6 6 Bd3 Na6 7 0-0 Nc7 8
Re1 Bf5 9 Bf1 Bg4 10 h3 Bxf3 11 Qxf3
Nf5 12 Ne2 e6 13 a4 Be7 14 b3 Nbd7 ∞
Gobet-Gaprindashvili, Biel 88.

4 ... Bg7

◊ 4 ... Nf6 5 e5 Ne4 6 Nxe4 dxe4 7 Be3
Bg7 8 Bc4 0-0 9 Ne2 c5 10 c3 Qc7 11
Rc1 Nc6 12 a3 ± Grosar-Murshed, Lon-
don Lloyds Bank 90.

5 Nf3 Nh6 • 6 Bf4 f6?!

◊ 6 ... dxe4 7 Nxe4:

a:- 7 ... 0-0 8 Qd2 Nf5 9 c3 b6 10 Bd3
Ba6 11 0-0 Nd6 12 Ng3 Bxd3 13 Qxd3
Nd7 += Bareyev-Cigan, Budapest 88.
b:- 7 ... Qb6 8 Qc1 Nf5 9 c3 0-0 10 Bd3

Nd6 11 Nxd6 exd6 12 0-0 c5 13 Re1 Nd7 14 Qc2 Nf6 15 Qb3 Qc6 16 dxc5 Qxc5 17 Rad1 Nd5 18 Bxd6 Qxd6 19 Bc4 Dizdar-Guseinov, Baku 88.

7 exd5!

◊ 7 Qd2 Nf7 8 0-0-0 e5 9 dxe5 fxe5 10 Bg5 Nxg5 11 Nxg5 h6 12 Nf3 d4 13 Bc4 Qe7 = Markovics-Gaprindashvili, Smederevska Palanka IZ 87.

7 ... cxd5 8 Nb5

◊ 8 Bxb8!? Rxb8 9 Bb5+ Kf7 [9 ... Bd7 10 Qe2 a6 11 Bxd7+ Qxd7 12 0-0 ±] 10 Qe2 e6 11 g4 a6 12 Bd3 Qd6 13 g5 fxg5 14 Nxg5+ Ke7 15 Qe3 Bd7 16 0-0-0 Rbf8 17 f4! ± Barlov-Gaprindashvili, Palma de Mallorca (GMA) 89.

8 ... Na6

◊ 8 ... 0-0 9 c4 a6 10 Nc7 e5 11 Nxa8 exf4 12 c5 Bf5 13 Nb6 Nc6 14 Be2 Be4 15 0-0 Nf5 16 Qa4 g5 17 Rad1 h5 =/∞ Hünerkopf-Schneider, Bundesliga 86.

9 c4 0-0 10 cxd5 Qxd5 11 Nc3 Qf7 12 Qb3 [12 Be2 +=] 12 ... Qxb3 13 axb3

13 ... Nf5?! [13 ... e5! 14 Bc4+ Kh8 15 dxe5 fxe5 ∞] **14 Bc4+ Kh8 15 0-0 Nxd4 16 Nxd4 e5 17 Be3 exd4 18 Bxd4 ± Rd8 19 Rfd1 Nb4 20 Bxa7 Rxd1+ 21 Rxd1 Nc6 22 Bc5 h5 23 b4 Bf5 24 Bd5 Re8 25 b5 Nd8 26 Ra1 Kh7 27 Be3 Re7 28 Ra8 Rd7 29 Rb8 1:0**

═══ **171** ═══

Westerinen-K.Arkell
London (Watson Farley & Williams) 1988
1 e4 c6 d4 d5 3 Nc3 g6 4 Nf3 Bg7 5 h3 • dxe4 6 Nxe4 Nd7

◊ 6 ... Nf6:
a:- 7 Neg5 0-0! 8 Ne5 Nbd7 9 f4 Qb6 10 c3 h6 11 Ngxf7 Rxf7 12 Nxf7 Kxf7 13 Bc4+ e6 [13 ... Nd5 14 f5!] g5 15 Qh5+] 14 0-0 Nd5 15 Qc2 N7f6 16 Bd3 Ne7 17 Be3 Bd7 18 Rae1 Qc7 = Shulman-Daudzvardis, Riga Festival 86.
b:- 7 Nxf6+ exf6 8 Bd3 0-0 9 0-0 Qd6 10 Be3 Rd8 11 Qd2 Qf8 12 Rfe1 Nd7 13 Bf4 Nb6 14 c4 Be6 15 Rac1 Rd7 16 Bf1 Rad8 17 a4 Nc8 18 b4 g5 Zagrebelny-Godes, Belgorod 89.

7 Bc4

◊ 7 Bd3 Ngf6 8 Nxf6+ Nxf6 9 0-0 0-0 10 c4 c5 11 dxc5 Nd7 12 Be3 Bxb2 13 Rb1 Bg7 14 Be4 Qc7 15 c6 b6 16 Qa4 Nb8 17 Rfd1 =/∞ Velimirović-Djuric, Pula 88

7 ... Ndf6

◊ 7 ... Ngf6 8 Nxf6+ Nxf6 9 0-0-0 0-0 10 Re1:
a:- 10 ... Bf5 11 Bf4 Be4 12 c3 Bd5 13 Bb3 Re8 14 Be5 Bxb3 15 axb3 Nd7 16 Bxg7 Kxg7 17 d5 cxd5 18 Qxd5 M.Kuijf-Lau, Wijk aan Zee B 89.
b:- 10 ... h6 11 Qe2 b5 12 Bb3 Nd5 13 a4 a6 14 Ne5 Bb7 15 c3 e6 16 Nd3 Re8 17 Nc5 Bc8 18 Qf3 b4 Grzesik-Lehmann, Bundesliga 87-88.

8 Nc5 Nd5 9 0-0 Ngf6 10 Re1 0-0 11 Bb3 b6 12 Nd3 += Bb7 13 Qe2 e6 14 Bg5 h6 15 Bh4 a5 16 a3 a4 17 Ba2 Ba6 18 c4 Ne7 19 Bg3 Nf5 20 Be5

20 ... Nd7 21 Bxg7 Kxg7 22 Nb4 Bb7 23 d5 exd5 24 cxd5 c5 25 Nc6 Qf6 26 Qd2 Rae8 27 Qc3 Nd6 28 Rad1 Qxc3 29 bxc3 Nb5 30 Rc1 Rxe1+ 31 Nxe1

**Rc8 32 c4 Nd6 33 Nd3 Bxc6 34 dxc6
Rxc6 35 Nb2 Rc7 36 Nxa4 Ra7 37
Bb3 Nf5 38 Bd1 Nd4 39 Rb1 Ne5 40
Rxb6 Nxc4 41 Rb8 Rc7 42 Rd8 Re7
43 Bg4 h5 44 Bf3 Re1+ 45 Kh2 Nd2
46 h4 Nf1+ 47 Kg1 g5 48 Nxc5
Ng3+ 0:1**

═══════ **172** ═══════

Tiviakov-Vorotnikov
Belgorod (GMA Qualifier) 1989
1 e4 c6 2 d4 d5 ● 3 Nd2 g6 4 c3
◊   4 e5 Nh6 5 Ngf3 Bg7 6 Be2 f6 7 exf6
exf6 8 Nb3 0-0 9 0-0 Kh8 10 Nc5 Nf7 11
h3 Nd6 12 Bf4 b6 13 Nd3 Na6 14 Nd2
Nc7 15 c3 Ne6 16 Bh2 Ng5 17 Nb4 Bb7
18 Ba6 Bxa6 19 Nxa6 Qd7 = Morris-
Sturua, London (Lloyds Bank) 90.
◊   4 Nf3:
a:- 4 ... dxe4 5 Nxe4 Nd7?! 6 Bc4 Bg7? 7
Bxf7+! Kxf7 8 Neg5+ Ke8 9 Ne6 Qb6
10 Nxg7+ Kf7 11 Ne6! Kxe6 12 Ng5+
Kd6 13 Bf4+ e5 14 dxe5++ 1:0
Borngasser-Lodes, Bundesliga 88-89.
b:- 4 ... Bg4:
b1:- 5 h3 Bxf3 6 Qxf3 dxe4 7 Nxe4 Qxd4
8 Bd2 Nf6 9 Nxf6+ Qxf6 10 Qb3 Qe6+
11 Qxe6 fxe6 12 Bc3 =/∞ Wilder-K.
Arkell, London 89.
b2:- 5 Be2 Nf6 6 e5 Nfd7 7 Ng5 Bxe2 8
e6 f6 9 Qxe2 fxg5 10 exd7+ Nxd7 11
Bxg5 Kf7 12 0-0-0 Nf6 13 Rhe1 Qd7 14
Rd3 Bg7 15 Bf4 Rhf8 16 Be5 Rae8 17 f3
e6 18 g4 Qe7 19 Re3 Bh6 20 f4 Nd7 21
Rh3 Nxe5 22 Rxh6 Kg7 23 Qxe5+ Kxh6
24 g5+ Kh5 25 Qe2+ Kh4 26 Qf2+ 1:0
Szalánczi-Harmatosi, Hungary 88.
4 ... Bg7 5 Ngf3
◊   5 e5 f6 6 f4 Nh6 7 Ngf3 0-0 8 Be2
fxe5 9 fxe5 c5 10 Nb3 cxd4 11 cxd4 Nc6
12 0-0 Qb6 13 Kh1 a5 14 a4 Bf5 15 Bg5
Be4 16 Nc5 Qxb2 17 Nxe4 dxe4 18 Rb1
Qa3 19 Bc1 Qc3 20 Bd2 Qa3 = Karpov-
Deep Thought, New York 90.
5 ... Nh6
◊   5 ... dxe4 6 Nxe4 Nd7 7 Bc4 Ngf6 8

Nxf6+ Nxf6 9 0-0 0-0 10 Re1 b6 11 Qe2
e6 12 Bf4 Bb7 13 Rad1 Qe7 14 Bg5 Rac8
15 Ne5 Qc7 16 Bb3 Nh5 17 Nxf7! Rxf7
18 Qxe6 Rcf8 19 Qe7 Qxe7 20 Rxe7 ±
Timoshenko-Kantsler, Frunze 87.
6 Bd3 0-0 7 0-0

7 ... f6
◊   7 ... Nd7:
a:- 8 Re1 Re8 9 e5 Nf8 10 Nf1 f5 11 h4
Nf7 12 h5 e6 13 hxg6 hxg6 14 Bd2 b6 15
Qc1 a5 16 Ng5 Ba6 17 Bxa6 Rxa6 18
Nh2 Nh7 = Moingt-Bottema, Lugano
Open 89.
b:- 8 exd5 cxd5 9 Re1 Nf6 10 Nf1 Bf5 =.
c:- 8 e5 Re8! 9 h3 f6 10 exf6 exf6 11 Nb3
Nf8 12 Bf4 a5! 13 Qd2 Bf5 14 Bxh6
Bxh6 15 Qxh6 Bxd3 16 Rfe1 Be4 =
Prasad-Skembris, Dubai Ol 86.
**8 Re1 Nf7 9 c4 Na6 10 b3 Nc7 11
Ba3 Re8 12 Rc1 Bf8 13 Qc2 Ne6 14
e5 f5 15 h4 Bh6 16 Rcd1 b6 17 h5
Kg7 18 g3 Bb7 19 Bb2 Rg8 20 Nh4
Bxd2 21 Qxd2 Kf8 22 cxd5 cxd5 23
hxg6 hxg6 24 Kg2 Nfg5 25 Rh1 Qe8
26 Nf3 Nxf3 27 Kxf3 Qf7 28 Rh6**

28 ... Kg7?? 29 Rh7+ 1:0

173

Kasparov-Nogueiras
USSR v World, Madrid 1988
**1 e4 c6 ● 2 c4 d5 3 cxd5 cxd5 4 exd5
Nf6**

5 Bb5+

◊ 5 Qa4+:
a:- 5 ... Nbd7 6 Nc3 g6 7 Nf3 [7 g4!? Bg7
8 g5 Nh5 9 Nge2 0-0 10 Ng3 e6 11 Nxh5
gxh5 12 d4 Nb6 - 12 ... exd5!? - 13 Qd1
exd5 14 Qxh5 Bf5 15 Be3 Re8 ∞
Korchnoi-Salov, Amsterdam (Euwe) 91]
7 ... Bg7 8 Qb3:
a1:- 8 ... a6 9 a4 Nb6 10 a5 Nbxd5 11
Bc4 e6 12 0-0 0-0 13 d3 b5 14 axb6 Nxb6
15 Be3 Nfd7 16 Bxe6! fxe6 17 Ng5 Re8
18 Nxe6 Rxe6 19 Qxe6+ Kh8 += Fer-
nandez Garcia-Andruet, Las Palmas
87.
a2:- 8 ... 0-0 9 Bc4 Nb6 10 d3 Ne8 11
h3!? += Nd6 12 0-0 Bd7 13 Re1! Rc8
14 Bg5 Re8 15 Nd2 [Fernandez Garcia-
Jadoul, Pau 88] 15 ... Nf5 +=.
b:- 5 ... Bd7 6 Qb3:
b1:- 6 ... Na6!? 7 Nc3 Nc5 8 Qd1 g6 9
Nf3 Bg7 10 Bc4 0-0 11 0-0 Rc8 12 Re1 a6
13 d4 Na4 14 Nxa4 Rxc4 15 Nc5 Rb4 16
Bd2 Rxb2 ∞ Vizmanavin-Smagin, Mo-
scow Ch 84.
b2:- 6 ... Qb6 7 Nc3 Na6 8 Bc4 Qxb3 9
Bxb3 Nc5 10 Bc2 e5 11 dxe6 Nxe6 12
Nf3 Bc5 13 0-0 0-0-0 14 d3 Nd4 15 Nxd4
Bxd4 16 Be3 Ivanchuk-Burgess, Euro-
Junior, Groningen 86-87.
5 ... Nbd7

◊ 5 ... Bd7 6 Bc4 Qc7 [6 ... b5 7 Bb3 a5
8 a3 Na6 9 d4 Nc7 10 Qf3 Bg4 11 Qg3
Ncxd5 12 Nf3 e6 13 0-0 Bf5 14 Ne5
Short-Karpov, SWIFT Blitz 87] 7 d3 b5 8
Bb3 Na6 9 Nc3 Qe5+ 10 Qe2 Nb4 11
Kf1 Qd4 -+ Bullockus-Elfving, postal
90.
6 Nc3 g6 7 d4

◊ 7 d6 e6?! 8 d4 Bxd6 9 Bh6 Zier-
Dückstein, Vienna 86.

◊ 7 Nge2 Bg7 8 Nf4 0-0 9 Bc4 Nb6 10
Bb3 Bf5 11 0-0 Kh8 12 h3 Be4 =
Grönegress-Stelting, Bundesliga 86-87.

◊ 7 Nf3 Bg7:
a:- 8 d6 exd6 9 Qe2+ Qe7 10 Qxe7+
Kxe7 11 0-0 Rd8 12 d4 Nb6 13 Bg5 h6 14
Rfe1+ Kf8 15 Bh4 g5 16 Bg3 Bf5 17 h3
a6 Kanonenberg-Schroeder, Bundesliga
87-88.
7 ... Bg7 8 d6 e6

◊ 8 ... exd6 9 Qe2+ Qe7 10 Bf4:
a:- 10 ... Qxe2+ 11 Bxe2 Ke7:
a1:- 12 Bf3 Nb6 13 Nge2 h6!? [13 ...
Be6! =] 14 h4?! Stohl-Bagirov, Gausdal
91.
a2:- 12 0-0-0 Rd8 13 Bf3 Nb6 = 14 h3 h5
15 Nge2 Rb8 16 Rhe1 a6 17 Bg5 Kf8 18
Ng3 Short-Larsen, SWIFT Blitz 87.
b:- 10 ... d5 11 Bd6 Qxe2+ 12 Ngxe2
Kd8 += Miles-Oll, Adelaide 91.
**9 Nf3 0-0 10 Bf4 a6 11 Be2 b5 12 Ne5
Bb7 13 Bf3 Bxf3 14 Qxf3 b4 15 Ne4
Nxe4 16 Qxe4 Nf6 17 Qc6 Nd5 18
Bg3 Qa5 19 d7 b3+ 20 Ke2 bxa2 21
Rhc1 Rfd8 22 Qxa8 Rxa8 23 Rc8+
Qd8 24 Rxd8+ Rxd8 25 Rxa2 Bxe5
26 Bxe5 Rxd7 27 Rxa6 f6 28 Bd6
Rb7 29 Ba3 Kf7 30 g3 g5 31 h4 gxh4
32 gxh4 h5 33 Rc6 Kg6 34 f3 Rb3 35
Rc2 Kf5 36 Bd6 Nf4+ 37 Bxf4 Kxf4
38 Rc6 Rxb2+ 39 Kd3 Kf5 40 Rc5+
Kf4 ½:½**

174

Speelman-M.Kuijf
Beersheva 1987
1 e4 c6 2 c4 d5 3 cxd5 cxd5 4 exd5

Nf6 5 Bb5+ Nbd7 6 Nc3 • a6 7 Qa4
◊ 7 Bc4!? b5 8 Bb3 Bb7 9 Nf3 b4 10 Na4 Bxd5 11 d4 e6 12 Bf4 Bxb3 13 axb3 Nd5 14 Bg3 Be7 15 0-0 0-0 ∞ Hodgson-Garcia Palermo, Brussels 85.
7 ... g6

8 Nf3
◊ 8 d4 Bg7:
a:- 9 Nf3 0-0 10 Bxd7 Bxd7 11 Qb3 b5 12 0-0 Bf5 13 Ne5 Qd6 14 Bg5 b4 15 Nc4 Qb8 16 Bxf6 Bxf6 17 Ne2 Qb5 = Mestel-van Mil, Groningen 89.
b:- 9 Be2 0-0 10 Bf3 b5 11 Qb3 Nb6 12 Bg5 Bb7 13 Bxf6 Bxf6 14 Nge2 Qd7 15 0-0 Rad8 16 a4 Nxa4! 17 Nxa4 bxa4 18 Rxa4 Bxd5 19 Bxd5 Qxd5 20 Qa3?! [20 Qxd5 Rxd5 21 Rxa6 Rb8 = +] 20 ... Rb8 21 Nf4 Qb5 22 Nd3 Rfd8 23 Ra5 Qb7 [23 ... Qb3! 24 Ne5 Rxd4 25 Nc6 Rd1! 26 Nxe7+ Bxe7 27 Qxe7 Qd3! 28 Re1 Qd2! 29 Kf1 Rxb2 30 Qe3 Qxe3 -+] 24 Rxa6 Rxd4 25 Ra4! Rxa4 26 Qxa4 Bxb2? [26 ... Qb3 = +] 27 Rb1 Qc8 28 Rxb2! ± Korchnoi-Sveshnikov, Torcy 90.
8 ... Bg7 9 0-0
◊ 9 d4 0-0 10 Bxd7 Qxd7 11 Qxd7 Bxd7 12 0-0 Rad8 13 Re1 Rfe8 14 Bg5:
a:- 14 ... Kf8!? 15 h3 Bc8 16 Rac1 b5 17 Bxf6 Bxf6 18 Ne5 b4 19 Na4 Rxd5 20 Nb6 R5d8 21 Rc7 Bf5 22 g4 Bxe5 23 Rxe5 ∞ ½:½ Kindermann-Dückstein, Vienna 86.
b:- 14 ... Bf5 15 Bxf6 Bxf6 16 Ne5 h5 17 h3 h4 18 Rad1 Rc8! 19 Re2 Red8 20 Ng4 Bxg4 21 hxg4 b5 22 a3 Rc4 23 Red2 b4 24 axb4 ½:½ Gagarin-Mazia, Briansk 85.

9 ... 0-0 10 Bxd7 Bxd7 11 Qb3!
◊ 11 Qh4 h6! 12 Re1 Bc8! 13 h3 g5 14 Qd4 b5! 15 Qc5 Qd6 16 d4 b4 17 Ne4 Nxe4 18 Rxe4 Bb7 = + Glek-Meduna, Praha 85.
11 ... b5 =/∞ 12 d4 Qa5
◊ 12 ... Bf5 13 Re1 Qd6 14 Ne5 b4 15 Ne2 Nxd5 16 Ng3 Be6 17 Ne4 Qb6 18 Nc5 Nc7 19 Nxe6 Qxe6 20 Qxb4 ± Nicholson-Thipsay, British Ch, Swansea 87.
13 Ne5 Rac8 14 Bg5 Rfd8 15 d6 Be6 16 d5 Nxd5 17 Nxd5 Bxe5 18 Nxe7+ Kg7 19 Qe3 ±± Bxb2 20 Nxc8 Rxc8 21 Rad1 Re8 22 d7 1:0

175

Miles-Torre
Biel 1989
1 e4 c6 2 d4 d5 3 cxd5 cxd5 4 exd5 Nf6 5 Bb5+ Nbd7 6 Nc3 a6 7 Qa4 • Rb8 8 Bxd7+ Bxd7
◊ 8 ... Qxd7 9 Qxd7+ Bxd7 10 Nge2 Rd8 11 d4 Bb5 12 Nxb5 axb5 13 Be3 Nxd5 14 Nc3 Nxe3 15 fxe3 b4 16 Nb5 g6 17 Ke2 Bh6 18 Rhc1 0-0 19 Rc4 e5 ½:½ Vidarsson-Adorján, Akureyri 88.
9 Qf4
◊ 9 Qb3?! b5 10 d3!? b4?! 11 Ne4 Qa5 12 Nxf6+ ± Bowden-Adams, London 85.
9 ... b5
◊ 9 ... e6 10 Nf3 exd5 11 0-0 Be6 12 d4 Bd6 13 Qh4 Rc8 14 Ng5 0-0 15 Nxe6 fxe6 16 Qh3 ½:½ Chandler-Speelman, Hastings 86-87.
10 a3! Rb6
◊ 10 ... e6 11 d3 exd5 12 Nge2 Be7 13 0-0 0-0 14 Qd4 Be6 15 Nf4 Rc8 16 b4 Bd6 17 Bb2 Bc7 18 Nce2 Bg4 19 Rac1 Re8 Vancini-Grooten, Lugano 89.
11 Nf3 e6 12 Ne5 exd5 13 Nxd5 Re6 14 d4 Bd6 15 Ne3! Qc7 16 Bd2 Bxe5 17 dxe5 Qxe5 18 Qxe5 Rxe5 19 Bc3 += Re6 20 0-0 0-0 21 Rfd1 Bc6 22

Nf5 Be4 23 Nd4! Rb6 24 f3 Bd5 25
Kf2 Re8 26 g4! Be6 27 Re1 Nd5

28 Nxe6 fxe6?! [28 ... Rbxe6; 28 ...
Nxc3?? 29 Nd4] **29 Be5 ± Rc6 30
Rac1 Rec8 31 Rxc6 Rxc6 32 h4 Kf7
33 h5 Rc2+ 34 Re2 Rc1 35 Rd2 Rc5
36 Ke2 Rc1 37 Kd3 Rf1 38 Ke4
Re1+ 39 Kd4 Rf1 40 Rd3 Rc1 41 Bg3
Ke7 42 Rd2 Rf1 43 Bf2 Rc1 44 Ke5
Rc4 45 Bh4+ Kf7** [45 ... Kd7 46 Bg5
Rc6 47 f4! ±±] **46 Kd6 Rc1 47 Bg3?!**
[47 Bf2 ±] **47 ... Ne3 48 Rd4 Nc4+ 49
Kc7 Nxb2+ 50 Kb7 Nc4 51 Rd7+**

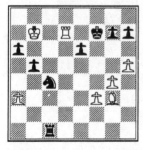

51 ... Kf6?? [51 ... Kg8 =] **52 Bc7! g6**
[52 ... e5 53 Bd8+; 52 ... Rc3 53 f4 ±±]
**53 Bd8+! Ke5 54 h6! ±± Rc3 55
Bc7+ Kf6 56 Rxh7 Rxf3 57 Bd8+
Ke5 58 g5! Nd6+ 59 Kxa6 Rxa3+ 60
Kb6 Ne4 61 Bc7+ Kf5 62 Rf7+ Kg4**
[62 ... Kxg5 63 h7 Rh3 64 Kxb5 △ 65
Be5 ±±] **63 h7 Rh3 64 Be5 Rxh7 65
Rxh7 Nxg5 66 Rg7 1:0**

═══ **176** ═══

Conquest-Bronstein
London (NatWest Young Masters) 1989
**1 e4 c6 2 c4 d5 3 cxd5 cxd5 4 exd5
Nf6 • 5 Nc3 g6**

◊ 5 ... Nbd7 6 Nf3 a6 7 d4 Nb6 8 Qb3
g6 9 Bg5 Bg7 10 Bxf6 Bxf6 11 Bd3 0-0 12
0-0 a5 13 a4 Qd6 14 h3 Qb4 15 Qxb4
axb4 16 a5 bxc3 17 axb6 Rxa1 18 Rxa1
cxb2 =/∞ Motwani-Hodgson, British
Ch, Southampton 88.

6 Bc4 Bg7

◊ 6 ... Nbd7 7 d6 exd6 8 d4 Qe7+ 9
Nge2 Bg7 10 0-0 0-0 11 Bg5 Nb6 12 Nf4
Nxc4 13 Nfd5 Nxd5 14 Bxe7 Nxe7 15
Rc1 Bh6 16 Qe2 Bxc1 17 Rxc1 Be6 =/∞
Morović-Milos, Santiago 89.

7 Nge2

◊ 7 Nf3 Nbd7 8 d3 0-0 9 0-0 Nb6 10
Qb3 Bf5 11 Re1 [11 Bf4 Rc8 23 Rfe1
Nfd7 13 Bg5! ± Kalinichev-Tisch-
bierek, Berlin 86] 11 ... Rc8 12 Be3 Nfd7
13 Bd4 Nc5 14 Qd1 Nxc4 15 dxc4 Nd3
16 Bxg7 Kxg7 17 Re3 Nxb2 18 Qd4+
Kg8 19 c5 Motwani-S.Arkell, London
(Watson, Farley & Williams) 88.

7 ... 0-0 8 0-0

◊ 8 d3:
a:- 8 ... b6 9 0-0 Bb7 10 Nf4 Na6 11 Re1
Qd6 12 Ne4 Qd7 13 Qb3 Nc7 14 Nc5
bxc5 15 Qxb7 Rfd8 16 Qc6 Ncxd5 17
Qxc5 e6 Makarichev-Tomashevsky,
Moscow 86.
b:- 8 ... Na6 9 0-0 Nc7 10 Nf4 b6 11 a4
Bb7 12 Re1 Qd7 13 Qf3 a6 14 Be3 b5 15
Bb3 Qd6 Iskov-Bergmann, Copenhagen
Open 88.

8 ... Na6 9 d4 Nc7 10 Nf4 b6 11 a4

Bb7 12 Qb3 Rb8 13 Be3 a6 14 Rfc1 g5 15 Nfe2 h6 16 h4 b5 17 axb5 axb5 18 Bd3 b4 19 hxg5 hxg5 20 Na4 Ncxd5 21 Bxg5 Qd6 22 Ng3 Ng4

23 Be2 Nxf2! 24 Qf3 Bxd4 25 Nf5 Ng4+ 26 Kf1 Nh2+ 0:1

=177=

Sokolov-Karpov
11th Match Game, Linares 1987
1 e4 c6 2 c4 d5 3 cxd5 cxd5 4 exd5 Nf6 5 Nc3 ● Nxd5 6 Nf3

♢   6 Bc4:

a:- 6 … Nb6 [6 … Nf4!?] 7 Bb3 Nc6 8 Nf3 Bf5 [8 … e5 9 0-0 Be7 10 Re1 Bg4 11 h3 Bxf3 12 Qxf3 0-0 = +] 9 d4 e6 10 0-0 Be7 11 Bf4 0-0 12 h3 Nb4 13 Bg3 Rc8 14 a3 N4d5 15 Nxd5 Nxd5 16 Ne5 Bg5 17 Nd3 b6 18 Re1 Qd7 19 Qf3 Nf6 20 Be5 Qb5 Kiseleva-Safargalieva, Spartakiade, Minsk 86.

b:- 6 … Nxc3 7 bxc3 Qc7 8 Bb3 Nc6 9 Nf3 e6 10 0-0 Be7 11 d4 b6 12 Re1 0-0 13 Qd3 Bb7 14 Ng5 Bxg5 15 Bxg5 Ne7 16 Rad1 Ng6 17 h4 Rfc8 18 h5 Nf4 19 Qg3 Nxg2 20 Re5 Qxc3 21 Rd3 Qa1+ 22 Kh2 Ne3 23 Rd1 Qxd1 0:1 Kristiansen-L.B.Hansen, Copenhagen Open 89.

6 … Nxc3

♢   6 … Nc6 7 d4 Bf5 8 Bb5 e6 9 Ne5 Rc8 10 Qh5 Qf6 11 Bg5 Bg6 12 Qh4 Qf5 13 Bd3 1:0 Kuzmin-Lazik, Budapest Open 89.

♢   6 … g6:

a:- 7 Bc4 Nb6 8 Bb3 Bg7 9 d4 0-0 10 0-0:

a1:- 10 … Bg4 11 d5 N8d7 12 h3 Bxf3 13 Qxf3 Nc8 14 Re1 Nd6 15 Bg5 Bf6 16 Bxf6 ½:½ Nunn-Miles, Bundesliga 86-87.

a2:- 10 … Nc6 11 d5 Na5 12 Re1 Bg4 13 h3 Bxf3 14 Qxf3 Nxb3 15 axb3 Qd7 16 Bg5 Rfe8 17 Rad1 Rac8 18 Re2 h6 Ilbinsky-Tabatadze, Frunze 89.

b:- 7 Qb3 Nb6 8 Bb5+ Bd7 9 Ne5 e6 10 d4 Bg7 11 Ne4 0-0 12 Bg5 Qc7 13 Be7 Re8 14 Bd6 Qd8 15 Nxd7 N6xd7 16 0-0 Nc6 17 Rad1 Qb6 18 Qa4 a6 19 Bxc6 bxc6 20 b3 Qb5 21 Nc3 Qb7 22 Ne4 Nb6 = Sokolov-Kamsky, Reykjavik 90

7 bxc3 g6

8 h4?!

♢   8 d4 Bg7 [8 … h6!? 9 Qa4+] 9 Bd3 0-0 10 0-0:

a:- 10 … Qc7 11 Ba3 Re8 12 Qb3 Nc6 13 Ng5 e6 14 Rab1 Na5 15 Qd1 Nc4 16 Qa4 Nxa3 17 Qxe8+ Bf8 18 Rb3 Kg7 19 d5 exd5 Motwani-S.Arkell, London (Watson, Farley & Williams) 89.

b:- 10 … Nc6 11 Re1:

b1:- 11 … Re8 12 Bg5 Be6 13 Rxe6 fxe6 14 Bc4 Qd6 15 Qe2 Nd8 16 Re1 Rc8 17 Nd2 Kh8 18 Ne4 Qc7 19 Bb3 e5 20 h4 exd4 21 h5 gxh5 22 Qxh5 ± Tal-Karpov, SWIFT Blitz 87.

b2:- 11 … b6 12 Bg5 Bb7 13 Qa4 Qd6 14 Bh4 Rac8 15 Rad1 e6 16 Bg3 Qd7 17 Be4 Rfd8 18 c4 Na5 19 Qxd7 Rxd7 20 Bxb7 Rxb7 21 d5 Short-Tal, SWIFT Blitz 87.

8 ... Bg7! 9 h5 Nc6 10 Rb1?! [10 Qa4! ∞; 10 Bc4 e5 11 Bg5!?] **10 ... Qc7 11 Ba3?!** [11 d4!?] **11 ... Bf5 -+ 12 Rb5 a6 13 Rc5 Qd7!?** [13 ... b5!?] **14 Qb3 0-0 15 hxg6 hxg6** [15 ... Bxg6 -+ Karpov] **16 Bc4 Bf6! 17 d4 b5 18 Bd5 Na5 19 Qd1 Nb7! -+**

20 Ne5 [20 Qd2 Nxc5 21 Qh6! Nd3+ 22 Kf1 g5!] **20 ... Bxe5 21 dxe5 Nxc5 22 Qd4 Nd3+ 23 Kf1 Qa7! 24 Bxe7 Qxd4 25 cxd4 Nf4! 0:1**

══════ **178** ══════

Mestel-Dlugy
London (GLC) 1986
1 e4 c6 2 c4 d5 3 cxd5 cxd5 4 exd5 ● Qxd5 5 Nc3 Qd6 6 d4 Nf6

7 Nge2
◊ 7 g3 Bg4 8 Qb3 Qb6 9 Bb5+ Bd7 10 Be3 Bxb5 11 d5 Qa5 12 Qxb5+ Qxb5 13 Nxb5 Nxd5 14 0-0-0 e6 15 Rxd5 exd5 16 Nc7+ Kd7 17 Nxa8 Nc6 18 Nf3 Be7 19 Rd1 Rxa8 = Rohde-Christiansen, New York Open 87.

◊ 7 Bb5+ Bd7 8 Nge2 e6 9 Bf4 Qb6 10 a4 Bb4 11 0-0 0-0 ∞ Hamilton-Sarwer, Saint John Open II 88.
7 ... e6 [7 ... g6!?] **8 g3 Bd7**
◊ 8 ... Be7 9 Bg2 0-0 10 0-0 Rd8 11 Qc2 Qa6 12 Be3 Nc6 13 a3 Bf8 14 Rfd1 Ne7 15 Bg5 Nfd5 16 Nxd5 exd5 ½:½ Nunn-Miles, Biel 86.
9 Bf4 Qb6 10 Bg2 Bc6 11 d5 exd5
◊ 11 ... Nxd5?:
a:- 12 Nxd5?! Bb4+ 13 Nec3 Bxd5 14 Bxd5 Bxc3+ 15 bxc3 exd5 16 0-0 0-0 17 Qxd5 Rd8 18 Qb3 = Short-Dlugy, London (GLC) 86.
b:- 12 Bxd5!:
b1:- 12 ... exd5 13 0-0 Be7 14 Be5! ± Sax-Speelman, Euro-Teams, Skara 80.
b2:- 12 ... Bxd5 13 Nxd5 exd5 14 0-0 Bc5 15 Nc3 ± Sax-Bass, Seville 87.
12 0-0 Bb4 13 Bg5
◊ 13 Nxd5 Nxd5 14 Bxd5 0-0 15 Be3 [Fernandez Garcia-Haba, Thessaloniki Ol 88] 15 ... Bc5 =.
13 ... Nbd7 14 Nxd5 Nxd5 15 Bxd5 0-0 16 a3 Bd6 = 17 Bxc6 Qxc6 18 Rc1 Qa6 19 Nd4 Qa5 20 Be3 Nf6 21 Ne6 fxe6 22 Qxd6 Qf5 23 Rc4 Nd5 24 Bd4 Rad8 25 Qe5 ½:½

══════ **179** ══════

Lukin-Magomedov
Semi-final 57th USSR Ch, Daugavpils 1989
1 e4 c6 2 c4 d5 3 exd5 cxd5 4 cxd5 Qxd5 5 Nc3 Qd6 6 d4 Nf6 ● 7 Nf3 e6

8 Bd3

◊ 8 Bc4 Be7 9 0-0 0-0 10 a3 Nc6 11 Bg5 a6 12 Qd3 Rd8 13 Rfd1 b5 14 Bb3 b4 15 Ne4 Nxe4 16 Qxe4 Bb7 17 d5 Na5 18 Bc2 g6 19 axb4 Bxd5 20 Qh4 Nc6 =+ Zhuravlev-Ruzhyalye, Blagoveshchensk 88.

8 ... Be7 9 0-0 0-0 10 Nb5

◊ 10 Bc2 Rd8 11 Qe2 Bd7 12 Rd1 Be8 13 Ne5 a6 14 Bf4 Qb6 15 Nc4 Qc6 16 d5 Nxd5 17 Nxd5 Rxd5 18 Rxd5 Qxd5 19 Nb6 1:0 Klinger-Kruger, San Bernadino Open 88.

◊ 10 a3 Nc6:
a:- 11 Bc2 Rd8 12 Be3 Bd7 13 Qd3 Be8 = Dolmatov-Douven, Amsterdam 86.
b:- 11 Be3 b6 12 Qe2 Bb7 13 Rad1 Rad8 14 Rfe1 Qb8 15 Bb1 Ng4 16 d5 exd5 17 Nxd5 Rxd5 18 Rxd5 Nd4 19 Rxd4 Bxf3 20 Qxf3 Qxh2+ 21 Kf1 h5 22 Qh3 Bc5 23 Rd5 Bxe3 24 fxe3 1:0 Arencibia-Morales. Sagua la Grande 89.

10 ... Qb6 11 a3 Bd7 12 Qe2 Bc6 13 Be3 Bd5 14 Ne5 Qd8 15 Nc3 Nbd7 16 Bg5 Nb6 17 Nxd5 Nbxd5 18 Rad1 Qb6 19 Bb1 Rad8 20 Rd3 Qa6 21 Rfd1 Rfe8 22 Qf3 Qd6 23 Rb3 b6 24 Qh3 g6 25 Rg3

25 ... Qxe5! 26 dxe5 Nf4 27 Rxd8 Rxd8 28 Bc2 Nxh3+ 29 Rxh3 Nd5 30 Bd2 Rc8 ½:½

180

Sax-Miles
Lugano 1989
1 e4 c6 2 c4 ● e5 3 d4 Bb4+

◊ 3 ... d6 4 f4 Nf6 5 Nc3 Qa5 6 Qd3 exd4 7 Qxd4 d5 8 Bd2 Bb4 9 cxd5 0-0 10 d6 Bc5 11 Qd3 Ng4 12 Nh3 Na6 13 Nd5 Qa4 14 Nc3 Qa5 15 Nd5 ½:½ Konopka-Meduna, Prague 85.

◊ 3 ... Nf6 4 Nc3:
a:- 4 ... Bb4 5 dxe5 Nxe4:
a1:- 6 Qg4 Qa5 7 Qxg7 Bxc3+ 8 bxc3 Qxc3+ 9 Ke2 Rf8 10 Bh6? Qc2+ 11 Ke3 Qxf2+! 12 Kxe4 d5+ 13 exd5 Bf5+ 14 Ke5 Nd7 mate - Tal/Geller.
a2:- 6 Qd4 d5 7 cxd5 Qa5 8 Qxe4 Bxc3+ 9 Kd1 cxd5? [9 ... Bb4!?] 10 Qc2 d4 11 bxc3 dxc3 12 Ne2! 0-0 13 Qxc3 Qa4+ 14 Ke1 Be6 15 Nd4! Rc8 16 Bb5 1:0 Tal-Garcia Gonzalez, Sochi 86.
b:- 4 ... Qa5 5 f3 Bb4 6 Nge2 exd4 7 Qxd4 d6 8 Bf4 0-0 9 0-0-0 Be6 10 Bxd6 Bxd6 11 Qxd6 Bxc4 12 e5 Nfd7 13 f4 ∞ Ostermeyer-Meduna, Porz 88.

4 Bd2 Bxd2+ 5 Qxd2 d6 6 Nc3 Qf6!

◊ 6 ... Qe7 7 0-0-0 Nf6 8 f4 0-0 9 Nf3 Bg4 10 dxe5 dxe5 11 fxe5 Nfd7 12 Qd6 Qe6 13 Be2 Re8 14 h3 Bxf3 15 gxf3 Qxe5 16 Qxe5 Nxe5 17 f4 Ng6 18 Rhf1 Na6 19 e5 ½:½ Sax-Andersson, Clermont Ferrand 89.

7 Nge2 Ne7 8 0-0-0 0-0 9 f4 Bg4 = 10 f5!? [10 h3 Bxe2 11 Nxe2 c5!?] **10 ... Nc8!? 11 dxe5?!** [11 d5 Nd7 =] **11 ... dxe5 12 h3 Bxe2 13 Bxe2 Na6 14 g4 Qe7 15 g5 f6 16 Rhg1 Nb6 17 gxf6 Rxf6 18 Rg3 Kh8 19 Rd3 Re8 20 Rd8 Rff8 21 Rd6 Rf6 22 Rd8 Ref8 23 Rxf8+ Rxf8 24 Qd6 Qxd6 25 Rxd6 Kg8 26 Re6** [26 b4!? c5! =+] **26 ... Nd7 27 Re7 Rd8**

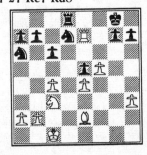

28 c5? [28 Re6 △ Rd6] **28 ... Kf8! 29 f6 Naxc5! ‑+ 30 Bc4 Nxf6 31 Rf7+ Ke8 32 Rxg7 Rd4 33 Be2 Rd7 34 Rg5 Re7 35 Bf3 Nd3+ 36 Kb1 Nf4 37 h4 h6 38 Rf5 Kf7** [38 ... Re6! △ ... Ke7, ... Ne8‑d6] **39 Ne2 Nxe2 40 Bxe2 Kg7 41 Bd3 Nd7 42 Rf1 Nc5 43 Bc2 a5 44 a3 Rf7 45 Rg1+ Kh7 46 b4 axb4 47 axb4 Na6 48 b5 Nc5 49 h5 cxb5 50 Rg6 Rc7! 51 Rb6 Rc6 52 Rxb5 Kg7 53 Bb3 Kf6 54 Bd5 Rc7 55 Rb2 Kg5 56 Rf2 Nd3 57 Rf5+ Kh4 58 Ka2 b5 59 Kb3 Rc1 60 Rf6 Kxh5 61 Bf7+ Kg5 62 Rg6+ Kf4 63 Rxh6 b4! 64 Bd5 Rc3+ 65 Ka2 Ke3 66 Rd6 Kd2! 67 Bb3 Rc7 68 Kb1 Kc3 69 Bc2 Nc5! 70 Rd5 b3 71 Kc1 Kb4 72 Bd1 Nxe4+ 73 Kb2 Nc3 74 Rd3 Nxd1+ 0:1**

181

Ivanchuk-Miles
Biel 1989
1 e4 c6 2 c4 e5 ● 3 Nf3 Qa5!?
◊ 3 ... d6 4 d4:
a:‑ 4 ... Qc7 5 Nc3 Bg4 6 Be2 Be7 7 Be3 Nf6 8 h3 Bxf3 9 Bxf3 0‑0 10 g3 a6 11 0‑0 b5 12 Bg2 Nbd7 13 Qe2 Qb7 14 b3 Bd8 15 Rfd1 += Hübner‑Hickl, Munich 88.
b:‑ 4 ... Nd7:
b1:‑ 5 Nc3 g6 6 g3 Bg7 7 Bg2 Ne7 8 0‑0 0‑0 9 b3 exd4 10 Nxd4 Nc5 11 Bb2 f5 12 Qd2 fxe4 13 Nxe4 Nxe4 14 Bxe4 d5 ≈ Motwani‑Sugden, British Ch 89.
b2:‑ 5 Bd3 Ngf6 6 0‑0 g6 7 Nc3 Bg7 8 d5 0‑0 9 dxc6 bxc6 10 Bc2 Nc5 11 b4 Ne6 12 Rb1 Nd4 13 Nxd4 exd4 14 Na4 Ng4 15 Bb2 c5 ≈ Miljanić‑Spiridonov, Belgrade (GMA) 88.
◊ 3 ... f5!?:
a:‑ 4 Nxe5 Qf6 5 d4 d6 6 Nf3 fxe4 7 Qe2 Qe7 8 Nfd2 Nf6 9 Nc3 d5 10 f3 exf3 11 Bxf3 Bg4 12 Qxe7+ Bxe7 13 Ne5 Be6 = de la Villa‑Bellón, Albacete 89.
b:‑ 4 exf5 e4 5 Nd4 Qb6 6 Nb3 a5 7 d4 d6 8 Qh5+ Kd8 9 Bg5+ Nf6 10 Qf7 Nbd7

11 c5 dxc5 12 dxc5 Bxc5 13 Nxc5 Qxc5 14 Qxg7 ± Landenbergue‑Hector, Budapest Open 89.
◊ 3 ... Nf6:
a:‑ 4 Nc3 Bb4 5 Nxe5 0‑0 6 Be2 d6 7 Nd3!? += Bxc3 8 dxc3 Nxe4 9 0‑0 Re8 10 f3!? Nf6 11 Bg5 [Vaganian‑Nogueiras, Leningrad 87] 11 ... Bf5! 12 Nf2 Nbd7 13 Re1 h6 14 Bh4 d5 += Vaganian.
b:‑ 4 Nxe5 d6 5 Nf3 Nxe4:
b1:‑ 6 d4 d5 7 Bd3 Bb4+ 8 Nbd2 Be6 9 0‑0 Nxd2 10 Bxd2 Bxd2 11 Nxd2 0‑0 12 Qc2 g6 13 Rae1 Qf6 14 c5 Qxd4 = Motwani‑Speelman, Dubai Ol 86.
b2:‑ 6 Nc3! Ng5?! [6 ... Nf6!?] 7 d4 Be7 8 Nxg5 Bxg5 9 Qe2+ Be7 10 Bg5! Be6 11 Bxe7 Qxe7 12 d5! ± Fernández García‑Gil, Cala d'Or 86.

4 Be2
◊ 4 Nc3 Bb4 5 Qc2 Nf6 6 Be2 0‑0 7 0‑0 d5 8 cxd5 cxd5 9 exd5 Nbd7! 10 d4 exd4 11 Nxd4 Nxd5 12 Nxd5 Qxd5 13 Rd1 Nf6 = Hardicsay‑Hector, Budapest Open 89. **4 ... Nf6 5 Nc3 Bb4 6 0‑0 0‑0 7 Qc2 Re8 8 a3 Bf8 9 d4 d6 10 h3 Nbd7 11 Be3 a6 12 dxe5 Nxe5 13 Nd4 Qc7 14 Rac1 b6 15 f4 Ng6 16 g4 Bb7 17 Nf5 c5 18 Bf3 h6!** [18 ... Ne7? 19 Nxd6! ±] **19 h4 Ne7 20 Ng3** [20 Nxd6?! Qxd6 21 e5 Qe6! 22 Bxb7 Nxg4 23 Bd2 Rad8 ‑+] **20 ... g6?!** [20 ... d5! 21 e5 Nxg4! 22 Bxg4 d4 23 Nd5 Nxd5 24 cxd5 dxe3 25 d6 Bxd6! 26 exd6 Qxd6 =/∞ Miles] **21 g5 Nd7 22 Qd2 Rad8 23 Rcd1 b5! 24 cxb5 Nb6 25 Be2**

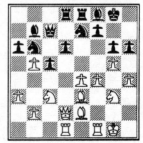

½:½?? [25 ... d5! ‑+]

182

Ghinda-Skembris
Athens 1988
1 e4 c6 • 2 Nc3 d5 3 Nf3

◊ 3 Qf3 d4 4 Bc4!? dxc3 [4 ... Nf6 5 e5 dxc3 6 exf6 cxd2+ 7 Bxd2 exf6 8 0-0-0 +=] 5 Qxf7+ Kd7 6 dxc3 Kc7 7 Bf4+ Kb6 8 Nf3 Nf6 9 Be2 e6 10 Ne5 a6 11 Nc4+ Ka7 12 Bc7! 1:0 Smorodinsky-Miltuzis, Latvian Ch Qualifying 87.

◊ 3 f4 dxe4 4 Nxe4 Nf6 5 Nf2 g6 6 Nf3 Bg7 7 g3 0-0 8 Bg2 Qb6 9 d4 c5 10 dxc5 Qxc5 11 Qe2 Nc6 12 Be3 Qa5+ 13 c3 Nd5 14 Bd2 Qb6 15 Nd3 Bg4 16 h3 Bf5 17 0-0-0 Qa6 18 Nfe1 Qxa2 19 g4 Nd4 20 cxd4 Rac8 0:1 Beulen-Boersma, Groningen 89.

3 ... dxe4

◊ 3 ... d4 4 Ne2 c5 5 Ng3 Nc6 6 Bc4 e5 7 d3 h6!? △ ... g6, ... Bg7 ∞ Skembris.

◊ 3 ... Nf6 4 e5 Ne4 5 Ne2 Qb6 6 d4 f6 7 Nf4 Nd7 8 e6 Ne5 9 Nxe5 fxe5 10 Qh5+ g6 11 Nxg6! hxg6 12 Qxh8 Qxd4 = Masytin-Orlov, USSR 86.

4 Nxe4 Nf6

◊ 4 ... Nd7?! 5 Bc4 Ngf6 6 Neg5 Nd5 7 0-0 h6 8 Ne4 e6 9 d4 Be7 10 Bd3! c5?! [10 ... 0-0] 11 c4 N5f6 12 Nxc5! Nxc5 13 dxc5 Bxc5 14 b4! Be7 15 a3 0-0 16 Ne5 Nd7 17 Bb2 Bf6? [17 ... Nxe5 18 Bxe5 Bf6 +=] 18 f4 ± Ermolinsky-Dzandzgava, Simferopol 88.

◊ 4 ... Bf5 5 Ng3 Bg4! 6 Bc4 e6 7 0-0 Nf6 8 h3 Bxf3 9 Qxf3 Be7 10 c3 0-0 11 d4 Nbd7 12 Re1 a5 13 a4 Nb6 14 Bb3 Nbd5 15 c4 Nb4 16 Bf4 Re8 17 Rad1 Bf8 18 h4 += Balashov-Halifman, Lvov 90.

5 Nxf6+

◊ 5 Qe2 Bg4 6 g3 Nbd7?? 7 Nd6 mate La Rota-Sarwer, Saint John II 88.

◊ 5 Ng3 h5 6 h3!? h4 7 Ne2 Bf5 8 d4 e6 9 c3 Be7 10 Nf4 Nbd7 11 Bd3 Bxd3 12 Nxd3 Qa5 13 Qe2 0-0-0 14 Bf4 Qf5 15 0-0-0 Nd5 16 Bh2 N7b6 17 Qe5 Qxe5 18 Ndxe5 Rhf8 19 c4 Nc7 20 Rhe1 Bf6 21 b3 ± Balashov-T.Fischer, Berlin 88.

5 ... gxf6

◊ 5 ... exf6 6 d4 Bd6 7 Bc4?! 0-0 8 0-0 Bg4 9 Qd3 Nd7 10 Bb3 a5 11 c4? Nc5! 12 Qc3?! Ne4 [12 ... Nxb3 =+] 13 Qd3 Re8 14 Bc2 f5 15 b3? Qf6 16 Ne5!? Bxe5 17 dxe5 Qxe5 18 Ba3 Nxf2! 19 Qd6 Qxd6 20 Bxd6 Ne4 21 Bc7 [Timman-Boersma, Netherlands Teams 85-86] 21 ... a4! 22 bxa4 Be2 23 Rxf5 Bxc4 -+ Pieterse.

6 g3

◊ 6 d4 Bg4 7 Be2 Qa5+ 8 Bd2 Qh5 9 h3 Rg8 10 Bf4 Qa5+ 11 Qd2 Qxd2+ 12 Kxd2 Bh5 13 g4 Bg6 14 Nh4 Nd7 15 Rad1 0-0-0 16 Kc1 e6 17 Nxg6 hxg6 18 h4 g5 19 Bg3 Be7 20 h5 f5 21 gxf5 exf5 22 f4 += Lukin-Guseinov, Klaipeda 88.

6 ... Bg4 7 Bg2 h5!?

◊ 7 ... Qd7 8 h3:

a:- 8 ... Be6 9 b3 Na6 10 Bb2 0-0-0 11 Qe2 Bh6 12 0-0-0 △ Kb1, Rde1! += Skembris.

b:- 8 ... Bf5 9 Nh4 Be6 10 d3 Na6 11 Be3 h5 12 Qd2 Bd5! 13 0-0 Bxg2 14 Kxg2 e6 = van der Wiel-Miles, Brussels SWIFT 86.

8 h3 Be6 9 b3 Nd7!? 10 Bb2 Bd5 11 Qe2 Qa5! 12 h4 0-0-0 13 c4 Bxf3 14 Bxf3 e6 15 a3 Ne5 16 Be4! Rd7! 17 b4 Qd8 18 d4 Bh6! 19 0-0 Ng4 20 d5 Rg8! 21 Rfd1 Qc7! ∞

22 dxc6?! [22 Kf1!? f5 ∞] **22 ... Rxd1+ 23 Rxd1 Be3!** =+ **24 Kf1?!** [24 cxb7+ Kb8 25 fxe3 Qxg3+ 26 Qg2 Qxe3+ 27 Kf1 e5! △ ... Nh2 =+] **24 ... Bxf2! 25 cxb7+ Kb8 26 Rd3 Bxg3 27 Qd2 Bf4 28 Qe1 Be3! -+ 29 Rxe3 Qf4+ 30 Bf3 Nxe3+ 31 Ke2 Nxc4 32 Ba1 0:1**

183

Balashov-Lechtynsky
Trnava 1988
**1 e4 c6 2 Nc3 d5 3 Nf3 ● Bg4 4 h3
Bxf3 5 Qxf3 e6**
◊ 5 ... Nf6:
a:- 6 g3 dxe4 7 Nxe4 Nxe4 8 Qxe4 Nd7 9
Bg2 e6 10 d4 Nf6 11 Qd3 Be7 12 0-0-0
13 Qb3 Qb6 14 c3 Rfd8 15 Re1 Rd7 16
g4 += Balinas-Fletcher, New York
Open 89.
b:- 6 d4?! dxe4 7 Qe3 e6 8 Nxe4 Nxe4 9
Qxe4 Nd7 10 c3 Nf6 11 Qf3 Be7 12 Bd3
0-0 13 0-0 Qb6 14 Bg5 Rfd8 15 Rfe1
Rd5! 16 Bh4 Rad8 17 Bc4 R5d7 18 Re2
c5! ∞ Ghinda-W.Watson, Thessaloniki
Ol 88.
c:- 6 d3 e6:
c1:- 7 g3 Bb4 8 Bd2 d4 9 Nb1 Qb6 10 c3
Bc5! 11 Bc1 Nbd7 12 Nd2 Ne5 13 Qe2
dxc3 14 bxc3 0-0-0 15 d4 Bxd4 16 cxd4
Rxd4! 17 Qe3 Rhd8 18 Be2 Qa5 =/∞
Danilyuk-Bezgodov, USSR Students,
Cheliabinsk 87.
c2:- 7 a3 Nbd7 8 g3 Qa5 9 Bd2 Qc5? [9
... Qb6] 10 Qe2! a5 11 exd5 Nxd5 12
Bg2 Nxc3 13 bxc3! g6 14 Rb1 Rb8 15 0-0
Bg7 16 Bf4 0-0! 17 Bxb8 Rxb8 18 d4!? ±
Ermolinsky-Epishin, Leningrad 88.
c3:- 7 Bd2 Nbd7 8 g4 h6 9 h4!? Ne5 10
Qg3 Neg4 11 e5 Bc5 12 Nd1 Qc7 13 f4 ±
Timman-Miles, Amsterdam 85.
6 d4
◊ 6 d3 Bb4 7 a3 Ba5 8 Bd2 d4 9 Nb1
Bxd2+ 10 Nxd2 Ne7 11 g3 0-0 12 Bg2
c5 13 0-0 Nd7 14 a4 Qc7 15 Qe2 Rae8 16
Rfe1 += Akhopian-Ravi, World Cadet,
Rio Galegos 86.
◊ 6 Be2 d4 7 Nb1 Nf6 8 d3 c5 9 Qg3
Nc6 10 0-0 h5 11 f4 h4 12 Qf2 Nh5 13
Bxh5 Rxh5 14 Nd2 [Short-Seirawan, Bar-
celona (World Cup) 89] 14 ... Be7 =.
6 ... Nf6
◊ 6 ... Qb6 7 Qe3 Ne7 8 Bd3 dxe4 9
Qxe4 Nd7 10 0-0 Nf6 11 Qh4 Rd8 12
Ne2 Qa5 13 b4 Qxb4 14 Bg5 Neg8 15

Rab1 Qe7 16 c4 g6 17 d5 Bg7 18 dxc6
bxc6 19 Be4 Qc7 20 Qf4 e5 = Hickl-
Csom, Tel Aviv 88.
◊ 6 ... dxe4:
a:- 7 Qe3 Bb4 8 Bd2 Bxc3 9 bxc3 Nf6 10
g4 h6 11 Rb1 Qc7 12 g5 ∞ Timmerman-
Scheeren, Netherlands 87-88.
b:- 7 Nxe4 Nd7 8 Bd3 Ngf6 9 0-0 Nxe4
10 Qxe4 Nf6 11 Qh4 Qc7 12 Bf4 Bd6 13
Bxd6 Qxd6 14 c3 h6 15 Rae1 0-0-0 16
Bc2 Nd5 17 Qe4 Qf4 18 g3 Qxe4 19
Rxe4 Nf6 20 Re2 h5 Balashov-
Sigfusson, Reykjavik 89.
7 Bd3
◊ 7 exd5 cxd5 8 Bd3 Nc6 9 Ne2 Bd6 10
0-0-0 11 c3 e5 12 Bc2 h6 13 dxe5 Nxe5
14 Qf5 = Crawley-Speelman, British
Ch, Swansea 87.
7 ... Qb6 8 0-0 Qxd4?!
◊ 8 ... Be7 9 e5 Nfd7 10 Ne2 c5 11 c3
Nc6 12 Qg4 += Lechtynsky.
9 Be3 Qb4 10 exd5 exd5? [10 ... cxd5
∞] **11 Rfe1 Be7 12 Bf4 Kf8 13 Qg3!
Nbd7 14 Rxe7! Kxe7 15 Bc7?** [15
Re1+ Kd8 16 Bd6! ±] **15 ... Ne8! 16 a3
Qxb2 17 Re1+ Kf8 18 Bd6+ Kg8 19
Bb4?!** [19 Be7] **19 ... a5! 20 Be7?!** [20
Rb1 Qxb1 21 Nxb1 axb4 △ ... g6, ...
Kg7 =] **20 ... Qb6 21 Rb1 Qd4! 22
Rxb7 Ra7! 23 Rb1 Qe5! -+**

24 Qxe5 Nxe5 25 Bc5 Ra8 26 Bf5 g6?
[26 ... Nf6! -+] **27 f4! gxf5 28 fxe5
Nc7 29 Be7! ±± d4 30 Ne2 Ne6 31
Ng3 f4 32 Nf5 h5 33 Bf6 c5 34 Rb7
Rh7 35 h4 a4 36 Kf2 c4 37 Rb4 c3 38
Nxd4 Nxd4 39 Rxd4 Rh6 40 Rxf4
1:0**

═══ 184 ═══

Maliutin-Dzhandzhgava
USSR Ch Qualifying, Jurmala 1989
1 e4 c6 2 Nf3 d5 3 Nc3 Bg4 4 h3 ●
Bh5 5 exd5

◊ 5 Be2 e6 6 0-0 dxe4 7 Nxe4 Nbd7 8 b4 Bg6 9 d3 Ngf6 10 Nxf6+ Nxf6 11 Rab1 Qc7 12 c4 Bd6 13 Bb2 0-0 14 Nh4 Rfd8 15 Nxg6 hxg6 16 Qa4 Bh2+ 17 Kh1 Be5 ½:½ Romanishin-Tal, Tbilisi 87.

5 ... cxd5 6 Bb5+ Nc6 7 g4 Bg6 8 Ne5 Rc8 9 d4 e6

10 h4

◊ 10 Bf4 Bd6 11 Qe2 Ne7 12 h4 0-0 13 Bxc6 Nxc6 14 Nxc6 Rxc6 15 Bxd6 Qxd6 16 h5 Be4 17 Nxe4 dxe4 18 c3 Qd5 ∞ Zapata-Gobet, Biel 88.

◊ 10 Qe2 Bb4 11 h4 Ne7 12 h5 Be4 13 f3 0-0 14 Nxc6 Nxc6 15 Be3?! [15 Bxc6 =] 15 ... Qf6 16 fxe4 Nxd4 17 Bxd4 Qxd4 18 Rd1?! [18 Kf1!?] 18 ... Bxc3+ 19 bxc3 Qxc3+ 20 Kf1 dxe4 21 Qxe4:
a:- 21 ... Qxc2 22 Qxc2 Rxc2 23 Rd7 Rxa2 24 Rxb7 Rc8 25 Be2 += Sikora-lerch - Gralka, Leczcyny 85.
b:- 21 ... f5! 22 Qxe6+ Kh8:
b1:- 23 Bd3?! Qd4! =+ 24 gxf5 Rce8 25 Re1 Rxe6 26 Rxe6 Qd5 27 Kg1 Qxa2 28 Kh2 a5 -+ van der Wiel-Timman, Amsterdam 86.
b2:- 23 Kg2! Qxc2+ 24 Qe2 fxg4 25 Rc1 Qf5 26 Bd3 Rce8 27 Bxf5 Rxe2+ 28 Kg3 Rxa2 = Sikora-Lerch - Stohl, Trnava II 89.

10 ... f6 11 h5

◊ 11 Nxg6 hxg6 12 Qd3 Kf7 13 a3 Bd6 14 Ne2 Nge7 15 c3 Qa5 16 b4 Qc7 17 Bd2 a5 18 Ba4 axb4 19 axb4 Rh7 Ljubojević-Salov, Linares 91.

11 ... Bxc2 12 Nxc6 bxc6 13 Qxc2 cxb5 14 Qe2 Qd7 15 Nxb5 Bb4+ 16 Kf1 a6 17 Nc3 Bxc3 18 bxc3 Rxc3 19 Qxa6 Ne7 20 Ba3 Kf7 21 Rb1 Rhc8 22 Qd6 R8c7 23 Kg2 e5 24 Qxd7 Rxd7 25 Bxe7 Rxe7 26 dxe5 fxe5 27 Rb5 Rc4 28 Kg3 Rc3+ 29 Kg2 Rc4 30 Kg3 Rd4 31 h6 Rd3+ ½:½

═══ 185 ═══

Geenen-Miles
Geneva 1986
1 e4 c6 2 d4 d5 ● **3 f3 g6**

◊ 3 ... dxe4 4 fxe4 e5 5 Nf3 Be6 6 c3 Nf6:
a:- 7 Nxe5!? Nxe4 8 Nf3 Be7 [8 ... Bd6 9 Qe2!? Nf6 10 Ng5 Qd7 11 Nxe6 +=] 9 Bd3 Nd6? [9 ... Nf6 +=] 10 0-0 Nd7 11 Bf4 Qb6 12 Qe2 c5? 13 Na3 Rc8 14 Bxd6 Qxd6 15 Rad1 0-0 16 d5! ±± Geenen-Garcia Palermo, Brussels II 86.
b:- 7 Bd3 Nbd7 8 0-0:
b1:- 8 ... Be7 9 Qe2 0-0 10 Nbd2 b5 11 a4 a6 12 Re1 Qc7 13 Nf1 Rfe8 14 Ne3 ± Mathe-Sorensen, Copenhagen Open 86.
b2:- 8 ... Bd6 9 Qe2 h6 10 Na3 Qe7 11 Nc2 += Rytov-Nei, Tallinn 85.

4 Nc3 Bg7 5 Be3 Qb6

◊ 5 ... h5 6 Qd2 Nh6 7 h3 e6 8 0-0-0 Nd7 9 g4 Ng8 10 Bd3 Ne7 11 Nge2 b5 12 exd5 exd5 13 Nf4 h4 14 Rde1 Nf8 15 Be2 Be6 16 Rhf1 Qd7 17 Nd1 0-0-0 18 Ng2 Sax-P.Cramling, Haninge 89.

◊ 5 ... dxe4 6 fxe4 Nf6 7 Nf3:
a:- 7 ... 0-0 8 h3 b5 9 a3 a5 10 Bd3 Bb7 11 0-0 c5 12 dxc5! += Bücker-Muse, Bad Neuenahr 87.
b:- 7 ... Qb6 8 Qd2 0-0 9 0-0-0 Nbd7 10 e5 Nd5 11 Nxd5 cxd5 12 h4 h5 13 Bd3 Nb8 14 Ng5 Na6 15 c3 Bg4 16 Rdf1 Nc7

Hodgson-Gruenfeld, Tel Aviv 88.
6 Rb1
◊ 6 Na4 Qa5+ 7 c3 Nd7 8 exd5 Qxd5 9 Qb3 += Bücker-Wiemer, Duren 85.
◊ 6 Qd2 Qxb2 7 Rb1 Qa3 8 exd5 Nf6 9 dxc6 bxc6 10 Bc4 0-0 11 Nge2 Nbd7 12 0-0 Nb6 13 Bb3 Ba6 =+ Geenen-W. Watson, Brussels II 86.
6 ... Nf6 7 e5 Ng8 8 f4 h5 9 Bd3 Nh6 10 Nf3 Bf5 11 Nh4 Bxd3 12 Qxd3 Qa6 13 0-0 Qxd3 14 cxd3 e6 15 b4 Bf8 16 Rfc1 Ng4 17 Bd2 Nd7 18 g3 Be7 19 Nf3 Kf8 20 h3 Nh6 21 Be3 a6

22 a4 Kg7 23 b5 cxb5 24 axb5 Ba3 25 Rc2 Rhc8 26 bxa6 b6 27 Bc1 Be7 28 Rbb2 Rxa6 29 Nb5 Raa8 30 Ra2 Nf5 31 g4 hxg4 32 hxg4 Nh6 33 f5 Nxg4 34 f6+ N7xf6 35 exf6 Bxf6 36 Bf4 Rxc2 37 Rxc2 Ra1+ 38 Kg2 Rd1 39 Rc7 Rxd3 ½:½

═══════ **186** ═══════

W.Watson-Sigfusson
Reykjavik 1989
1 e4 c6 2 d4 d5 3 f3 ● e6 4 Nc3
◊ 4 Be3 dxe4 5 Nd2 exf3 6 Ngxf3 Nf6 7 Nc4 Be7! 8 Bd3 Nd5 9 Bd2 c5? [9 ... 0-0; 9 ... Nd7; 9 ... Bf6] 10 0-0 Nd7 11 Nce5 cxd4? [11 ... N7f6] 12 Nxf7! Kxf7 13 Ng5+ Kg8 14 Nxe6?! [14 Qh5!] 14 ... Qe8 15 Nxg7! Kxg7 16 Qg4+ Qg6 17 Bxg6 hxg6 18 Qxd4+ N7f6 19 c4 Nc7 20 Bg5 Rf8 21 Qh4 Rf7 22 Qh6+ Kg8 23 Bxf6 Rxf6 24 Rxf6 Bxf6 25 Qxg6+ 1:0 Rubens-Rause, Latvian Ch, Riga 85.

4 ... Bb4
◊ 4 ... Nf6 5 e5 Nfd7 6 Nce2 b6 7 f4 Ba6 8 Nf3 c5 9 c3 Nc6 10 g4 cxd4 11 cxd4 Be7 12 Ng3 Bxf1 13 Kxf1 Qc8 14 Qe2 a5 15 Bd2 += Smagin-S.Arkell, Hastings Challengers 89-90.
5 Bf4
◊ 5 Ne2 dxe4 6 fxe4 e5 7 Be3 Qh4+ 8 Ng3 Nf6 9 Qd3 0-0 10 0-0-0 Ng4 11 Bg1 exd4 12 Qxd4 a5 13 Be2 g6 14 e5 Be6 15 Ne4 ∞ [15 ... c5!] 0:1 [Time] Monin-Akopov, USSR Corres Ch 86-88.
5 ... Ne7
◊ 5 ... Nf6 6 Qd3 b6 7 Nge2 Ba6 8 Qe3 0-0 9 0-0-0 Nbd7 10 h3 Rc8 11 a3 Bxc3 12 Nxc3 Bxf1 13 Rhxf1 b5 14 Bd6 Re8 15 e5 Nb6 16 b3 Nfd7 17 f4 ± Murey-Saidy, New York Open 89.
◊ 5 ... dxe4 6 fxe4 Nf6 7 Qd3 Qa5 8 Nge2 0-0 9 0-0-0 b5 10 e5 Nd5 11 Nxd5 cxd5 12 Kb1 Nc6 13 Qg3 f5 14 exf6 Rxf6 15 Nc1 Qb6 16 Bd3 Be7 17 Bg5 Bd7 18 Bxf6 Bxf6 19 Nb3 Nxd4? 20 Nxd4 Bxd4 21 Bxh7+ Kxh7 22 Qh4+ Kg8 23 Qxd4 ± Jacobs-Icklicki, Haringey 88.
6 Qd2 0-0 7 Nge2 Nd7 8 a3 Ba5 9 g3 c5 10 exd5 cxd4 11 dxe6 dxc3 12 exf7+ Rxf7 13 Nxc3 Kh8 14 0-0-0 Rf8 15 Bc4 Ng6 16 Bd6 Rxf3 17 Qe2 Qg5+ 18 Kb1 Qe3 19 Qxe3 Rxe3

20 Nd5 Re8 21 b4 Bb6 22 Rhe1 Nde5 23 Bxe5 Bg4 24 Bb2 Bxd1 25 Rxd1 Rad8 26 Bb5 Rf8 27 c4 Bf2 28 c5 Ne7 29 Bc4 b6 30 c6 Nxc6 31 Bc1 Ne5 32 Bb3 Rf3 33 Bg5 Rdf8 34 Ka2 Rd3 35 Rf1 Rff3 36 Bc2 Rxa3+ 37 Kb1 Bd4 0:1

187

Ljubojević-Seirawan
Rotterdam (World Cup) 1989
1 e4 c6 2 d3 d5 3 Nd2 e5 4 Ngf3

◊ 4 g3 Bd6 5 Bg2 Ne7 6 Ne2 f5 7 exf5 Bxf5 8 d4 Nd7 9 dxe5 Nxe5 10 Nd4! Bd7 11 0-0 Qb6 12 c3 0-0-0 13 b4 Nd3 14 a4 Bxb4 15 Rb1 Qc5 16 cxb4 Qxd4 17 Nb3 Qc4 18 Na5 Qa6 19 Nxc6! Qxc6 20 Qxd3 Bf5 21 Qe3! ± Deunette-Rouleaux, postal 87.

4 ... Bd6 5 g3

◊ 5 d4 exd4 6 exd5 cxd5 7 Nb3 Ne7 8 Nbxd4 Nbc6 9 Be2 0-0 10 0-0 Bg4 11 h3 Bh5 12 Be3 Rc8 13 Re1 = Bosboom-Hodgson, Wijk aan Zee II 89.

◊ 5 Be2 Nf6:

a:- 6 0-0 Nbd7 7 c3 0-0 8 Re1 Re8 9 Qc2 Nf8 10 Bf1 h6 11 b4 a5 12 Rb1 axb4 13 cxb4 Ng6 14 a3 Bd7 15 Bb2 d4 16 g3 b6 17 Bc1 Qc8 18 Bg2 Qa6 19 Nc4 Bc7 20 Bd2 Rec8 =+ Hickl-Seirawan, Zagreb IZ 87.

b:- 6 d4 dxe4 7 Nxe5 0-0 8 Ndc4 Be7 9 0-0 Be6 10 c3 Nd5 11 f3 exf3 12 Nxf3 c5 13 Kh1 b5 14 Ne3 b4 15 Nxd5 Bxd5 16 c4 Be4 17 Nd2 Bb7 = Szmetan-Garcia Palermo, Rio Hondo 87.

◊ 5 Qe2:

a:- 5 ... Nf6!? 6 g3 0-0 7 Bg2 Re8 8 0-0 Nbd7 9 b3 a5! 10 a3 [Akopian-Henkin, Borzhomi 88] 10 ... Qc7! 11 Bb2 Nc5 =+ Henkin.

b:- 5 ... Qe7:

b1:- 6 g3 Nf6 7 Bg2 0-0 8 0-0 dxe4 9 dxe4 Nbd7 10 Nc4 Bc7 11 b3 b5 12 Ba3 b4 13 Bb2 += Ljubojević-Bouaziz, Szirak IZ 87.

b2:- 6 d4 exd4 7 exd5 cxd5 8 Nxd4 Nc6 9 Ndf3 Bd7 10 Bg5 Qxe2+ 11 Bxe2 Nge7 12 0-0-0 Rd8 13 Rhe1 f6 14 Be3 Bb8 15 g3 Ne5 16 Bd2 ½:½ Ljubojević-Karpov, Bilbao 87.

5 ... Nf6

◊ 5 ... Ne7 6 Bg2 0-0 7 0-0 Nd7 8 exd5! cxd5 9 c4 Nc5 10 cxd5 Nxd3 [10 ...

Nxd5 11 Nc4 +=] 11 Nc4 Bf5?! [11 ... Nxc1 12 Rxc1 Bg4! 13 Qb3 Bxf3 14 Bxf3 b6 15 Rfe1 +=] 12 Be3! += Be4? [12 ... h6] 13 Ng5! ± Markov-Fominikh, Miscolc Open 89.

◊ 5 ... f5!? 6 Bg2 Nf6 7 0-0 0-0 8 c3 Kh8 9 Re1 fxe4 10 dxe4 Bg4 11 h3 Bh5 12 g4 Bg6 13 exd5 Nxd5! 14 Nc4 e4 15 Nfe5 Bc5 16 Be3 Bxe3 17 Nxe3 Qg5! 18 Nxg6+ hxg6 19 Nxd5 cxd5 20 c4 dxc4 21 Rxe4 Nc6 = Hübner-Miles, Tilburg 86.

6 Bg2 0-0 7 0-0

7 ... Re8

◊ 7 ... Nbd7 8 exd5 cxd5 9 Re1 Re8 10 Nf1 h6 11 h3 Nf8 12 Bd2 Ng6 13 a3 Be6 14 Bc3 d4 15 Bb4 Be7 16 Re2 Qc7 17 h4 Bd5 =+ Johansen-Garcia Palermo, Adelaide 86-87.

8 Re1

◊ 8 b3 Bg4 9 h3 Bxf3 10 Qxf3 Bb4 11 Nb1 Nbd7 12 a3 Bc5 13 b4 Bb6 14 Bb2 Nf8 15 Qe2 a5 = Todorčević-Ivanović, Yugoslav Ch 89.

◊ 8 h3 a5 9 Re1 dxe4 10 dxe4 Bc5 11 c3 a4 12 Qc2 Nbd7 13 Nf1 h6 14 Ne3 Bf8 15 Nf5 Nc5 16 Rd1 Qc7 17 Nh2 Be6 18 Be3 Red8 = Anand-Malanuik, Frunze 87.

8 ... Bg4?!

◊ 8 ... Nbd7 9 a4 a5 10 c3?! Nc5 11 Qc2 Bf8?! [11 ... dxe4 12 dxe4 Bf8] 12 exd5 Qxd5 13 d4 exd4 14 Rxe8 Nxe8 15 Nxd4 Qh5 16 Nc4 Bh3 17 Bxh3 Qxh3 [Godena-Seirawan, Lugano Open 88] 18 Qf5 =.

9 h3! Bh5 10 Nf1 Nbd7

◊ 10 ... Na6!? 11 g4 Bg6 12 Ng3 dxe4 13 dxe4 Nc7 △ ... Ne6-f4 - Seirawan.
11 g4 Bg6 12 Ng3 dxe4 13 dxe4 Bc5 = 14 Nd2! Nf8 15 g5 N6d7 16 h4 h6! 17 Nb3 [17 h5 Qxg5! 18 Nb3 Qxg3 19 Nxc5 Qh4 20 hxg6 Nxc5 21 gxf7+ Kxf7 =+] **17 ... hxg5 18 Nxc5 Nxc5 19 Qxd8 Rexd8! 20 h5! Bh7 21 Bxg5 f6 22 Be3 += Nfe6?!** [22 ... Nce6] **23 b3! b6 24 Rad1 Kf7 25 f3 Na6 26 c3 Nac7?!** [26 ... Rxd1 27 Rxd1 Rd8] **27 Bh3! Nb5 28 Ne2 Ke7 29 Kf2 Rxd1 30 Rxd1 Nd6 31 Ng3 Rd8 32 Rg1 Rg8?** [32 ... Ng5 33 Bg4 +=] **33 Bg4 Ng5**

34 Bxg5?? [34 a4! ±] **34 ... fxg5 = 35 Ke3 Rd8 36 Nh1?! Nb5! 37 Rc1 Bg8 38 Nf2 Bf7** =+ **39 Nh1?! c5! -+ 40 a4 Nd6 41 c4 Nb7 42 Ng3 Na5 43 Rb1 Nc6 44 Nf5+ Kf6 45 Ke2 Nd4+ 46 Nxd4 exd4! -+ 47 a5! Rb8 48 axb6 Rxb6 49 Kd2! a5! 50 Ra1 Ra6 51 Bc8 Ra7! 52 Bg4 Ke5 53 Kd3 Be8! 54 Kd2 Ra8! 55 Kd3 a4 56 Ra3 Bc6 57 bxa4 Rxa4 58 Rb3 Rb4! 59 Ra3 Ba4 60 Ra1 Rb3+ 61 Kd2 Rb2+ 62 Ke1 Bb3 63 Ra5 d3 64 Rxc5+ Kd4 65 Rd5+ Ke3 66 Kf1 Bxc4 0:1**

188

Balashov-Tisdall
Reykjavik 1989
1 e4 c6 2 d3 d5 3 Nd2 • g6 4 Ngf3 Bg7 5 g3
◊ 5 c3 e5 6 Be2 Ne7 7 d4 exd4 8 Nxd4

0-0 9 0-0 c5 10 N4f3 d4 11 Qc2 Nbc6 12 Nb3 Qb6 13 Bf4 Be6 14 Nfd2 Ne5 15 Bxe5 Bxe5 16 Nc4 Bxc4 17 Bxc4 dxc3 18 bxc3 Qc7 19 g3 Bg7 =+ Hickl-Tukmakov, Dortmund 87.
◊ 5 Be2:
a:- 5 ... dxe4 6 dxe4 Nf6 7 0-0 0-0 8 h3 Qc7 9 c3 Nbd7 10 Re1 a5 11 a4 e5 12 Bf1 Nc5 13 Qc2 ½:½ Benjamin-Wilder, US Ch 87.
b:- 5 ... e5 6 0-0 Ne7 7 b4 0-0 8 Bb2 d4 9 c3 dxc3 10 Bxc3 Qc7 11 Nc4 f6 12 d4 += Maus-Grathwohl, Bundesliga 87-88.
c:- 5 ... Na6!? 6 d4 Nc7 7 c3 Nh6 8 0-0 0-0 9 Re1 dxe4 10 Nxe4 Nf5 11 Nc5 Ne6 12 Nxe6 Bxe6 13 Ng5 [Kindermann-Sehner, Bundesliga 85-86] 13 ... Bd5! 14 Bd3 h6 15 Ne4 e5 = Kindermann.
5 ... dxe4
◊ 5 ... e5 6 Bg2 Ne7:
a:- 7 Rb1 0-0 8 b4 Nd7 9 0-0 d4 10 Bb2 a5 11 a3 Nb6 12 c3 axb4 13 axb4 Na4 =+ Visser-Miles, Dieren 88.
b:- 7 0-0 0-0:
b1:- 8 b4 a5 9 bxa5 Qxa5 10 Bb2:
b11:- 10 ... d4 11 a4 Qc7 12 c3 dxc3 13 Bxc3 c5 14 Nc4 Nec6 15 Qb3 += Ermolinsky-Tukmakov, Sverdlovsk 87.
b12:- 10 ... Qc7 11 Qe2 d4 12 c3 c5 13 cxd4 cxd4 14 a4 Nbc6 15 Ba3 Rd8 += Trapl-Javelle, postal 87.
b2:- 8 Re1!? d4 9 Nc4?! [9 a4] 9 ... b5 10 Ncd2 c5 11 a4 [Wojtkiewicz-Bronstein, Polanica Zdroj 88] 11 ... Ba6 12 axb5 Bxb5 △ ... a5-a4, ... Nd7-b6 = Wojtkiewicz.
6 dxe4 Nf6 7 Bg2 0-0 8 0-0 Na6 9 Qe2 Qa5 10 e5 Nd5 11 Nb3 Qc7 12 c4 Nb6 13 Bf4 Be6 14 Rac1 ± Rad8 15 Nbd4 Bg4 16 h3 Bxf3 17 Nxf3 e6 18 b3 h6 19 h4 Nb4 20 Rc3 c5 21 Re1 Rd7 22 a3 Nc6 23 Qe3 Nd4 24 g4 Kh7 25 Nd2 Rc8 26 Ne4 Qd8 27 Nf6+! Bxf6 28 exf6 h5 [28 ... Qxf6 29 Bxh6 Qxh4 30 Bg5 Qxg4 31 Bf6] **29 gxh5 Qxf6 30 Be5 Qxh4 31 hxg6+ fxg6 32 Qc1 Qg4 33 Rh3+ Kg8 34 Qh6 1:0**

========= **189** =========

Short-Miles
Wijk aan Zee 1987
1 e4 c6 2 d3 d5 3 Nd2 g6 ●

◊ 3 ... Nd7 4 Ngf3 Qc7 5 exd5 cxd5 6 d4 += g6 7 Bd3 Bg7 8 0-0 Nh6!? 9 Re1 Nf6 10 Nf1! Nf5 11 Ng3 Nxg3?! [11 ... Nd6!?] 12 hxg3 Bg4?! [12 ... 0-0 13 Ne5 Be6] 13 Bf4 Qb6 14 Qd2 Bxf3 15 gxf3 +=/± Lobron-Larsen, New York 86.

◊ 3 ... Na6 4 Ngf3 Nc7 5 g3 Bg4 6 h3 Bxf3 7 Qxf3 e6 8 Bg2 Bc5 9 0-0 Ne7 10 c3 a6 11 d4 Ba7 12 Qe2 Qd7 13 Nf3 Ng6 14 h4 0-0-0 Los-Gurgenidze, Belgrade (GMA) 88.

◊ 3 ... Qc7:
a:- 4 g3 Nf6 5 Bg2 dxe4 6 dxe4 e5 7 Ngf3 Bc5 8 0-0 0-0 9 b3 Bg4 10 h3 Bxf3 11 Qxf3 Nbd7 12 Rd1 Rfe8 13 Bb2 Nf8 14 Nc4 b5 Bosboom-L.Hansen, Groningen 89.
b:- 4 Ngf3 Bg4 5 h3 Bh5 6 g3:
b1:- 6 ... Nf6 7 Bg2 dxe4 8 dxe4 e5 9 0-0 Nbd7 10 Qe1 Bc5 11 b3 0-0 12 Bb2 Rfe8 = Bosboom-Douven, Groningen 89.
b2:- 6 ... e6 7 Bg2 Nf6 8 0-0 Be7 9 Qe2 c5 10 g4 Bg6 11 Nh4 dxe4 12 dxe4 Nfd7 13 Nxg6 hxg6 14 f4 Nc6 15 c3 g5 ∞ Ehlvest-Dlugy, Mazatlan 88.
4 g3 Bg7 5 Bg2 e5 6 Ngf3 Ne7 7 0-0 0-0 8 b4 a5 9 bxa5 Qxa5 10 Bb2 d4 11 Qc1?! [11 a4 =] **11 ... Nd7 12 Nb3 Qa4!** =+ **13 c3 c5 14 cxd4 cxd4 15 Nfd2?!** [15 Nc5] **15 ... b6! 16 f4 Ba6 17 Qb1 Rac8 18 Nf3 Nc6 19 Rf2 Nb4**

20 Bf1 f5! 21 a3? Nc2?? [21 ... Nxd3! 22 Bxd3 Bxd3 23 Qxd3 fxe4 -+] **22 Rxc2 Qxb3 23 Rxc8 Rxc8 24 fxe5 Nxe5 25 Nxe5 Bxe5 26 Bc1 Qxb1 27 Rxb1 fxe4 28 dxe4 Bxf1 29 Kxf1 Rc2 30 Bf4!** =+ **31 gxf4 Rxh2 32 Rxb6 Rh4 33 f5 Rf4+** [33 ... g5!] **34 Kg2 g5 35 Rb8+! Kg7 36 Kh6 37 Re7! d3 38 Kg3 d2 39 Rd7 Rxe4 40 Rxd2 Ra4 41 Rd7 Rxa3+ 42 Kg4 Ra4+ 43 Kg3 Ra1 44 Rf7 = Rb1 45 Kh3 Rg1 46 Kh2 Rf1 47 Kg2 Rf4 48 Kg3 Rg4+ ½:½**

========= **190** =========

Ljubojević-Hjartarson
Rotterdam (World Cup) 1989
1 e4 c6 2 d3 ● e5 3 Nf3

◊ 3 Qe2 dxe4 4 dxe4 e5 5 Nf3 Nf6 6 Nbd2 Qc7 7 g3 Be7 8 Bg2 0-0 9 0-0 b6 10 b3 Ba6 11 Nc4 c5 12 c3 Nc6 13 Re1 Rad8 = Ehlvest-Akil, Thessaloniki Ol 88.

◊ 3 Nd2:
a:- 3 ... d5 4 Ngf3 Nd7 5 Qe2 dxe4 6 Nxe4 Be7 7 Bd2 Ngf6 8 Bc3 Nd5 9 Nxe5 Nxc3 10 Nxc3 Nxe5 11 Qxe5 0-0 12 Be2 Re8 13 Qh5 Bf6 14 0-0 g6 15 Qf3 Be6 16 Rfe1 Bd4 17 Qf4 Qb6 18 Bf1 Rad8 19 Rab1 += Ljubojević-Christiansen, Szirak IZ 87.
b:- 3 ... Nf6 4 Ngf3 d6 5 g3 g6 6 Bg2 Bg7 7 0-0 0-0 8 a4 Nbd7 9 a5 Re8 10 b4 Rb8 11 Bb2 += b5 12 axb6 axb6 13 Ra7 Bb7 14 c4 Qc7 15 Qb3 Ra8 16 Rxa8 Bxa8 17 Ra1 d5 18 cxd5 cxd5 19 Ng5! += Ljubojević-Karpov, Amsterdam 88.
3 ... Nf6

◊ 3 ... d6 4 d4?! Nf6 5 Nc3 Nbd7 6 a4 Be7 7 Bc4 0-0 8 0-0 Nxe4! = 9 Bxf7+ Rxf7 10 Nxe4 d5 [10 ... h6!? 11 dxe5 Nxe5 12 Nxe5 dxe5 13 Qxd8+ Bxd8 =] 11 Ng5 Bxg5 12 Bxg5 Qc7 13 Bh4 e4 14 Bg3 Qd8 15 Ne5 Nxe5 16 Bxe5 Bf5 ½:½ Timman-Karpov, Amsterdam 88.
4 g3

♦ 4 Be2 d6 5 0-0 Nbd7 6 Re1 g6:

a:- 7 a4 Bg7 8 Nc3 0-0 9 d4 exd4 10 Nxd4 Re8 11 Bf1?! [11 Bf3! Ne5 12 Be2 =] 11 … Nc5 12 f3 d5 13 e5 Nh5 14 g4?? [14 f4 f6 15 e6!? f5! 16 Nxf5 gxf5 17 Qxh5 Be6 18 Be3 d4 19 Rad1 Bd7 20 Bf2 dxc3 21 Bxc5 Rxe1+ 22 Rxe1 cxb2 =+ Ivanchuk] 14 … Rxe5! 15 Rxe5 Bxe5 16 gxh5 Qh4 17 f4 Qg4+ -+ Ljubojević-Ivanchuk, Linares 90.

b:- 7 Bf1 Bg7 8 d4 0-0 9 dxe5 Nxe5 10 Nxe5 dxe5 11 Qf3 Be6 12 Nd2 Qc7 13 Qc3 Nd7 14 a4 Rfe8 15 a5 Rab8 16 Nc4 [16 b4!?] 16 … b5 17 axb6 axb6 18 Be3 Bf8 = Ljubojević-Halifman, Manila IZ 90.

4 … d6 5 Bg2 g6

♦ 5 … Be7 6 0-0 0-0 7 Re1 Nbd7 8 d4 Re8 9 c4 exd4!? [9 … a6 =] 10 Nxd4 Ne5 11 Na3! Qb6!? 12 Re3 += Bg4 13 f3 d5?! 14 cxd5! cxd5 15 fxg4! Bc5 16 Nac2 Nfxg4 17 Rb3 Qf6 18 h3! ± Ljubojević-Speelman, Barcelona (World Cup) 89.

6 0-0 Bg7 7 a4

♦ 7 Re1 0-0 8 d4?! Qc7 9 h3?! Nbd7 10 c4 a6! 11 Nc3 b5 12 dxe5 dxe5 13 Qc2 Re8 14 Be3 Bf8 15 a3 Bb7 16 Nd2 Rac8 17 Rac1 [17 Bf1 Qb8! =+] 17 … a5 =+ 18 cxb5 cxb5 19 Qb1 b4 =+ Ljubojević-Karpov, Brussels SWIFT (World Cup) 88.

7 … a5

♦ 7 … 0-0? 8 a5 c5 9 c3 Nc6 10 a6 bxa6 11 Qa4 Qb6 12 Nbd2 Qb5 13 Nc4 Rd8 14 Rd1 Bb7 15 Qa2 ± Sepp-Lokotar, Estonian Ch, Tallinn 89.

8 Nc3!?

♦ 8 Nbd2 0-0 9 Nc4 += Hjartarson.

8 … 0-0 9 h3 h6 10 Be3 d5!? 11 exd5 Nxd5! 12 Bd2 Be6 13 Qc1 Kh7 14 Re1 Nd7 = 15 Nd1 Qc7 16 Ne3 f5 17 Nxd5 Bxd5! 18 Bc3 Rae8 19 b3 Bf6! 20 Qb2?! [20 Nh2!?] **20 … e4 =+ 21 dxe4 fxe4 22 Nd4 e3 23 f4 g5 24 Bxd5 cxd5 25 Nb5 Qb8?!** [25 … Qc6 26 Bxf6 Rxf6 =+] **26 Rad1 gxf4 27 Rxd5 Nb6 28 Rd6 f3 29 Bxf6 f2+ 30 Kf1 Qc8 31 g4 fxe1Q+ 32 Kxe1 Re6 33 Be5 Rxd6 34 Bxd6 Qd8! 35 Ke2 Re8 36 c4 Qh4 37 Qb1+ Kg7 38 Qf1 Nd7 39 Nd4 ½:½**

191

Silva-Gobet
Bern 1989
1 e4 c6 2 d4 d5 3 exd5 cxd5 ● 4 Bd3 Nc6 5 c3 Nf6 6 Bf4 Bg4

♦ 6 … g6:

a:- 7 Nd2 Bf5 8 Bxf5 gxf5 9 Ngf3 e6 10 Qb3 Qb6 11 Ne5 Rg8 12 g3 Ne4 13 f3 Nxd2 14 Kxd2 Rc8 15 Qxb6 axb6 16 Nd3 b5 17 a4 b4 18 Rhc1 Kd7 19 Ke2 Be7 20 Bd2 bxc3 21 Bxc3 h5 =+ Short-Adams, London Blitz 89.

b:- 7 Nf3:

b1:- 7 … Bf5 8 Bxf5 gxf5 9 0-0 e6 10 Ne5 Nxe5 11 dxe5 Nd7 12 Nd2 Bg7 13 Nf3 0-0 14 Qe2 Qa5 15 Rfe1 Rac8 16 Nd4 a6 17 Qh5 Rfe8 18 Re3 f6 19 Rh3 Nf8 20 exf6 Bxf6 21 Bd6 Bxd4 22 cxd4 Qd2 23 Rg3+ 1:0 Sinoviev-W.Watson, Graz Open 87.

b2:- 7 … Nh5 8 Be3 Bg7 9 Nbd2 0-0 10 0-0 Qd6 11 Re1 Bd7 12 Nb3 Rad8 13 Qd2 Rfe8 14 h3 [Bastian-Douven, Heidelberg 86] 14 … f5 15 Bh6 +=.

b3:- 7 … Bg7 8 0-0 Bf5 9 Bxf5 gxf5 10 Ne5 0-0 11 Nd2 e6 12 Nxc6 bxc6 13 b4 Ne4 14 Nxe4 fxe4 15 Qh5 Qf6 16 Bd6 Rfd8 17 Be5 Qg6 18 Qxg6 ½:½ Borgstaedt-Schaak, Lugano Open 89.

7 Qb3 Qc8

♦ 7 … Qd7 8 Nd2 e6 9 Ngf3 Bxf3 10 Nxf3 Bd6 11 Bxd6 Qxd6 12 0-0 0-0 =:

a:- 13 Rfe1 Rab8 14 a4 Rfe8 15 Ne5 Nd7 16 f4 Nf8 17 Rf1 f6 18 Ng4 a6 19 Qc2 b5 = Kärner-Hodgson, Tallinn 87.

b:- 13 Rae1:

b1:- 13 ... Rab8 14 Qc2 Rfc8 15 Qe2 Nd7 16 Bxh7+! Kxh7 17 Ng5+ Kg8 18 Qh5 Nd8 19 Qh7+ Kf8 20 f4 Qb6 21 Qh8+ Ke7 22 Qxg7 Kd6 23 f5 ±± Pililian-Akopov, USSR Corres Teams Ch 86-87.

b2:- 13 ... Nd7 14 Re3 Rab8 15 Rfe1 Rfe8 16 Ne5! Ncxe5 17 dxe5 Qb6 18 Qc2 g6 19 h4! Nf8 20 h5 d4 21 Rg3 dxc3 22 hxg6 fxg6 23 Bxg6! hxg6 24 Rxg6+ Kf7 25 Re3!! Qc6 26 R6g3 Re7 27 Rxc3 Qd7 28 Qe2 Ng6 29 Rxg6! Rh8 30 Qg4! 1:0 Kriwun-Kusnetsov, Euro Corres Ch 87-88.

◊ 7 ... Na5 8 Qa4+ Bd7 9 Qc2:

a:- 9 ... a6 10 a4 Bg4 11 Nd2 Bh5 12 Ngf3 Bg6 13 Ne5 e6 14 0-0 Bd6 15 Rfe1 0-0 16 Nxg6 hxg6 17 Be5 Bxe5 18 dxe5 Nd7 19 b4 Nc6 Campora-Tukmakov, Biel 88.

b:- 9 ... Rc8 10 Nd2 a6 11 a4 Bg4 12 Ngf3 e6 13 Ne5 Bd6 14 Bg5 Bh5 15 f4 h6 16 Bh4 g5 17 Bg3 Ng4 18 Ndf3 Rg8 Benjamin-Djurić, New York Open 88.

8 Nd2 e6

◊ 8 ... Bh5 9 Ngf3 Bg6 10 Bxg6 hxg6 11 Ne5 e6 12 0-0 Nh5 13 Be3 Bd6 14 Rfe1 Qc7 15 Ndf3 Nf6 16 h3 0-0 17 Bf4 Ne4 18 Nxc6 Bxf4 19 Nce5 g5! ∞ Schneider-Ornstein, Sweden 88.

9 Ngf3 Be7

10 0-0

◊ 10 h3 Bh5 11 Ne5 Nxe5 12 Bxe5 0-0

13 0-0 Bg6 14 Bxg6 hxg6 15 Rfe1 Qc6 16 a4 b6 17 Qb5 Rfc8 18 g4 Ne8 19 Qxc6 Rxc6 = Bordstaedt-Douven, Lugano Open 89.

10 ... Bh5 11 Ne5 Nxe5 12 Bxe5 0-0 13 Rae1 Bg6

◊ 13 ... a6 14 c4 Bg6 15 Bxg6 hxg6 16 c5 a5 17 a4 Nd7 18 Nf3 b6 19 c6 Nxe5 20 Nxe5 Bf6 21 Qb5 Bxe5 22 Rxe5 Qa6 23 Qb3 Rfc8 Makropoulos-Meduna, Euro-Teams, Haifa 89.

14 Bxf6

◊ 14 Bxg6 hxg6 15 Qd1 b5 16 Re3 a5 ∞ 17 h4 b4 18 g4 a4 19 h5 a3 20 cxb4 Bxb4 21 h6 Re8 22 hxg7 Nd7 23 Rb3 Be7 24 Rc3 Qb7 Dzindzihashvili-Karpov, World Active Ch, Mexico 88.

14 ... Bxf6 15 Bxg6 hxg6 16 f4 b5 17 Nf3 Qc4 18 Ne5 Qxb3 19 axb3 Rfe8 20 b4 a5 21 bxa5 Rxa5 22 Ra1 Rea8 23 Rxa5 Rxa5 24 Nd3 Be7 25 Rc1 g5 26 g3 gxf4 27 gxf4 Ra2 28 Kf2 Bd6 29 Kf3 g6 30 h3 Kg7 31 Ke3 Kf6 32 Kf3 Kf5 33 Rg1 f6 34 Rb1 Ra8 35 h4 Rh8 36 Rh1 Rh7 37 b3 Rh5 38 b4 g5 39 fxg5 fxg5 40 Rf1 Rxh4 41 Kg2+ Bf4 42 Nxf4 gxf4 43 Ra1 Rg4+ 44 Kf2 Rg3 45 Ra5 Rxc3 46 Rxb5 Rc4 47 Rb8 Rxd4 48 b5 Rb4 49 b6 e5 50 b7 Ke4 51 Ke2 d4 52 Kd2 f3 0:1

═══ **192** ═══

Bebchuk-Mik.Tseitlin
Belgrade (GMA) 1988

1 e4 c6 2 d4 d5 3 exd5 cxd5 4 Bd3

◊ 4 c3 Nc6 5 Bf4:

a:- 5 ... e6 6 Nd2 Bd6 7 Bxd6 Qxd6 8 Qg4 g6 9 Bb5 Nge7 10 Qg3 Qxg3 11 hxg3 Kf8 12 f4 ½:½ Gulko-Dlugy, US Ch 87.

b:- 5 ... Nf6 6 Nd2 Bg4 7 Qb3 Qc8 8 h3 Bd7 9 Ngf3 e6 10 Bd3 a6 11 0-0 Be7 12 Rae1 b5 13 Qc2 Qb7 14 a3 Na5 15 b4 Nc4 = Vorotnikov-Donchenko, Leningrad 87.

4 ... Nc6

♦ 4 ... g6 5 Nf3 Bg7 6 c3 Nc6 7 0-0
Nh6 8 Re1 0-0 9 Bf4 Bf5 10 Bxh6 Bxh6
11 Bxf5 gxf5 12 Nbd2 e6 13 Ne5 Nxe5
14 dxe5 Rc8 15 Nf3 a6 16 Qe2 Rc4 =+
Sandien-Stern, Berlin 87.

5 c3
♦ 5 Ne2 g6 6 0-0 Nf6 7 c3 Bf5 8 Ng3
Bxd3 9 Qxd3 Bg7 10 Nd2 h5 11 h4 0-0
12 Nf3 Ng4 13 Bg5 Qb6 = Rother-
Miles, Bundesliga 86-87.

♦ 5 Nf3 Nf6 6 0-0 Bg4 7 c3 e6 8 Bg5 Be7
9 Nbd2 Bh5 10 Qb3 Qc8 11 Ne5 0-0 12 f4
Bg6 13 Nxg6 hxg6 14 Rf3 Ne8 15 Rh3 Nd6
16 Qd1 Qd8 17 Nf3 Ne4 18 Bxe7 Qxe7 19
Bxe4 dxe4 20 Ng5 f6 21 Nxe4 Rad8 22
Qg4 Kf7 23 Rg3 g5 24 fxg5 f5 25 Qh5+ 1:0
Barua-Holliday, Adelaide 86-87.

5 ... Nf6 ●
♦ 5 ... e5 6 dxe5 Nxe5 7 Qe2 Qe7 8
Bb5+ Nc6 9 Bg5 Qxe2+ 10 Nxe2 Be7
11 Bxe7 Nxe7 12 Nd2 a6 13 Ba4 b5 14
Bc2 Bf5 15 0-0-0 0-0-0 16 Nb3 Rhe8 17
Ned4 Nxd4 18 Nxd4 Bxc2 19 Kxc2 Kc7
20 Rhe1 Nc6 21 Nf5 Rxe1 22 Rxe1
½:½ Kr.Georgiev-Holmov, Varna 87.
♦ 5 ... g6 6 Bf4:
a:- 6 ... Bg7 7 Nf3 Nf6 8 h3 Nh5 9 Bh2
0-0 10 0-0 a6 11 Ne5 Bd7 12 Nd2 Na5 13
Qe2 Rc8 14 Rae1 Re8 15 f4 e6 16 g4 +=
Santana-Santa Torres, New York 88.
b:- 6 ... Nh6 7 h3 f6 8 Nf3 Nf7 9 c4 Bg7
10 cxd5 Qxd5 11 0-0 0-0 12 Nc3 Qa5 13
a3 e5 14 dxe5 fxe5 15 Be3 Rd8 16 Ng5
Nxg5 17 Bxg5 Rf8 18 b4 Finegold-La
Rota, Saint John II 88.

6 h3
♦ 6 Nf3 Bg4:
a:- 7 0-0 e6 8 Bg5 Be7 9 Nbd2 0-0 10
Qb3 Nh5 11 Bxe7 Qxe7 12 Rfe1 Nf4 13
Bf1 Rac8 14 Re3 Rc7 15 h3 Bf5 Barua-
Hay, Adelaide 86-87.
b:- 7 Qb3 Bxf3 8 Qxb7 Qc8 9 Qxc8+
Rxc8 10 gxf3 Nxd4 11 Be3 Nxf3+ 12
Ke2 Ne5 13 Bb5+ Nc6 14 Bxa7 Nd7 15
Be3 e5 16 Rd1 Ne7 17 a4 Kd8 18 a5 f5 ∞
Rowley-Pinto, New York Open 89.

6 ... e5
♦ 6 ... e6 7 Nf3 Be7 8 0-0 0-0 9 Re1

Qc7 10 Bg5 Rb8 11 Qe2 Na5 12 Nbd2
Bd7 13 Ne5 b5 14 Ng4 Qd8 15 Nxf6+
Bxf6 16 Bxf6 Qxf6 17 b4 += = Nikoladze-
Veklenko, Moscow 87.

7 dxe5 Nxe5 8 Qe2
♦ 8 Be2 Bc5 9 Nf3 Nxf3+ 10 Bxf3 0-0
11 0-0 d4 12 Nd2 dxc3 13 bxc3 Qc7 =.
♦ 8 Bb5+ Bd7 9 Bxd7+ Qxd7 10 Nf3
Nxf3+ 11 Qxf3 Bc5 12 0-0 0-0 = Mik.
Tseitlin.

8 ... Qe7 9 Bb5+ Bd7

10 Bf4
♦ 10 Bxd7+ Nfxd7 =+ 11 Kf1 Qe6 12
Nf3 Nxf3+ 13 Qxf3 Bc5 14 Nd2 0-0 15
Nb3 Rae8! 16 g3 Qa6 17 Kg2 Bxf2! 18
Kxf2 Ne5 19 Nc5 Qc4 20 Qe3 b6! -+
Gusev-Mik.Tseitlin, USSR 85.
♦ 10 Be3 Bxb5 11 Qxb5+ Qd7 12 Qe2
0-0-0 13 Nf3 Nc4 14 0-0 Re8 15 Nbd2
Nxe3 16 fxe3 Bc5 17 Nd4 Ne4 =+
Mik.Tseitlin.

**10 ... Nc4 11 Bxd7+ Nxd7 12 b3 Nce5
13 Be3 Qe6 14 Nf3 Nxf3+ 15 Qxf3
Bd6 16 0-0 Ne5 17 Qe2 0-0 18 Rd1
Rfe8 19 Nd2 a6 20 Nf1 Rad8 21 Rd2
Nc6 22 Rad1 Be5 23 Bb6 Rc8 24 Qf3
Ne7 25 Bd4 f6 26 Qd3 Ng6 27 Bxe5
Qxe5 28 Qxd5+ Qxd5 29 Rxd5 Nf4 30
Rd7 Ne2+ 31 Kh2 Nxc3 32 Rc1 b5 33
Rc2 f5 34 Ne3 g6 35 Ra7 Ne4 36 Rxc8
Rxc8 37 f3 Nc3 38 Rxa6 Re8 39 Nc2
Re2 40 Nd4 Rd2 41 Rd6 Rxa2 42 h4 f4
43 Ne6 Rb2 44 Rd7 Rxb3 45 Kh3 Ne2
46 Rg7+ Kh8 47 Re7 h6 48 Nf8 Re3 49
Nxg6+ Kg8 50 Rb7 h5 51 Rxb5 Kg7
52 Rg5 Kf6 53 Nf8 Ng3 54 Ng6 Ne2
55 Nf8 Ng3 56 Ng6 Ne2 ½:½**